VINGT-SEPT QUESTIONS D'ÉCONOMIE CONTEMPORAINE

Sous la direction de Philippe Askenazy
et Daniel Cohen

VINGT-SEPT QUESTIONS D'ÉCONOMIE CONTEMPORAINE

Économiques 1

Albin Michel

Ouvrage publié sous la direction
d'Alexandre Wickham

Certains textes repris dans cet ouvrage ont déjà été publiés dans la série « Opuscules du Cepremap » par les Éditions Rue d'Ulm.

www.presses.ens.fr

Sommaire

Abréviations 10

Liste des auteurs 11

Introduction
Philippe Askenazy et Daniel Cohen 15

PREMIÈRE PARTIE

PAIX ET GUERRE ENTRE LES NATIONS ET LES PERSONNES

I. L'Homo economicus, heureux et rationnel ? 37

1. La croissance rend-elle heureux ?
Andrew Clark et Claudia Senik 39

2. Les marchés financiers sont-ils rationnels ?
André Orléan 63

II. La guerre et la paix 87

3. La mondialisation est-elle un facteur de paix ?
Philippe Martin, Thierry Mayer, Mathias Thoenig 89

III. Pauvreté et développement 125

4. L'Afrique des inégalités : où conduit l'histoire ?
Denis Cogneau 127

DEUXIÈME PARTIE

LA FRANCE FACE À SON DESTIN

IV. Vers un nouveau modèle 173

5. La *flexicurité* danoise : quels enseignements pour la France ?
Robert Boyer 175

V. Portrait de la jeunesse française 209

6. Une jeunesse en panne d'avenir ?
Christian Baudelot et Roger Establet 211

7. Faut-il craindre l'inflation des diplômes ?
Marc Gurgand et Éric Maurin 240

8. Le chômage des jeunes baisse-t-il ?
Dominique Goux et Cyril Nouveau 260

VI. La Sécurité sociale 283

9. La régulation des dépenses de santé : comment faire ?
Pierre-Yves Geoffard 285

10. La réforme des systèmes de retraite : qui paiera ?
Jean-Pierre Laffargue 311

VII. Marchés et concurrence 343

11. Faut-il solder la loi Raffarin ?
Philippe Askenazy et Katia Weidenfeld 345

12. Électricité : faut-il désespérer du marché ?
David Spector 385

TROISIÈME PARTIE

DICTIONNAIRE ABRÉGÉ DE LA MONDIALISATION

13. Culture et mondialisation
Thierry Verdier 425

14. Globalisation et terrorisme transnational
Thierry Verdier 430

15. Migrations et marché du travail
Sylvie Lambert 434

16. Inégalité des chances et transmission intergénérationnelle
Sylvie Lambert 439
17. Histoire longue et développement
Sylvie Lambert 444
18. La malédiction des matières premières
Thierry Verdier 448
19. L'intégration financière internationale et les déséquilibres globaux
Philippe Martin 451
20. Le déséquilibre américain
Philippe Martin 455
21. Jusqu'où ira la baisse du dollar ?
Philippe Martin 462
22. L'euro et l'intégration financière
Philippe Martin 466
23. Intégration financière et crises des pays émergents
Philippe Martin 469
24. Accès au marché et régionalisme
Akiko Suwa-Eisenmann 472
25. Économie géographique
Akiko Suwa-Eisenmann 480
26. Travail et emploi : le rôle des institutions
Bruno Amable 485
27. Perspectives de recherche en politique de la concurrence
Anne Perrot 502

Bibliographie 517

Abréviations

AFD	Agence française de développement
BIT	Bureau international du travail
CEPII	Centre d'études prospectives et d'information internationales
CEPR	Center for Economic Policy Research
Céreq	Centre d'études et de recherches sur les qualifications
CICUP	Center for International Comparisons at the University of Pennsylvania
CPC	Competition Polity Center
CRE	Commission de régulation de l'énergie
DGEMP	Direction générale de l'énergie et des matières premières
DIAL	Développement, Institutions et Analyses de Long terme
DOTS	Directory of Trade Statistics, FMI
DP	Discussion Paper
DT	document de travail
ECB	European Central Bank
GSB	Graduate School of Business
ICRISAT	Institut international de recherche sur les cultures des zones tropicales semi-arides
ILO	International Labour Organization
INRA	Institut national de la recherche agronomique
IRES	Institut de recherches économiques et sociales
ISSP	International Social Survey Programme
IZA	Institute for the study of Labor (Berlin)
LEA	Laboratoire d'économie appliquée (Paris)
NBER	National Bureau of Economic Resarch
NRE	(loi) sur les nouvelles régulations économiques
OCDE	Organisation de coopération et de développement économiques
OFCE	Observatoire français des conjonctures économiques
PNAS	Proceedings of the National Academy of Science
PSE	Paris School of Economics
WP	Working Paper

Liste des auteurs

Bruno AMABLE est professeur à l'université Paris-I (Panthéon-Sorbonne) et codirecteur du programme Travail et emploi du Cepremap.

Philippe ASKENAZY est directeur de recherche au CNRS (Paris-Jourdan Sciences économiques), directeur adjoint du Cepremap, fellow de l'Institute for the Study of Labour (IZA, Bonn), et professeur associé à l'École d'économie de Paris.

Christian BAUDELOT, professeur émérite de sociologie à l'École normale supérieure, et chercheur au centre Maurice-Halbwachs (ENS, CNRS, EHESS).

Robert BOYER est directeur de recherche au CNRS (Paris-Jourdan Sciences économiques), directeur d'étude à l'École des hautes études en sciences sociales et chercheur associé au Cepremap.

Andrew CLARK est directeur de recherche au CNRS (Paris-Jourdan Sciences économiques), professeur associé à l'École d'économie de Paris et codirecteur du programme Travail et emploi du Cepremap.

Denis COGNEAU est directeur de recherche à l'Institut de recherche pour le développement (IRD) dans l'unité de recherche DIAL (Paris) et chargé de conférences à l'École des hautes études en sciences sociales dans le master « Analyse et politique économiques » (APE).

Daniel COHEN est professeur à l'École normale supérieure, vice-président de l'École d'économie de Paris et directeur du Cepremap.

Roger ESTABLET est professeur émérite de sociologie à l'université d'Aix-en-Provence.

Pierre-Yves GEOFFARD est directeur de recherche au CNRS, professeur associé à l'École d'économie de Paris et codirecteur du programme Économie publique et redistribution du Cepremap.

Dominique GOUX est professeur associée à l'École normale supérieure et chef de la mission d'animation de la recherche à la Dares.

Marc GURGAND est chargé de recherche au CNRS (Paris-Jourdan Sciences économiques), chercheur au Cepremap et professeur associé à l'École d'économie de Paris.

Jean-Pierre LAFFARGUE est professeur à l'université Paris-I (Panthéon-Sorbonne) et chercheur associé au Cepremap.

Sylvie LAMBERT est directrice de recherche à l'Institut national de la recherche agonomique (Laboratoire d'économie appliquée), professeur associée à l'École d'économie de Paris et codirectrice du programme Commerce international et développement.

Philippe MARTIN est professeur à l'université Paris-I (Centre d'économie de la Sorbonne), chercheur associé au CNRS (Paris-Jourdan Sciences économiques) et au Center for Economic Policy Research, Londres, et codirecteur du programme de Macroéconomie du Cepremap.

Éric MAURIN est directeur d'études à l'École des hautes études en sciences sociales et professeur associé à l'École d'économie de Paris.

Thierry MAYER est professeur à l'université Paris-I (Panthéon-Sorbonne), chercheur associé au CNRS (Paris-Jourdan Sciences économiques), au Centre d'études prospectives et d'informations internationales, et au Center for Economic Policy Research, Londres.

Cyril NOUVEAU est chercheur associé au Cepremap.

André ORLÉAN est directeur de recherche au CNRS (Paris-Jourdan Sciences économiques), directeur d'études à l'École des hautes études en sciences sociales, chercheur associé au Cepremap et ancien directeur du programme Marchés, firmes et politiques de la concurrence du Cepremap.

Anne PERROT est vice-présidente du conseil de la concurrence, professeur à l'Université Paris-I (Panthéon-Sorbonne) et à l'ENSAE, codirectrice du programme Marchés, firmes et politique de la concurrence du Cepremap.

Claudia SENIK est professeur à l'université Paris-IV (Sorbonne), professeur associée à l'École d'économie de Paris, membre de l'Institut universitaire de France et codirectrice du programme Économie publique et redistribution du Cepremap.

David SPECTOR est chargé de recherche au CNRS (Paris-Jourdan Sciences économiques) et professeur associé à l'École d'économie de Paris.

Akiko SUWA-EISENMANN est directrice de recherche à l'Institut national de la recherche agonomique (Laboratoire d'économie appliquée), professeur associée à l'École d'économie de Paris, et codirectrice du programme Commerce international et développement du Cepremap.

Mathias THOENIG est professeur ordinaire à l'université de Genève, professeur chargé de cours à l'École polytechnique, chercheur associé au CNRS (Paris-Jourdan Sciences économiques) et au Center for Economic Policy Research, Londres.

Thierry VERDIER est ingénieur en chef des Ponts et Chaussées, directeur d'étude à l'École des hautes études en sciences sociales, professeur associé à l'École d'économie de Paris et ancien codirecteur du programme Commerce international et développement du Cepremap.

Katia WEIDENFELD est professeur agrégée des facultés de droit et chercheuse associée aux centres Maurice-Halbwachs et Théorie et analyse du droit à l'École normale supérieure.

Introduction

La France est confrontée à une multitude de défis, tant dans le domaine international qu'intérieur. En matière internationale, elle doit répondre à la croissance des échanges mondiaux, faire face aux crises financières nouvelles, gérer la montée des risques de guerre et de terrorisme, répondre aux enjeux de la lutte contre la pauvreté internationale. Dans le domaine intérieur, elle doit faire face aux conséquences économiques et sociales du vieillissement de la population, résoudre les problèmes de formation et d'insertion rencontrés par la jeunesse, s'interroger sur le bon fonctionnement du marché du travail ou des biens et services, accompagner la libéralisation de secteurs auparavant protégés comme celui de l'électricité.

C'est peu dire que face à de telles questions, le besoin d'expertise est considérable. Il est souvent reproché aux économistes de cantonner leur discipline à des recherches ésotériques, difficiles d'accès et aux recommandations ambiguës. Pourtant, si la recherche économique se déploie dans un langage qui lui est propre, c'est bien du monde réel et de ses incertitudes qu'elle traite. Rendre accessible aux décideurs et à l'opinion publique le résultat de leurs travaux fait partie des missions des chercheurs. C'est à cette tâche que le présent ouvrage s'est attelé. Il est organisé selon plusieurs thèmes fondamentaux, que le lecteur pourra aborder dans l'ordre qui lui convient, à la manière d'un dictionnaire. Reprenons ici les principaux enseignements de ces travaux.

La poursuite du bonheur

Le postulat partagé par les économistes est habituellement le suivant : l'homo economicus a beaucoup de défauts, il est froid, calculateur, égoïste…, sauf un : il sait généralement ce qui est bon pour lui. Mais en est-on si sûr ? Une littérature nouvelle sur la rationalité des comportements a repris cette question. Les agents évaluent-ils correctement les paramètres qui les rendent heureux ? Dans le premier chapitre intitulé « La croissance rend-elle heureux ? », Andrew Clark et Claudia Senik font le point sur cette question délicate.

À l'image des investisseurs dont l'opinion dépend de celle des autres investisseurs, les agents privés évaluent leur bonheur non pas intrinsèquement (suis-je ou non rassasié à la fin d'un repas ?) mais à l'aune d'une norme fluctuante, celle de leurs aspirations de départ. Or ces aspirations peuvent les rendre heureux ou malheureux selon qu'elles sont hors d'atteinte ou réalisables. Si je rêve d'un monde que je n'atteindrai jamais, je serai sans cesse malheureux. Si au contraire je me donne des objectifs réalistes, le bonheur devient possible. Dans quels cas l'une ou l'autre de ces configurations advient-elle ?

Les aspirations des individus sont toujours fortement influencées par la réussite de leurs proches, ceux qu'on caractérise comme leur « groupe de référence ». Quel est le sentiment qui domine : l'envie ou l'émulation ? Dans un article célèbre, l'économiste Alfred Hirschman a suggéré qu'un individu pouvait retirer une satisfaction de la simple observation de l'enrichissement d'autrui. L'image qu'il propose est celle d'un automobiliste, pris dans un embouteillage au sein d'un tunnel, qui se réjouit de voir soudain l'autre file de voitures progresser vers la sortie du tunnel : il y voit un signe annonciateur de sa propre sortie. On parle donc d'« effet tunnel » lorsque, dans un contexte d'incertitude et de manque de visibilité, l'observation du sort d'autrui comporte un contenu informationnel qui éclaire (ici positivement) son propre destin.

Parfois pourtant, la file voisine avance, et je reste sur place. Au bout d'un certain temps, la satisfaction laisse place à l'envie et à la frustration. Il est donc possible, selon les circonstances, d'interpréter l'écart entre par exemple mon revenu et celui d'un groupe de référence de deux manières différentes, chacune exerçant des effets radicalement opposés sur mon bien-être. L'effet (indirect) de nature cognitive associe un surplus de bien-être à l'observation de l'accroissement du revenu d'autrui que je considère comme une source d'information sur mes propres perspectives. L'effet direct (l'envie) de comparaison réduit mon bien-être à mesure que le revenu de comparaison s'accroît tandis que le mien stagne.

Les aspirations d'un agent, lorsqu'elles se nourrissent de l'observation d'autrui, sont alors une source de bien-être et non pas d'envie, c'est l'effet tunnel, lorsqu'elle le renseigne sur ses propres perspectives. Elles permettent à l'agent de cibler ses attentes sur des mondes possibles. Mais l'agent peut chercher des informations en comparant sa vie à celle des autres ; en ce cas, les aspirations qu'elles nourrissent sont délétères. La politique économique, dans la mesure où elle cherche à rendre les gens heureux, doit donc s'attacher à créer les conditions d'un monde « à la Hirschman » en façonnant des institutions propices à la mobilité sociale qui rendent positive la comparaison à autrui, plutôt qu'en une source de frustration qui rend malheureux.

Le pouvoir de la finance mondiale

La finance gouverne le monde aujourd'hui, mais se gouverne-t-elle elle-même ? Telle est la question posée dans le chapitre d'André Orléan intitulé « Les marchés financiers sont-ils rationnels ? ». La seule modification d'une notation financière a des répercussions multiples sur une entreprise, qu'il s'agisse de l'accès au crédit ou de la réputation de la société. Elle peut provoquer une réaction en chaîne qui peut se révéler très violente, à la hausse comme à la baisse. Telle est la nature du pouvoir financier. C'est un pouvoir d'influence qui contrôle les entreprises en les soumettant à un jugement certifié faisant l'objet d'une grande publicité au sein de la communauté financière. On pourrait parler d'un pouvoir de nature médiatique. Il s'ensuit que le jugement qu'on porte sur ce nouveau pouvoir dépend étroitement de l'analyse qu'on fait de sa capacité à produire une évaluation correcte ou non.

Si l'on pense que les Bourses de valeurs sont efficientes au sens où elles sont capables d'utiliser correctement toute l'information disponible pour bien estimer les stratégies des entreprises, on jugera positive la montée en puissance de la finance de marché. Si, au contraire, on doute de cette capacité d'évaluation, on mettra en garde contre le rôle indu que jouent les jugements boursiers dans le capitalisme contemporain. Une partie essentielle des recherches en finance porte précisément sur cette question. On pourrait même définir la théorie financière comme cette branche de l'économie qui a pour objet principal d'investigation l'évaluation des actifs financiers, la question centrale étant de déterminer si les marchés boursiers sont aptes ou non à produire des évaluations correctes. Est-ce le cas ?

La théorie traditionnelle a longtemps répondu par un argument d'inspiration darwinienne. Si deux investisseurs jouent à la Bourse, et que l'un est rationnel et l'autre ne l'est pas, l'investisseur rationnel éliminera rapidement le second. Mais est-ce si sûr ? Comme un investisseur professionnel le notait récemment : « Les marchés peuvent rester illogiques bien plus longtemps que nous [les investisseurs rationnels] ne sommes capables de rester solvables. » C'est ce qui explique que l'investisseur rationnel doive tenir compte de l'opinion générale du marché pour forger un jugement sur une entreprise, en s'écartant de sa propre opinion, s'il le faut, pour anticiper correctement celle du marché.

Il n'est pas nécessaire de supposer qu'une sorte d'irrationalité collective soit à l'œuvre. On peut au contraire parfaitement imaginer que tous les intervenants sont également rationnels et portent également leur regard sur ce qu'est l'opinion du marché pour déterminer l'investissement le plus rentable. On retrouve l'intuition de Keynes dans sa fameuse image d'un concours de beauté selon laquelle chacun cherche rationnellement à anticiper ce que sera l'opinion de la majorité. C'est là une configuration d'interactions complexes qui peut faire émerger une multiplicité d'équilibres, et qui rend moins étonnant l'éternel retour de phases haussières ou baissières, où l'opinion dominante passe brusquement de l'optimisme au pessimisme, alors même que la réalité économique semble peu modifiée.

Guerre et paix entre les nations

Montesquieu expliquait que « l'effet naturel du commerce est de porter à la paix ». Ce n'est pas l'idée qui vient spontanément à l'esprit aujourd'hui. Les statistiques ne montrent aucune baisse des conflits militaires au cours des dernières décennies, alors même que la mondialisation croissante des échanges internationaux aurait dû porter à leur réduction. Dans leur chapitre « La mondialisation est-elle un facteur de paix ? », Philippe Martin, Thierry Mayer et Mathias Thoenig montrent que le commerce a en fait un effet contradictoire sur la prévalence des conflits armés, selon que l'on analyse l'impact de l'ouverture bilatérale ou de l'ouverture multilatérale.

Un conflit militaire entre deux pays est coûteux commercialement s'il implique de renoncer aux gains générés par le commerce enregistré avant le déclenchement des hostilités entre les deux belligérants. Le risque de détruire les relations commerciales entre deux pays joue ici le rôle pacificateur attendu. Plus celui-ci est élevé et plus les pays tenteront d'éviter une escalade militaire. En revanche, si ces deux pays sont très ouverts au commerce multilatéral, commerçant avec de nombreux pays tiers, leur dépendance économique à l'égard des autres belligérants peut être réduite. Le coût d'un conflit bilatéral diminue tout comme l'incitation, par exemple, à faire des concessions pour éviter l'escalade militaire est amoindrie.

La mondialisation, représentant à la fois une augmentation des liens commerciaux bilatéraux et multilatéraux, a donc des effets contradictoires sur la paix. En affaiblissant les dépendances économiques locales entre les pays proches, c'est-à-dire entre les pays les plus susceptibles de connaître des discordes (contestation territoriale, minorités ethniques, etc.) dégénérant en conflits militaires, elle peut en partie changer la nature des conflits militaires. De ce point de vue, elle peut avoir pour conséquence de rendre les conflits militaires plus localisés.

Pour tester empiriquement la validité de ce raisonnement, le chapitre quantifie l'effet des différentes formes que prend l'intégration commerciale (bilatérale, multilatérale, régionale) sur l'incidence des conflits militaires. En prenant en compte de nombreux autres facteurs politiques et économiques des conflits militaires, il montre que les flux commerciaux ont au bout du compte un impact significatif sur la violence entre les États. Contrairement à l'intuition de Montesquieu, le commerce n'est donc, hélas, pas suffisant, en tant que tel, à pacifier les relations internationales.

L'Afrique inégale

La lutte contre la pauvreté mondiale est le grand défi auquel la communauté internationale est confrontée. Or, de manière croissante, la pauvreté tend à se localiser en Afrique. Un pauvre sur dix vivait en Afrique dans les années quatre-vingt (la pauvreté étant définie par le seuil de 1 dollar par jour). Sur le continent africain se concentre aujourd'hui plus du tiers de la pauvreté mondiale. Il constituera bientôt la moitié de celle-ci.

L'une des difficultés majeures pour lutter contre la pauvreté africaine tient à ce fait souvent oublié : l'Afrique n'est pas seulement le continent le plus pauvre du monde, il est aussi le continent le plus inégalitaire. On y enregistre en effet un niveau d'inégalité interne à chaque pays qui est équivalent à celui qui s'observe en Amérique latine. Mais s'y ajoute aussi un niveau d'inégalités entre nations, qui ne s'observe qu'en Asie où cohabitent nations pauvres et prospères. Ces inégalités africaines, à la fois intra- et inter-nationales, expliquent l'instabilité profonde à laquelle le continent est confronté, qui rend si difficile de construire des institutions stables, capables de créer une logique de développement durable.

Comme le montre Denis Cogneau dans son chapitre « L'Afrique des inégalités : où conduit l'histoire ? », l'inégalité constitue le substrat du clientélisme africain, lequel mène à (et non pas est causé par) une ethnicisation du jeu politique. La xénophobie envers les immigrés (réfugiés ou volontaires) constitue une forme parallèle d'ethnicisation des inégalités. Dans tous les cas, c'est l'inégalité qui induit la question des ethnies et des frontières plutôt que l'inverse. Devant le défi qui s'impose à elles, les nations africaines devront réinventer la démocratie et la coopération avec leurs voisins si elles souhaitent atteindre leur centenaire de manière plus heureuse qu'elles n'ont vécu les premières décennies de leur indépendance.

La deuxième partie de cet ouvrage examine les défis intérieurs auxquels les Français sont confrontés.

La France face au modèle danois

C'est peu dire que les Français semblent perdre confiance en leur modèle social. Confrontés depuis le milieu des années soixante-dix à un véritable changement de régime économique, les Français peinent à inventer un nouveau modèle social qui leur permette de faire face à la montée de l'insécurité économique dont l'augmentation du chômage est la forme la plus visible.

Le modèle danois tranche avec l'indécision française. En quelques années, les Danois ont inventé un nouveau système, dit de la *flexicurité*, qui est parvenu à résoudre le chômage, pourtant équivalent au niveau français au début des années quatre-vingt-dix. En fait, jusqu'en 1993, la France et le Danemark ont suivi des trajectoires de lutte contre le chômage très proches : recours aux préretraites jusqu'en 1998, tentatives récurrentes de réduire à la marge la générosité de la couverture sociale, prépondérance des politiques d'emploi passives, et non pas actives. Depuis une décennie, les stratégies des partenaires sociaux et des gouvernements ont suivi des trajectoires nettement différentes, l'évolution du chômage aussi.

La *flexicurité* danoise combine deux éléments opposés : un régime d'indemnisation du chômage généreux et un droit du travail peu contraignant en matière de licenciement. Comme le montre toutefois Robert Boyer dans le chapitre intitulé « La *flexicurité* danoise : quels enseignements pour la France ? », ces deux dispositifs ne sont rendus cohérents entre eux qu'avec le complément d'un troisième facteur, une politique active d'emploi qui régit et contrôle la disponibilité des chômeurs tout en favorisant leur requalification professionnelle. Les aspects d'incitation et de contrôle, de vérification de la disponibilité des chômeurs et la formation se conjuguent pour expliquer le succès de la *flexicurité* danoise. De plus, la claire division des rôles entre les partenaires sociaux et l'État et la qualité des négociations collectives expliquent que la générosité de l'indemnisation du chômage et l'ampleur de la syndicalisation ne se convertissent pas en rigidité salariale et perte de compétitivité.

L'expérience danoise peut-elle éclairer la situation française ? Robert Boyer conclut positivement : la comparaison devrait inciter à surmonter la nostalgie d'une protection des marchés internes du travail, au profit de la recherche d'un équivalent fonctionnel du modèle danois, compatible avec le style des relations professionnelles et d'interventions publiques propres à notre pays. Il propose la négociation d'un nouveau compromis qui garantirait une sécurisation des parcours professionnels grâce à un redéploiement des interventions publiques et à une nouvelle délimitation des responsabilités respectives de l'État et des partenaires sociaux. Ce pourrait être une *flexicurité* à la française.

Une jeunesse difficile

À quelques mois d'intervalle, deux visages de la jeunesse française ont fait irruption dans le débat politique : la jeunesse des banlieues à l'automne 2005, puis la jeunesse estudiantine au printemps 2006. Celle-ci a rappelé à l'opinion publique ce que sociologues et économistes soulignaient depuis longtemps : la jeunesse est en première ligne des ruptures qui ont accompagné les mutations de la société. Comme le rappellent Christian Baudelot et Robert Establet dans le chapitre intitulé « Une jeunesse en panne d'avenir ? », la crise de l'emploi a frappé de plein fouet les jeunes, derniers entrés et premières victimes. Mais cette crise générale a eu un effet beaucoup plus sévère sur les jeunes travailleurs les moins qualifiés. C'est en partie le fait d'une économie dite de la connaissance, plus intensive en qualifications que la précédente. Mais c'est aussi l'effet pervers d'une démocratisation de l'accès à l'enseignement supérieur qui a bouleversé les perspectives d'embauche des moins qualifiés.

Pour ne prendre qu'un exemple, en 1969, 57 % des emplois de cadres supérieurs sont occupés par des titulaires d'une licence (au moins). Cela signifie que 43 % d'entre eux ne disposent pas de ce bagage : une véritable promotion est possible, pour les jeunes issus des milieux populaires et non diplômés. Aujourd'hui,

75 % des emplois de cadres supérieurs sont occupés par des licenciés : la part de la promotion interne devient beaucoup plus difficile, l'accès à un diplôme de l'enseignement supérieur tendrait à devenir une condition *sine qua non* de la promotion sociale.

Pour les jeunes diplômés, pourtant, la situation semble s'être également dégradée. Le diplôme rendait hier quasi automatique l'accès à un emploi de cadre. Ce n'est plus le cas aujourd'hui, où nombre d'emplois non qualifiés sont détenus par des diplômés. Aujourd'hui, 52 % des emplois non qualifiés sont occupés par des travailleurs diplômés de l'enseignement supérieur, contre 17 % hier.

Il est tentant d'en conclure que l'inflation des diplômes serait, au bout du compte, une mauvaise chose. Ce serait une erreur. Le surcroît de formation dont ont bénéficié les enfants de milieux modestes au fil des générations d'après-guerre s'est en effet bel et bien traduit par une amélioration sensible de leur situation salariale à l'âge adulte.

Les bénéfices de la scolarisation de masse

Dans le chapitre intitulé « Faut-il craindre l'inflation des diplômes ? », Marc Gurgand et Éric Maurin montrent justement que la démocratisation du système scolaire a amélioré la situation de ses bénéficiaires. Prenant comme référence les élèves des grandes écoles, qui représentent une proportion stable de la population étudiante, ils montrent que le surcroît de formation secondaire dont ont bénéficié les 95 % de la population qui n'ont pas accès aux grandes écoles s'est effectivement traduit au fil des générations par une amélioration de leur situation relative sur le marché du travail.

Le résultat est tout aussi probant en matière d'emplois. Pour beaucoup, l'accroissement de la durée des études ne ferait que retarder jusqu'à des âges plus avancés le problème de l'insertion, sans fondamentalement le résoudre. Cette vision pessimiste de l'allongement de la scolarisation est nourrie par le constat maintes et maintes fois répété de la persistance d'un chômage élevé dans les catégories d'âge traditionnellement considérées comme représentant les jeunes. Ainsi, le taux de chômage des 15-24 ans ne s'est jamais situé en dessous de 18 % depuis vingt-cinq ans.

L'évolution de la situation des 15-24 ans sur le marché du travail est toutefois la combinaison d'effets opposés. Leur formation plus élevée est a priori favorable à leur recherche d'un emploi. Mais une expérience professionnelle plus réduite, du fait même de l'allongement des études, tend à rendre plus précaires les emplois auxquels les jeunes diplômés accèdent et à accroître ainsi le taux de chômage. Pour réellement évaluer l'effet de la démocratisation du lycée, il est nécessaire de séparer ces deux effets, difficulté généralement non perçue par les études disponibles. Tel est le sens de la démarche proposée par Dominique Goux et Cyril Nouveau dans le chapitre intitulé « Le chômage des jeunes baisse-t-il ? ».

L'étude se concentre tout particulièrement sur l'évolution des risques de chômage aux âges qui font suite à la période de transition entre école et emploi proprement dite, entre 27 et 32 ans (plutôt qu'entre 15 et 24 ans). Leur étude montre qu'une fois passé les remous de l'insertion, les générations qui ont bénéficié de la démocratisation du lycée sont moins exposées au chômage et ont un taux d'emploi significativement plus élevé entre 27 et 32 ans que les générations nées plus tôt et n'ayant pas bénéficié de cette démocratisation. Le surcroît de formation dont ont joui les générations des années 1966 à 1973 a donc eu un effet repérable sur leur destin professionnel, mais plus tardivement que pour les générations antérieures.

S'il fallait dès lors résumer d'un trait ce qui rend difficile le fait d'être jeune aujourd'hui, ce serait en disant que la jeunesse moderne dure longtemps. L'insertion, hier réservée aux 20-25 ans, s'est désormais décalée dans le temps, parfois jusqu'à 32 ans. Comment être jeune si longtemps ? Grâce aux solidarités familiales, mais à condition qu'elles existent. Car l'éclairage que donne la révolte des banlieues est celui-ci : il est beaucoup plus difficile d'être jeune sans ressources aujourd'hui qu'hier. Dès lors que s'allongent les durées entre les différentes étapes du parcours, la dépendance à l'égard de la famille d'origine s'en trouve renforcée. Or les transferts au sein des familles ont évidemment tendance à perpétuer ou à renforcer les inégalités sociales. Telle est la véritable question qui n'a, comme on le constate, rien à voir avec l'inflation des diplômes.

L'assurance-maladie

L'assurance-maladie est un chantier quasi permanent : pour s'en tenir à l'histoire récente, pas moins de vingt-cinq réformes se sont succédé depuis le plan Barre de 1976... Le chapitre de Pierre-Yves Geoffard intitulé « La régulation des dépenses de santé : comment faire ? » reprend ce dossier, en se consacrant à l'examen des mécanismes de régulation de la demande de soins. Parmi ces mécanismes, la participation financière des assurés aux dépenses est un argument régulièrement sollicité par les pouvoirs publics. Son maniement est pourtant délicat. Certes, une participation financière peut inciter à limiter les dépenses non justifiées ; mais si cette participation est trop élevée, elle peut faire peser sur les individus une part trop lourde de dépenses pourtant justifiées.

En France, le financement de l'assurance-maladie a récemment évolué vers une plus grande participation des usagers ou des complémentaires santé à la dépense de soins. Tout d'abord, la réglementation précise désormais quels éléments du ticket modérateur ne doivent pas être couverts par les complémentaires, et donc quelles dépenses ont vocation à être assumées directement par les ménages. Mais surtout, des « franchises » sont mises en place, à partir de 2008, sur chaque boîte de médicament, acte paramédical et transport sanitaire.

Le ticket modérateur est pourtant un très mauvais instrument. Outre les difficultés de coordination entre les différents organismes, il induit un partage des risques inefficace. En effet, comme la couverture des dépenses par les organismes d'assurance est définie en fonction du coût de chaque soin, la part à la charge des ménages reste très réduite pour des dépenses modérées, mais peut se révéler lourde pour les plus démunis ou pour les individus dont l'état de santé induit des dépenses élevées dans l'année. Son effet de responsabilisation est donc très faible, alors même qu'il offre une couverture insuffisante contre le risque de dépenses élevées.

Un meilleur outil de régulation de la demande passe par une franchise annuelle, non prise en charge par les complémentaires santé, associée à un plafond sur la dépense annuelle maximale à charge des ménages. Un tel mécanisme permettrait à la fois d'améliorer la prise en charge des dépenses élevées et d'introduire un mécanisme de responsabilisation des usagers du système de soins. L'analyse souligne également les périls d'une organisation concurrentielle de l'assurance-maladie. Pour éviter que celle-ci ne se traduise que par des stratégies de sélection des risques (dont certaines peuvent s'appuyer sur un comportement de choix des assurés), son fonctionnement doit être encadré par des règles strictes et complété par des mécanismes de péréquation des risques.

La France vieillit

Le vieillissement de la population pose le problème toujours en suspens des régimes de retraite. L'espérance de vie des Français s'allonge chaque année d'un trimestre, alors même que le renouvellement des générations actives bute sur une démographie moins favorable que celle qui a été enregistrée pendant le baby-boom. Ce déséquilibre démographique met en péril les systèmes de retraite fondés sur la répartition, relativement à ceux qui reposent sur la capitalisation. Dans les régimes par capitalisation, en effet, les retraités reçoivent une rémunération qui est indexée sur la rentabilité du capital. À l'heure de la globalisation financière, celle-ci est affranchie du vieillissement des populations riches, et peut compter sur le dynamisme des pays émergents pour assurer à l'avenir une rentabilité forte. Dans les systèmes par répartition, au contraire, le rendement des retraites est directement indexé sur la progression de la base salariale du pays de résidence des retraités. Croissance économique faible et démographie chancelante se conjuguent pour déprécier le rendement de ce système.

Les raisons du choix français en faveur d'un système de retraite par répartition sont multiples, mais portent indiscutablement la marque de l'époque où il a été conçu : les Trente Glorieuses qui cumulaient croissance forte et démographie élevée. La question posée par Jean-Pierre Laffargue, dans son chapitre intitulé « La réforme des systèmes de retraite : qui paiera ? », est de savoir s'il est possible de changer de stratégie. Peut-on encore passer, fût-ce partiellement, d'un système par répartition à un système par capitalisation sans perdant ? La réponse est négative.

Il n'existe pas de réforme « idéale » d'un système de retraite, c'est-à-dire telle que le bien-être de chaque génération s'améliore pour certains et reste inchangé pour les autres, comparativement à toute réforme alternative. Ce qui implique que l'on ne peut agir face au ralentissement démographique en rendant simplement le système de retraite existant plus efficient. Il y a un sacrifice à répartir entre toutes les générations, vivantes et à naître.

L'intuition du raisonnement proposé par Jean-Pierre Laffargue est simple à comprendre. Changer de système obligerait une génération à payer deux fois : les pensions actuelles du système par répartition et les cotisations du nouveau système. Plutôt que de faire payer aux générations actuelles le prix de la réforme, un gouvernement peut essayer de ruser : s'endetter internationalement pour payer (en partie au moins) les pensions actuelles et laisser les nouveaux cotisants acheter des titres de capitalisation. La dette publique, toutefois, serait laissée à la charge des générations futures, qui seront appauvries d'autant. Des éléments empiriques montrent que certains pays sont, silencieusement, en train de faire un tel choix. Les délais prolongés dans l'adoption des réformes des systèmes de retraite, le caractère insuffisant de certaines réformes (en France), les longues périodes de transition (en Italie) sont autant de moyens de transférer aux générations futures des charges qui pourraient être supportées par les générations actuelles. L'évolution de la dette des administrations et des positions nettes sur l'étranger de certains pays industrialisés, en premier lieu les États-Unis, mais aussi à un degré moindre l'Italie et le Royaume-Uni, voire la France, donne à penser que ces pays se sont engagés, sans le dire, dans la voie d'un changement de régime qui laisse aux générations futures le poids de l'ajustement.

Le pouvoir d'achat

La question du pouvoir d'achat est devenue l'une des préoccupations majeures des Français. Il est habituel de dénoncer l'inflation du prix des matières premières comme principale responsable du renchérissement du prix des biens ordinaires, fioul domestique ou alimentation. Ce facteur est manifestement important, mais il n'est pas seul en cause. Car la France a également imposé au secteur de la grande distribution des entraves à la concurrence qui ont significativement réduit le pouvoir d'achat des ménages.

Dans le chapitre intitulé « Faut-il solder la loi Raffarin ? », Philippe Askenazy et Katia Weidenfeld montrent que la conjonction de la loi Raffarin et de la loi Galland votées en 1996 coûte aux consommateurs, pour le seul commerce alimentaire, de 5 à 10 milliards d'euros. Du fait des restrictions imposées par la loi Raffarin, qui oblige à une demande d'autorisation toute ouverture de commerce de plus de 300 m^2, le développement du *hard discount* a été fortement ralenti, le plaçant à l'un des niveaux les plus faibles en Europe. Véritable usine à gaz juridique que la jurisprudence a progressivement éclairée, la loi a également longtemps freiné les créations de surfaces classiques, cassant un moteur de modernisation et donc de croissance économique.

La loi Raffarin a aussi probablement pesé sur l'emploi et les conditions de travail. En limitant le développement du *hard discount*, elle a notamment réduit les opportunités d'emplois pour une main-d'œuvre non qualifiée ou discriminée par ailleurs. Au total, si l'on suppose qu'une plus grande liberté d'installation du commerce aurait permis un partage de la rente à moitié pour les consommateurs et à moitié pour l'emploi, ce sont 50 000 postes nets qui auraient été perdus en une décennie. La concentration des flux de clientèle sur de rares surfaces de vente induit en outre une intensité du travail délétère particulièrement sensible dans les zones à faible équipement commercial. Ne pouvant répondre à ces flux en les répartissant sur suffisamment de surfaces et donc de travailleurs, les distributeurs développent désormais des modes de distribution alternatifs et des innovations technologiques économes en main-d'œuvre. Le contrôle de la duplication des équipements dans un secteur où, en principe, la décision devrait revenir aux acteurs privés n'a donc pas rempli ses objectifs : incapable de revivifier le commerce alimentaire isolé, il collectionne au contraire les effets pervers. Trop restrictif, il devra être modifié, la France étant, pour la Commission européenne, en infraction avec le droit communautaire.

La commission Attali chargée de réfléchir aux conditions de la croissance du pouvoir d'achat l'a immédiatement identifié ; la recherche de gains de pouvoir d'achat ne peut plus s'affranchir d'une remise à plat du secteur de la distribution ; mais plutôt que de supprimer toute régulation comme le préconise la commission, ce chapitre invite à en construire de nouvelles, purgées des effets pervers, à partir d'objectifs politiques clairs.

La libéralisation du marché de l'électricité est-elle une bonne chose ?

Un autre secteur qui contribue à l'érosion du pouvoir d'achat des Français est celui de l'énergie. Pourquoi le prix de l'électricité a-t-il augmenté en France autant que chez nos voisins, alors que le choix d'une production principalement nucléaire aurait pu nous protéger du renchérissement des énergies fossiles, qui a frappé le reste de l'Europe ? Est-il normal que les consommateurs français ne retrouvent pas, dans les prix, les faibles coûts de production de l'énergie nucléaire ? Faut-il accuser la libéralisation en cours sous l'égide de la Commission européenne et renforcer la régulation publique des prix ? Faut-il au contraire attribuer les prix élevés à une concurrence encore insuffisante, à cause notamment du poids d'EDF, et placer ses espoirs dans une poursuite de la libéralisation ? L'intégration progressive des différents marchés nationaux sera-t-elle la panacée promise par la Commission européenne ? Quelle serait la conséquence d'une poursuite de la privatisation d'EDF, ou au contraire de sa renationalisation à cent pour cent ?

Dans le chapitre qu'il consacre à la libéralisation du marché de l'électricité, « Électricité : faut-il désespérer du marché », David Spector démonte un par un les mécanismes à l'œuvre qui permettent de répondre à ces questions. À court terme, tout d'abord, le prix élevé de l'électricité résulte bien du renchérissement des énergies fossiles. EDF, détenteur de la capacité nucléaire française, bénéficie d'une rente qui est due non pas au manque de concurrence mais à la rareté relative du parc de production nucléaire. Le prix, même sur un marché concurrentiel, est en effet déterminé par la technologie de production la plus coûteuse nécessaire pour satisfaire la demande totale « à la marge ». Or, bien qu'il représente l'essentiel de la production française, le nucléaire ne suffit presque jamais à satisfaire à lui seul la totalité de la demande, notamment parce qu'une part substantielle de la production nucléaire est exportée. Les coûts de production nucléaire n'ont donc que peu d'incidence sur les prix. En conséquence, une déconcentration de la capacité nucléaire ne ferait pas baisser les prix.

À long terme, de nouveaux investissements nucléaires pourraient faire disparaître la rente de rareté du nucléaire. L'expansion du parc nucléaire français serait en effet possible à l'occasion du renouvellement du parc actuel, entre 2017 et la décennie 2030, si les réacteurs actuels étaient remplacés par des réacteurs EPR de nouvelle génération, plus puissants. En théorie, le jeu de la concurrence pourrait alors suffire à faire bénéficier les Français des faibles coûts du nucléaire.

L'intégration européenne, toutefois, par le développement des interconnexions physiques et la rationalisation de leur attribution, a pour conséquence paradoxale de rendre encore plus certaine et durable la rente de rareté du nucléaire. Car sur un hypothétique marché européen – lequel n'existe aujourd'hui que partiellement, en raison des limites physiques des interconnexions –, la capacité nucléaire totale est très inférieure à la demande, même lorsque celle-ci atteint son niveau minimal. Le prix, sur ce marché hypothétique, serait donc toujours déterminé par le coût marginal d'une technique de production fossile. Si les interconnexions devaient se développer fortement, la rente de rareté du nucléaire français en serait renforcée d'autant, et l'ampleur des investissements nucléaires nécessaires pour aboutir au parc optimal et à la disparition de la rente de rareté serait accrue.

Faut-il en conclure que la libéralisation européenne est une mauvaise nouvelle pour les Français ? Tout dépend en fait de la manière dont elle est gérée. Car la rente offerte à EDF du fait de la libéralisation ne va pas s'évaporer. Sa redistribution peut passer par de nouveaux canaux. On peut penser à la renationalisation d'EDF, ou du moins au maintien d'une forte propriété publique. Mais d'autres instruments, liés à la fiscalité et à la prise en charge, par l'État ou par le détenteur de la capacité nucléaire, d'une partie des coûts de réseau ou de fourniture du service public actuellement supportés par les consommateurs peuvent également parvenir aux mêmes fins : redistribuer aux consommateurs la manne nucléaire d'EDF. Quelle que soit l'option retenue, l'intervention massive de la puissance publique sur le marché de l'électricité, dans un sens étatiste ou libéral, sera donc inévitable pendant plusieurs décennies.

Dictionnaire abrégé de la mondialisation

Une série de textes succincts sont regroupés dans la troisième partie du présent ouvrage. Ils visent à guider le lecteur vers les thèmes de la recherche les plus récents touchant à la mondialisation.

Dans deux contributions Thierry Verdier propose une revue des travaux récents qui ont analysé les liens entre mondialisation, culture et montée des tensions identitaires. L'ouverture internationale est perçue comme une menace sur l'identité culturelle locale. Elle peut devenir à ce titre une source de tensions dans les sociétés qui en souffrent. Tel sera notamment le cas des échanges qui asphyxient la production de biens culturels locaux, lorsque ceux-ci comportent un pouvoir identifiant fort pour les populations, telle l'industrie culturelle notamment.

D'un autre côté, une meilleure intégration entre les pays peut favoriser une certaine convergence culturelle entre ceux-ci, tout en préservant une forme d'hétérogénéité en leur sein. Un tel type d'intégration est réalisé lorsque l'échange entre individus de pays différents est de même nature que l'interaction sociale entre les individus d'un même pays. C'est notamment le cas de la dimension communicationnelle de la mondialisation liée au développement de l'internet, lequel pourrait ainsi agir comme un facteur de pacification des relations internationales.

Trois textes de Sylvie Lambert sont consacrés aux problèmes de la pauvreté, l'inégalité et la mobilité dans les pays en voie de développement. Elle étudie les mécanismes par lesquels les inégalités se perpétuent de manière intergénérationnelle, en analysant notamment le rôle de la scolarisation. Pour ne citer que l'une d'entre elles, une étude très imaginative a ainsi cherché à évaluer les canaux par lesquels la scolarisation des parents détermine celle des enfants. En Afrique comme ailleurs, plus les parents sont éduqués, plus les enfants le seront aussi, ce qui n'étonnera personne. En matière de taux de redoublement des enfants pourtant, l'étude montre que la scolarisation des parents influence peu cette variable. On en conclut que le mécanisme principal par lequel la scolarisation se transmet tient davantage à la préférence « culturelle » des parents pour les études, qui poussent leurs enfants à aller le plus loin possible, qu'à l'influence directe qu'elle peut avoir sur les aptitudes scolaires des enfants (qui devraient se traduire par des redoublements moindres). La partie Compléments examine aussi le rôle des migrations internes dans le processus de réduction des inégalités, prenant appui sur les leçons (ambiguës) de la Chine en ce domaine. Thierry Verdier complète cette analyse en étudiant les conséquences politiques (souvent néfastes) du boom des matières premières pour les pays exportateurs.

Philippe Martin, dans une série de contributions, analyse les évolutions récentes des déséquilibres financiers internationaux. Partant de l'étude du déficit extérieur des États-Unis, il rappelle qu'il s'agit, historiquement, du déséquilibre extérieur le plus important jamais enregistré. Celui-ci pèse sur la valeur du dollar pour lequel deux scénarios sont étudiés. Celui d'une correction brutale, prédite notamment par l'ancien chef économiste du FMI, Ken Rogoff, qui argue que la demande américaine doit être brutalement comprimée pour réorienter la production américaine vers le secteur exportateur. Celui d'un ajustement graduel, mais plus durable, qui est prédit par les économistes, lesquels mettent en avant le temps de réorientation des firmes américaines vers des secteurs exportateurs. La crise financière de l'été et la baisse accélérée du dollar qui a suivi semblent donner raison aux tenants d'un ajustement brutal. La question de la durée de l'ajustement reste toutefois entière.

Si l'intégration financière internationale s'accélère, Akiko Suwa-Eisenmann souligne dans deux textes complémentaires que, contrairement aux idées reçues sur la globalisation, la libéralisation commerciale reste encore fortement freinée. La libéralisation multilatérale marque le pas, alors qu'on assiste à une frénésie d'accords bilatéraux ou régionaux, qui tendent à évincer les autres partenaires commerciaux des pays concernés. C'est le cas des règles d'origine souvent prévues dans les accords régionaux de libre-échange ; elles édictent les conditions à remplir pour qu'un bien puisse bénéficier de la préférence tarifaire. Dans le cadre des accords Nord-Sud, la libéralisation préférentielle a pour effet pervers notable d'imposer aux pays en voie de développement une spécialisation dans les seuls biens bénéficiant des accords, ce qui, à terme, peut freiner leur développement.

Bruno Amable présente une revue des études consacrées au thème « Travail et emploi : le rôle des institutions ». Il souligne les risques qu'il y aurait à prescrire une déréglementation du marché du travail, même accompagnée de garde-fous en matière d'allocation-chômage. Il fait une recension des nombreux travaux qui montrent qu'il faut s'interroger aussi sur le fonctionnement des autres marchés, en particulier ceux des biens et des services, mais probablement aussi des marchés financiers. Les réformes des marchés des biens et services et leurs effets potentiels sur l'emploi sont abordés à la fin de l'ouvrage.

Dans son complément bibliographique, « Perspectives de recherche en politique de la concurrence », Anne Perrot revient sur les fondements théoriques de leurs interventions et révèle l'ampleur des questions qui demeurent ouvertes sur cette action. Les exemples de la grande distribution et de l'électricité illustrent l'importance économique des politiques de la concurrence, notamment pour les consommateurs. Anne Perrot s'interroge entre autres sur les questions cruciales suivantes : comment évaluer *l'efficacité de la politique de la concurrence,* dans la mesure notamment où une large partie de ses effets passe par la dissuasion des comportements anticoncurrentiels, et est donc par nature difficile à observer ? Et comment une autorité de concurrence peut-elle elle-même infléchir son comportement pour être plus efficace ?

Au-delà de leur diversité, les thèmes abordés dans ce livre conduisent à la même conclusion : la science économique peut éclairer l'opinion publique et les décideurs. Un dialogue fructueux doit pouvoir s'engager entre les chercheurs et les utilisateurs, qui respecte la liberté de chacun. Les économistes ne proposent pas une science clé en main, et moins encore des remèdes prêts à être consommés. Mais les éclairages théoriques et empiriques qu'ils apportent font partie des « faits » que l'opinion publique en général tout autant que les décideurs devraient prendre en compte.

PREMIÈRE PARTIE

PAIX ET GUERRE ENTRE LES NATIONS ET LES PERSONNES

I

L'homo economicus, heureux et rationnel ?

1.

La croissance rend-elle heureux ?

Introduction

Le produit intérieur brut est-il un bon indicateur de bien-être ; faut-il tendre à accroître le revenu national ? Aucune théorie ne prescrit la recherche du taux de croissance maximal ; même la création d'emplois, effet évident de la croissance, peut être atteinte par d'autres moyens. Et de nombreuses voix s'élèvent de manière chronique contre l'objectif de croissance, accusant cette dernière de dilapider les ressources épuisables, de ne pas coïncider avec le développement et finalement de ne pas être porteuse de bien-être. Une certaine vision relativiste prétend ainsi que l'homme n'est pas plus heureux dans les pays développés qu'il ne l'était dans les sociétés rurales et traditionnelles plus solidaires, plus intégrantes. Un autre regard sceptique observe avec ironie les vains efforts des individus pour s'élever au-dessus de leurs pairs, de leurs voisins, ou de leur groupe de référence quel qu'il soit. Issue de cette course-poursuite au revenu relatif, au statut, à la consommation ostentatoire, globalement vouée à l'échec par définition, la croissance ne refléterait qu'un arbitrage regrettable *a posteriori* en faveur du travail et de la consommation, et au détriment du loisir. Si certains modèles théoriques démontrent la possibilité d'une croissance réductrice de bien-être[1], d'un point de

1. Voir par exemple G. Corneo et O. Jeanne, « On the relative wealth effects et the optimality of growth », *Economics Letters*, 54, 1997, p. 87-92 ; ou B. Cooper, C. Garcia-Peñalosa et P. Funk, « Status effects and negative utility growth », *Economic Journal*, 111, 2001, p. 642-665.

vue pratique la question est de savoir si, de fait, la croissance satisfait les désirs des agents ou si elle ne constitue qu'un gaspillage de loisir et de ressources. On voudrait donc connaître les motivations intrinsèques des agents, la raison pour laquelle ils produisent toujours davantage et la satisfaction qu'ils retirent réellement de l'élévation de leur revenu.

Des données d'un type nouveau

Dans cette perspective, l'une des voies que les économistes recommencent à explorer, après une première percée dans les années soixante-dix[1], consiste à s'écarter de la méthode des préférences révélées par l'action pour analyser les données « subjectives », c'est-à-dire les opinions des individus, leurs jugements de satisfaction par exemple. Ces variables sont de plus en plus souvent disponibles au sein des enquêtes statistiques nationales et leur exploitation est facilitée par le développement de techniques statistiques adéquates.

On trouve ainsi au sein des enquêtes auprès des ménages des questions demandant directement aux enquêtés de se situer sur une échelle de satisfaction : « De manière générale, en ce moment, à quel point êtes-vous satisfait de votre vie [ou de votre revenu/de votre situation financière] : pleinement satisfait, plutôt satisfait, ou pas du tout satisfait ? », ou encore : « Sur une échelle de 1 à 10, sur quel échelon vous situez-vous en matière de bonheur, de satisfaction ? » Les réponses données par les enquêtés sont alors interprétées comme de bonnes approximations du bien-être de l'individu, de son utilité, de son bonheur, les économistes renonçant pour l'occasion à la distinction entre jugement d'utilité (*ex ante*) et utilité ressentie (*ex post*).

Afin de neutraliser les effets fixes individuels (la « personnalité » des enquêtés), les chercheurs tentent dans la mesure du possible de recourir à des données qui interrogent les mêmes individus année après année (parfois pendant plus de vingt

1. Voir par exemple B. M. Van Praag, « The welfare function of income in Belgium : An empirical investigation », *European Economic Review*, 2, 1971, p. 337-369.

ans). Il s'agit du British Household Panel Survey (BHPS), du German Socio-Economic Panel Study (GSOEP), du Russian Longitudinal Monitoring Survey (RLMS) ou du European Community Household Panel (ECHP) qui englobe les enquêtes nationales auprès des ménages de 15 pays européens de manière harmonisée. Disposer de telles données permet d'identifier la manière dont l'augmentation de revenu d'un individu modifie sa satisfaction.

Si cette méthode a pu occasionner quelques haussements de sourcils à ses débuts, elle semble avoir aujourd'hui gagné ses lettres de noblesse, comme en témoigne sa diffusion dans des revues internationales telles que l'*American Economic Review*[1], le *Journal of Economic Literature*[2], ou encore le *Journal of Economic Perspectives*[3].

Que nous apprend cette plongée au cœur des préférences des individus et de leur bien-être ? Cette contribution présente l'état des connaissances obtenues grâce à la mobilisation des données subjectives au service de l'élucidation du lien entre revenu et bien-être.

L'argent ne fait pas le bonheur

« L'argent ne fait pas le bonheur » ; cet adage sous-tend la motivation générale de tout un courant de l'analyse économique « comportementale » (*behavioral* en anglais) qui s'écarte légèrement de la méthode commune en économie, soit parce

1. P. Frijters, M. A. Shields et J. P. Haisken-DeNew, « Money does matter ! Evidence from increasing real incomes in East Germany following reunification », *American Economic Review*, 94, 2004, p. 730-741 ; P. Frijters, M. A. Shields et J. P. Haisken-DeNew, « Changes in the pattern and determinants of life satisfaction in Germany following reunification », *Journal of Human Resources*, 39, 2004, p. 649-674. D. Kahneman, A. Krueger, D. Schkade, N. Schwarz et A. Stone, « Toward national well-being accounts », *American Economic Review*, 94, 2004, p. 429-434.

2. B. S. Frey et A. Stutzer, « What can economists learn from happiness research ? », *Journal of Economic Literature*, 40, 2002, p. 402-435.

3. R. Di Tella et R. MacCulloch, « Some uses of happiness data in economics », *Journal of Economic Perspectives*, 20, 2006, p. 25-46. D. Kahneman et A. B. Krueger, « Developments in the measurement of subjective well-being », *Journal of Economic Perspectives*, 22, 2006, p. 3-24.

qu'elle remet en cause les hypothèses fondamentales sur lesquelles repose l'axiomatique de la discipline, soit parce qu'elle choisit parfois d'étudier directement les jugements de satisfaction au lieu de s'en tenir à l'observation des choix en actes, réputés plus fiables.

Sceptique à l'égard de l'axiome fondamental de l'analyse économique – les individus opèrent des choix cohérents entre eux et de nature à maximiser un objectif de bien-être –, ce courant de l'analyse économique va parfois jusqu'à douter de la lucidité des agents et de l'objectif qu'on leur prête. Tout en demeurant dans le giron de l'analyse « néoclassique », « orthodoxe » qui conserve l'individu comme élément ultime d'observation et d'analyse, les économistes de ce courant sont largement ouverts aux intuitions venues d'autres sciences sociales et humaines : imitation, effets de pairs, comparaisons, adaptation, impatience, etc. Dans ces conditions, on comprend que l'une des premières questions soulevées par ces économistes « comportementalistes » porte sur l'utilité réellement procurée par la consommation et son instrument : le revenu. La modélisation des choix du consommateur cherchant à maximiser son bien-être constitue en effet la pierre angulaire de la théorie économique de base (à côté de la modélisation des choix du producteur).

Au-delà de ces aspects méthodologiques, l'analyse du lien entre revenu et croissance est lourde d'enjeux pratiques : travailler plus pour gagner plus, certes, mais à condition que cela rende les gens plus heureux et qu'ils aient fait ce choix de manière lucide. Sinon, à quoi bon ?

Le débat sur l'utilité « hédonique » de la croissance remonte à un article ancien de Richard Easterlin[1]. Suivi d'une série d'études similaires, ce dernier montre que, depuis l'après-guerre, le score moyen de satisfaction déclaré par la population est resté à peu près constant, malgré l'augmentation spectaculaire de la richesse des pays développés. Ainsi, la proportion d'Américains se déclarant « très heureux » n'aurait pas augmenté entre 1973 et 2003 malgré l'accroissement du PNB par

1. R. Easterlin, « Does economic growth improve the human lot ? Some empirical evidence », in P. A. David et M. W. Reder (éd.), *Nations and Households in Economic Growth*, New York, Academic Press, 1974, p. 89-125.

tête de deux tiers (figure 1). La même observation vaut pour les pays européens (figure 2) et le Japon. De manière générale, la proportion de gens qui se déclarent « très heureux » se trouve systématiquement au voisinage des 30 % ; en termes d'échelle, les gens se situent toujours en moyenne sur le sixième échelon quand on leur propose une échelle de 1 à 8. Revenu et bien-être ne seraient donc pas synonymes, et mesurer la croissance du PNB ne serait pas une bonne manière d'évaluer les progrès d'un pays.

Figure 1. Bien-être et revenu réel par habitant aux États-Unis, 1973-2003

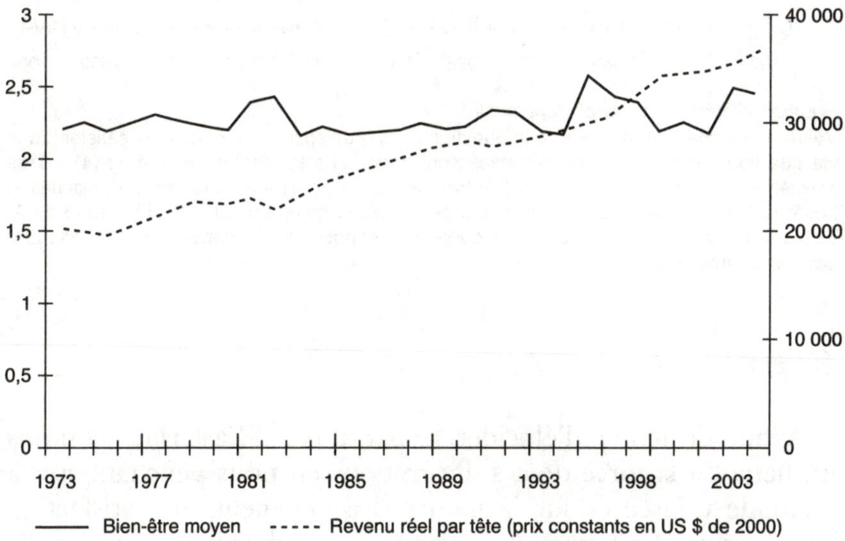

Source : *World Database of Happiness* et *Penn World Tables.*
Valeur moyenne des réponses à la question : « Globalement, diriez-vous qu'en ce moment vous êtes... » Les réponses sont codées de la manière suivante : (3) « Très heureux », (2) « Assez heureux » et (1) « Pas très heureux ». Les questions de satisfaction sont tirées du *General Social Survey* américain. Graphique tiré de A. E. Clark, P. Frijters et M. Shields, « Income and happiness : Evidence, explanations and economic implications », 2006, PSE DP, 24, 2006.

Figure 2. Évolution de la satisfaction générale dans 5 pays européens, 1973-2004

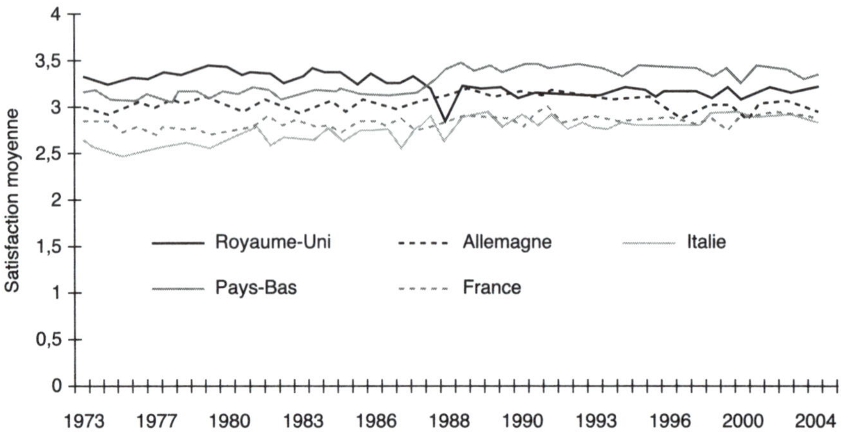

Source : *World Database of Happiness.*
Valeur moyenne des réponses à la question : « Dans l'ensemble, êtes-vous satisfait de la vie que vous menez ? ». Les réponses sont codées de la manière suivante : (4) « Très satisfait », (3) « Assez satisfait », (2) « Peu satisfait » et (1) « Absolument pas satisfait ». Les questions de satisfaction sont tirées de *Eurobarometer Survey*. Graphique tiré de A. E. Clark, P. Frijters et M. Shields, « Income and happiness : Evidence, explanations and economic implications », cit.

Un problème de mesure ?

Avant de tenter d'élucider le paradoxe d'Easterlin, ajoutons un bémol à la force de ces illustrations en nous penchant sur la méthode utilisée et sur la nature des jugements de satisfaction exprimés par les agents. Ces derniers sont choisis sur une échelle bornée. En réponse à la question de savoir s'il est globalement satisfait de sa vie, l'individu doit choisir entre plusieurs réponses allant de « parfaitement satisfait » à « pas du tout satisfait », en passant par « plutôt satisfait » et « plutôt insatisfait ». Il choisit donc une réponse de manière à exprimer le rapport entre ses conditions de vie et son niveau d'aspiration. Autrement dit, les jugements de satisfaction recueillis sont relatifs à un contexte qui définit les limites de l'ensemble des possibles[1]. Easterlin lui-même

1. B. M. Van Praag, « Ordinal and cardinal utility », *Journal of Econometrics*, 50, 1991, p. 69-89.

relève une observation remarquable sur la base de plusieurs enquêtes internationales : les individus, en moyenne, quelle que soit leur classe d'âge, considèrent qu'ils sont plus heureux que par le passé et qu'ils seront plus heureux à l'avenir, mais en moyenne, sur la période considérée, leur indice de bien-être reste à peu près constant.

L'interprétation de l'auteur est la suivante : au fur et à mesure que le contexte se modifie, les aspirations des agents évoluent, de sorte que sur le long terme, les mesures agrégées de satisfaction restent stables. Mais attention ! Il est possible que l'instrument de mesure employé soit lui-même relatif et dépendant du contexte. Peut-être aurait-on obtenu un résultat différent si on avait autorisé les agents, année après année, à élargir l'échelle de satisfaction sur laquelle ils évaluent leur bien-être, de manière à refléter l'évolution de l'ensemble des possibles.

Un double paradoxe

Le paradoxe d'Easterlin est un paradoxe à plusieurs titres. Non seulement parce qu'il suggère que le revenu n'accroît pas le bien-être, mais aussi parce que les courbes « plates » qu'il a mises en évidence contredisent d'autres études fondées sur des données microéconomiques.

Le recours à des indices agrégés de satisfaction, moyennes nationales ou poids des individus donnant telle ou telle réponse est en effet délicat. La composition de la population peut se modifier au cours de la période étudiée, ainsi que les conditions de vie ; plusieurs explications sont alors possibles pour comprendre le lien observé entre satisfaction agrégée et croissance. Pour sortir de cette équivalence observationnelle, il est utile de recourir aux données microéconomiques. Les indices individuels de satisfaction étudiés en coupes transversales sont en effet plus faciles à interpréter puisqu'ils sont évalués au sein du même contexte. Mieux encore, les données de panel permettent de prendre en compte les effets individuels et l'évolution du contexte économique. Les résultats obtenus sont alors tout à fait différents : les études microéconométriques révèlent toutes systématiquement l'influence positive et primordiale du revenu (au même rang que la santé, le travail ou le mariage) sur le bien-être individuel.

1) Les régressions de la satisfaction en matière de revenu, en coupes instantanées, sur des échantillons de population représentatifs d'un pays, révèlent une relation positive et significative entre ces deux variables, aussi bien pour les pays développés[1] que les pays en développement[2], même si la relation est plus étroite dans le cas de ces derniers.

2) Les travaux récents sur la base de données de panel conduisent à la même conclusion : une hausse du revenu individuel entraîne une augmentation du bien-être subjectif[3]. Un certain nombre de travaux ont mis à profit des variations exogènes du revenu de certaines catégories de population afin d'établir la direction de la causalité entre revenu et bien-être[4]. Ici encore, l'effet du revenu est plus important pour les pays en développement.

3) Enfin, des analyses récentes fondées sur des comparaisons entre pays montrent que le bien-être est sensible à certaines

1. D. G. Blanchflower et A. J. Oswald, « Well-being over time in Britain and the USA », *Journal of Public Economics*, 88, 2004, p. 1359-1386. M. A. Shields et S. Wheatley Price, « Exploring the economic and social determinants of psychological well-being and perceived social support in England », *Journal of the Royal Statistical Society, Series A*, 168, 2005, p. 513-538.

2. C. Graham et S. Pettinato, *Happiness and hardship : Opportunity and insecurity in new market economies*, Washington, DC, The Brookings Institution Press, 2002. O. Lelkes, « Tasting freedom : Happiness, religion and economic transition », *Journal of Economic Behavior and Organization*, 59, 2006, p. 173-194.

3. L. Winkelmann et R. Winkelmann, « Why are the unemployed so unhappy ? Evidence from panel data », *Economica*, 65, 1998, p. 1-15. M. Ravallion et M. Lokshin, « Identifying welfare effects from subjective questions », *Economica*, 68, 2001, p. 335-357. A. Ferrer-i-Carbonnell et P. Frijters, « How important is methodology for the estimates of the determinants of happiness ? », *Economic Journal*, 114, 2004, p. 641-659. C. Senik, « When information dominates comparison. Learning from Russian subjective panel data », *Journal of Public Economics*, 88 (9-10), 2004, p. 2099-2133. A. Ferrer-i-Carbonell, « Income and well-being : An empirical analysis of the comparison income effect », *Journal of Public Economics*, 89, 2005, p. 997-1019. A. E. Clark, F. Etilé, F. Postel-Vinay, C. Senik et K. Van der Straeten, « Heterogeneity in reported well-being : Evidence from twelve European countries », *Economic Journal*, 115, 2005, C118-C132. C. Senik, « Ambition and jealousy. Income interactions in the "Old" Europe versus the "New" Europe and the United States », *Economica*, à paraître.

4. J. Gardner et A. J. Oswald, « Money and mental wellbeing : A longitudinal study of medium-sized lottery wins », *Journal of Health Economics*, 26, 2007, p. 49-60. P. Frijters, M. A. Shields et J. P. Haisken-DeNew, « Money

variables macroéconomiques telles que le niveau et la croissance du revenu national[1].

Ainsi, au vu des travaux récents fondés sur des données plus précises que celles mobilisées par Easterlin, il semble tout de même que l'argent fasse le bonheur. Comment réconcilier ces observations avec les faits stylisés à la Easterlin ?

Deux intuitions simples

De nombreux travaux ont essayé de rendre compte des raisons qui pouvaient conduire au paradoxe d'Easterlin, raisons d'ailleurs suggérées par l'auteur lui-même. Deux types de phénomènes seraient à l'œuvre derrière cette apparente indifférence des gens au revenu national : l'habitude et les comparaisons. Il s'agit de deux intuitions simples : d'une part, les gens s'habituent à un niveau de vie élevé, au sens où leur niveau d'exigence s'élève avec leur niveau de vie, si bien que leur satisfaction, qui résulte de l'écart entre revenu effectif et niveau d'aspiration, reste inchangée ; d'autre part, la satisfaction que les gens retirent de leur revenu est essentiellement relative : l'élévation de mon revenu ne me satisfait que si elle est supérieure à celle des gens auxquels je me compare, mon groupe de référence. En poussant cette dernière hypothèse jusqu'à sa limite, si la croissance élevait les revenus de tous d'une manière homogène, elle laisserait tout

---

does matter ! Evidence from increasing real incomes in East Germany following reunification », art. cit. P. Frijters, M. A. Shields et J. P. Haisken-DeNew, « Changes in the pattern and determinants of life satisfaction in Germany following reunification », art. cit. P. Frijters, I. Geishecker, M. A. Shields et J. P. Haisken-DeNew, « Can the large swings in Russian life satisfaction be explained by ups and downs in real incomes ? », *Scandinavian Journal of Economics*, 108, 2006, p. 433-458.

1. R. Di Tella, R. MacCulloch et A. J. Oswald, « The macroeconomics of happiness », *Review of Economics and Statistics*, 85, 2003, p. 809-827. J. F. Helliwell, « How's life ? Combining individual and national variables to explain subjective well-being », *Economic Modelling*, 20, 2003, p. 331-360. A. Alesina, R. Di Tella et R. MacCulloch, « Inequality and happiness : Are Europeans and Americans different ? », *Journal of Public Economics*, 88, 2004, p. 2009-2042. A. Leigh et J. Wolfers, « Happiness and the human development index : Australia is not a paradox », *Australian Economic Review*, 59, 2006, p. 176-184.

le monde indifférent ; en tout état de cause, la croissance serait toujours un jeu à somme quasi nulle.

Ces observations mettent l'accent sur les interactions directes entre les préférences des agents : comparaisons, adaptation. Dans les deux cas, il s'agit d'introduire des effets de seuil dans la relation qui unit bien-être et revenu. Les comparaisons renvoient au revenu de mon groupe de référence ; dans le cas de l'adaptation, le seuil est constitué par mon propre niveau de revenu atteint par le passé.

Des effets purement informationnels

Cependant, au-delà de ces effets de seuil, d'autres chercheurs ont plus récemment mis en évidence des interactions indirectes, de nature informationnelle, qui jouent dans le sens opposé. En admettant que des phénomènes purement cognitifs, des représentations, puissent avoir un effet direct sur le bien-être, ils formulent l'hypothèse selon laquelle la perspective même d'une hausse de revenu futur peut exercer un effet favorable sur le bien-être des agents. Dans ce cadre, les effets de comparaisons peuvent se trouver plus que compensés par les effets d'anticipation nourris par l'observation du revenu de mon groupe de référence. De même, l'influence néfaste de mon revenu passé peut être compensée par l'effet positif de mes anticipations de revenu futur.

Cette contribution présentera les travaux qui ont essayé de confirmer ou d'invalider ces deux interprétations du paradoxe d'Easterlin : comparaisons et adaptation ; elle rendra également compte des effets informationnels qui ont pu être mis en évidence de manière empirique. Au total, l'effet net de ces forces qui s'exercent en sens opposé dépend, on le verra, du contexte économique, notamment des représentations des agents concernant la mobilité qui caractérise la société dans laquelle ils vivent.

Un troisième terme entre revenu individuel et satisfaction

Les explications proposées pour rendre compte du paradoxe d'Easterlin reposent sur une représentation modifiée du lien entre revenu et satisfaction. Il s'agit de « prendre au sérieux » l'idée selon laquelle, dans le revenu d'une personne, plusieurs éléments agissent de manière différente sur sa satisfaction, dont la perception passe par des canaux divers : d'une part, un revenu qui sert de niveau de référence, et d'autre part, la partie du revenu individuel qui s'écarte de cette norme. Ce niveau de référence est néfaste à la satisfaction, il constitue en quelque sorte un déflateur de la satisfaction que l'individu retire de son revenu.

On peut alors estimer de manière microéconométrique, à l'aide de données individuelles, la relation entre satisfaction, revenu de référence et revenu « résiduel ». L'enjeu est de mesurer l'importance relative de l'effet de comparaison par rapport à l'effet du revenu absolu. Mais auparavant, il s'agit d'identifier cette aune à laquelle les individus comparent leur revenu.

Le pressoir de l'adaptation

Une première hypothèse est que cette norme de comparaison est constituée par les revenus passés de l'individu lui-même. Un terme anglais, *hedonic treadmill*, désigne ce phénomène d'adaptation, l'effet néfaste de l'habitude. Les individus s'habituent au niveau de vie autorisé par leur revenu, si bien que la satisfaction qu'ils en retirent s'estompe au bout de quelque temps. Les variations de leur revenu ne peuvent donc exercer qu'un effet temporaire ; ils reviennent ensuite à leur niveau de satisfaction initiale.

À titre d'illustration, si l'individu compare son revenu actuel à la moyenne géométrique des trois dernières années, son bien-être à une période donnée dépendra positivement de son revenu courant, mais négativement de son revenu passé. Plus précisément, dans le cas considéré, l'effet à court terme d'une augmentation de revenu sera plus important que l'effet à long terme. Dans le cas limite, l'effet d'une augmentation de revenu sur le bien-être s'annule totalement au bout de trois ans.

Malgré l'abondante littérature psychologique consacrée à l'adaptation en général[1], peu de travaux portent sur l'adaptation au revenu. L'un des premiers articles utilisant une base de données importante afin de modéliser l'adaptation au revenu est celui de Inglehart et Rabier[2], qui fait appel aux données *Eurobaromètre* de dix pays de l'Europe de l'Ouest entre 1973 et 1983. Les auteurs montrent que la satisfaction moyenne dans la vie et le bonheur moyen par pays sont tous deux indépendants du niveau de revenu national instantané, mais sont corrélés positivement à l'évolution du revenu national sur les douze derniers mois.

À l'aide de données de panel individuelles (British Household Panel Survey), Clark[3] montre que la satisfaction au travail des individus dépend uniquement de l'évolution de leur revenu et non du niveau de ce dernier. Des résultats de même nature sont obtenus par Grund et Sliwka[4] et Weinzierl[5]. Burchardt[6] affine ce constat en mettant en évidence une adaptation plus forte aux augmentations de revenu qu'aux baisses de revenu.

Au-delà des variables de satisfaction ou de bonheur, d'autres approches procurent des résultats utiles. Ainsi les chercheurs de l'école de Leyde[7] estiment-ils des *Welfare Function of Income* de

1. Voir S. Frederick et G. Loewenstein, « Hedonic adaptation », in D. Kahneman, E. Diener et N. Schwarz (éd.), *Well-being : The foundations of hedonic psychology*, New York, Russell Sage Foundation, 1999.

2. R. Inglehart et J. R. Rabier, « Aspirations adapt to situations. But why are the Belgians so much happier than the French ? A cross-cultural analysis of the subjective quality of life », in F. M. Andrews (éd.), *Research on the Quality of Life*, Ann Arbor, Institute for Social Research University of Michigan, 1986.

3. A. E. Clark, « Are wages habit-forming ? Evidence from micro data », *Journal of Economic Behavior and Organization*, 39, 1999, p. 179-200.

4. C. Grund et D. Sliwka, « "The further we stretch the higher the sky". On the impact of wage increases on job satisfaction », Université de Bonn, 2003, DP, 1.

5. M. Weinzierl, « Estimating a relative utility function », Harvard University, mimeo, 2005.

6. T. Burchardt, « Are one man's rags another man's riches ? Identifying adaptive preferences using panel data », *Social Indicators Research*, 74, 2005, p. 57-102.

7. Voir B. M. Van Praag, « The welfare function of income in Belgium : An empirical investigation », art. cit. A. J. Hagenaars, « The perception of poverty », Amsterdam, 1986. H. Van de Stadt, A. Kapteyn et S. Van de Geer, « The relativity of utility : Evidence from panel data », *Review of Economics and Statistics*, 67, 1985, p. 179-187. E. Plug, *Leyden Welfare and Beyond*, Thesis publishers, 1997.

manière indirecte. Leur méthode consiste à demander aux individus de définir eux-mêmes les niveaux de revenu qu'ils jugent « excellent », « bon », « suffisant », etc. On peut ensuite calculer pour chaque individu une fonction liant niveau de revenu et bien-être. On observe alors, en comparant les fonctions des individus, que le niveau de revenu jugé nécessaire pour avoir un « bon niveau de vie » est d'autant plus élevé que l'individu est riche. Autrement dit, le niveau d'exigence augmente avec le niveau de vie. Les chercheurs de Leyde estiment qu'un individu qui connaît une année une augmentation de revenu de 100 dollars aura au bout de deux ans réévalué de 60 dollars le revenu qu'il juge nécessaire pour permettre un « bon niveau de vie ». Ce processus d'adaptation au revenu, de « glissement des préférences » (*preference drift*), conduit donc à une évaporation de 60 % de l'effet utile du revenu.

D'autres approches, des expériences de laboratoire notamment, ont été utilisées, souvent en psychologie. Les expériences décrites par Kahneman et Tversky[1] esquissent une fonction d'utilité dépendant essentiellement non pas du niveau mais plutôt de l'évolution de la richesse. Les individus auraient un goût pour la croissance du revenu en tant que telle, indépendamment du niveau de vie qui en résulte. McBride[2] décrit une expérience astucieuse confirmant le phénomène d'adaptation en tant qu'évolution des aspirations. Chaque sujet joue à pile ou face contre un ordinateur. Le comportement probabiliste de l'ordinateur est connu : par exemple, un ordinateur choisira face huit fois sur dix et pile deux fois sur dix. Les sujets expriment leur satisfaction à la suite de chaque tour de jeu. La manipulation du comportement de l'ordinateur permet d'identifier un effet des attentes sur la satisfaction. Chaque sujet joue cinq fois. La meilleure stratégie contre un ordinateur qui joue face huit fois sur dix est de toujours choisir face ; la récompense espérée est de quatre centimes. Si l'ordinateur joue face dans 65 % des cas et pile dans 35 % des cas, la meilleure stratégie est encore de toujours jouer face, mais cette fois-ci on n'espère gagner que 3,25 centimes. L'analyse empirique de la satisfaction des joueurs montre que plus les sujets gagnent, plus ils sont

1. D. Kahneman et A. Tversky, « Prospect theory : An analysis of decision under risk », *Econometrica*, 47, 1979, p. 263-291.

2. M. McBride, « An experimental study of happiness and aspiration formation », University of California-Irvine, mimeo, 2006.

contents. Mais pour un gain donné, la satisfaction est plus grande quand l'espérance était moindre. Tout se passe donc comme si la satisfaction des individus était relative à leurs attentes.

Un résultat de même nature est obtenu par Tobler *et al.*[1] à l'aide d'une approche neurologique. Il s'agit d'une expérience sur des singes ; ces derniers sont conditionnés à espérer différentes récompenses (jus de fruit) en cas de succès dans l'accomplissement de certaines tâches. On observe que l'activité neuronale pour une récompense donnée est plus importante chez les singes habitués à recevoir des quantités moindres de jus de fruit.

Les comparaisons sociales

Un nombre croissant d'études économétriques mettent en évidence les phénomènes de comparaison aux autres. Le revenu de référence est alors celui d'un groupe social. La question est de savoir comment se compose ce groupe de référence.

Pour l'essentiel, la méthode adoptée par les chercheurs consiste non pas à demander directement aux individus interrogés de définir leur groupe de référence, mais à former des hypothèses sur la composition de ce groupe, puis à chercher une confirmation de cette hypothèse dans les données.

Première hypothèse sur la composition du groupe de référence : les pairs, c'est-à-dire une définition par les caractéristiques professionnelles (formation, profession, branche, expérience, etc.). Le revenu de référence est défini comme le revenu moyen ou le revenu « typique » des gens exerçant la même profession. De nombreux travaux mettent en évidence l'effet négatif exercé par le revenu des pairs sur la satisfaction générale ou sur la satisfaction au travail ; citons ainsi Cappelli et Sherer[2], Clark et Oswald[3], Brown *et al.*[4].

1. P. Tobler, C. Fiorillo et W. Schultz, « Adaptive coding of reward value by dopamine neurons », *Science*, 307, 2005, p. 1642-1645.
2. P. Cappelli et P. D. Sherer, « Satisfaction, market wages and labour relations : An airline study », *Industrial Relations*, 27, 1988, p. 56-73.
3. A. E. Clark et A. J. Oswald, « Satisfaction and comparison income », *Journal of Public Economics*, 61, 1996, p. 359-381.
4. G. Brown, J. Gardner, A. J. Oswald et J. Qian, « Does wage rank affect employees' wellbeing ? », University of Warwick, mimeo, 2006.

D'autres auteurs vérifient l'effet négatif du revenu moyen « local » ; le revenu de référence revêt alors une signification géographique : il est mesuré comme le revenu moyen des habitants d'un quartier[1], d'une région[2] ou d'un État[3]. Toutes choses égales par ailleurs, les travaux empiriques montrent que la satisfaction des gens est plus faible lorsque leurs voisins gagnent davantage.

Le groupe de référence pourrait également être de taille réduite, composé de personnes proches de l'individu, telles que sa famille ou ses amis. Clark[4] dévoile ainsi une corrélation négative entre la satisfaction au travail et le salaire du conjoint. Cette relation négative vaut aussi bien pour les hommes que pour les femmes ; elle est d'autant plus forte que le conjoint gagne davantage que la personne interrogée.

L'économie expérimentale fournit ici encore des résultats intéressants. De manière générale, les joueurs se montrent sensibles aux écarts de revenus. Les sujets des expériences de Zizzo et Oswald[5] sont prêts à dépenser une partie de leurs propres gains afin de détruire les gains des autres participants. Le joueur moyen se voit « brûler » la moitié de ses gains, et les « riches » (ceux qui ont gagné le plus) se trouvent davantage brûlés que les pauvres. De tels résultats expérimentaux sont cohérents avec un processus de comparaison de gains entre joueurs.

Les enquêtes procèdent parfois par présentation de « vignettes » aux personnes interrogées. Dans les enquêtes de Alpizar *et al.*[6], Johannsson-Stenman *et al.*[7], ou Solnick et

1. E. Luttmer, « Neighbors as negatives : Relative earnings and well-being », *Quarterly Journal of Economics*, 120, 2005, p. 963-1002.

2. A. Ferrer-i-Carbonell, « Income and well-being : An empirical analysis of the comparison income effect », art. cit.

3. D. G. Blanchflower et A. J. Oswald, « Well-being over time in Britain and the USA », art. cit.

4. A. E. Clark, « L'utilité est-elle relative ? Analyse à l'aide de données sur les ménages », *Économie et prévision*, 121, 1996, p. 151-164.

5. D. J. Zizzo et A. J. Oswald, « Are people willing to pay to reduce others' incomes ? », *Annales d'économie et de statistique*, 63-64, 2001, p. 39-65.

6. F. Alpizar, F. Carlsson et O. Johansson-Stenman, « How much do we care about absolute versus relative income and consumption ? », *Journal of Economic Behavior and Organization*, 56, 2005, p. 405-421.

7. O. Johannsson-Stenman, F. Carlsson et D. Daruvala, « Measuring future grandparents' preferences for equality and relative standing », *Economic Journal*, 112, 2002, p. 362-383.

Hemenway[1], on demande aux individus de choisir entre des situations hypothétiques. Ainsi, Solnick et Hemenway demandent aux individus de choisir entre les deux situations A et B suivantes :

A : Votre revenu annuel est de 50 000 $; les autres gagnent 25 000 $.

B : Votre revenu annuel est de 100 000 $; les autres gagnent 200 000 $.

On insiste sur le fait que les prix des biens sont les mêmes dans les deux situations et que le revenu des « autres » fait référence au revenu moyen des autres individus dans l'économie. Il se trouve toujours des enquêtés qui choisissent la situation *A*, preuve d'un arbitrage entre revenu absolu et revenu relatif.

Enfin, des analyses physiologiques et neurologiques commencent à confirmer l'importance du statut relatif. Une série d'études sur les singes a démontré que le stress était fonction du statut dans le groupe[2]. L'activité neuronale semble être relative, dans le sens où une récompense est évaluée par rapport à d'autres récompenses potentielles[3]. De la même façon, les études neurologiques sur les paris observent que l'activité neuronale créée par un gain est fonction du montant que l'individu aurait pu gagner. Étant donné l'intérêt que certains économistes portent à la recherche neurologique, nous sommes certains de voir bientôt paraître des études sur la corrélation entre mesures neurologiques et revenu relatif.

1. S. Solnick et D. Hemenway, « Are positional concerns stronger in some domains than in others ? », *American Economic Review*, 95, 2005, p. 147-151.

2. Voir R. H. Frank, *Luxury Fever*, New York, The Free Press, 1999, p. 140-142. Il existe une littérature importante sur la santé et le statut ; voir par exemple : M. Marmot, *Status Syndrome*, Londres, Bloomsbury, 2004 ; L. Cherkas, A. Aviv, A. Valdes, J. Hunkin, J. Gardner, G. Surdulescu, M. Kimura et T. Spector, « The effects of social status on biological aging as measured by white-blood-cell telomere length », *Aging Cell*, 5, 2006, p. 361-365. En termes de comparaisons, la recherche sur le suicide a montré que celui-ci est corrélé au revenu relatif : M. Daly et D. Wilson, « Keeping up with the Joneses and staying ahead of the Smiths. Evidence from suicide data », Federal Reserve Bank of San Francisco, 2006, WP, 12, 2006.

3. H. Cromwell, O. Hassani et W. Schultz, « Relative reward processing in primate striatum », *Experimental Brain Research*, 162, 2005, p. 520-525.

Comme nous l'avons souligné, il est rare de disposer d'une définition par les enquêtés de leur groupe de référence. Melenberg[1] constitue une exception en exploitant une enquête dans laquelle les individus désignent les gens avec lesquels ils interagissent souvent et indiquent leur niveau de satisfaction, ce qui permet de calculer l'effet du revenu de ce groupe sur la satisfaction. Dans un article récent, Senik[2] exploite une enquête réalisée par la Banque européenne pour la reconstruction et le développement en 2006 sur 29 pays en transition, comprenant des questions de comparaison explicites. Elle montre que les comparaisons « locales » (comparaisons avec les parents, les anciens collègues et les camarades de classe) exercent un effet significatif sur la satisfaction générale des enquêtés. Ces comparaisons à des groupes bien définis sont plus puissantes que les comparaisons générales telles que le classement subjectif sur une échelle sociale. Mais l'aune de comparaison la plus pertinente se révèle être l'évolution du niveau de vie des gens par rapport à leur propre situation passée. Il est notable que les comparaisons s'exercent de manière asymétrique : l'effet le plus significatif, et négatif, vient du sentiment de vivre moins bien qu'avant 1989, d'avoir moins bien réussi que les anciens camarades de classe ou que les anciens collègues.

Ainsi, derrière la catégorie de revenu de référence, il faut bien voir à la fois autrui et ma propre situation passée. De plus, l'effet de comparaison est certainement différent selon que mon revenu absolu est plus élevé ou plus faible que mon revenu de référence.

Conscience et bonheur

Les deux sections précédentes ont présenté quelques illustrations de l'effet négatif du passé et des groupes de comparaison sur le bénéfice que les individus retirent de leur revenu. Mais il ne s'agit là que d'une partie du tableau ; à côté de ces effets

1. B. Melenberg, « Micro-econometric models of consumer behaviour and welfare », Tilburg University, mimeo, 1992.

2. C. Senik, « Income comparisons. Direct evidence on income comparisons and their welfare effects », IZA, DP, n° 3195, 2007.

directs qui agissent effectivement comme des « déflateurs » de la satisfaction, d'autres effets indirects, de nature informationnelle, sont de nature à jouer en sens opposé. Ainsi, si l'on admet que des représentations, des anticipations peuvent exercer des effets sur le bien-être des agents, générant une sorte d'utilité « anticipée » (*anticipatory feelings*) selon la terminologie de Caplin et Leahy[1], alors une nouvelle source de bien-être se dévoile, de nature à contrecarrer certains des effets mis en évidence précédemment. Le revenu d'autrui, ou mon propre revenu passé, peuvent en effet servir de fondement à la formation d'anticipations positives dans la mesure où ils permettent d'augurer une progression personnelle. Il se peut alors qu'ils exercent un effet positif – et non plus négatif – sur mon bien-être.

Autrui comme source d'information

Dans un article célèbre, l'économiste Alfred Hirschman[2] a suggéré qu'un individu pouvait retirer une satisfaction positive de la simple observation de l'enrichissement d'autrui, de même qu'un automobiliste, pris dans un embouteillage dans un tunnel, se réjouit de voir soudain l'autre file de voitures progresser vers la sortie du tunnel s'il y voit un signe annonciateur de sa propre sortie. On parle donc d'« effet tunnel » lorsque, dans un contexte d'incertitude et de manque de visibilité, l'observation du sort d'autrui comporte un contenu informationnel si important qu'il domine l'effet de privation relative et d'envie.

Il est possible, on le voit, d'interpréter l'écart entre mon revenu et celui de mon groupe de référence de deux manières différentes, chacune exerçant des effets radicalement opposés sur mon bien-être : l'effet direct de comparaison réduit mon bien-être à mesure que le revenu de comparaison s'accroît, tandis que l'effet indirect de nature cognitive associe un surplus de bien-être à l'observation de l'accroissement du revenu d'autrui que je

1. A. Caplin et J. Leahy, « Psychological expected utility and anticipatory feelings », *Quarterly Journal of Economics*, 116, 2001, p. 55-80.

2. A. Hirschman et M. Rothschild, « The changing tolerance for income inequality in the course of economic development », *Quarterly Journal of Economics*, 87, 1973, p. 544-566.

considère comme une source d'information sur mes propres perspectives.

Cette remarque permet de reconsidérer le lien entre comparaisons sociales et bien-être. Le revenu de mon groupe de référence exercerait des effets sur mon bien-être via deux canaux potentiels et non plus un seul. Les deux canaux jouant en sens opposés, la question devient alors de savoir lequel l'emporte sur l'autre et dans quelles circonstances. L'estimation économétrique constitue une évaluation de cette importance relative.

De fait, une série de travaux ont mis en évidence un effet net significativement positif du revenu d'autrui sur la satisfaction individuelle dans certains pays. Senik[1], retenant une interprétation professionnelle du groupe de référence, c'est-à-dire le groupe d'individus partageant les mêmes caractéristiques productives, montre que l'« effet tunnel » est dominant en Russie. Elle généralise ensuite ce résultat à un ensemble de pays en transition : Pologne, Hongrie, Pays baltes[2]. Elle observe également que l'effet informationnel est dominant aux États-Unis. Elle interprète ces résultats à la lumière du degré de mobilité et d'incertitude perçu par les agents. L'effet négatif du revenu d'autrui, l'effet des « comparaisons », l'emporte dans les pays de la « vieille Europe » marqués par une plus grande rigidité sociale, tandis que l'effet informationnel l'emporte dans les pays de la « nouvelle Europe » ainsi qu'aux États-Unis, où règne une plus forte mobilité des revenus. Dans le même esprit que Senik, Kalbarczyk[3] observe un « effet tunnel » en Pologne. Elle montre aussi que l'effet positif du revenu d'autrui n'existe que pour le niveau du revenu individuel, le revenu du ménage ne jouant apparemment pas le même rôle informationnel. Ce résultat est à rapprocher de celui de Knight et Song[4] qui montrent qu'en Chine, si les habitants d'un village se comparent bel et bien aux autres

1. C. Senik, « When information dominates comparison. Learning from Russian subjective panel data », art. cit.

2. C. Senik, « Ambition and jealousy. Income interactions in the "Old" Europe versus the "New" Europe and the United States », art. cit.

3. M. Kalbarczyk, « Income and satisfaction : Panel data analysis for Poland and England », Université de Varsovie, Faculté des sciences économiques, 2006.

4. J. Knight et L. Song, « Subjective well-being and its determinants in rural China », University of Nottingham, mimeo, 2006.

membres du village (la question leur est posée directement), le revenu moyen du village est une source d'accroissement et non de réduction de leur bien-être.

Alesina, Di Tella et MacCulloch[1] avaient suggéré que la perception des inégalités de revenu différait de part et d'autre de l'Atlantique. Il semble que l'ancien Rideau de fer constitue également une frontière de clivage des perceptions et que, plus généralement, la frontière entre pays anciennement développés et pays en développement rapide soit pertinente pour ce qui est de la perception du revenu d'autrui. Il ne s'agit pas d'une frontière géographique ; c'est plutôt la mobilité perçue par les habitants qui pourrait être à l'origine de ces hiatus : faible mobilité et faible incertitude dans le cas de la vieille Europe, forte mobilité aux États-Unis, forte incertitude dans la nouvelle Europe ou encore la Chine. Certes, mobilité et incertitude ne sont pas synonymes. Cependant, les deux sont de nature à accroître la valeur de l'information permettant aux agents de former des anticipations.

Au-delà de cette variabilité géographique, certains auteurs ont mis en évidence un effet de signal à la Hirschman au sein des entreprises. Clark, Kristensen et Westergård-Nielsen[2] montrent qu'au Danemark la satisfaction au travail (*job satisfaction*) augmente avec le salaire des collègues au sein de la même firme, surtout dans les grandes entreprises. Brown *et al.*[3] observent également qu'au Royaume-Uni, la satisfaction relative au salaire (*pay satisfaction*) est positivement corrélée au salaire moyen dans la firme. Enfin, Panos et Theodossiou[4] montrent que dans les entreprises britanniques, l'effet cognitif de la rémunération des pairs domine les comparaisons sociales (du point de vue de la satisfaction au travail) pour les employés qui se trouvent dans les situations financières les plus difficiles.

1. A. Alesina, R. Di Tella et R. MacCulloch, « Inequality and happiness : Are Europeans and Americans different ? », art. cit.
2. A. E. Clark, N. Kristensen et N. Westergård-Nielsen, « Job satisfaction and co-worker wages : Status or signal ? », PSE, mimeo, 2006.
3. G. Brown, J. Gardner, A. J. Oswald et J. Qian, « Does wage rank affect employees' wellbeing ? », loc. cit.
4. G. Panos et I. Theodossiou, « Earnings aspirations and job satisfaction : The affective and cognitive impact of earnings comparisons », University of Aberdeen, mimeo, 2006.

Cet ensemble de travaux constitue le pendant des nombreuses études empiriques consacrées à la mise en évidence des effets de comparaison. Il rappelle qu'au-delà des comparaisons et des sentiments de privation relative, d'autres interactions sociales peuvent jouer lorsque le contexte est propice, et qu'il ne faut pas jeter la croissance avec l'eau des dysfonctionnements éventuels de l'économie !

Bonheur et avenir

De même que les effets de comparaison à autrui peuvent être contrecarrés par des effets cognitifs à la Hirschman, de même, concernant l'évolution de mon propre revenu dans le temps, des effets d'anticipation peuvent compenser les effets de seuil créés par le phénomène d'adaptation.

Le paradoxe d'Easterlin repose en grande partie sur l'adaptation, c'est-à-dire l'influence de la consommation passée sur le bien-être courant. « Les aspirations matérielles croissent à proportion du revenu ; il en résulte que nos aspirations et notre bien-être restent inchangés, en dépit de la croissance économique[1]. » Si les aspirations passées semblent jouer un rôle néfaste sur la satisfaction, qu'en est-il des anticipations de revenus futurs ?

Empiriquement, la mise en évidence de l'effet des anticipations sur le bien-être est le plus souvent le fait d'études de terrain ou d'expériences[2]. L'une des expériences les plus intuitives de Loewenstein consiste à offrir aux sujets deux dîners, l'un dans un très excellent restaurant français et l'autre dans un restaurant à bas prix. Les sujets peuvent choisir dans quel ordre ils font usage

1. R. Easterlin, « Explaining happiness », Proceedings of the National Academy of Sciences, 100 (19), 2003 (www.pnas.org/cgi/doi/pnas1633144100).

2. G. Loewenstein et N. Sicherman, « Do workers prefer increasing wage profiles ? », *Journal of Labor Economics*, 9, 1991, p. 67-84. G. Loewenstein et D. Prelec, « Negative time preferences », *American Economic Review*, Papers and Proceedings, 82, 1991, p. 347-352. G. Loewenstein, D. Read et R. Baumeister (éd.), *Time and Decision*, Russell Sage Foundation, 2003. I. Brocas et J. Carillo (éd.), *The Psychology of Economics Decisions*, vol. I : *Rationality and Well-Being*, vol. II : *Reasons and Choices*, Oxford, Oxford University Press, 2003, 2004. C. Camerer, G. Loewenstein et M. Rabin (éd.), *Advances in Behavioral Economics*, Princeton University Press-Russell Sage Foundation, 2004.

de ces cadeaux. La plupart choisissent de réserver le dîner dans le restaurant le plus chic pour plus tard. Les auteurs y voient le signe d'un comportement de *savouring* consistant à prolonger la période de délectation anticipée d'un événement plaisant.

Dans un article souvent cité, Frank et Hutchens[1] montrent que les conducteurs des compagnies de bus et aériennes américaines connaissent des profils de salaires croissants dans le temps, qui ne s'expliquent pas par la croissance de leur productivité mais qu'il faut rapporter à la pure préférence de ces salariés pour des profils de consommation croissants dans le temps.

Cette hypothèse se trouve confortée par les travaux de Senik[2] qui montre, à l'aide de données de panel russes, que, toutes choses égales par ailleurs, anticiper une amélioration financière est un motif de satisfaction (*life satisfaction*) en soi, indépendamment des effets de consommation associés. Autre travail fondé sur des échantillons représentatifs, Van Praag et Ferrer-i-Carbonell[3] consacrent un chapitre de leur ouvrage à « *The impact of past and future on satisfaction* ». À l'aide d'enquêtes auprès des ménages, ils mettent en évidence le fait que les revenus futurs espérés, tout comme les revenus passés, influencent la satisfaction.

Enfin, dans le cadre du nouvel axe de recherche en « neuroéconomie », des auteurs ont récemment mis en évidence les effets de anticipations sur l'activité cérébrale, à l'aide d'images obtenues par résonance magnétique[4].

Ainsi, lorsque le revenu d'autrui sert de support aux anticipations des agents, c'est-à-dire à des représentations du futur, son impact sur le bien-être est positif et non plus négatif. Cela conduit à nuancer le rejet de la croissance qui découlait du para-

1. R. H. Frank et R. M. Hutchens, « Wages, seniority, and the demand for rising consumption profiles », *Journal of Economic Behavior and Organization*, 21, 1993, p. 251-276.

2. C. Senik, « Is man doomed to progress ? », PSE, WP, 12, 2006, IZA, DP 2237, *Journal of Economic Behavior and Organization*, 2006.

3. B. Van Praag et A. Ferrer-i-Carbonell, *Happiness Quantified*, Oxford, Oxford University Press, 2004.

4. C. Camerer, G. Loewenstein et M. Rabin (éd.), *Advances in Behavioral Economics*, *op. cit.* C. Camerer, G. Loewenstein et D. Prelec, « Neuroeconomics : How neuroscience can inform economics », *Journal of Economic Literature*, vol. 43, 2005, p. 9-64. G. Loewenstein, « The pleasures and pains of information », *Science*, 312, 2006, p. 704-706.

doxe d'Easterlin. En particulier, et de manière évidente, s'il est vrai, comme l'ont suggéré de nombreux travaux d'économistes et de psychologues, que les individus ont un goût pour un profil de revenu et de consommation croissant dans le temps, la croissance ne semble plus un objectif dérisoire.

Une dernière étape à franchir afin de boucler l'analyse de l'influence du passé et de l'avenir sur la satisfaction courante serait de vérifier empiriquement l'intuition selon laquelle les expériences passées influencent les représentations de l'avenir. Ce phénomène compenserait alors partiellement le rôle négatif des revenus passés sur la satisfaction tirée du revenu courant.

Conclusion

Cette rapide et partielle revue de la littérature a illustré deux types d'interactions sociales : interactions directes du type comparaisons et adaptation *versus* interactions indirectes telles que apprentissage informationnel et anticipations. Le poids respectif de ces deux types d'interactions dépend du contexte économique dans lequel elles se déroulent, notamment du degré d'incertitude et de mobilité dans l'économie. Des effets informationnels ont également été mis en évidence à l'intérieur même des entreprises.

L'absence étonnante d'effets de la croissance sur le bien-être moyen semble dissimuler des forces contradictoires. Une hausse du revenu est susceptible de provoquer plusieurs types d'effet : l'effet évident de la hausse de la consommation en tant que telle, des effets favorables de type informationnel (anticipations) et des effets négatifs tels que les comparaisons et l'adaptation. Ces trois forces se compensent parfois, mais pas toujours : il arrive que les effets informationnels soient les plus puissants. Pour parodier la formule d'Easterlin, non seulement mon bien-être s'accroît avec mon revenu, mais il peut même, dans certaines conditions, augmenter lorsque d'autres s'enrichissent.

Or, si les comparaisons sociales remettent en cause la pertinence de la croissance en tant qu'objectif social et en tant que mesure du bien-être et du développement, l'effet informationnel, lui, plaide au contraire en faveur de la croissance. La mesure du poids respectif de ces effets présente donc un sujet d'intérêt pour la politique économique.

Finalement, cet ensemble de travaux montre que les individus évaluent leur situation à l'aune de leurs aspirations. Ces aspirations peuvent les rendre heureux ou malheureux selon qu'elles sont hors d'atteinte ou réalisables. Dans un monde d'information, les aspirations sont une source de bien-être ; dans un monde de comparaison, elles sont délétères. Pour autant, cela ne doit pas, selon nous, conduire à une vision relativiste présentant comme équivalents deux « équilibres » : l'un sans mobilité où il serait souhaitable de réduire les différences de revenus, et l'autre, très mobile et compatible avec davantage de différences : le monde d'Hirschman est un monde plus heureux que celui d'Easterlin, le lien entre anticipations et bien-être le prouve. La politique économique devrait donc s'attacher à créer les conditions d'un monde à la Hirschman en façonnant des institutions propices à la mobilité sociale.

2.

Les marchés financiers sont-ils rationnels ?

Au cœur des transformations radicales qu'a connues le capitalisme depuis le début des années quatre-vingt, on trouve toujours et partout la révolution financière. Pour prendre la mesure du phénomène, il n'est que de faire la liste des questions de politique économique aujourd'hui les plus brûlantes pour s'apercevoir qu'à chaque fois la dimension financière y pèse d'un poids déterminant : gouvernance des entreprises, retraites, revenus des grands patrons, épargne des salariés, délocalisations, mondialisation et jusqu'à la politique monétaire dont certains demandent avec insistance qu'elle cesse de se focaliser sur les seuls prix des marchandises pour tenir compte également du prix des actifs. Lorsqu'on compare cette situation à celle que nous avons connue durant les Trente Glorieuses, l'écart est saisissant. Les logiques financières sont désormais partout présentes, ce qui justifie le terme de « capitalisme financiarisé » utilisé quelquefois pour désigner la configuration économique contemporaine.

Cette présence financière revêt une forme spécifique : l'évaluation publique. Elle est au principe du pouvoir actionnarial moderne et de sa capacité à contrôler les entreprises en prenant appui sur l'opinion boursière. Que cette évaluation publique puisse constituer une force en soi, indépendamment même du contrôle direct par les capitaux, il n'est pour s'en convaincre que d'observer l'influence décisive qu'exercent les agences de notation alors même que ces institutions ne gèrent aucun fonds. La seule modification d'une note a des répercussions multiples, qu'il s'agisse de l'accès au crédit ou de la réputation de la société. Il en est ainsi parce que cette note est utilisée comme norme de référence par l'ensemble des acteurs financiers et bancaires. C'est alors une réaction coordonnée du marché qu'elle produit, réaction qui peut se révéler très violente, à la hausse comme à la baisse. Il en est de même pour l'évaluation publique. La baisse du cours, parce qu'elle exprime la défiance de la communauté financière coalisée, pèse fortement sur les stratégies des directions d'entreprise. Telle est la nature du pouvoir financier. C'est un pouvoir d'influence qui contrôle les entreprises en les soumettant à un jugement certifié faisant l'objet d'une grande publicité au sein de la communauté financière. On pourrait parler d'un pouvoir de nature médiatique[1]. Il s'ensuit que le jugement qu'on porte sur ce nouveau pouvoir dépend étroitement de l'analyse qu'on fait de sa capacité à produire une évaluation correcte ou non. Si l'on pense que les Bourses de valeurs sont efficientes au sens où elles sont capables d'utiliser correctement toute l'information disponible pour bien estimer les stratégies des entreprises, on jugera positive la montée en puissance de la finance de marché. Si, au contraire, on doute de cette capacité d'évaluation, on mettra en garde contre le rôle indu que jouent les jugements boursiers dans le capitalisme contemporain.

Une partie essentielle des recherches en finance porte précisément sur cette question. On pourrait même définir la théorie financière comme cette branche de l'économie qui a pour objet principal d'investigation l'évaluation des actifs financiers, la question centrale étant de déterminer si les marchés boursiers sont aptes ou non à produire des évaluations correctes. Ce domaine de recherche jouit d'une grande autonomie au sein de la discipline économique[2]. Parce que les actifs financiers sont des droits sur des revenus futurs, échelonnés au cours du temps et le plus souvent incertains, les questions de risque et, plus généralement,

1. J'ai développé ce point dans A. Orléan, *Le Pouvoir de la finance*, Paris, Éditions Odile Jacob, 1999, et dans « L'individu, le marché et l'opinion : réflexions sur le capitalisme financier », *Esprit*, novembre 2000, p. 51-75.

2. On illustre souvent cette autonomie de la théorie financière par le fait que les notions d'offre et de demande n'y occupent pas la place centrale qui est la leur généralement en économie. La théorie financière leur préfère les notions d'arbitrage et d'absence d'arbitrage (S. A. Ross, *Neoclassical Finance*, Princeton-Oxford, Princeton University Press, 2004, p. 1-2). Par ailleurs, cette autonomie de la finance apparaît directement dans les différents travaux qui

de rapport à l'avenir y occupent une place prépondérante. Tout le travail de l'économie financière, depuis au moins la thèse de Louis Bachelier[1], a consisté à concevoir un cadre théorique permettant de rendre intelligible le hasard boursier[2]. Il s'ensuivit un effort prolongé sur presque un siècle, caractérisé par une forte cumulativité des résultats, effort collectif qui a fini par déboucher, au début des années quatre-vingt, sur un formalisme à la fois d'une très grande élégance et d'une très grande rigueur[3]. À partir d'un nombre réduit d'hypothèses, la finance néoclassique a réussi à unifier un riche ensemble de résultats (le modèle d'évaluation des actifs financiers, la formule de Black-Scholes, l'efficience informationnelle ou le théorème de Modigliani-Miller) en démontrant qu'ils pouvaient tous être repensés dans un cadre unique d'évaluation dont l'opérateur central est la « martingale sous la probabilité risque neutre[4] ». Cette réussite formelle incontestable a pu faire dire à certains que la finance néoclassique est « la plus scientifique de toutes les sciences sociales[5] ». Par ailleurs, ce courant de réflexion néoclassique conclut à l'efficience des marchés financiers.

Si, bien évidemment, ces succès théoriques jouent un rôle important dans la manière dont la finance actuelle conçoit ses programmes de recherche, étonnamment une grande partie de ceux-ci échappent à son influence. On observe en effet que, malgré ses résultats impressionnants, la prépondérance de cette finance néoclassique se trouve aujourd'hui fortement contestée par un courant de recherches alternatif, solidement représenté au sein de la communauté universitaire internationale, ce qu'on

---

en retracent l'histoire intellectuelle, par exemple P. L. Bernstein, *Des idées capitales*, PUF, coll. « Quadrige », 2000 [1re édition 1992], ou N. Dunbar, *Inventing Money. The Story of Long-Term Capital Management and the Legends Behind It*, New York-Toronto, John Wiley & Sons Ltd, 2000.

1. L. Bachelier, *Théorie de la spéculation*, Gauthier-Villars, 1900.

2. On peut, sur ce point, se reporter aux passionnantes réflexions de B. Mandelbrot, par exemple « Formes nouvelles du hasard dans les sciences », *Économie appliquée*, 26, 1973, p. 307-319.

3. Pour une présentation synthétique, se reporter par exemple à S. A. Ross, *Neoclassical Finance*, *op. cit.*

4. Voir C. Walter, « Les martingales sur les marchés financiers. Une convention stochastique ? », *Revue de synthèse*, 5e série, 2, 2006, p. 379-391.

5. S. A. Ross, *Neoclassical Finance*, *op. cit.*, p. 10.

appelle la « finance comportementale[1] », ou *behavorial finance*, qui conteste l'efficience des marchés. Il s'ensuit, dans la recherche en finance, une conjoncture intellectuelle tout à fait inédite, qu'on ne retrouve pas ailleurs en économie. Certes, sur de nombreux sujets économiques existent d'importantes controverses, mais ce sont toujours des controverses locales sur fond d'un accord général sur les méthodes et les conceptions théoriques, alors qu'en finance s'opposent véritablement deux paradigmes également structurés et représentés dans les institutions de recherche[2]. C'est autour de cette concurrence que se structure aujourd'hui la recherche dans le domaine financier. Aussi me proposé-je de présenter ce débat auquel participent activement des chercheurs du Cepremap.

Arbitrage et efficience informationnelle

Le concept central sur lequel s'est construite la théorie financière néoclassique est la notion d'arbitrage. Au sens strict, on dit qu'un marché présente une opportunité d'arbitrage si, aux prix donnés, il est possible d'exhiber une stratégie d'investissement qui, sur la base d'un capital initial nul, garantit un revenu positif ou nul pour tous les « états du monde » et strictement positif pour au moins un état. Aux yeux de la finance néoclassique, l'équilibre du marché est incompatible avec l'existence de telles opportunités d'arbitrage. En effet, si l'on fait l'hypothèse minimale que tout individu préfère être plus riche que moins, il s'ensuit que toute opportunité d'arbitrage est amenée à être

1. Pour une présentation de la finance comportementale, on peut se reporter par exemple à A. Shleifer, *Inefficient Markets. An Introduction to Behavioral Finance*, Oxford University Press, 2000. Pour une présentation du débat entre celle-ci et la finance néoclassique, on peut se reporter au *Journal of Economic Perspectives*, 17 (1), hiver 2003, opposant B. Malkiel, « The efficient market hypothesis and its critics », p. 59-82, et R. J. Shiller, « From efficient markets theory to behavioral finance », p. 83-104.

2. Je ne néglige pas l'existence de paradigmes hétérodoxes en économie mais, pour l'instant, ils ne bénéficient pas d'une inscription académique internationale comparable à celle de la finance comportementale, ce qui ne préjuge en rien de leur pertinence théorique intrinsèque.

exploitée sur une échelle infinie puisqu'elle procure du profit sans risque. À partir de l'hypothèse d'absence d'opportunité d'arbitrage et de complétude des marchés, la finance néoclassique obtient ses résultats centraux d'évaluation : « Le prix de tout actif est l'espérance mathématique de ses paiements pour une distribution de probabilité unique[1] », dite « probabilité risque neutre ».

Parmi les conséquences de ce cadre théorique, il en est une qui joue un rôle majeur du fait de ses nombreuses applications empiriques et pratiques, à savoir la fameuse hypothèse d'efficience des marchés (HEM). On peut la faire remonter à Fama[2]. L'efficience en question est de nature informationnelle et doit être distinguée de l'efficience allocative. On dira qu'il y a efficience lorsque les prix reflètent toute l'information disponible[3]. Comme l'ont souligné de nombreux théoriciens, cette formulation « n'est pas entièrement claire[4] », de sorte qu'elle est sujette à diverses interprétations. Il me semble nécessaire d'en distinguer trois[5]. La première (HEM1) définit un marché efficient comme étant un marché sur lequel « les actifs financiers sont toujours évalués correctement, compte tenu de l'information publique disponible à tous les instants[6] ». « Correctement » renvoie ici à une certaine théorie de la valeur des actifs. Pour cette raison, de manière équivalente, on dira qu'un marché est efficient au sens de (HEM1) si les prix sont conformes à la valeur intrinsèque ou fondamentale des actifs. On trouve cette définition chez Fama lorsqu'il écrit :

1. R. Kast et A. Lapied, *Fondements microéconomiques de la théorie des marchés financiers*, Paris, Economica, coll. « Gestion », 1992, p. 137.

2. E. Fama, « Random walks in stock market prices », *Financial Analysts Journal*, 21 (5), septembre-octobre 1965, p. 55-59.

3. On sait qu'en fonction de l'information considérée, on distingue trois formes d'efficience : faible, semi-forte et forte. E. Fama, « Efficient capital markets : A review of theory and empirical work », *Journal of Finance*, 25, 1970, p. 383-417.

4. S. A. Ross, *Neoclassical Finance, op. cit.*, p. 42.

5. Sur cette question, voir également P. Hyme, « Des différentes acceptions de la "théorie des marchés efficients" », *Économie appliquée*, 57(4), décembre 2004, p. 43-57. Je ne connais pas de présentation qui distingue explicitement ces trois définitions de l'efficience, comme il est fait dans ce présent texte.

6. R. J. Shiller, *Irrational Exuberance*, Princeton (New Jersey), Princeton University Press, 2000, p. 171.

« Sur un marché efficient, le prix d'un titre constituera, à tout moment, un bon estimateur de sa valeur intrinsèque[1]. » Une deuxième définition (HEM2) met l'accent sur la non-prévisibilité des rendements. Il s'agit de vérifier que « les rendements des actifs financiers sont très près d'être non corrélés dans le temps et d'être presque statistiquement imprévisibles[2] ». Dans un tel cadre, c'est la question des « anomalies », ce que Malkiel définit comme des « évolutions de rendement statistiquement prévisibles de manière significative[3] » qui est au centre des préoccupations comme, par exemple, ce qu'on appelle « l'effet janvier » ou « l'effet taille ». Enfin, selon une troisième et dernière définition, il s'agit de savoir s'il est possible ou non de battre le marché. Comme l'écrit Malkiel : « Les marchés financiers sont efficients dès lors qu'ils ne permettent pas l'obtention de rendements corrigés du risque anormaux[4]. »

Bien évidemment, ces trois interprétations sont étroitement liées. On peut montrer, sans trop de difficultés, que la première est la plus restrictive ; la deuxième s'en déduit et la troisième se déduit de la deuxième. Si les prix reflètent fidèlement les valeurs objectives (HEM1), cela implique que toute l'information pertinente a été prise en compte (HEM2) de telle sorte qu'une fois corrigé du risque, les rendements s'égalisent (HEM3). Mais les relations inverses ne sont pas vérifiées. Ainsi peut-on avoir (HEM3) sans avoir (HEM2). C'est d'ailleurs un point sur lequel la finance néoclassique contemporaine insiste avec force et qui va de pair avec le fait que c'est (HEM3) qui est aujourd'hui privilégié comme constituant la bonne approche de l'efficience. En effet, la finance néoclassique souligne qu'il ne suffit pas de repérer économétriquement des prédictibilités dans les rendements pour en conclure qu'il y a inefficience. Encore faut-il que ces prédictibilités soient d'une ampleur suffisante pour être exploitables compte tenu des coûts de transaction. Ce qui signifie qu'on peut avoir (HEM3) alors même que (HEM2) est infirmé. Par exemple, Ross écrit : « [Ces anomalies] sont d'une amplitude généralement

1. E. Fama, « Random walks in stock market prices », art. cit.
2. S. A. Ross, *Neoclassical Finance, op. cit.*, p. 44.
3. B. G. Malkiel, « The efficient market hypothesis and its critics », art. cit., p. 71.
4. *Ibid.*, p. 60.

faible, ce qui veut dire qu'elles mettent en jeu des montants peu importants si on les compare à la taille des marchés de capitaux[1]. » Ou Roll : « J'ai personnellement essayé d'investir de l'argent pour chaque anomalie particulière [...]. *Et je n'ai pas encore réussi à gagner un seul nickel grâce à ces soi-disant inefficiences de marché* [...]. Une véritable *inefficience* de marché se devrait d'être une opportunité pouvant être exploitée[2]. » Bien qu'étant la plus faible des trois définitions, tester (HEM3) reste cependant délicat puisque, pour être probants, ces tests supposent qu'on dispose d'un modèle robuste et convaincant du risque[3]. En l'absence d'un tel modèle, la tendance sera forte, pour les partisans de l'efficience, face à l'observation d'une situation de rendements anormaux, d'y voir simplement la conséquence d'une prise de risque excessive. C'est ce point que souligne Shleifer[4] lorsqu'il écrit que « [les partisans de l'efficience] sont rapides à suggérer un modèle de risque qui réduit les surprofits à n'être que la compensation équitable de la prise de risque[5] », ce qui veut dire qu'ils ne sont précisément plus des « surprofits » !

Notons également que (HEM2) n'entraîne nullement (HEM1). C'est là un point rarement reconnu par la finance néoclassique avec toute la force qu'il conviendrait[6]. Il est pourtant

1. S. A. Ross, *Neoclassical Finance, op. cit.*, p. 67.

2. Cité in B. G. Malkiel, « The efficient market hypothesis and its critics », art. cit., p. 72.

3. C'est le fameux problème de l'hypothèse jointe mise en avant par E. Fama (« Efficient capital markets : A review of theory and empirical work », art. cit.). S. A. Ross (*Neoclassical Finance, op. cit.*, p. 50) écrit à propos de ce type de tests : « N'importe quel test dépend étroitement du fait que la correction pour le risque a été faite de manière adéquate, ce qui signifie que le test est un test joint portant simultanément sur l'efficience et sur le modèle d'évaluation des actifs utilisés. » Même point de vue chez B. G. Malkiel (« The efficient market hypothesis and its critics », art. cit.).

4. A. Shleifer, *Inefficient Markets. An Introduction to Behavioral Finance, op. cit.*, p. 6.

5. « Naturellement les avocats de l'efficience peuvent simplement faire valoir que l'hypothèse d'efficience des marchés financiers reste inentamée et que ce qui est mis en cause est le modèle d'évaluation. Au mieux, [ils] remercieront le chercheur pour avoir découvert un nouvel ajout nécessaire au modèle de risque. Ironie à part, c'est là une situation tout à fait insatisfaisante » (*ibid.*, p. 50).

6. Il est vrai à l'exception notable de la théorie des bulles rationnelles pour laquelle (HEM2) est vérifiée mais pas (HEM1).

d'une importance capitale puisque, du point de vue de l'efficacité allocative, qui est *in fine* le but recherché, c'est bien la capacité du marché boursier à fournir au reste de l'économie les bons signaux (HEM1) qui constitue la propriété déterminante. Il revient à Burton Malkiel de reconnaître ce point en prenant l'exemple de la bulle Internet : « Les marchés financiers peuvent être efficients même si, de temps en temps, ils commettent des erreurs d'évaluation, comme ce fut certainement le cas pour la bulle Internet en 1999 et au début de l'année 2000[1] » (p. 60). Il en comprend toute l'importance du point de vue de l'économie globale puisque cela signifie que du capital a été gaspillé. Il écrit : « Le résultat fut que trop de nouveaux capitaux allèrent s'investir dans l'internet et dans les compagnies de télécommunication qui lui sont liées. Ainsi, le marché des actions a-t-il temporairement failli dans son rôle d'allocateur efficient du capital » (p. 75-76). Mais de tels dérapages constituent à ses yeux « l'exception plutôt que la règle » (p. 76) : « Les vraies valeurs l'emporteront à la fin » (p. 61). Ross est beaucoup plus prudent sur cette question. Néanmoins, il est un point, et un point unique, sur lequel il confie son embarras : le fait qu'*ex post*, une fois les faits connus, il n'y ait qu'une si petite partie de l'évolution constatée des prix qui puisse être expliquée par les informations nouvelles[2]. Autrement dit, la plus grande partie du mouvement des prix reste énigmatique. Elle ne trouve pas dans l'évolution des fondamentaux une explication satisfaisante. À mon sens, cette observation peut être interprétée comme une nouvelle mise en défaut de (HEM1) et, en conséquence, de la capacité des marchés financiers à allouer efficacement le capital là où il est le plus utile.

Une fois ces points rappelés, considérons les conditions requises par la finance néoclassique en matière de rationalité des intervenants pour que l'efficience s'impose sur les marchés. Cette question est au cœur du débat entre finance néoclassique et finance comportementale.

---

1. B. G. Malkiel, « The efficient market hypothesis and its critics », art. cit. On trouve cette même idée in R. J. Shiller, « From efficient markets theory to behavioral finance », art. cit., dans sa conclusion, p. 101.

2. « Je suis particulièrement troublé par le fait que les informations disponibles expliquent mal le mouvement actuel des prix » (S. A. Ross, *Neoclassical Finance, op. cit.*, p. 64).

Irrationalité des intervenants et critique de l'arbitrage

À l'évidence, si tous les intervenants sont rationnels, l'efficience prévaut puisque chacun étant capable d'évaluer correctement les titres, personne ne dévie du bon prix[1]. Cependant, si telle était la seule situation d'efficience considérée par la finance néoclassique, cette théorie ne serait guère intéressante. En effet, de nombreux travaux, en particulier sous l'impulsion de la psychologie cognitive[2], ont montré que les comportements individuels face au risque déviaient fréquemment de la rationalité. Aussi, aujourd'hui, la finance néoclassique insiste-t-elle sur le fait qu'elle ne requiert pas pour être valide une rationalité étendue des acteurs. « Les marchés peuvent être efficients même si de nombreux participants au marché sont parfaitement irrationnels[3] », écrit à ce sujet Malkiel, et Ross va plus loin en soulignant : « Les résultats centraux de la finance néoclassique sont indépendants de la rationalité de la personne moyenne[4]. » Il faut certainement voir dans ce souci de se démarquer d'hypothèses de rationalité trop fortes un effet des travaux comportementalistes qui ont montré la prégnance des comportements non rationnels. Cependant, si l'irrationalité de certains comportements est admise, comment se trouve-t-elle neutralisée de telle sorte que l'efficience continue à l'emporter ? Pour le comprendre, il faut distinguer deux configurations. Une première situation

1. En fait, ce résultat s'explique par le fait que la finance néoclassique considère qu'il existe une seule estimation pertinente de la valeur fondamentale compte tenu de l'information disponible. Cela se déduit de ses hypothèses concernant les rendements futurs. Pour plus de détails, se reporter à A. Orléan, « Réflexions sur l'hypothèse d'objectivité de la valeur fondamentale dans la théorie financière moderne », in D. Bourghelle, O. Brandouy, R. Gillet et A. Orléan (éd.), *Croyances, représentations collectives et conventions en finance*, Paris, Economica, 2005, p. 19-42.

2. Les travaux fondamentaux sont ceux de D. Kahneman et A. Tversky, notamment « Prospect theory : An analysis of decision under risk », *Econometrica*, 47, mars 1979, p. 263-291.

3. B. G. Malkiel, « The efficient market hypothesis and its critics », art. cit., p. 60.

4. S. A. Ross, *Neoclassical Finance, op. cit.*, p. 67.

d'irrationalité aisément compatible avec l'efficience se rencontre lorsque les comportements irrationnels sont le résultat de choix indépendants. Dans ce premier cas, les comportements irrationnels n'étant pas corrélés se compensent mutuellement et annulent leurs effets sans qu'il y ait besoin d'intervention active de la part des investisseurs rationnels. Cette première situation n'est pas la plus intéressante. La finance néoclassique peut faire beaucoup mieux : même dans le cas où les estimations des investisseurs irrationnels sont corrélées, il est possible que l'efficience l'emporte, et cela par la force de l'arbitrage dont on note à nouveau qu'il s'impose comme le concept clé du cadre néoclassique. Ce sont les arbitragistes rationnels qui, en se portant acheteurs des titres sous-évalués et vendeurs des titres surévalués, interdisent aux prix de s'écarter des valeurs fondamentales. Il faut ajouter à cette première raison l'argument classique proposé par Friedman (1953) selon lequel les irrationnels achetant des titres surévalués et vendant des titres sous-évalués sont nécessairement amenés à terme à disparaître du marché puisqu'ils perdent de l'argent. *In fine*, l'arbitrage et la sélection conjuguent leurs effets pour faire en sorte que l'efficience prévale. Pour résumer ces analyses, il n'est que de citer Shleifer : « Il est difficile de ne pas être impressionné par l'étendue et la puissance des arguments théoriques en faveur de l'efficience des marchés. Quand les individus sont rationnels, les marchés sont efficients par définition. Quand certains individus sont irrationnels, tous ou une grande partie de leurs échanges se déroulent entre eux de telle sorte qu'ils n'ont qu'une influence limitée sur les prix, même en l'absence d'échanges compensatoires de la part des investisseurs rationnels. Cependant, de tels échanges compensatoires existent bel et bien et agissent de façon à ramener les prix au plus près des valeurs fondamentales. La concurrence entre les arbitragistes pour l'obtention de meilleurs rendements assure que l'ajustement des prix aux valeurs fondamentales sera très rapide. Finalement, dans la mesure où les investisseurs irrationnels transactent à des prix différents des valeurs fondamentales, ils ne peuvent que se faire du mal à eux-mêmes et provoquer leur propre perte. Non seulement la rationalité des investisseurs mais aussi les forces de marché elles-mêmes conduisent à l'efficience des marchés financiers[1]. »

1. A. Shleifer, *Inefficient Markets. An Introduction to Behavioral Finance, op. cit.*, p. 4-5.

C'est cette dernière situation de corrélation des « irrationalités » que la finance comportementale met au centre de sa réflexion. C'est même de là que vient le terme anciennement utilisé pour la désigner, à savoir la *Noise Trader Approach*[1] (NTA) puisque les *noise traders* désignent des investisseurs qui forment leurs anticipations de manière non rationnelle, soit qu'ils utilisent de faux signaux pour intervenir, soit qu'ils suivent des règles stratégiques irrationnelles, à la manière des *popular models* de Shiller[2], comme, par exemple, les partisans de l'analyse technique ou les « suiveurs de tendance » qui achètent (vendent) lorsqu'une tendance haussière (baissière) sur les prix s'est formée. Plus précisément, la NTA s'intéresse à des configurations de marché dans lesquelles les conduites ignorantes ou irrationnelles[3] sont suivies simultanément par un grand nombre d'investisseurs (hypothèse de corrélation) de telle sorte que leur impact sur les prix est effectif et ne s'annule pas mécaniquement, contrairement à la configuration d'erreurs non corrélées. On reviendra plus loin sur les raisons invoquées par la finance comportementale pour justifier cette hypothèse de corrélation qui joue, dans cette approche, un rôle si fondamental.

Une fois cette hypothèse de corrélation posée, la finance comportementale conteste vivement la prétention néoclassique à faire de l'arbitrage la force économique capable de contrecarrer les dérives de cours engendrées par la présence des investisseurs irrationnels. Elle conteste ce point en remarquant que l'arbitrage réel, tel qu'il est effectivement pratiqué sur les marchés concrets, diffère fondamentalement de l'arbitrage théorique considéré par la théorie néoclassique en ceci qu'il est *risqué*. On touche là le point fondamental : « La thèse centrale de la finance comportementale pose que, en contradiction avec la théorie des marchés efficients, l'arbitrage, dans le monde réel, est risqué et, par voie de conséquence, limité[4]. » Leur argumentation commence par remarquer que l'arbitrage sans risque des néoclassiques suppose des titres ou des

1. Se reporter à A. Shleifer et L. H. Summers, « The noise trader approach to finance », *Journal of Economic Perspectives*, 4 (2), printemps 1990, p. 19-33.

2. R. J. Shiller, « Speculative prices and popular models », *Journal of Economic Perspectives*, 4 (2), printemps 1990, p. 55-65.

3. On utilisera indifféremment l'un ou l'autre adjectif dans la suite du texte. Aucun ne traduit correctement la notion de *Noise Trader*.

4. A. Shleifer, *Inefficient Markets. An Introduction to Behavioral Finance, op. cit.*, p. 13.

portefeuilles de titres parfaitement substituables, c'est-à-dire donnant exactement le même rendement pour tous les « états du monde » futurs. Or cette situation ne se rencontre pas toujours. D'une part, de nombreux portefeuilles de titres n'ont pas de substituts. C'est le cas du portefeuille de marché, constitué de toutes les actions cotées. Un arbitragiste qui estimerait que les actions dans leur totalité sont surévaluées ne pourrait les vendre à découvert et acheter un portefeuille substituable puisque un tel portefeuille n'existe pas. D'autre part, même dans le cas où existent des substituts, il est rare qu'ils soient parfaits. Or, dans une telle situation d'imperfection, restera pour l'arbitragiste un risque fondamental. Mais l'argumentaire comportementaliste va encore plus loin puisqu'il soutient que, même dans le cas de substituts parfaits, un risque demeure. C'est là le point le plus fort de cette analyse, celui sur lequel l'opposition avec la finance néoclassique est frontale. Pourquoi l'arbitrage de portefeuilles parfaitement substituables serait-il risqué ? Parce que le risque fondamental n'est pas la seule source de risque. Il en existe une autre : l'erreur d'évaluation qui est à la base de l'arbitrage peut parfaitement perdurer et même s'aggraver[1]. Pour le comprendre, considérons deux portefeuilles A et B parfaitement substituables. A est coté à sa vraie valeur mais B est surévalué. Dans ces conditions, la stratégie d'arbitrage consiste à vendre B à découvert[2] et à acheter A. Ce faisant, l'arbitragiste constitue le portefeuille [– B + A]. Il en retire un gain exactement égal à l'erreur de prix. Comme les deux portefeuilles sont parfaitement substituables, le rendement du portefeuille [– B + A] est nul pour tous les « états du monde ». Il n'y a aucun risque fondamental. Lorsque le prix de B retrouve son bon niveau, l'investisseur liquide sa position et il obtient comme profit net l'écart de prix initial. La finance comportementale note cependant que, dès lors que l'horizon d'investissement est limité, il existe un risque de prix. En effet, on ne peut pas être sûr que, dans ce laps de temps imparti,

1. Shleifer écrit : « Il existe une autre source importante de risque auquel est confronté l'arbitragiste même quand les titres ont des substituts parfaits. Ce risque a pour origine l'imprévisibilité du prix de revente future et la possibilité que l'erreur d'évaluation croisse encore avant de disparaître » (*ibid.*, p. 14).

2. Une autre ligne d'attaque du courant comportementaliste est de montrer que la vente à découvert est loin d'être une stratégie sans coûts. R. J. Shiller (« From efficient markets theory to behavioral finance », art. cit.) consacre à cette question un long développement que je n'aborderai pas ici.

le prix de B retrouvera son niveau normal. Il se peut même que l'écart de prix augmente et conduise à une perte. Seul un horizon de placement infini produit un gain sans risque. L'article De Long *et al.* traite cette question en détail[1]. Shleifer et Summers illustrent ce point en prenant l'exemple des actions japonaises avant l'éclatement de la bulle, dans les années quatre-vingt : « Durant cette période, les actions japonaises ont été vendues à des multiples[2] prix-bénéfices compris entre 20 et 60. Les taux de croissance anticipés des dividendes comme les primes de risque qui auraient justifié de tels multiples paraissaient totalement irréalistes. Néanmoins, un investisseur qui aurait jugé les actions japonaises surévaluées et aurait désiré les vendre à découvert se serait trouvé confronté à deux risques. D'une part, qu'arrivera-t-il si les performances du Japon s'avèrent si bonnes qu'elles justifient ces évaluations ? D'autre part, de combien l'écart peut-il encore grandir et pour combien de temps avant que les actions japonaises reviennent à des niveaux de prix plus réalistes ? N'importe quel investisseur qui a vendu à découvert des actions japonaises en 1985, quand les multiples étaient de 30, a perdu sa chemise lorsque les multiples ont monté jusqu'à 60 en 1986[3]. »

Cet argument est très convaincant[4]. Il est conforme à la réflexion suivante d'un investisseur : « Les marchés peuvent rester illogiques bien plus longtemps que nous ne sommes capables de rester solvables. » Dans ces conditions, il se peut que les investisseurs soient obligés de vendre à un mauvais moment. La crise très célèbre qu'a connue le fonds d'investissement Long Term Capital Management (LTCM) illustre ce point. Les conséquences de cette analyse sont fondamentales, car qui dit « arbitrage risqué » dit arbitrage limité dès lors qu'on prend en compte l'aversion du risque chez les investisseurs. Il en découle que les arbitragistes rationnels ne pourront éliminer totalement les

1. B. J. De Long, A. Shleifer, L. H. Summers et R. J. Waldmann, « Noise trader risk in financial markets », *Journal of Political Economy*, 98 (4), 1990, p. 703-738.

2. À savoir le rapport cours-bénéfices, appelé en anglais PER pour *Price Earning Ratio.*

3. A. Shleifer et L. H. Summers, « The noise trader approach to finance », art. cit., p. 21-22.

4. Pour mémoire, notons qu'on trouve dans S. A. Ross (*Neoclassical Finance, op. cit.*, p. 93-94) un court commentaire sur cette question.

erreurs de prix. L'efficience (HEM1) est alors perdue, même dans le cas des substituts parfaits[1].

À partir de ces deux hypothèses – « les investisseurs ne sont pas pleinement rationnels et l'arbitrage est risqué et, en conséquence, limité[2] » –, il vient que le marché cesse d'être efficient. Sous l'action des investisseurs irrationnels, le prix peut s'écarter de manière durable de la valeur fondamentale sans que les arbitragistes rationnels puissent ramener entièrement le cours de l'action à sa valeur fondamentale en raison du risque de prix[3]. Cela induit une transformation en profondeur de la nature même de la rationalité financière. En effet, il découle de cette analyse que la rationalité financière ne peut plus être limitée à la seule observation des fondamentaux. L'opinion des ignorants est désormais une variable qui importe, puisque les prix en conservent durablement l'empreinte. C'est la dimension stratégique des comportements boursiers qui se voit dès lors prise en considération par la finance comportementale. Dans ce cadre, un « investisseur rationnel », encore appelé en anglais *smart money*, désigne un investisseur qui non seulement connaît les fondamentaux, mais également prend en compte la manière dont les divers groupes d'acteurs présents sur le marché réagissent aux évolutions de prix et influent sur eux.

Ce point est important car il permet de comprendre que l'impact des rationnels sur les prix peut être complexe et contre-intuitif dans la mesure où cet impact dépend énormément de la manière dont ceux-ci interprètent le comportement des irrationnels. Autrement dit, jusqu'à maintenant, on a fait comme si l'intervention des arbitragistes rationnels était toujours stabilisa-

1. Dont un cas particulier est la loi du prix unique. A. Shleifer (*Inefficient Markets. An Introduction to Behavioral Finance*, *op. cit.*) donne comme exemple d'un non-respect de cette loi : les prix comparés de Royal Dutch et de Shell (p. 29-32).

2. A. Shleifer et L. H. Summers, « The noise trader approach to finance », art. cit., p. 19-20.

3. Par ailleurs, la NTA démontre également que l'argument friedmanien ne tient pas. Les stratégies ignorantes peuvent engendrer des rendements supérieurs à ceux obtenus par les investisseurs rationnels (B. J. De Long, A. Shleifer, L. H. Summers et R. J. Waldmann, « Positive feedback investment strategies and destabilizing rational speculation », *The Journal of Finance*, 45 (2), juin 1990, p. 379-395). En conséquence, ni l'arbitrage ni la sélection ne sont opérants pour conduire à l'élimination des investisseurs ignorants.

trice, c'est-à-dire qu'elle allait toujours dans le sens d'une diminution de l'écart existant entre le cours et la valeur fondamentale. On a simplement noté qu'en raison du risque de prix, cette intervention stabilisatrice des arbitragistes rationnels pouvait ne plus aller jusqu'à son terme, à savoir l'élimination totale de cet écart. Cependant, dès lors qu'il reste dans le prix quelque chose des stratégies irrationnelles, le caractère stabilisateur de l'arbitrage devient lui-même problématique. Pour le comprendre, le plus simple est de considérer le modèle de De Long, Shleifer, Summers et Waldmann[1]. Il met en scène des investisseurs rationnels confrontés à des « chasseurs de tendance », encore appelés *positive feedback traders.* Ceux-ci achètent lorsqu'ils observent une tendance haussière et vendent dans le cas d'une tendance baissière. Ces auteurs démontrent que la présence de rationnels est alors déstabilisatrice : elle tend à accroître l'écart entre le prix de marché et la valeur fondamentale du titre considéré. Pourquoi ? Parce que les rationnels, pour maximiser leurs profits, ont intérêt à stimuler les erreurs d'évaluation des chasseurs de tendance[2]. Ainsi, dans l'exemple étudié par ces auteurs, l'investisseur rationnel a intérêt, durant la période 1, à faire en sorte que le prix s'écarte de la valeur fondamentale de façon à faire naître une tendance haussière pour inciter, à la période 2, les chasseurs de tendance à acheter massivement. Il s'ensuit un prix de la période 2 qui s'éloigne de la valeur fondamentale. C'est le moment idéal pour vendre, y compris à découvert, ce que font les rationnels, juste avant la période 3 au cours de laquelle il est supposé[3] que le prix revient à sa valeur fondamentale. Les plus-values empochées par les rationnels sont fonction de la différence (P_2-P_1). On voit ici nettement que la rationalité financière, dès lors que sa dimension stratégique se trouve reconnue, cesse d'être nécessairement stabilisante. Elle peut, tout au contraire, conduire à un accroissement des inefficiences.

1. *Ibid.*
2. On est, dans un cas simple, à horizon fini, dans lequel on fait l'hypothèse qu'à la période finale, le prix retourne nécessairement à sa valeur fondamentale.
3. En effet, dans le modèle en question, le retour à la valeur fondamentale n'est pas le produit d'un mouvement du marché mais une hypothèse *a priori.* Dans le monde réel, le retour du prix à sa valeur fondamentale est lui-même objet d'une grande incertitude.

Débats et travaux en cours

À partir de cette présentation de l'état actuel des différentes théories en présence, analysons maintenant la manière dont se structure leur confrontation. Je laisserai de côté les débats purement économétriques malgré leur intérêt. Disons simplement, à ce propos, que l'existence des anomalies, au sens de (HEM2), semble aujourd'hui largement admise. Face à cette évidence empirique, la finance néoclassique a répliqué, on l'a vu, en faisant valoir que ce qui importe n'est pas l'anomalie en tant que telle, mais le fait qu'elle soit d'une ampleur suffisante pour autoriser des surprofits. C'est ce dernier critère qui a été mis en avant, ce que nous avons appelé (HEM3). Il s'ensuivit une reformulation des thèses néoclassiques conduisant à admettre un certain degré d'inefficience sur les marchés, mais en soulignant que l'ampleur du phénomène est faible. Ross, par exemple, en propose une évaluation : il prend comme indicateur les surprofits des fonds spéculatifs[1]. Par cette méthode grossière, il évalue l'inefficience globale à 40 milliards de dollars, qu'il compare aux 50 000 milliards d'actifs concernés, soit moins de 0,1 % (p. 64). Une fois cette remarque faite, commençons notre présentation des débats théoriques et travaux en cours par ceux ayant pour objet l'hypothèse d'irrationalité collective.

La corrélation des investisseurs irrationnels

Rappelons que cette hypothèse joue un rôle fondamental pour la finance comportementale. Pour engendrer une déviation entre la valeur fondamentale et les cours, il faut nécessairement qu'il y ait au départ des investisseurs ignorants, se trompant sur les fondamentaux. Shleifer est très clair à ce sujet : « Sans lubie des investisseurs, il n'y a pas au départ de perturbations sur les prix efficients de telle sorte que les prix ne dévient pas de l'efficience. Pour cette raison, la théorie comportementale requiert à la fois des perturbations irrationnelles et un arbitrage limité qui ne les annule pas[2]. »

1. S. A. Ross, *Neoclassical Finance*, *op. cit.*
2. A. Shleifer, *Inefficient Markets. An Introduction to Behavioral Finance*, *op. cit.*, p. 24.

Que dire de cette hypothèse ? Il s'agit pour partie d'une question strictement empirique. En effet, il se peut tout à fait que, dans telle ou telle conjoncture spécifique, il existe, en effet, sur le marché, des investisseurs mal informés ou des chasseurs de tendance. C'est là une question de fait. Cependant, la question théorique véritablement pertinente consiste à se demander si, comme le soutient la finance comportementale, la présence d'investisseurs ignorants est une condition nécessaire pour que de l'inefficience se produise. On sait, par exemple, que la théorie des bulles rationnelles répond à cette question par la négative. Cette question mérite d'autant plus d'être posée que l'hypothèse dont a besoin la finance comportementale ne se réduit pas à la seule présence d'investisseurs ignorants. Elle exige bien plus, à savoir des investisseurs ignorants *corrélés* autour d'une même erreur. Mais comment cette théorie peut-elle justifier cette étonnante corrélation ? L'erreur étant par nature multiforme, comment expliquer qu'une majorité d'agents « choisissent » la même ? N'y a-t-il pas là une hypothèse *ad hoc*, particulièrement délicate à légitimer ? D'autant plus que cette erreur elle-même n'est pas universelle puisque certains investisseurs sont parfaitement rationnels ! Pourquoi une telle dissymétrie ? Qu'est-ce qui fait que certains demeurent rationnels et non les autres ?

La réponse à ces questions passe par la mobilisation d'un ensemble de travaux hors du champ de l'économie, à savoir ceux portant sur la psychologie des comportements en situation d'incertitude. En la matière, c'est l'œuvre de Daniel Kahneman et Amos Tversky qui constitue la référence centrale[1]. Il s'agit

1. Pour cette raison, il faut comprendre la finance comportementale comme étant issue de l'alliance de deux théories distinctes, une théorie financière, à savoir la *noise trader approach,* et une théorie psychologique de la décision, celle des heuristiques, développée par D. Kahneman et A. Tversky (D. Kahneman et A. Tversky (éd.), *Judgment Under Uncertainty : Heuristics and Biaises, op. cit.*). La première théorie montre comment, en présence d'investisseurs irrationnels corrélés, l'arbitrage rationnel est impuissant à assurer l'efficience. La seconde justifie empiriquement la corrélation des irrationalités. D'où le caractère particulier des articles que cette approche propose, qui mêlent des considérations psychologiques et des analyses de finance théorique. Sur ce point, voir A. Orléan, « Efficience, finance comportementaliste et convention : une synthèse théorique », in R. Boyer, M. Dehove et D. Plihon (éd.), *Les Crises financières*, Rapport du Conseil d'analyse économique, octobre 2004, complément A, p. 241-270.

de soutenir, avec ces psychologues, que le nombre des biais cognitifs est limité. Shleifer souligne très clairement cette dépendance de la finance comportementale à l'égard des résultats des analyses psychologiques : « Rappelons-nous que la seconde ligne de défense de la théorie des marchés efficients consiste à soutenir que les investisseurs irrationnels, bien qu'ils puissent exister, opèrent des transactions de manière aléatoire et qu'en conséquence, leurs échanges s'annulent les uns les autres. C'est là un argument que les théories de Kahneman et Tversky rejettent entièrement. Les analyses empiriques démontrent très précisément que les gens ne dévient pas de la rationalité d'une manière aléatoire, mais bien plutôt que la plupart dévient d'une façon identique[1]. » Cette réponse n'est pas entièrement convaincante. Il reste suffisamment de biais, même si leur nombre est limité, pour que la conformité de tous au même biais continue à poser problème. De plus, même si ce point était avéré, il n'explique pas le fait que certains investisseurs échappent à la fatalité des biais pour se comporter de manière parfaitement rationnelle. Il y a ici, à mon sens, une faiblesse dans l'argumentation comportementaliste même si, répétons-le, son utilisation dans tel ou tel contexte marqué par une irrationalité collective peut être pertinente. Pour ma part, je lui préfère des approches qui conservent l'hypothèse de rationalité, même limitée.

On pouvait s'y attendre, ce point n'a pas échappé aux partisans de la finance néoclassique qui soulignent également le caractère *ad hoc* de l'hypothèse. Comme l'explique Ross : « Dit cyniquement, si une corrélation dans les comportements des fonds demande à être expliquée, il suffit d'invoquer une corrélation d'origine psychologique dans les comportements d'offre et de demande des investisseurs[2]. » Ross fait remarquer qu'une telle explication a un caractère absolument illimité. Elle peut expliquer n'importe quoi, dans la mesure où les formes de l'irrationalité sont suffisamment étendues pour rendre compte de toutes les situations. On a vu que Shleifer s'oppose à cette idée mais, en la

1. A. Shleifer, *Inefficient Markets. An Introduction to Behavioral Finance, op. cit.*, p. 13.
2. S. A. Ross, *Neoclassical Finance, op. cit.*, p. 93.

matière, ses arguments ne paraissent pas convaincants. Cela justifie un supplément d'enquête.

On le voit sur cette question – mais c'est également vrai de l'ensemble des questions –, le débat reste très ouvert et c'est là un signe de sa vitalité. Les chercheurs du Cepremap sont le reflet de cette diversité du monde de la recherche. Par exemple, on a vu récemment Augustin Landier et David Thesmar intervenir dans le débat public au travers d'un livre défendant fortement les positions de l'efficience[1]. On peut citer également les importants travaux de Christian Gouriéroux qui, quant à eux, visent à approfondir l'approche néoclassique du risque. À titre d'illustration, mentionnons ses deux livres les plus récents, le premier qui fait le point sur les méthodes de ratings permettant le suivi des risques et le second consacré au risque de crédit[2]. Cependant, pour conclure cette réflexion sur les débats contemporains en finance, je présenterai succinctement le projet que je mène conjointement avec Marie Brière, Jean-François Laslier et Bernard Walliser. Il part d'une réflexion portant sur les résultats surprenants qu'obtient, en matière financière, l'économie expérimentale. Ce sera l'occasion de présenter cette nouvelle manière d'aborder les problèmes économiques, nouvelle manière honorée en la personne de Vernon Smith par le prix Nobel d'économie 2002, et qui connaît aujourd'hui une expansion rapide.

L'hypothèse autoréférentielle

Alors que d'ordinaire, pour les marchés de biens, l'économie expérimentale avance des résultats très favorables aux idées d'efficacité, il en va très différemment en matière financière. En effet, la totalité des travaux expérimentaux portant sur les marchés boursiers conclut à l'inefficience de ces marchés. Considérons, à titre d'exemple, la recherche pionnière de Smith,

1. A. Landier et D. Thesmar, *Le Grand Méchant Marché : Décryptage d'un fantasme français*, Paris, Flammarion, 2007.

2. C. Gouriéroux et J. Jasiak, *Microeconometrics of Individual Risks : Credit, Insurance and Marketing*, Princeton University Press, 2006. C. Gouriéroux et A. Tiomo, *Risque de crédit : une approche avancée*, Paris, Economica, 2007.

Suchanek et Williams[1]. Ils étudient un actif dont la durée de vie est soit de 15 périodes, soit de 30 périodes. À chaque période, la détention de cet actif donne droit à un dividende. Ce dividende est aléatoire et sa loi de probabilité est de connaissance commune pour tous les participants, au sens technique du « savoir commun[2] ». Notons *Ed* son espérance mathématique. Par ailleurs, l'expérimentateur rend public le fait qu'à la fin du jeu, le titre sera racheté aux participants à une certaine valeur qu'on notera *V*. Dans ces conditions, il est aisé de calculer, à tout instant, la valeur fondamentale de l'action considérée. Elle dépend du nombre de périodes qu'il reste à jouer avant la fin du jeu. Si l'on note *n* ce nombre, et VF_n la valeur fondamentale à ce moment, on a immédiatement[3] : $VF_n = n.Ed + V$. Or, lorsqu'on observe la chronique des prix que cette expérimentation produit, on constate, dans la très grande majorité des cas, qu'au début de l'expérience, le prix s'éloigne légèrement de cette valeur pour, ensuite, monter très haut, bien au-delà de la valeur fondamentale, atteindre une sorte de palier, puis, à l'approche de la fin, connaître une baisse brutale qui ramène le cours au niveau de la valeur fondamentale[4]. Autrement dit, on observe la succession d'une bulle haussière suivie d'un krach avec, entre les deux, un plateau. Ce résultat a été souvent répliqué et montre une robustesse remarquable[5].

Très clairement, cette expérience constitue un cas limite dans la mesure où elle repose sur des hypothèses très exigeantes, et absolument irréalistes, en matière de fondamentaux. En effet, la

1. V. Smith, G. Suchanek et A. Williams, « Bubbles, crashes, and endogeneous expectations in experimental spot asset markets », *Econometrica*, 1988, p. 1119-1151.

2. J.-P. Dupuy, « Convention et *common knowledge* », *Revue économique*, 40 (2), mars 1989, p. 361-400.

3. La brièveté des expériences rend inutile le recours à l'actualisation.

4. Ce retour à la valeur fondamentale est une conséquence mécanique du fait qu'à la dernière période, le meneur de jeu rachète le titre à la valeur *V*. Ceci est annoncé publiquement aux joueurs au début du jeu.

5. Certains chercheurs ont fait remarquer que le calcul de la valeur fondamentale, aussi facile soit-il pour un économiste financier, pouvait néanmoins constituer un obstacle pour des non-spécialistes. Afin de répondre à cette objection, la même expérience a été menée avec une espérance de dividendes nulle, ce qui conduit à une valeur fondamentale constante. Les résultats sont identiques.

connaissance de la valeur fondamentale par tous les joueurs, et le fait que cette valeur s'impose à eux, y est construite artificiellement comme la conséquence de deux hypothèses extrêmes, sans rapport avec ce qui se passe sur un marché réel, à savoir : (i) une loi de probabilité stationnaire sur les dividendes, parfaitement explicite et connue de tous les investisseurs ; (ii) une valeur finale s'imposant à la dernière période à tous par le fait souverain du meneur de jeu, c'est-à-dire hors de tout processus de marché[1]. Rien de tel sur un marché. Aussi serait-il plus exact de dire, concernant cette expérience, qu'elle teste la théorie et non la réalité, comme le reconnaissent les expérimentalistes. Mais, par ce fait même, elle apporte à la théorie de l'efficience un démenti d'une grande force. Car si même dans des conditions aussi favorables, on observe l'émergence de bulles, qu'en sera-t-il dans des configurations où il n'y a nulle fin de jeu et où les dividendes sont entachés d'une incertitude extrême ? Or, face à cette situation, la finance comportementale n'est pas plus convaincante. Il est difficile de croire ici à une irrationalité collective. Aucun aveuglement généralisé du type de ceux qui sont avancés pour rendre compte de la bulle Internet ne peut être ici invoqué. Tous les joueurs savent parfaitement quelle est la valeur fondamentale, de telle sorte qu'à aucun moment ils ne sauraient justifier la hausse des prix par une brutale augmentation de cette valeur. Ils ne se parlent même pas. Ainsi, ni l'approche néoclassique ni l'approche comportementale ne nous permettent de comprendre ces résultats.

Aussi faut-il faire appel à une nouvelle hypothèse que j'ai nommée « hypothèse autoréférentielle[2] ». Pour le dire simplement, les joueurs demeurent rationnels mais d'une rationalité tournée vers l'opinion des autres, et non uniquement vers la valeur fondamentale du titre. Ainsi achètent-ils au-dessus de la valeur fondamentale, non par méconnaissance ou ignorance, mais parce qu'ils pensent qu'ils trouveront plus tard d'autres joueurs pour faire de même et leur racheter leurs titres. Bien évidemment,

1. On retrouve ces mêmes hypothèses à la base des modèles formels qu'étudie la *Noise Trader Approach*. Voir, par exemple, B. J. De Long, A. Shleifer, L. H. Summers et R. J. Waldmann, « Positive feedback investment strategies and destabilizing rational speculation », art. cit.

2. A. Orléan, *Le Pouvoir de la finance, op. cit.*

quand on se rapproche de la fin du jeu, cette anticipation s'effondre et, comme on l'observe, le prix retombe à son niveau fondamental. Nous retrouvons une logique proche de celle des bulles rationnelles, mais généralisée à des situations à horizon fini. C'est sur la modélisation de cette hypothèse que nous travaillons actuellement. Il s'agit de comprendre pourquoi certaines croyances quant à l'évolution future des prix, en l'occurrence l'hypothèse haussière, se voient soudainement privilégiées par le groupe des intervenants.

Pour rendre intelligible ce point, il nous a semblé intéressant de mobiliser le concept de « saillance » mis en avant par Mehta, Starmer et Sugden[1], à la suite des travaux de Thomas Schelling[2]. Appliqué aux marchés financiers réels, cela conduit à soutenir qu'à chaque instant se forment sur le marché des croyances partagées quant à ce qu'est la valeur fondamentale, ce qu'on peut nommer une « convention d'évaluation », mais que ces conventions ne sont qu'une interprétation possible des fondamentaux, celle qui est jugée au moment considéré comme la plus « saillante » ou la plus légitime par le marché. Cette approche maintient l'hypothèse d'efficience au sens de (HEM3) mais pas au sens de (HEM1). Pour le dire schématiquement, cette démarche retient de la finance comportementale l'idée qu'un investisseur rationnel doit tenir compte de l'opinion générale du marché, mais en abandonnant l'idée que cette opinion générale est le fruit d'une irrationalité collective. Il faut au contraire supposer que tous les intervenants sont également rationnels et portent leur regard sur ce qu'est l'opinion du marché pour déterminer l'investissement le plus rentable. On retrouve l'intuition de Keynes dans son fameux concours de beauté, selon laquelle l'évolution des prix résulte d'une situation où chacun cherche rationnellement à anticiper ce que sera l'opinion du marché.

Dans ce cadre d'analyse, l'existence de contagions, si souvent observées lors des crises financières, trouve une explication rationnelle. Elle est la conséquence du fait que certaines interpré-

1. J. Mehta, C. Starmer et R. Sugden, « The nature of salience : An experimental investigation of pure coordination games », *American Economic Review*, 84 (2), juin 1994, p. 658-673.

2. Th. Schelling, *The Strategy of Conflict*, Oxford, Oxford University Press, 1977 [1re édition 1960].

tations s'imposent comme saillantes simultanément à un grand nombre d'investisseurs. Aussi la corrélation des comportements n'est-elle en rien un fait psychologique, comme le croit la finance comportementaliste. Elle résulte de la nature même des interactions marchandes qui poussent tous les investisseurs à anticiper l'opinion du marché. La crise récente des *subprimes* offre une illustration exemplaire d'une telle contagion. On a vu soudainement tous les investisseurs modifier leur estimation du risque pour certaines catégories de titres en même temps qu'ils montraient une forte aversion au risque. Cela conduit alors à la brutale baisse des titres en question bien au-delà des conditions objectives. L'intérêt de l'approche autoréférentielle tient précisément à sa capacité à penser la synchronisation des opinions comme conséquence rationnelle des règles financières, alors que d'ordinaire on y voit une manifestation d'irrationalité de la foule spéculative. C'est là une piste intéressante, qui continuera à être explorée. Cette approche conserve de la finance néoclassique l'hypothèse de rationalité des comportements mais s'accorde avec la finance comportementale sur les limites de l'arbitrage. Elle se veut fidèle à l'analyse des marchés financières proposée par Keynes dans le livre IV de la *Théorie générale*.

II.

La guerre et la paix

3.

La mondialisation est-elle un facteur de paix ?

> « L'effet naturel du commerce est de porter à la paix. Deux nations qui négocient ensemble se rendent réciproquement dépendantes : si l'une a intérêt d'acheter, l'autre a intérêt de vendre ; et toutes les unions sont fondées sur des besoins mutuels. »
>
> Montesquieu, *De l'esprit des lois*, 1758.

Introduction

En l'espace de quelques décennies, les relations internationales entre États souverains ont été sujettes à deux bouleversements majeurs : la fin de la décolonisation et la fin de la guerre froide. Pour autant, la « fin de l'histoire », en particulier sous sa forme la plus violente, les conflits militaires, n'a pas eu lieu. Certes, les formes de violence ont évolué, avec le relatif déclin des guerres civiles au cours de la dernière décennie, la montée du terrorisme et du nombre des conflits régionaux. Mais la violence militaire n'a pas été éradiquée. Et cela, contrairement aux espoirs de certains, pour qui la mondialisation, l'extension de l'économie de marché couplée à la démocratisation devaient permettre à la recherche du gain individuel de venir à bout de la violence guerrière ou politique. Cette thèse du « doux commerce » dont « l'effet naturel est de porter à la paix » – exposée, entre autres, par Montesquieu et les philosophes des Lumières – est aujourd'hui développée par le courant libéral de la science politique contemporaine[1]. Elle demeure très influente politiquement, avec la construction européenne en parangon, dont l'objectif initial, bien plus que la recherche directe de gains économiques, fut d'éviter à l'Europe un autre conflit dévastateur. De ce point de vue, il est difficile de nier que le projet européen est une réussite. Avant cela, le traité commercial de 1860 entre la France et l'Angleterre avait été signé en partie pour diminuer les tensions entre ces deux pays qui possédaient alors deux empires coloniaux rivaux. Hors d'Europe, l'un des buts affichés du Mercosur, signé en 1991, fut de pacifier les relations entre l'Argentine et le Brésil, deux démocraties fragiles et récentes, avec des conflits potentiels portant sur le contrôle des ressources naturelles. Aujourd'hui, lorsque l'adhésion de la Turquie, de l'Ukraine ou des pays de l'ancienne Yougoslavie à l'Union européenne est débattue, l'argument du commerce pacificateur n'est jamais très loin.

Que savons-nous sur l'existence de cet effet pacificateur ? Un regard rapide sur la période 1870-2001 (figure 1) suggère que la relation entre ouverture au commerce international et guerre n'est pas évidente. La relation semble positive sur la période 1870-1940 et négative entre 1945 et 1970. La fin du XIXe siècle fut, jusqu'à la Première Guerre mondiale, une période d'ouverture croissante au commerce, ce que les historiens économiques ont appelé la première ère de la mondialisation. Elle fut aussi caractérisée par un nombre accru de conflits interétatiques, motivés principalement par la rivalité entre puissances coloniales, qui culmina avec la Première Guerre mondiale. De ce point de vue, on peut soutenir que la colonisation a à la fois augmenté le commerce mondial en ouvrant de nouveaux marchés et augmenté le nombre de conflits, en particulier entre puissances coloniales : c'est ce qui pourrait expliquer la corrélation positive entre commerce mondial et conflits. L'entre-deux-guerres fut marqué par une baisse du nombre de conflits et par l'effondrement du commerce mondial. Cependant, on peut défendre l'idée que ces deux phénomènes préfiguraient en fait la Seconde Guerre mondiale. Après celle-ci, le commerce mondial augmente rapidement et le nombre de conflits diminue (au moins jusque vers 1970), même

1. Voir J. Oneal et B. Russet, « Assessing the liberal peace with alternative specifications : trade still reduces conflict », *Journal of Peace Research*, 36 (4), 1999, n° spécial, p. 423-442.

si pendant cette période de guerre froide, la probabilité d'un conflit majeur entre les deux grands blocs était particulièrement élevée. Après 1990, le nombre de conflits est stationnaire ou en légère augmentation alors que l'ouverture au commerce croît très nettement. Le conflit irakien en cours n'est pas intégré dans ce graphique (mais le conflit en Afghanistan l'est) ; il aboutirait clairement à une forte remontée du nombre de conflits interétatiques. Même si ce graphique peut se prêter à de multiples interprétations, il permet incontestablement de conclure que l'existence d'une relation simple, mécanique et systématique entre commerce et conflits n'existe pas. La mondialisation, celle de la fin du XIXe siècle ou celle d'aujourd'hui, n'a ni diminué ni même réduit les conflits violents entre pays.

Fig. 1. Prévalence des conflits et commerce international

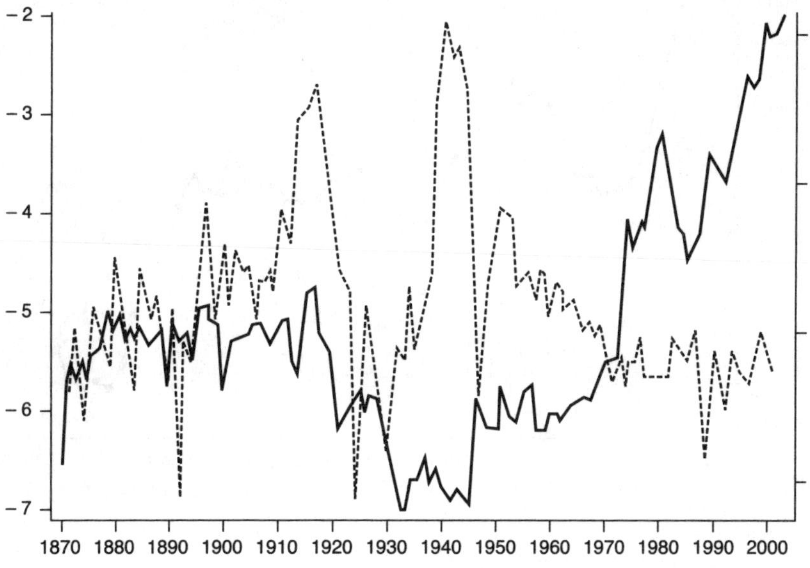

La figure 1 montre l'occurrence annuelle de ce que les spécialistes de sciences politiques appellent les disputes interétatiques militarisées (DIM) entre deux États, divisées par le nombre de couples de pays dans le monde. Cette mesure de conflictualité prend donc en compte le fait que le nombre de pays a changé au cours du temps. Les DIM ont des niveaux d'hostilité allant de 1 à 5. On retient ici les conflits de niveau 3 (démonstration de force), 4 (utilisation de la force) et 5 (la guerre proprement dite, avec au moins 1 000 morts liées à des activités militaires). L'ouverture commerciale est mesurée par le ratio du commerce mondial (exportations + importations) divisé par le PIB mondial.

Un autre fait saillant est lié au changement de la nature des conflits militaires après la Seconde Guerre mondiale : ceux-ci sont devenus de plus en plus localisés. La figure 2 montre la distance moyenne entre deux pays en conflit au cours du temps. Elle a été à peu près divisée par deux sur la période. Cette montée des conflits régionaux s'est aussi traduite depuis les années soixante par une très forte multiplication des guerres civiles, tendance de fond désormais bien documentée par les politologues mais dont nous ne traiterons pas dans cet article[1].

Fig. 2. Les conflits deviennent plus locaux

1. Un rapport récent du Human Security Center (http://www.humansecurityreport.info), centre de recherche de l'université de Colombie-Britannique financé par cinq gouvernements occidentaux, établit que les guerres civiles ont connu une envolée spectaculaire de 1945 à 1990, pour retomber récemment à des niveaux comparables à ceux des années soixante-dix. La chute du nombre de ces conflits civils depuis la fin de la guerre froide serait le facteur principal de la baisse de la conflictualité au niveau mondial depuis 1990.

La thèse que nous développons ici, et qui sera étayée par une analyse statistique[1], est la suivante : 1) le commerce international a un effet contradictoire sur la prévalence des conflits armés selon que l'on analyse l'impact de l'ouverture bilatérale et de l'ouverture multilatérale ; 2) le processus de mondialisation des échanges commerciaux peut expliquer la transformation observée de la nature des conflits, telle que la figure 2 l'illustre.

L'intuition du « doux commerce » de Montesquieu n'est en effet qu'en partie fondée. Certes, le commerce entre deux pays réduit la probabilité d'un conflit violent entre ces deux pays. Mais il serait faux d'en déduire que la mondialisation mène à la paix mondiale. C'est en fait l'inverse qui se produit. Ce résultat surprenant s'explique aisément dès lors que le caractère multilatéral de l'ouverture commerciale est pris en compte dans l'analyse. Pour un pays, augmenter ses échanges avec un partenaire commercial donné diminue certes la probabilité de conflits armés avec lui, mais augmente la probabilité de conflits avec tous les autres.

La logique de ces effets contradictoires peut s'expliquer en revenant à l'argument du « doux commerce ». Implicitement, cet argument se fonde sur l'idée que le commerce entre deux pays augmente le coût d'opportunité d'une guerre bilatérale. Ce concept, standard chez les économistes, correspond ici simplement au fait qu'en situation de conflit militaire, les pays réduisent voire suppriment leur commerce bilatéral et doivent donc renoncer aux gains générés par celui-ci. Ainsi, le commerce bilatéral observé est une mesure de la dépendance bilatérale de ces pays et du coût d'opportunité d'un conflit bilatéral. À l'opposé, si ces deux pays sont très ouverts au commerce multilatéral avec de nombreux pays tiers, leur dépendance économique bilatérale va être réduite ; le coût d'opportunité d'une guerre bilatérale diminue et celle-ci devient dès lors, toutes choses égales par ailleurs, plus probable. De ce point de vue, une plus grande ouverture commerciale agit comme une assurance en cas de conflit bilatéral. On le voit, l'argument selon lequel le commerce est un facteur pacificateur n'est valide que dans une relation bilatérale et ne peut être généralisé dans un monde comprenant plus de deux pays.

1. Cette analyse s'appuie sur la recherche que nous avons exposée plus longuement dans P. Martin, T. Mayer et M. Thoenig, « Make trade not war ? », *Review of Economic Studies*, 2008.

Ainsi, la vague de mondialisation actuelle, puisqu'elle favorise l'ouverture commerciale entre un grand nombre de pays, contribue à réduire les dépendances économiques bilatérales ou locales et peut conduire à une augmentation de la prévalence des conflits armés. Cet effet se trouve exacerbé pour des pays qui sont initialement des partenaires commerciaux importants, ce qui est le cas des pays voisins dont le commerce est naturellement élevé du fait de leur proximité mais dont la propension à la conflictualité est, elle aussi, élevée pour des raisons géopolitiques évidentes (contestation territoriale, rivalités ethniques, etc.). La mondialisation, puisqu'elle diminue surtout le coût d'opportunité de ces guerres locales, peut ainsi expliquer l'émergence des conflits régionaux ; mais simultanément, elle a contribué à réduire la probabilité d'une guerre « globale », c'est-à-dire d'une guerre entre deux coalitions de pays telle que les deux guerres mondiales ou la guerre froide au XXe siècle.

Cet effet de la mondialisation sur les conflits locaux peut être en partie lié aux mécanismes mis en avant par A. Alesina et E. Spolaore[1]. Ils montrent théoriquement et empiriquement que la mondialisation peut expliquer l'augmentation du nombre de pays et la diminution de leur taille moyenne. En effet, dans un monde très intégré commercialement, la région d'un pays devient moins dépendante du commerce avec les autres régions de ce même pays. De ce point de vue, le coût d'opportunité de se séparer et d'être indépendant (au risque de perdre certains liens commerciaux avec les autres régions) diminue avec la mondialisation. Chez Alesina et Spolaore, ce mécanisme aboutit à une augmentation du nombre de pays et une diminution de leur taille. Pour nous, il aboutit à une augmentation des conflits militaires. On voit aussi que les deux mécanismes additionnés prédiraient une augmentation des guerres civiles du fait de la mondialisation. Nous nous concentrons ici sur les guerres interétatiques.

Les économistes se sont peu intéressés à la question des relations entre commerce et conflits armés. Ce n'est pas le cas des spécialistes de sciences politiques parmi lesquels l'impact du commerce sur la guerre a motivé un débat houleux. Le débat peut se résumer de la manière suivante. D'un côté, les libéraux qui, dans la droite ligne

1. A. Alesina et E. Spolaore, « On the number and size of nations », *Quarterly Journal of Economics*, 112 (4), 1997, p. 1027-1056 ; et *The Size of Nations*, New York, MIT Press, 2003.

de Montesquieu mais aussi des économistes du XIXe siècle, considèrent que le commerce crée des gains économiques pouvant être menacés par la guerre. Il a donc un rôle dissuasif sur l'entrée en guerre des pays. Cette école de pensée avance l'argument suivant : le libéralisme économique (et donc en particulier l'ouverture commerciale) aide à la démocratisation. Si l'impact de la démocratie sur la probabilité de conflit fait l'objet d'un débat vigoureux en sciences politiques[1], il n'en reste pas moins que, depuis 1945, deux démocraties ne sont jamais entrées en guerre l'une contre l'autre. Le seul contre-exemple (mais il est antérieur) est celui de la guerre hispano-américaine de 1898. Dans le cas de la Grèce et de la Turquie ou de l'Inde et du Pakistan qui ont connu de nombreux conflits et guerres, aucune guerre[2] n'a eu lieu pendant les années où les deux pays de la paire étaient des régimes démocratiques.

D'un autre côté, le courant de pensée alternatif considère, dans la tradition marxiste, que le commerce est fondamentalement une relation asymétrique, inéquitable et qui ne crée pas de gains pour les deux partenaires. Les conflits d'origine commerciale sont dès lors susceptibles de dégénérer en conflits armés. Nos résultats empiriques nous poussent à nous sentir plus proches du premier groupe car nous confirmons que, sur la période 1949-2001, le commerce bilatéral a bien eu un rôle pacificateur sur les relations bilatérales. En revanche, nous pensons que les libéraux sont allés trop vite en besogne lorsqu'ils ont conclu que la mondialisation était, sans ambiguïté, pacificatrice. Notre travail empirique montre que l'ouverture commerciale multilatérale des pays a un impact inverse à celui de l'ouverture bilatérale. La mondialisation étant la combinaison d'une ouverture bilatérale et multilatérale, elle a un rôle ambivalent sur la paix.

L'idée que l'on puisse appliquer des raisonnements économiques de coûts et bénéfices au problème de la guerre et de la paix peut paraître à la fois choquante et réductrice. C'est pourtant bien ce type de raisonnement qui est à l'œuvre, au moins implicitement, chez Montesquieu et un certain nombre de philosophes des Lumières, à l'exception notable de Rousseau. En outre, notre hypothèse de départ n'est pas que le commerce est le facteur principal qui détermine si

1. Voir Z. Moav, « The controversy over the democratic peace », *International Security*, 22 (1), 1997, p. 162-198, par exemple.

2. Voir *supra*, note 1, p. 93, et la section ci-dessous décrivant les données pour la définition entre guerre proprement dite et les autres types de conflits.

deux pays réussiront à résoudre un conflit de manière pacifique ou non. Il s'agit d'un facteur parmi beaucoup d'autres mais notre analyse empirique tend à montrer que c'est un facteur non négligeable.

Nous commençons notre étude par une estimation empirique de la destruction du commerce due aux conflits armés. Nous montrons ensuite que l'ouverture au commerce a un effet ambigu sur la probabilité de conflit entre deux pays et nous tentons de quantifier cet effet.

L'impact des conflits sur le commerce

Les données

Les données que nous utilisons proviennent essentiellement du projet « Correlates of war » (Les variables de la guerre) qui rend disponible (sur le site http://cow2.la.psu.edu) un très grand nombre de bases de données sur les conflits militaires. La variable que nous voulons expliquer est l'occurrence d'une dispute interétatique militarisée (DIM) entre deux pays. Chaque dispute militaire est initialement codée avec un niveau d'hostilité allant de 1 à 5 (1 : pas d'action militaire ; 2 : menace d'utilisation de la force ; 3 : démonstration de force ; 4 : utilisation de la force ; 5 : guerre).

Les guerres internationales sont un phénomène relativement rare. Le critère, usuel et raisonnable (bien qu'arbitraire), pour déterminer la frontière entre un incident militaire et une guerre en tant que telle, est un seuil de plus de 1 000 morts militaires. Selon ce critère, il y a eu seulement environ 150 guerres dans le monde depuis 1815, dont une centaine entre États souverains. Les conflits de niveau 3 (démonstration de force) incluent la décision de mobilisation, un mouvement de troupes ou de navires, la violation ou la fortification d'une frontière. Il s'agit d'actes approuvés par le gouvernement et délibérés. Les conflits de niveau 4 (utilisation de la force) incluent le blocus, l'occupation de territoire ou une attaque[1].

1. Nous excluons dans nos estimations les incidents qui impliquent l'arraisonnement d'un navire. En cela nous suivons la littérature de sciences politiques qui considère que ceux-ci sont souvent liés à des conflits de pêche. Ils sont assez rares et leur exclusion ne change pas nos résultats.

Le tableau 1 donne trois exemples de conflits de niveau 3, 4 et 5. En termes d'observations utilisables, le nombre de couples de pays en guerre est plus important, car dans une guerre multipartite, chacun des participants d'un bord est en conflit avec chacun des pays de l'autre bord. Même ainsi, le nombre de guerres bilatérales est relativement faible, trop faible pour obtenir une estimation robuste de leurs déterminants. On a donc généralement recours à une définition plus large des conflits, comprenant la démonstration ou l'utilisation de la force armée : les DIM codées 3 à 5 dans la définition ci-dessus. Ces événements sont explicites, ouverts, impliquent l'accord de gouvernements conscients de l'ampleur et des conséquences du conflit. C'est cette définition des conflits armés que nous utilisons ici (en restreignant la définition des DIM aux événements codés 4 et 5, nos résultats sont très similaires). Le tableau 2 montre la répartition des 1 031 conflits bilatéraux que nous utilisons dans nos estimations. Deux tiers des conflits sont de niveau 4 où la force est utilisée.

Tableau 1. Exemples de conflits

Pays impliqués	Niveau d'hostilité	
Guatemala/Belize	3	1993 : Des frontaliers affirment que des soldats du Belize ont fait une incursion au Guatemala et détruit des récoltes. En réponse, le Guatemala envoie 60 soldats à la frontière.
États-Unis/Irak	4	En réponse à la tentative d'assassinat par l'Irak de l'ancien président Bush, en 1993, les États-Unis lancent un missile sur le bâtiment des services irakiens.
Éthiopie/Érythrée	5	En mai 1998, des incidents de frontière dégénèrent en conflit armé qui cause plusieurs milliers de victimes.

Tableau 2. Distribution de l'intensité des conflits (1950-2000)

Paires de pays en paix	202 649	
Niveau des hostilités lors de conflits	Fréquence	%
3 : démonstration de force	237	22,99
4 : utilisation de la force	686	66,54
5 : guerre (> 1 000 morts militaires)	108	10,48
Total	1031	100

Le nombre et la distribution des conflits provient de notre spécification préférée des déterminants des conflits, qui réduit la taille globale de l'échantillon sans changer fondamentalement la répartition de la gravité des conflits.

Nos données concernant le commerce bilatéral proviennent de deux sources différentes. La première est la base construite par Katherine Barbieri[1], qui utilise principalement les données du FMI depuis 1948 et celles de la SDN ainsi que des sources nationales avant cette date : elles couvrent la période 1870-1992. Nous les complétons à partir des données DOTS (Directory of Trade Statistics) du FMI pour la période postérieure à la Seconde Guerre mondiale (la même source que K. Barbieri pour cette période[2]). Les données de PIB sont issues de deux sources principales, celles de K. Barbieri[3] qui rassemble une base de PIB pour les années 1948-1992, et les World Development Indicators de la Banque mondiale pour la période 1960-2001. Les variables concernant les facteurs facilitant ou handicapant le commerce, comme la distance, la contiguïté, la langue commune, l'histoire coloniale, viennent de la base de distances du CEPII[4].

En termes de facteurs explicatifs des conflits figure l'indice de démocratie des deux pays. Il provient de la base Polity IV[5], dans laquelle nous utilisons l'indice composite qui note les institutions démocratiques de chaque pays sur une échelle de – 10 à + 10.

1. Voir http://sitemason.vanderbilt.edu/site/k5vj7G/new_page_builder_4
2. K. Barbieri, *The Liberal Illusion. Does Trade Promote Peace ?*, Ann Arbor, The University of Michigan Press, 2002.
3. *Ibid.*
4. Centre d'études prospectives et d'informations internationales. Voir www.cepii.fr/anglaisgraph/bdd/distances.htm
5. Voir www.cidcm.umd.edu/inscr/polity

Nous utilisons également la corrélation des positions de chaque pays lors des votes de résolution aux Nations unies comme un indicateur de leur « affinité politique ». Cette corrélation est basée sur un type de scrutin qui identifie clairement la position de chacun des participants sur la question posée, avant le vote proprement dit. La source est construite par Gartzke *et al.* et couvre les années 1946 à 1996[1].

Les résultats

Les conflits désorganisent le commerce international. Même lorsqu'un conflit militaire est de relativement faible intensité, par exemple de niveau 3, il désorganisera le commerce en introduisant une forte dose d'incertitude dans les relations commerciales. Clairement, les conflits de plus forte intensité (4 et 5) ont potentiellement des effets plus importants sur le commerce : un conflit militaire peut engendrer la fermeture de la frontière, un blocus commercial, la fermeture ou la destruction des infrastructures de transport (routes, ports et aéroports). Dans tous ces cas, le conflit peut affecter à la fois le commerce bilatéral entre les deux belligérants et le commerce multilatéral entre l'un des deux belligérants et le reste du monde. Quantifier ces effets est intéressant à double titre. C'est d'abord une manière d'évaluer l'un des coûts économiques d'un conflit militaire. En outre, c'est parce qu'il existe un coût anticipé d'un conflit que le commerce peut avoir un rôle de dissuasion dans l'escalade militaire. Si le commerce n'est pas affecté par les conflits, il ne représente pas un coût d'opportunité du processus d'escalade vers la guerre, et l'un des mécanismes par lequel le commerce peut affecter la probabilité de conflit disparaît.

Pour quantifier ces effets, nous utilisons ce que les économistes du commerce international appellent les équations de gravité. Une importante littérature empirique a montré qu'un petit nombre de déterminants expliquait bien les flux de commerce bilatéraux. Les déterminants centraux sont les capacités exportatrices et importatrices des deux pays (leur taille et leur

1. E. Gartzke, D.-J. Jo et R. Tucker, « The similarity of UN policy positions, 1946-1996 », version 1.17", www.vanderbilt.edu/~rtucker/data/affinity/un/similar

éloignement du reste du monde essentiellement), ainsi qu'un certain nombre de facteurs bilatéraux facilitant le commerce comme la proximité géographique, la langue commune, le lien historique colonial, les accords régionaux[1]... Nous voulons donc mesurer à quel point un conflit militaire rend les échanges bilatéraux plus difficiles. L'approche usuelle revient à quantifier la différence entre le commerce observé et le commerce « normal », c'est-à-dire le commerce tel que prédit par ces équations de gravité, que nous appellerons également commerce gravitaire.

La figure 3 illustre l'effet estimé d'un conflit militaire (d'intensité 3, 4 ou 5) sur le commerce bilatéral. Les intervalles de confiance de 5 % sont indiqués par les bandes grises autour des points estimés. L'axe des ordonnées correspond au ratio entre commerce observé et commerce gravitaire. Le niveau 1 est le niveau de commerce qui serait prédit pour deux pays représentatifs qui ne connaissent pas de conflit. L'axe des abscisses indique le nombre d'années écoulées depuis un conflit. Nous voulons comprendre l'effet du conflit avant, pendant et après le conflit. Le graphique montre que l'effet pur du conflit sur le commerce pour l'année même est une chute d'environ 25 % par rapport au niveau prédit[2]. L'effet est durable puisqu'il faut environ vingt ans pour qu'il ne soit plus statistiquement significatif. Il est intéressant de noter qu'il existe un effet négatif si le conflit est anticipé ou si les relations entre les deux pays se dégradent avant même le conflit. L'effet est cependant assez limité à la fois quantitativement et dans le temps. Dans T. Martin *et al.*[3], l'impact d'un conflit sur le commerce multilatéral des pays impliqués, c'est-à-dire sur le commerce avec les pays autres que les deux pays en conflit, est quantifié avec la même méthodologie. Dans ce cas, l'effet estimé est très faible et peu durable.

1. Voir J.-L. Mucchielli et T. Mayer, *Économie internationale*, Paris, Dalloz, 2005, chap. 9 pour une présentation détaillée du modèle de gravité.

2. Le commerce chute en fait plus fortement car le revenu des deux pays est négativement affecté par le conflit, ce qui en retour fait chuter le commerce. Mais ce graphique tente d'isoler l'effet du conflit sur le commerce via le seul mécanisme de l'augmentation des coûts à commercer.

3. P. Martin, T. Mayer et M. Thoenig, « Make trade not war ? », cit.

Fig. 3. L'impact d'un conflit sur le commerce bilatéral

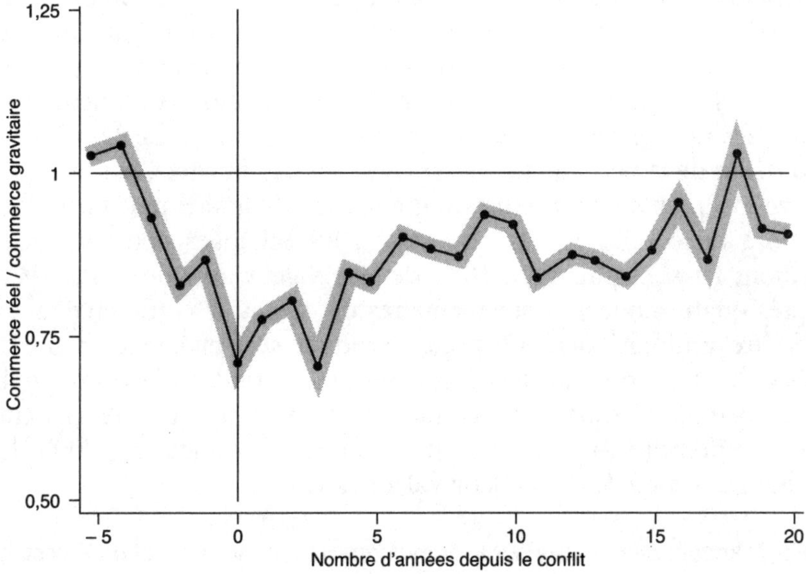

Pour illustrer les effets des conflits sur le commerce bilatéral dans un cas spécifique, nous avons choisi l'Inde et le Pakistan. La figure 4 retrace l'évolution des exportations du Pakistan à destination de deux pays représentatifs au cours de la période 1948-2003. Chacune des deux lignes représente le ratio entre le commerce réel et le commerce gravitaire au cours du temps. Les lignes représentent donc l'excès ou le déficit de commerce par rapport à une « norme » bien établie, selon que les lignes se situent au-dessus ou en dessous de la valeur 1 sur l'axe des ordonnées. Lorsque la courbe se situe en dessous de la valeur unitaire, on parle de potentiel de commerce, donnant la distance à parcourir afin de rejoindre le commerce normalement attendu entre les deux pays. La ligne fléchée représente les exportations du Pakistan à destination de la Grande-Bretagne, ancienne puissance coloniale, les deux pays n'ayant connu aucun conflit durant la période. La tendance pour ce couple de pays est claire, la décolonisation ayant conduit à un « commerce manquant » assez important pendant la première partie de la période, pour ensuite retourner lentement vers des valeurs plus normales dans les années récentes, qui se caractérisent tout de même par un large potentiel de commerce : en 2003, les exportateurs pakistanais ne réalisent qu'un peu plus des deux tiers des exportations attendues vers la Grande-Bretagne, laissant la place à un potentiel d'augmentation important. Sur la courbe avec des cercles figurent les exportations pakistanaises vers l'Inde, courbe ponctuée par une succession d'incidents militaires de type 4 ou 5, représentées par des cercles, l'année de leur occurrence. On voit alors très nettement l'impact radical des conflits armés sur le commerce bilatéral. Tout au début de la période, les deux pays sont très intégrés, commerçant seize fois plus que la prédiction gravitaire. Vingt ans plus tard, dont quinze de conflits armés importants, les échanges entre les deux nations ne sont plus qu'à 10 % de leur valeur attendue ! En 1972, après quatre années supplémentaires de conflit, le commerce aurait dû être multiplié par 100 pour retrouver son niveau normal. Le reste du siècle est caractérisé par de rares périodes d'accalmie militaire pendant lesquelles le commerce connaît une timide vigueur, pour reprendre sa chute lors des nouveaux conflits. En 2003, les échanges sont à 1,4 % de leur valeur normale.

Fig. 4. Impact des conflits sur le commerce : le cas de l'Inde et du Pakistan

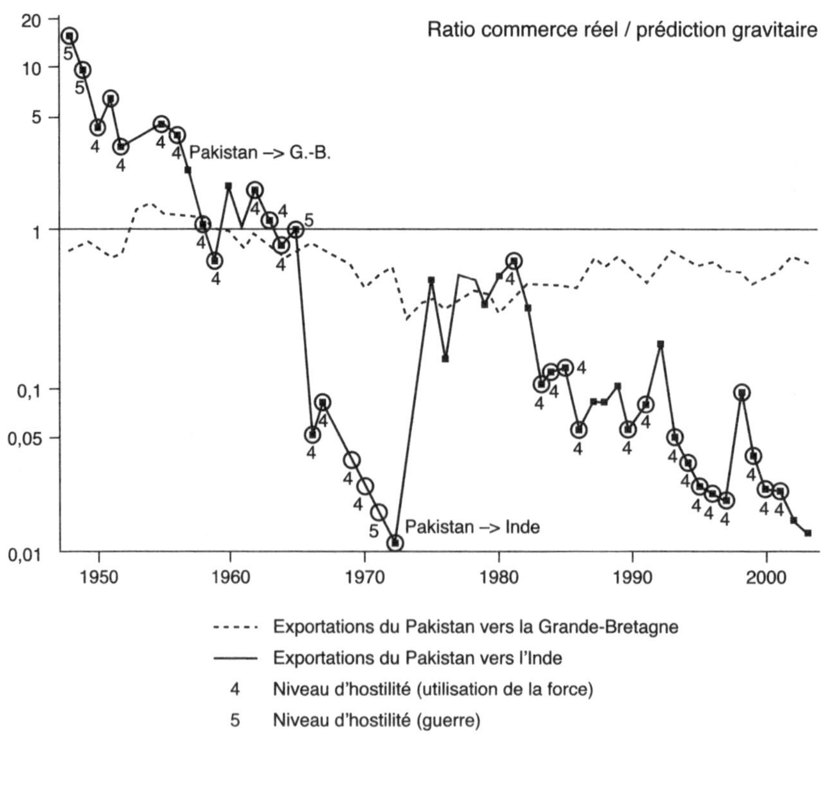

Fig. 5. Impact des conflits sur le commerce : le cas de la Grèce et de la Turquie

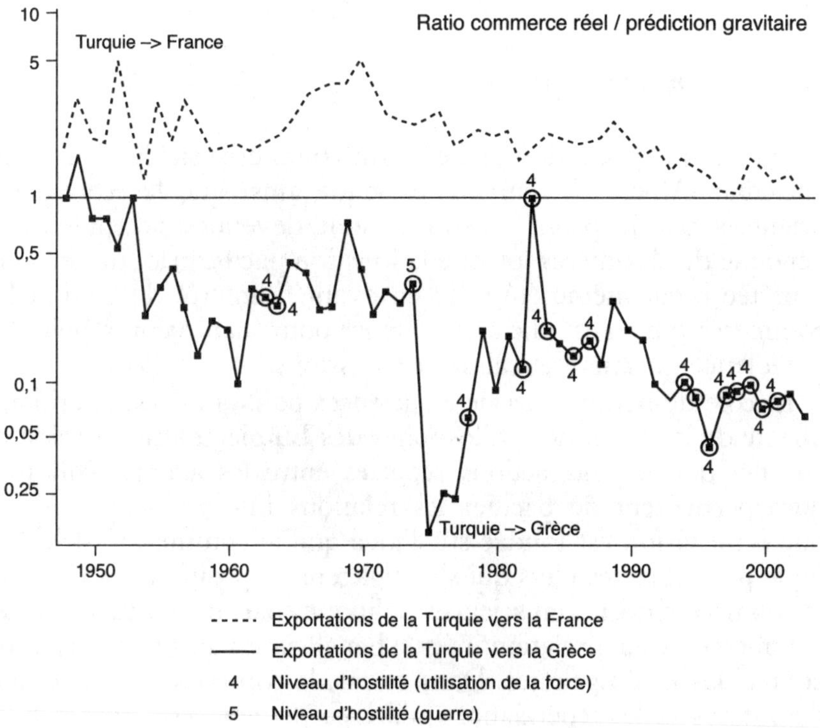

Le même principe peut être appliqué à d'autres couples emblématiques de pays en conflit fréquent, plus proche géographiquement. La figure 5 montre que la Grèce et la Turquie ont connu seize incidents de type 4 et une guerre avec plus de 1 000 morts (type 5) durant la période. Alors que le commerce était presque exactement normal en 1953, il se dégrade progressivement avec un premier incident de type 2, en 1958, et s'écroule franchement en 1974, passant de 34 % à 1,5 % de la norme en 1975. La succession quasi ininterrompue de conflits depuis le début des années quatre-vingt a maintenu le commerce à un niveau très faible compte tenu de la proximité et de la taille respectable de ces deux économies (en 2003, le niveau atteint moins de 7 % de la prédiction gravitaire). Au contraire, les exportations de la Turquie vers la France présentent un profil relativement stable, avec un niveau d'intégration assez élevé, qui rejoint la norme à la fin de la période.

L'impact du commerce sur les conflits

Les mécanismes théoriques

On l'a vu, la question de l'effet du commerce sur la guerre est ancienne. Albert Hirschman[1] explique ainsi que les conduites orientées par le profit personnel sont devenues acceptables à l'époque des Lumières lorsque la fonction pacificatrice qu'on leur a prêtée a elle-même été mise en avant. L'intérêt du gain et le commerce qui en est une conséquence pourraient venir à bout de la violence guerrière et calmer les passions.

L'école de pensée libérale en sciences politiques[2] est l'héritière directe de la vision des philosophes des Lumières. Elle considère en effet que les interactions répétées entre les agents économiques permettent de pacifier les relations internationales. Alors que cette vision est fondée sur l'idée que le commerce est bénéfique pour tous les pays qui s'y engagent, la position des marxistes ou néomarxistes en sciences politiques part du postulat que le commerce est une relation inégale bénéficiant aux États puissants et aux classes dirigeantes. Dans ce cas, le commerce inégal entre deux pays et la dépendance qu'il crée peuvent conduire à une augmentation des conflits. Comme la très grande majorité des économistes, nous considérons que le commerce est en général bénéfique pour tous les partenaires, et nous sommes donc plutôt partisans de la première approche. Cependant, nous ne partageons pas la conclusion des politologues libéraux qui en déduisent que le commerce est forcément pacificateur, car nous insistons sur la différence des effets entre les relations commerciales bilatérales (entre les deux pays en question) et les relations commerciales multilatérales (entre chacun des pays et le reste du monde).

Il est temps à présent de reformuler l'idée du « doux commerce » à la lumière de la théorie économique moderne. On va

1. A. Hirschman, « Rival views of market society », *Journal of Economic Literature*, 20, 1982, p. 1463-1484.
2. Voir par exemple S. Polachek, « Conflict and trade », *Journal of Conflict Resolution*, 24 (1), 1980, p. 57-78.

le voir, notre analyse est modeste. Nous ne chercherons pas à expliquer les sources, variables, nombreuses et complexes, des tensions géopolitiques entre pays. Seul nous intéresse le processus de négociation diplomatique entre pays, dont l'issue est la paix ou la guerre. De ce point de vue, nous mettons en avant deux mécanismes théoriques :

– le commerce, en augmentant les interactions entre les agents économiques, augmente les flux d'informations et diminue les asymétries d'informations entre pays, ce qui a pour résultat de faciliter les négociations entre pays ;

– la nature du commerce, bilatérale ou multilatérale, modifie le coût d'opportunité de la guerre car la guerre détruit les gains du commerce ; là aussi, le processus de négociation s'en trouve affecté.

Au départ, notre analyse constate que de nombreux désaccords affectent les relations entre les pays : définition des frontières, partage de ressources naturelles, minorités ethniques, conflits idéologiques ou religieux... En appréhender la complexité irait bien au-delà de l'objet de cette analyse. Aussi, nous prendrons ces désaccords comme donnés, comme des faits échappant à notre investigation. La question qui nous intéresse ici est de comprendre pourquoi certains de ces désaccords sont réglés de manière pacifique alors que d'autres vont dégénérer en conflits militarisés. Notre analyse porte donc sur la mécanique des négociations diplomatiques entre les pays où les négociations peuvent se conduire sur les montants des transferts – directs ou indirects – de souveraineté, de ressources naturelles, etc.

Dans ce contexte, un paradoxe bien connu en sciences politiques est que la guerre ne devrait jamais survenir. Certes, l'un des deux pays peut gagner beaucoup du fait de la guerre, mais les destructions humaines et matérielles sont si importantes que les pertes du vaincu sont toujours plus grandes que les gains du vainqueur ; ce fait est largement corroboré par les événements historiques et les études statistiques[1]. En d'autres termes, la somme totale du bien-être des deux pays en situation de paix est

1. Voir par exemple G. Hess, « The economic welfare cost of conflict : an empirical assessment », Claremont, McKenna College, 2004, WP ; et R. Glick et A. Taylor, « Collateral damage : the economic damage of war, 1870-1997 », mimeo, University of California, 2005.

toujours supérieure à ce qu'elle est en situation de guerre, si bien qu'il est toujours de l'intérêt des deux belligérants de trouver une solution négociée à leurs différends pour éviter la guerre. Dans ce cas, pourquoi y a-t-il des guerres ?

Un résultat de théorie des jeux bien connu est qu'en présence d'information incomplète – un pays a plus d'informations sur sa propre situation, par exemple sur ses forces militaires, que sur celle de l'autre pays –, les négociations peuvent échouer[1]. L'intuition, simple, est que l'information incomplète met en péril la possibilité d'émergence d'une solution consensuelle et négociée : chaque pays, profitant de son avantage informationnel, aura intérêt à « bluffer » pendant la négociation ; il aura notamment tendance à se signaler comme très belliqueux et très agressif afin d'obtenir des concessions plus importantes de son adversaire pendant la négociation. Puisque les deux pays agissent de la sorte, le processus de négociation est fragilisé et l'escalade vers la guerre devient possible. Clairement, la probabilité de guerre est d'autant plus forte que l'information est incomplète.

Un premier effet de l'ouverture commerciale sur la probabilité de conflit militaire entre deux pays passe donc par l'impact des flux commerciaux sur les échanges d'information entre pays. Les échanges de biens et services, parce qu'ils nécessitent des interactions entre les agents, réduisent les problèmes informationnels et facilitent donc le processus de négociation. De ce point de vue, le type de biens échangés a certainement un impact sur le lien entre commerce et conflits. Ainsi, il a été montré que le commerce de biens manufacturés génère beaucoup plus d'interactions entre les agents et d'échanges d'information que le commerce de matières premières, par exemple. L'explication donnée, notamment par J. E. Rauch[2], est que les matières premières s'échangent sur des marchés anonymes qui ne requièrent que peu ou pas de contacts entre acheteurs et vendeurs. En revanche, l'information sur la qualité et l'adéquation à la demande des biens manufacturés requiert des échanges

1. Voir P. Martin, T. Mayer et M. Thoenig, « Make trade not war ? », cit., pour le développement théorique complet.

2. J. E. Rauch, « Networks *versus* markets in international trade », *Journal of International Economics*, 48 (1), 1999, p. 7-35.

répétés. De ce point de vue, le commerce international de biens manufacturés entre deux pays a certainement un effet beaucoup plus pacificateur que le commerce de matières premières.

Au-delà de ces questions d'incomplétude de l'information, l'escalade vers la guerre dépend aussi des coûts humains et économiques qui en découlent. Plus précisément, l'échec des négociations entre pays est d'autant plus probable que le coût d'opportunité de la guerre est faible. Or ce coût peut être affecté par le volume de commerce. On l'a vu, la guerre rend le commerce plus difficile du fait des destructions des infrastructures, des moyens de transport, de l'incertitude et du danger qu'elle induit, des blocus éventuels et des embargos décrétés sur les produits de l'adversaire. Ainsi un conflit militaire interrompt, partiellement ou totalement, à la fois le commerce entre les deux belligérants (le commerce bilatéral) et potentiellement aussi le commerce avec le reste du monde, ce que nous appelons le commerce multilatéral. Sur le plan empirique cependant[1], alors que la destruction de commerce bilatéral est importante et durable, ce n'est pas le cas pour le commerce multilatéral. Les conséquences de ces deux types de commerce sur le coût d'opportunité de la guerre sont également très différentes.

Commerce bilatéral

Supposons que deux pays échangent des biens et qu'un conflit éclate entre eux, ce qui rend plus coûteux ce commerce. Il est assez clair dans ce cas que le coût d'opportunité de ce conflit sera d'autant plus élevé que la part du commerce bilatéral dans le panier de consommation de chacun des deux pays l'est. Le commerce bilatéral (en proportion de leur revenu total) agit donc positivement sur le coût d'opportunité de la guerre, ce qui se traduit par une baisse de la probabilité d'une guerre. On retrouve ici le raisonnement de Montesquieu et des politologues libéraux sur l'aspect pacificateur du commerce.

1. Voir *supra*, p. 99.

Commerce multilatéral

Le mécanisme est un peu plus complexe mais l'idée est que l'ouverture au commerce international réduit le coût d'opportunité de toute guerre bilatérale. Ce résultat surprenant vient directement du constat que ce coût d'opportunité dépend in fine de la composition de la structure productive et du panier de consommation de chacun des pays. Or notre analyse statistique montre clairement qu'un conflit réduit beaucoup plus fortement le commerce (bilatéral) entre les deux belligérants que le commerce (multilatéral) avec le reste du monde. Au final, on voit que le commerce multilatéral diminue la dépendance vis-à-vis du pays belligérant et réduit donc le coût d'opportunité d'une guerre avec ce pays. De ce point de vue, l'ouverture au commerce multilatéral, en diversifiant les sources d'achat, agit comme une assurance en cas de guerre avec un pays. Comme toute assurance, il peut donc avoir pour effet de diminuer l'incitation à éviter le sinistre, c'est-à-dire ici à faire des concessions pendant les négociations pour éviter un conflit militaire.

Ce raisonnement implique que le processus de mondialisation, essentiellement mû par l'ouverture multilatérale des pays, affaiblit les dépendances économiques bilatérales et réduit donc les incitations à éviter l'escalade militaire lors de conflits bilatéraux. Ce mouvement de réduction est exacerbé pour des pays voisins, car ce sont eux qui ont initialement les niveaux de dépendance les plus élevés et qui ont une probabilité naturellement forte de disputes pouvant dégénérer en conflits armés. On doit donc s'attendre à ce que la mondialisation entraîne une hausse du nombre de conflits locaux et régionaux, conformément aux faits empiriques[1]. Toutefois, la mondialisation diminue simultanément la probabilité des guerres généralisées. De telles guerres opposent des coalitions de pays et donc, de manière très heuristique, s'apparentent à une guerre bilatérale entre deux grands blocs commerciaux. Dès lors, l'argument du commerce bilatéral pacificateur peut s'appliquer et la mondialisation augmente bien le coût d'opportunité d'une guerre entre ces deux groupes de pays, c'est-à-dire une guerre mondiale ou « globale ».

1. Voir l'introduction.

Pour conclure, on peut dire que la mondialisation change non seulement la prévalence des conflits mais aussi leur nature, du global vers le local. Ce résultat donne une légitimité particulière au processus d'intégration commerciale régionale, plus respectueux des équilibres géopolitiques locaux. La multiplication des accords régionaux devrait donc accompagner la montée du multilatéralisme commercial afin d'en contrebalancer les effets pervers et les facteurs de déstabilisation régionale. Cet enjeu devient crucial dès l'instant où l'on reconnaît que les sources de tensions et de conflits militaires sont principalement liées à des désaccords sur les frontières, les minorités ethniques ou le partage des ressources naturelles, et donc que les conflits régionaux sont les plus probables. La prise en compte des interactions géopolitiques entre voisins permet de dépasser la vue traditionnelle des économistes selon laquelle les accords régionaux entre pays pauvres n'offrent que peu de perspectives de création de commerce et pourraient ralentir le processus d'intégration multilatéral. Ce type de coopération régionale pourrait au contraire constituer un complément nécessaire au processus de libéralisation de type GATT/OMC, garantissant que l'augmentation de l'ouverture multilatérale n'a pas d'impact négatif trop important en termes de stabilité politique.

Nous terminons cette section par une rapide remarque méthodologique destinée au lecteur peu familier de l'analyse économique. Le cadre théorique dans lequel nous nous plaçons ici est très standard en sciences politiques et en théorie des jeux. L'objectif est d'expliquer l'existence des guerres en dépit de l'énormité des coûts humains et économiques qu'elles engendrent. On l'a vu, ce cadre met l'accent sur les coûts d'opportunité de la guerre en analysant l'issue d'un processus de négociation diplomatique menée par des acteurs rationnels. Cette approche, réductrice, n'épuise clairement pas toutes les configurations historiques où des guerres sont apparues : nous ne pensons pas que la décision d'entrer en guerre soit toujours le résultat d'un calcul des coûts et bénéfices, en termes économique, politique, territorial ou idéologique. Mais ce cadre a la vertu de fournir des prédictions claires quant au rôle du commerce international, ce qui ne serait pas le cas avec des théories alternatives de la guerre (du type chefs d'État irrationnels ou bénéficiant individuellement de la guerre, lobbying industriel...) : en d'autres termes, il est des cas de figure, nombreux, où le commerce international n'est pas un facteur important pour expliquer les guerres et où certaines guerres ne sont en rien affectées par le commerce international.

Quantifier l'impact du commerce sur la probabilité de conflit

La question de l'impact du commerce sur la guerre a été récemment relancée en sciences politiques par une série d'études empiriques sur le sujet[1]. Ces études étudient typiquement l'effet du commerce bilatéral sur la probabilité de conflit entre deux pays. Si la majorité des études trouve une relation négative[2], certaines trouvent une relation positive[3]. La variabilité dans ces résultats statistiques s'explique par le fait que ces études, si elles contrôlent de nombreux facteurs politiques, ne prennent pas systématiquement en compte certains facteurs dont les économistes savent qu'ils affectent fortement le commerce international. C'est le cas tout particulièrement des facteurs géographiques comme la distance entre les pays et l'existence d'une frontière commune : la première affecte très négativement le commerce bilatéral ; la seconde l'augmente fortement. La raison sous-jacente est que les coûts liés au commerce international diminuent fortement pour les pays proches (coûts de transport et coûts d'acquisition d'information sur les marchés étrangers). Simultanément, la guerre est un phénomène essentiellement local : la prévalence de conflits est de 5 % pour les pays proches dont la distance est inférieure à 1 000 km ; elle tombe à 0,25 % pour ceux dont la dis-

1. Voir K. Barbieri et G. Schneider, « Globalization and peace : assessing new directions in the study of trade and conflict », *Journal of Peace Research*, 36 (4), 1999, numéro spécial sur commerce et guerre, p. 387-404, pour une revue de la littérature critique.

2. S. Polachek, « Conflict and trade », art. cit., p. 57-78. S. Polachek, J. Robst et Y. C. Chang, « Liberalism and interdependence : extending the trade-conflict model », *ibid.*, p. 405-422.

3. K. Barbieri, « Economic interdependence : a path to peace or a source of interstate conflict ? », *Journal of Peace Research*, 33 (1), 1996, p. 29-49 ; et *The Liberal Illusion. Does trade promote peace ?, op. cit.*

tance est comprise entre 1 000 et 7 500 km ; elle est de 0,16 % pour les pays distants de plus de 7 500 km. La raison sous-jacente est que la proximité attise les rivalités territoriales, les conflits d'origine ethnique ou religieuse, bref les tensions géopolitiques en général.

Lorsque, dans l'analyse statistique, ces codéterminants du commerce et des conflits sont ignorés, il n'est pas étonnant que la corrélation observée entre commerce bilatéral et probabilité de conflit soit positive. Mais il s'agit là d'un artefact statistique et cette corrélation n'a pas valeur de causalité. L'essentiel du commerce mondial est le fait de pays proches, naturellement plus enclins aux disputes du fait même de leur proximité. Toutefois, cette « illusion d'optique » statistique disparaît dès lors que l'on reconnaît dans la relation précédente le rôle causal joué par la proximité entre les pays. Si le Gabon et le Chili n'ont pas eu de conflits militaires, ce n'est pas parce que leur commerce est faible mais simplement parce que leur éloignement a limité à la fois leur commerce et leurs sources de dispute. On voit donc qu'il est extrêmement important de démêler dans la relation entre commerce et conflits ce qui est de l'ordre causal et ce qui est de l'ordre de la simple corrélation factice.

Nous avons vu sur le plan théorique que l'impact du commerce sur la probabilité de conflit entre deux pays est dual : tandis que le commerce bilatéral réduit la probabilité de conflit entre les deux partenaires commerciaux, l'ouverture au commerce multilatéral l'augmente. La quantification empirique de tels effets se heurte à deux difficultés majeures, car une corrélation entre commerce et conflits n'implique pas automatiquement que le commerce international a un effet causal sur la probabilité de conflit entre deux pays. La première difficulté est celle de la causalité inverse : si l'on observe que deux pays commercent peu et sont fréquemment en conflit, il n'est pas clair que ce soit la faiblesse du commerce qui cause la conflictualité. On pourrait très raisonnablement penser que c'est la nature conflictuelle des relations politiques entre les deux pays qui rend plus difficile le commerce en réduisant par exemple la confiance entre les individus des deux pays. La seconde difficulté vient du fait qu'un autre facteur peut à la fois déterminer la probabilité de conflit entre les deux pays et leur niveau de commerce. Ainsi, les États-Unis et la Grande-Bretagne n'ont pas connu de conflits militaires sur la période qui nous intéresse et commercent intensément. Il n'est cependant pas clair que ce soit le commerce entre ces deux pays qui explique leurs relations pacifiques. Il se peut que des facteurs de proximité culturelle ou idéologique expliquent à la fois leur faible conflictualité et l'importance de leurs liens commerciaux. Même si elles sont moins évidentes, ces difficultés peuvent a priori se poser aussi pour la relation entre commerce multilatéral et probabilité de conflit.

Afin d'identifier une relation qui soit bien causale entre le commerce international et la probabilité de conflit, nous utilisons diverses méthodes, standard en statistique, que nous nous contentons de résumer ici[1]. Nous estimons l'impact du commerce passé (en pourcentage du revenu des pays) sur la probabilité future de conflit entre deux pays ; cela permet d'éliminer partiellement la difficulté de causalité inverse. Nous incluons également de nombreuses variables qui peuvent avoir un impact à la fois sur le commerce des pays et sur leur probabilité de conflit. Certaines sont directement issues des « équations de gravité » en commerce international. Il s'agit de variables dont on sait qu'elles ont un impact très fort sur le commerce mais qui peuvent clairement aussi affecter le degré de conflictualité entre les pays : la distance entre les deux pays, l'existence d'une frontière commune, l'utilisation d'une langue commune, l'appartenance à une zone de commerce intégrée, l'appartenance au GATT puis à l'OMC, l'existence d'un lien colonial ou d'un colonisateur commun et la taille des pays. Nous incluons également d'autres facteurs dont l'impact sur la conflictualité des pays est clair mais qui peuvent aussi affecter leur niveau de commerce : le nombre d'années de paix, le niveau de démocratie des gouvernements et la corrélation des votes à l'ONU[2]. La liste des principaux déterminants de la probabilité de guerre inclus dans nos estimations est donnée dans le tableau 3.

1. Voir P. Martin, T. Mayer et M. Thoenig, « Make trade not war ? », cit., pour plus de détails.

2. L'ajout d'autres contrôles tels que la durée de la guerre ou l'existence de sanctions commerciales entre les pays ne modifie pas les résultats principaux (voir l'Annexe, *ibid.*). L'ajout d'effets fixes spécifiques à chaque paire de pays permettant d'éliminer les facteurs difficilement mesurables spécifiques à la relation entre ces deux pays ne change pas non plus les résultats. Non plus que l'ajout d'effets permettant d'éliminer des tendances temporelles communes au commerce et aux conflits.

Tableau 3. Principaux résultats empiriques de l'étude

Variables prises en compte	Impact sur la probabilité de conflit militaire entre deux pays
Commerce bilatéral	négatif
Commerce multilatéral	positif
Accord d'intégration régionale	négatif
Distance	négatif
Nombre d'années de paix	négatif
Frontière commune	positif
Langue commune	non significatif
Lien colonial passé entre les deux pays	positif
Colonisateur commun	non significatif
Membres du GATT ou de l'OMC	négatif
Surface des pays	positif
Démocratie	négatif
Corrélation des votes à l'ONU	négatif
Membre permanent du Conseil de sécurité	positif
Régime communiste	négatif
Un des pays exporte du pétrole	positif
Sanctions commerciales bilatérales	positif
Moyenne du PIB/hab.	non significatif
Différence de PIB/hab.	non significatif
Moyenne des dépenses militaires	positif
Différence des dépenses militaires	négatif

Les résultats principaux de l'estimation économétrique sont donnés dans ce même tableau. Ils confirment le rôle dual du commerce dont nous venons de discuter. L'augmentation du commerce bilatéral entre deux pays diminue de manière statistiquement significative la probabilité de conflit entre ces deux pays. En revanche, une augmentation du commerce multilatéral (hors commerce bilatéral, c'est-à-dire avec le reste du monde) augmente de manière statistiquement significative la probabilité de conflit entre ces deux pays. Un autre résultat intéressant est que ces effets sont d'autant plus forts que les pays sont proches. Pour les pays distants de plus de 10 000 km, le commerce n'a pas d'effet significatif sur leur probabilité de conflit. En revanche, l'effet est beaucoup plus important pour les pays proches, en phase avec notre analyse théorique : c'est pour ces pays proches que l'effet de la mondialisation (l'ouverture au commerce multilatéral) affaiblit le plus les dépendances locales. Or ce sont les pays proches qui connaissent le plus de disputes pouvant dégénérer en conflits militaires. De ce point de vue, la mondialisation pourrait en partie expliquer pourquoi les conflits sont devenus de plus en plus locaux depuis 1950, comme le suggère la figure 2.

Un autre résultat statistique important dans le contexte actuel de multiplication des accords régionaux de libre-échange est que ceux-ci ont un impact sur la probabilité de conflit entre les pays signataires. Cet impact est de deux ordres. D'une part, de tels accords ont un effet pacificateur du fait du commerce bilatéral qu'ils induisent. Mais l'effet pacificateur va au-delà de cet effet direct, car l'existence d'un tel accord réduit la probabilité de conflit même lorsque l'on tient compte du commerce entre les deux pays. Cela suggère que les institutions permettant le fonctionnement de ces accords ont intrinsèquement un effet inhibiteur sur les conflits militaires. Il est probable que l'existence de telles institutions, bilatérales ou régionales, offre en fait un lieu organisé et structuré, propice à toutes sortes de négociations, non seulement commerciales mais aussi diplomatiques et militaires.

Bon nombre de résultats du tableau 3 sont peu surprenants – tels les effets de la distance, du nombre d'années de paix, d'une frontière commune, de la corrélation des votes à l'ONU, etc. Toutefois, ces variables doivent être incluses comme variables de contrôle dans l'analyse statistique. D'autres résultats sont plus intéressants : en particulier, la moyenne de l'indice de démocratie des deux pays a un effet négatif sur la probabilité de conflit militaire. Mais l'effet du commerce demeure même lorsqu'on le contrôle pour l'indice de démocratie. Cela suggère que l'effet pacificateur du commerce bilatéral ne passe pas uniquement par le fait que le commerce aurait pour effet de favoriser la démocratisation des pays et, par ce biais, de pousser à la pacification. De manière intuitive, la production et l'exportation de pétrole avivent les conflits avec les autres pays. Enfin, le niveau de PIB par habitant n'a pas d'effet significatif sur la probabilité de conflit militaire, une fois que l'on contrôle pour le niveau des dépenses militaires. Celles-ci sont en revanche corrélées positivement avec la probabilité de conflit.

Ces résultats concernant la structure du commerce sont quantitativement importants. Historiquement, entre 1960 et 2000, le commerce bilatéral (mesuré comme la moyenne des importations bilatérales en pourcentage du PIB des deux pays) pour une paire de pays proches (séparés par moins de 1 000 km) a augmenté de 190 %. En utilisant les estimations statistiques précédentes, cette augmentation a contribué à réduire la probabilité de conflit entre eux d'environ 22 %. L'augmentation de l'ouverture au commerce multilatéral (mesuré comme la moyenne du total des importations hors importations bilatérales en pourcentage du PIB des deux pays) a été, pour cette même paire de pays, d'environ 179 %. Cet effet multilatéral s'est traduit par une augmentation de la probabilité de conflit de 66 %. Si l'on considère que la mondialisation est la conjugaison d'une augmentation du commerce bilatéral et multilatéral, son effet net a donc été d'augmenter la probabilité de conflit au sein de la paire de pays d'environ 44 %.

De prime abord, ce résultat peut sembler pessimiste quant au rôle de la mondialisation. Ce n'est pas forcément le cas. Cela signifie aussi que la mondialisation a permis une baisse de la probabilité d'un conflit mondial ou au moins impliquant un grand nombre de pays. Si le commerce bilatéral permet de diminuer la probabilité d'un conflit bilatéral, le commerce multilatéral permet de diminuer la probabilité d'un conflit « multilatéral » ou mondial : en effet, si l'on considère qu'un conflit mondial est un conflit entre deux coalitions de pays, on revient à l'intuition initiale du commerce pacificateur. L'augmentation du commerce entre ces deux coalitions a le même effet que l'augmentation du commerce bilatéral entre deux pays. Certes, nous ne pouvons pas tester statistiquement cette conséquence positive de la mondialisation puisque les conflits mondiaux sont, heureusement, rares. Mais une implication logique de nos résultats est bien que la mondialisation a permis de réduire la probabilité de tels conflits, clairement les plus meurtriers. Le message est donc double. D'une part, notre travail permet de comprendre, au moins en partie, pourquoi l'optimisme du début des années quatre-vingt-dix sur l'effet pacificateur de la mondialisation était pour le moins exagéré. D'autre part, il explique pourquoi la mondialisation change la nature des conflits entre les pays en augmentant le nombre de conflits bilatéraux locaux et en diminuant le nombre de conflits « globaux ».

Des scénarios pour réduire la conflictualité

À partir des estimations des déterminants des conflits armés, il est possible d'établir un certain nombre de scénarios intéressants pour comparer l'impact sur la probabilité de conflit de différentes mesures ou de différents accords commerciaux. La figure 6 montre des simulations pour deux couples de pays, Grèce-Turquie et Iran-Turquie. À l'heure où les débats concernant l'opportunité de l'entrée de la Turquie dans l'Union européenne deviennent vifs, on peut se demander – au-delà des simples questions économiques – si cette entrée aura un impact important sur la conflictualité entre ce pays et ses deux voisins.

Considérons tout d'abord le cas Grèce-Turquie. La barre de gauche représente la probabilité de conflit (de niveau 3, 4 ou 5), telle que prédite par notre modèle statistique, entre la Grèce et la Turquie en 2000 : elle est très élevée, de l'ordre de 57 % (ils étaient en fait dans un conflit de type 4 cette année-là). La deuxième barre recalcule cette probabilité dans le cas où leur commerce bilatéral est ramené à la norme, c'est-à-dire au niveau

Figure 6. Conflits militaires et relations commerciales : Grèce-Turquie-Iran

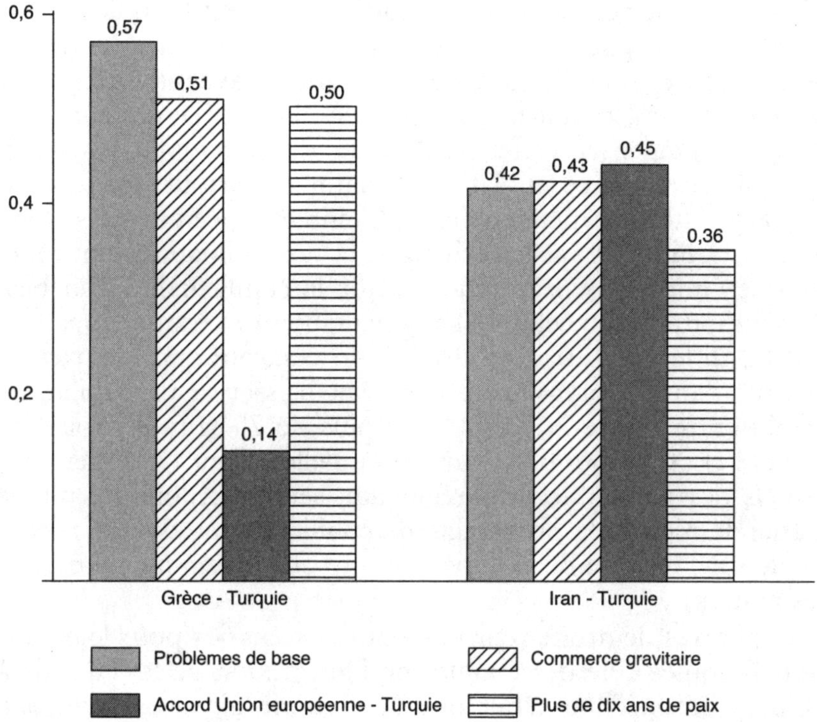

de commerce qui devrait prévaloir étant donné leur distance, leur poids respectif, le partage d'une frontière, etc. La probabilité de conflit chute à 51 % (une baisse de 10,5 %). Le coût d'opportunité d'un conflit militaire dans ce cas augmenterait de manière assez drastique, car ce couple de pays n'est qu'à 10 % de son commerce normal en 2000 (voir figure 5). On peut faire une correspondance intéressante avec la quatrième colonne ; celle-ci calcule en effet l'évolution de la probabilité de guerre si l'on pouvait « forcer » ces deux pays à rester en paix pendant dix ans. Dix années de paix équivalent donc à multiplier leur commerce bilatéral par 10 (ceci résultant en une réduction de la probabilité de conflit de 6 points de pourcentage). Cette hausse du commerce paraît possible uniquement à long terme. Nos estimations de l'impact d'un accord de libre-échange entre deux pays sont plus raisonnables et font état d'un doublement du commerce lors de l'entrée (il faut noter que, même si la Turquie est déjà en situation d'union douanière avec l'Union européenne depuis 1996, elle ne dispose pas de toutes les facilités du marché unique). De plus, si la Turquie devient membre de l'Union européenne, on peut supposer que son commerce augmente avec la Grèce mais également avec les autres membres de l'Union, ce qui aura tendance à compenser l'effet pacificateur du développement commercial entre Grèce et Turquie. Enfin et surtout, les accords régionaux (tout particulièrement l'Union européenne) ne se limitent pas à l'impact sur les échanges, et nos estimations ont montré que l'impact total de réduction de la conflictualité était bien plus important que celui de l'augmentation des transactions seules. La différence est radicale, et l'on constate que l'impact de l'entrée dans l'Union européenne fait baisser la probabilité de conflit entre Grèce et Turquie de plus de 75 % (voir troisième barre) ! Les dispositions institutionnelles liant les membres actuels des grands accords régionaux semblent donc les plus à même de réduire la probabilité de conflit, si tant est que l'on se fonde sur l'histoire de ce type d'accord sur les cinquante dernières années.

Les barres de droite reproduisent ces scénarios pour le couple Iran-Turquie. Une des craintes de l'intégration de la Turquie à l'Union européenne serait que la Turquie ait alors beaucoup moins à perdre à entrer en conflit avec ses voisins restés hors de l'Union européenne. L'Iran et la Turquie ont connu huit conflits entre 1981 et 2001 (six de niveau 4 et deux de niveau 3), et l'on voit que la probabilité de conflit est élevée en 2000, autour de 42 %. L'élargissement de l'Union européenne à la Turquie aurait, dans notre cadre d'analyse, comme conséquence immédiate d'augmenter le risque d'escalade militaire avec l'Iran. L'effet serait cependant assez modeste – la probabilité d'un conflit Iran-Turquie augmentant, du fait de l'entrée dans l'Union européenne, de 42 à 45 %. Cette faible magnitude provient essentiellement du fait que l'adhésion à l'Union européenne augmente certes drastiquement l'ouverture multilatérale de la Turquie, de l'ordre de 25 %, mais laisse quasiment inchangée celle de l'Iran. Dès lors, le message optimiste de ces simulations est qu'une intégration commerciale et institutionnelle de la Turquie avec les membres de l'Union européenne aurait un impact important en termes de réduction des conflits armés avec la

Grèce, tout en limitant, du fait de la recomposition de ses échanges commerciaux, la dégradation de ses relations avec ses voisins orientaux. Notons que l'intégration bilatérale entre Iran et Turquie ne changerait quasiment rien à leur conflictualité, comme on le voit dans la deuxième barre, car ces deux pays ont un niveau de commerce bilatéral déjà élevé. Seules dix années de paix réduiraient significativement leur probabilité de conflit à 36 % (cf. dernière barre).

La figure 7 renouvelle l'exercice pour deux couples de pays qui se sont souvent affrontés : l'Inde et le Pakistan depuis 1948, et le Rwanda et la République démocratique du Congo plus récemment. Le rétablissement des échanges normaux entre l'Inde et le Pakistan entraînerait une réduction assez importante de la probabilité de conflit de 12 % (passage de la première à la

Figure 7. Conflits militaires et relations commerciales : Inde-Pakistan et Rwanda-République démocratique du Congo

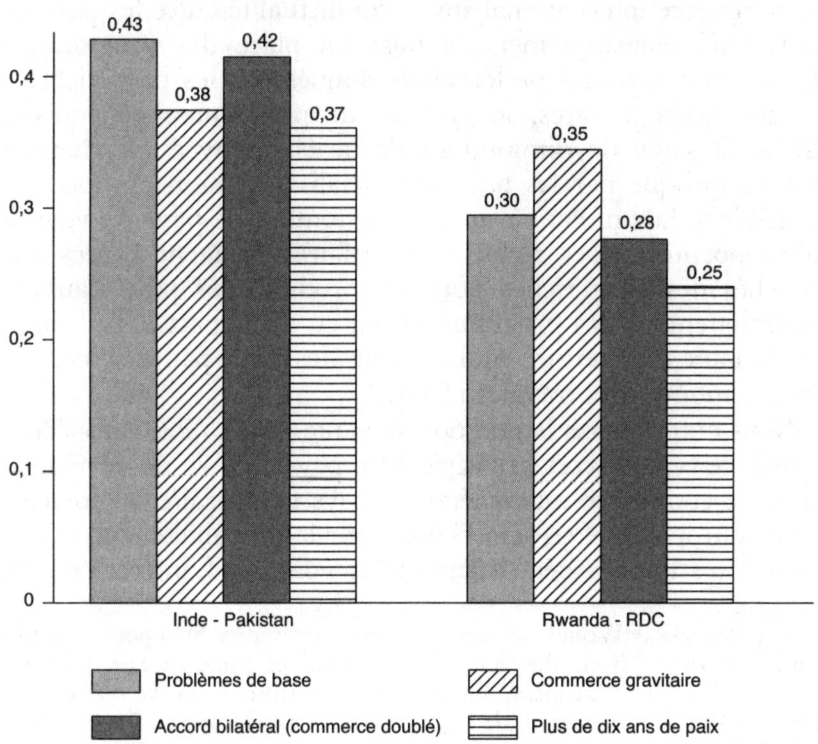

deuxième barre). Le simple doublement des flux (troisième barre) aurait un impact tout à fait marginal pour cette paire de pays qui a connu trente-sept années de conflits armés entre 1950 et 2001. Il en est de même pour le Rwanda et la République démocratique du Congo, qui ont connu six années continues de guerre, dont quatre ont fait plus de 1 000 morts militaires par an entre 1996 et 2001. Un doublement du commerce bilatéral réduirait la probabilité d'escalade de 30 à 28 %, dix années de paix la réduiraient à 25 %.

Les préférences commerciales accordées aux pays pauvres augmentent-elles les conflits locaux ?

Une manière d'analyser plus finement l'impact de l'ouverture au commerce international sur la conflictualité entre les pays est d'exploiter statistiquement la mise en place des programmes d'accès aux marchés préférentiels donnés par les pays riches à certains pays pauvres, le système de préférences généralisées (SPG). Il s'agit de diminutions de tarifs octroyées de manière non réciproque par les pays industrialisés (Union européenne, États-Unis, Japon, etc.) à un certain nombre de pays en voie de développement. Ces réductions tarifaires facilitent l'accès aux marchés des pays riches pour les produits des pays pauvres. Empiriquement, ces programmes ont eu un impact positif direct sur le taux d'ouverture multilatérale des pays pauvres, comme l'ont démontré des travaux récents[1].

Nous nous posons la question suivante : si l'Union européenne octroie ce type d'accès privilégié à un pays en voie de développement, le commerce multilatéral du pays bénéficiaire augmentant avec l'Europe, quel en sera l'impact sur la probabilité d'un conflit futur entre le pays bénéficiaire et ses voisins ? L'intérêt de cette

1. J. Romalis, « Would rich country trade preferences help poor countries grow ? Evidence from the generalized system of preferences », Chicago, Graduate School of Business, mimeo, 2003 ; A. Rose, « Do we really know that the WTO increases trade ? », *American Economic Review*, 94 (1), 2004, p. 98-114.

démarche est le fait que bénéficier de ce programme n'a pas de lien direct de causalité avec la probabilité de conflit avec les pays autres que ceux qui octroient le programme. Cette analyse se rapproche d'une « expérience naturelle » d'augmentation du commerce multilatéral. D'un point de vue de technique statistique, c'est une manière de régler le problème de la causalité évoqué plus haut. L'octroi à un pays pauvre d'un SPG modifie en effet sa structure commerciale : cela augmente son ouverture commerciale (c'est bien le but recherché), mais cela diminue aussi le commerce bilatéral en particulier avec les pays voisins. Il s'agit d'un phénomène classique de diversion de commerce : un accord préférentiel, par exemple avec l'Union européenne, augmente le commerce avec celle-ci et diminue le commerce avec les pays voisins. De notre point de vue, cela signifie que l'octroi d'un SPG augmente la probabilité de conflit bilatéral avec les pays proches, puisque le commerce multilatéral augmente et que le commerce bilatéral diminue.

Nous comparons donc deux groupes de pays ayant des caractéristiques similaires : les pays pauvres ayant bénéficié d'une réduction tarifaire de la part de l'Union européenne et l'ensemble des pays pauvres n'en ayant pas bénéficié. Sur la figure 8, nous reportons la différence dans les fréquences des conflits observés au sein des deux groupes, dix années avant la réduction tarifaire et dix années après. Il en ressort clairement que si les pays bénéficiaires sont moins belliqueux que les pays non bénéficiaires avant la réduction tarifaire, ils le sont davantage après. Ce qui confirme notre analyse précédente : les réductions tarifaires, en augmentant les flux de commerce vis-à-vis de l'Union européenne, contribuent à réduire la dépendance économique entre pays pauvres ; en conséquence, la conflictualité entre pays bénéficiaires augmente par rapport à ce qu'elle est entre ceux qui ne le sont pas.

Cet exercice de comparaison entre deux groupes de pays proches prend donc en compte la présence de nombreux facteurs inobservés. Il suggère que, du fait d'une ouverture importante au commerce multilatéral, les pays connaissent une augmentation statistiquement significative de leur probabilité d'être engagés dans un conflit militaire. Une interprétation trop hâtive ou trop restrictive de ce résultat ne rendrait pas service à ces programmes d'ouverture préférentielle : il ne faut pas oublier que parallèlement à la hausse possible de conflictualité, ces programmes

Figure 8. Ouverture multilatérale et conflits : le cas des pays pauvres

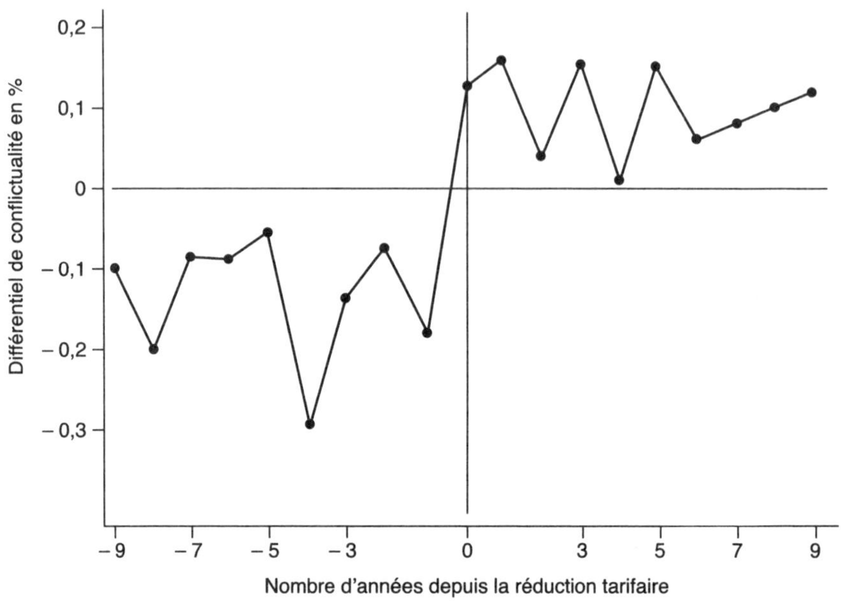

d'aide ont eu un effet positif sur la croissance d'un grand nombre de pays pauvres. Toutefois, ce type de résultats renforce l'idée que parallèlement à ces programmes, il est important d'aider à l'intégration régionale des pays en voie de développement.

Conclusion

L'impact de la mondialisation des échanges commerciaux est dual : en diminuant les dépendances locales, elle peut générer un surcroît de conflits bilatéraux entre pays voisins ; en augmentant les dépendances globales, elle peut générer une diminution des conflits globaux. La mondialisation aboutirait ainsi à une relocalisation des conflits violents. Le paradoxe apparent serait donc le suivant : alors même que la mondialisation est souvent présentée comme une mort annoncée de la distance dans les relations internationales, la modification des dépendances bilatérales et multilatérales qu'elle induit aboutirait au résultat exactement inverse.

Notre analyse suggère une voie permettant de neutraliser les effets pervers de l'ouverture commerciale. C'est parce que le commerce multilatéral joue le rôle d'assurance en cas de conflit militaire avec un voisin que l'ouverture commerciale peut tendre à augmenter la probabilité de conflit violent. Mais ce ne serait plus le cas dès lors que des sanctions commerciales multilatérales seraient prises (par exemple par l'ONU) contre les pays en conflit bilatéral.

Notre analyse souligne aussi certains effets positifs de la multiplication des accords régionaux d'intégration commerciale. L'analyse purement économique de ces accords est en général assez critique, soulignant leur nature discriminatoire, les distorsions qu'ils induisent via l'effet de diversion du commerce ainsi que la complexité des règles qui régissent leurs relations. Au contraire, notre analyse souligne deux de leurs aspects positifs. D'une part, de tels accords ont un effet pacificateur du fait du commerce bilatéral qu'ils induisent. Ceci est d'autant plus fort que l'intégration régionale augmente le commerce des pays proches, c'est-à-dire ceux pour lesquels les sources de conflits sont les plus nombreuses. D'autre part, la création des institutions nécessaires au bon fonctionnement de ces accords offre un lieu organisé et structuré, propice à la négociation.

III.

Pauvreté et développement

4.

L'Afrique des inégalités : où conduit l'histoire ?

Introduction

L'Afrique subsaharienne est le sous-continent le plus pauvre de la planète, de même que celui où la croissance du niveau de vie est la plus faible depuis vingt ans. Il s'agit aussi du continent dont les nations sont les plus récentes et où la population est la plus jeune ; l'accroissement démographique continue d'y être rapide, malgré l'épidémie de sida qui ravage un grand nombre de pays[1]. Pauvre et jeune, mais aussi « tribaliste » ou communautaire, semble-t-il. Les conflits armés à fondement ethnique y sont fréquents, ils s'étendent souvent au-delà des frontières nationales et témoignent de la fragilité des États définis par ces frontières. Par ailleurs, l'originalité des structures familiales, des relations de parenté et des règles de succession continue de faire apparaître les sociétés africaines comme particulièrement étranges à l'œil occidental ou même asiatique[2]. Sous-observée et sous-étudiée, parsemée de zones grises inaccessibles du fait de leur éloignement ou des conflits qui s'y déroulent, l'Afrique demeure dans une certaine mesure une *terra incognita* pour explorateurs. Pauvre, jeune, communautaire, mystérieuse : comme si rien n'avait changé depuis un siècle, quand les Européens se lançaient dans leur dernière conquête coloniale.

1. Les Nations unies prévoient que l'Afrique subsaharienne comptera 1,7 milliard d'habitants en 2050 sur 9 milliards au total (dont 5 en Asie), soit un cinquième de la population mondiale. Cf. http://esa.un.org/unpp/

2. Cf. J. Goody, *Production and Reproduction. A Comparative Study of the Domestic Domain*, Cambridge, Cambridge University Press, 1977. Et aussi J. Goody, *Famille et mariage en Eurasie*, Paris, PUF, 2000.

L'étude de l'Afrique ne concerne pas seulement l'« africanologie », elle interpelle la vocation universelle de l'ensemble des sciences sociales. Par ailleurs, si l'Afrique est un miroir, comme on le dit parfois, alors on peut souhaiter s'y regarder en face, notamment en France où le retour du refoulé colonial connaît, près de cinquante ans après les indépendances, une intensité particulière[1].

Beaucoup de travaux s'attachent aujourd'hui à restituer une image tout à la fois moins figée et moins uniforme des sociétés et des économies africaines, sans remettre pour autant en cause le poids des structures et de la longue durée. Ils s'intéressent par exemple à quelques réussites économiques et politiques, ou aux transformations de l'espace entraînées par la densification du peuplement et les migrations. Ils relativisent le poids de l'identification ethnique, en montrant que l'ethnie est à la fois une construction sociale et un instrument parmi d'autres du jeu politique. Ils révèlent aussi les évolutions contrastées des structures familiales, notamment dans le contexte de l'urbanisation, et la marche en avant de l'individualisation des conduites.

Le programme de recherche dont une synthèse provisoire est présentée ici consiste à établir un certain nombre de constats quantifiés sur les sociétés africaines contemporaines et sur leur trajectoire historique de longue période ; bien des lieux communs tombent lorsque les bases des préjugés sont ramenées à leur juste poids quantitatif.

Le second parti pris scientifique de ce programme consiste à étudier le fonctionnement des économies et des sociétés africaines à travers le prisme des inégalités. Il est montré ici que l'Afrique est la région la plus inégale de la planète. Elle n'est pas trop pauvre pour être inégale, contrairement à ce que pourrait suggérer une lecture trop rapide de Simon Kuznets[2] (sinon de Jean-Jacques Rousseau). Les inégalités entre nations et au sein des nations finiront-elles par

1. Cf. par exemple N. Bancel, P. Blanchard et F. Vergès, *La République coloniale. Essai sur une utopie*, Paris, Albin Michel, 2003.

2. Simon Kuznets (1901-1985), Prix Nobel d'économie en 1971, est l'inventeur d'une courbe en forme de « U inversé », selon laquelle les inégalités sont faibles au début du processus de développement, s'accroissent ensuite à mesure qu'une part croissante de la population en bénéficie, et diminuent enfin aux stades les plus avancés. En tant que régularité générale, la courbe de Kuznets n'est plus considérée comme établie aujourd'hui, même si les mécanismes qui la soustendent ont toujours leur validité dans de nombreux contextes.

faire exploser ou imploser les États dans leur forme actuelle, comme certaines crises récentes le donnent à voir ? Ou bien les progrès de la démocratie et de la coopération régionale finiront-ils par imposer des gouvernements à la fois plus forts et plus justes ?

Un record d'inégalité en Afrique

La région la plus pauvre du monde est aussi celle où les inégalités de revenu sont les plus élevées. Elle cumule de fortes disparités de revenu entre pays différents d'une part, et au sein de chaque pays d'autre part.

Un Africain moyen consomme deux fois moins qu'un Asiatique, quatre fois moins qu'un Latino-Américain, huit fois moins qu'un Européen (dix fois en excluant la Russie et la Turquie), et seize fois moins qu'un Nord-Américain.

Par ailleurs, un Africain faisant partie du quart des Africains les plus riches consomme plus de quatre fois plus qu'un Africain faisant partie du quart des plus pauvres. Ce même rapport est inférieur en Amérique latine et en Europe, et il est encore bien moindre (moins de trois) en Asie. Le dixième des Africains les plus riches consomme environ quatorze fois plus que le dixième des plus pauvres. Selon l'indice d'inégalité le plus usuel, à savoir l'indice de Gini, l'Afrique apparaît de loin comme la région la plus inégale (indice de 0,61), proche du niveau qui prévaut pour l'ensemble de la population mondiale (0,64).

Si l'on considère d'autres indices souvent utilisés par les économistes, comme les indices de Theil, le constat est le même. Ces indices ont l'avantage supplémentaire de permettre une décomposition des inégalités continentales entre la part qui revient aux différences de niveau de vie moyen entre pays et celle qui revient aux inégalités internes aux pays.

La décomposition révèle que la moitié des inégalités entre Africains est imputable au pays dans lequel ils vivent : par exemple, le rapport de niveau de vie entre un Nigérian et un Camerounais était de un à trois en 1995, comme entre un Zambien et un Zimbabwéen ; il est de un à vingt entre un Congolais de l'ex-Zaïre et un Sud-Africain. Le continent européen et plus encore l'Asie sont aussi

Tableau 1. Inégalités de niveau de vie dans le monde et par région en 1995

	Nombre de pays	Population (millions)	Consommation par tête moyenne en PPA[d]	Inégalités globales de niveau de vie par habitant		Part (en %) des inégalités entre pays[a]
				Indice de Gini[e]	Indice de Theil-T[e]	
Afrique subsaharienne	**27**	**433**	**1 192**	**0,61**	**0,80**	**50**
Amérique latine et Caraïbes	21	454	4 480	0,52	0,45	8
Asie[b]	24	3 116	2 077	0,52	0,60	73
Europe[c]	37	690	8 127	0,44	0,31	52
Monde	112	5 107	4 049	0,64	0,78	73

Sources : Penn World Tables, version 6.1 (niveau de consommation par tête des pays) et United Nations University at Wider World Income Inequality Database, version 1.0 (quintiles de la distribution du revenu par pays). Calculs de l'auteur.
[a] : en % de l'indice total d'inégalité d'entropie généralisée de degré 1 ou Theil-T (colonne précédente).
[b] : y compris Proche- et Moyen-Orient, Caucase et Asie centrale.
[c] : y compris Turquie et Russie.
[d] : PPA : parité de pouvoir d'achat ; unité : dollars internationaux.
[e] : L'indice de Gini et l'indice de Theil-T sont deux indices classiques d'inégalité. Ils sont d'autant plus élevés que l'inégalité est élevée. L'indice de Gini varie entre 0 (égalité parfaite) et 1 (inégalité parfaite). L'indice de Theil-T n'est pas borné mais il peut être décomposé : voir colonne de droite et [a].

composés de pays très hétérogènes, avec par exemple un rapport de un à trois entre un Vietnamien et un Thaïlandais, et de un à vingt entre un Népalais et un Japonais. En comparaison, les pays d'Amérique latine se ressemblent beaucoup plus entre eux. Proches par le niveau de vie moyen, ils ont cependant en partage de fortes inégalités internes, tandis que la plupart des pays d'Asie présentent la caractéristique inverse[1]. De ce fait, les inégalités entre pays

1. Les inégalités internes aux pays sont parfois données comme plus élevées en Amérique latine qu'en Afrique, mais il convient d'observer qu'elles sont

constituent près de 75 % des inégalités en Asie, mais seulement 8 % en Amérique latine. L'Afrique, elle, combine les deux types d'inégalités, inter- et intranationales.

L'héritage d'un espace fragmenté

Inégalités régionales avant l'ère coloniale et avantage croissant des côtes

Au début du XVIe siècle, la densité de population de l'Afrique subsaharienne était de deux à trois fois supérieure à celle de l'Amérique latine, mais environ dix fois inférieure à celle de l'Asie[1]. Toujours en comparaison de l'Asie, les techniques culturales pratiquées en Afrique étaient rudimentaires, notamment du fait de l'absence d'animaux de trait domesticables et de l'orientation nord-sud du continent qui limitait l'échange et la diffusion des innovations agraires[2].

Dans la plupart des régions, l'abondance de la terre donnait peu de valeur au contrôle politique d'un territoire délimité, et plus d'importance au contrôle d'une main-d'œuvre esclave ou tributaire[3]. Dès lors, les États avaient une extension territoriale restreinte et parfois mouvante, ils n'établissaient pas de cartes et tenaient peu d'archives ou de comptes, l'écriture

---

mesurées à partir du revenu dans le premier cas et à partir de la consommation dans le second, ce qui tend à surestimer relativement les inégalités des pays latino-américains.

1. Selon les estimations de population proposées par Angus Maddison. Cf. *L'Économie mondiale : statistiques historiques,* Études du Centre de développement de l'OCDE, Paris, OCDE, 2003. L'Asie est toujours beaucoup plus dense, mais l'Amérique latine et l'Afrique subsaharienne sont désormais au même niveau.

2. Cf. J. Diamond, *De l'inégalité parmi les sociétés. Essai sur l'homme et l'environnement dans l'histoire,* Paris, Gallimard, 1987.

3. Réciproquement, l'historien John Iliffe montre que la privation de l'accès au travail (handicaps physiques, exclusion sociale), bien plus qu'aux autres ressources productives comme la terre, a longtemps constitué la principale source de pauvreté. Cf. J. Iliffe, *The African Poor,* Cambridge, Cambridge University Press, 1987.

n'étant arrivée que tardivement par l'intermédiaire des lettrés musulmans.

La traite des esclaves vers les Amériques a encouragé les États proches des côtes atlantiques à accroître leur contrôle ou leur domination sur leurs arrière-pays, du Sénégal à l'Angola. Les traites européennes et arabes dans l'océan Indien ont eu un effet comparable à Madagascar, au Mozambique et jusqu'à la région des Grands Lacs (actuels Ouganda, Rwanda, Burundi, Tanzanie). Au XIXe siècle, l'accès aux armes à feu a permis l'expansion de certains États guerriers, dont les régions périphériques nouvellement conquises se trouvèrent plus encore ponctionnées. La substitution d'un commerce de produits agricoles et miniers à celui des esclaves, préparant la conquête coloniale, a continué de favoriser les États ayant un accès à la mer. Le tropisme maritime a aussi encouragé des États constitués sur les hauts plateaux de l'intérieur à descendre vers la mer par une série de conquêtes (Éthiopie, Madagascar).

La carte actuelle de l'Afrique fait apparaître l'avantage acquis par les pays côtiers. On peut distinguer deux grands blocs de pays très pauvres : la bande sahélienne sèche allant du Mali à l'Éthiopie et la Somalie d'une part, et l'Afrique équatoriale humide de l'Angola à la Tanzanie et à l'Ouganda en passant par la République démocratique du Congo (ex-Zaïre) et la Zambie d'autre part (voir figure 1)[1]. Ces deux blocs s'opposent et voisinent partiellement avec deux zones de relative prospérité : la côte atlantique occidentale d'une part, du Sénégal au Bénin, et l'Afrique australe d'autre part.

On voit aussi que les découpages territoriaux effectués par les puissances européennes au début du XXe siècle, qui n'ont pratiquement pas été remis en cause, ont déterminé des pays de superficies très différentes. Les pays les plus vastes et les plus peuplés, comme le Nigeria ou le Congo ex-Zaïre, sont naturellement beaucoup plus hétérogènes que les pays plus petits. Les frontières postcoloniales sont par ailleurs plus nombreuses que les frontières coloniales, les empires britannique et français ayant éclaté après les indépendances. L'éclatement de ces deux empires explique qu'en Afrique, de nombreux pays n'ont aucun accès à

1. Le même genre de cartes se dessine si l'on considère la mortalité infantile ou la malnutrition. Cf. http://www.ciesin.org/povmap/

la mer, tandis qu'en Amérique latine, seuls la Bolivie et le Paraguay sont dans ce cas. Cet éclatement avait été préparé par la décentralisation de la gestion coloniale.

Figure 1. Niveau de vie moyen dans les pays d'Afrique subsaharienne en 1995

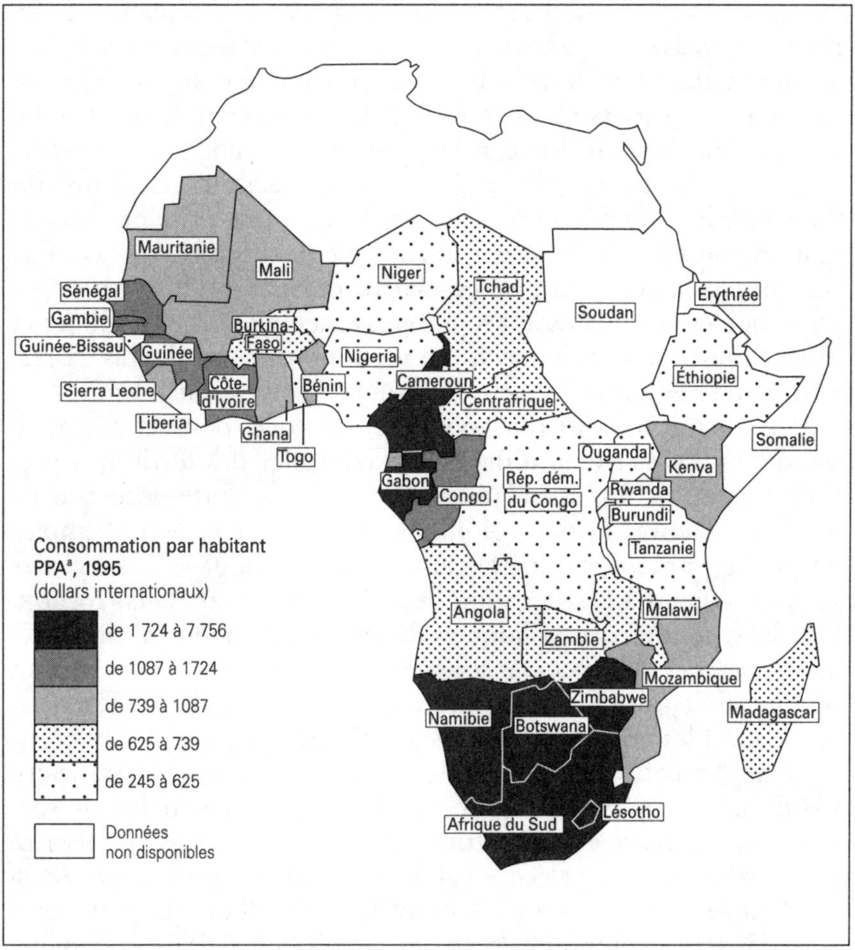

Source : A. Heston, R. Summers et B. Aten, « Penn World Table, version 6.1 », Center for International Comparisons at the University of Pennsylvania (CICUP), 2002 (sauf calcul Cogneau *et al.*, 2006, dans le cas de la Guinée).
[a] PPA : parité de pouvoir d'achat.

Administration coloniale et inégalités territoriales

La conquête coloniale n'a que partiellement remis en cause les inégalités territoriales héritées des époques antérieures. Si les Européens ont rarement installé leur capitale dans les grandes villes précoloniales, souvent situées à l'intérieur des terres et foyers d'une résistance plus farouche, l'exploitation des ressources exportables a continué de privilégier le développement des régions côtières. Par ailleurs, une fois les résistances matées, aux alentours de 1910, le colonisateur s'est appuyé sur les régions dominantes et leurs élites. En Ouganda par exemple, les Britanniques jouèrent sur les conflits préexistants entre le royaume buganda et les autres parties du territoire ; ils s'allièrent à lui afin d'étendre leur domination et lui conférèrent une certaine autonomie, même s'ils en démirent le roi à deux reprises. Ces conflits ont profondément marqué et marquent encore l'histoire de ce pays, que ce soit pendant les gouvernements de Milton Obote et d'Idi Amin Dada où le royaume fut supprimé, ou depuis sa restauration sous surveillance, permise par Yoweri Museveni.

Par ailleurs, une fois la conquête effectuée, dans la première moitié du XXe siècle, la difficulté de contrôler des territoires vastes avec peu de forces militaires a imposé une forte décentralisation de l'autorité du colonisateur, quel que soit l'empire considéré, britannique, français, belge, portugais... avec des variantes quant à la délégation de cette autorité aux chefs locaux. Dès lors, à côté des politiques de la carotte et du bâton et de *divide and rule* destinées à consolider la conquête, cette gestion décentralisée, autofinancée localement, a induit des différenciations durables entre des régions au départ similaires.

Dans l'espace de l'ancienne Afrique occidentale française (AOF) hormis le Bénin (figure 2a), les disparités actuelles de scolarisation primaire entre les zones correspondant aux circonscriptions coloniales, appelées « cercles », se décomposent en 78 % d'inégalités internes aux pays et 22 % d'inégalités internationales entre les sept « colonies » devenues depuis des pays indépendants (Mauritanie, Sénégal, Guinée, Côte-d'Ivoire, Mali, Burkina Faso et Niger). La part des inégalités internes dépasse toujours 75 % dans le cas du retard de croissance des enfants ou des connexions à l'électricité et à l'eau courante.

Figure 2a. Fréquentation de l'école primaire autour de 1995 et carte de l'AOF en 1925

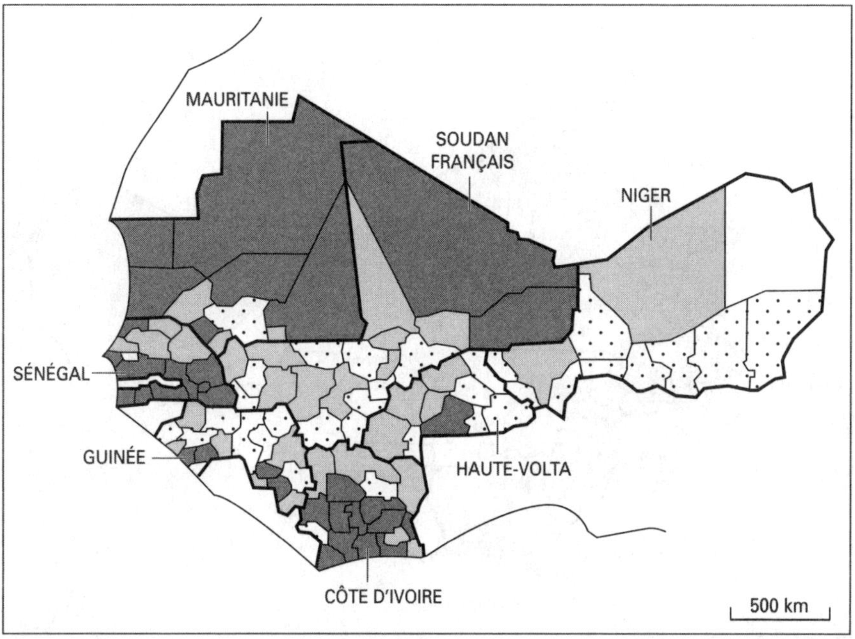

Source : É. Huillery, « Colonisation and development in the former West French Africa : the long-term impact of the colonial public policy », DIAL, DT, 12, Paris, 2006.
Taux de fréquentation de l'école primaire par les 7-12 ans résidant dans la zone correspondante (diverses enquêtes autour de 1995). La trame la plus foncée correspond à la fréquentation scolaire la plus élevée, la trame la plus claire à la fréquentation la plus faible ; blanc : non disponible. En gras : frontières des sept colonies. En fin : délimitation des cercles.

Les inégalités régionales internes aux anciennes colonies de l'empire apparaissent donc considérables. Toutes ne renvoient pas aux contraintes de la géographie ou à l'histoire précoloniale. En effet, toujours pour l'espace AOF, Élise Huillery montre que les écarts actuels entre cercles portent la trace des politiques décidées par les administrateurs de cercle sur la période 1910-1930, en matière d'école, de santé ou de travaux publics (figure 2b). Cette trace subsiste même lorsque l'on contrôle, par plusieurs variables caractérisant la géographie spécifique des cercles (climat, relief), leur développement précolonial (présence d'un État

Figure 2b. Enseignants pour 100000 habitants, moyenne de la période 1910-1930

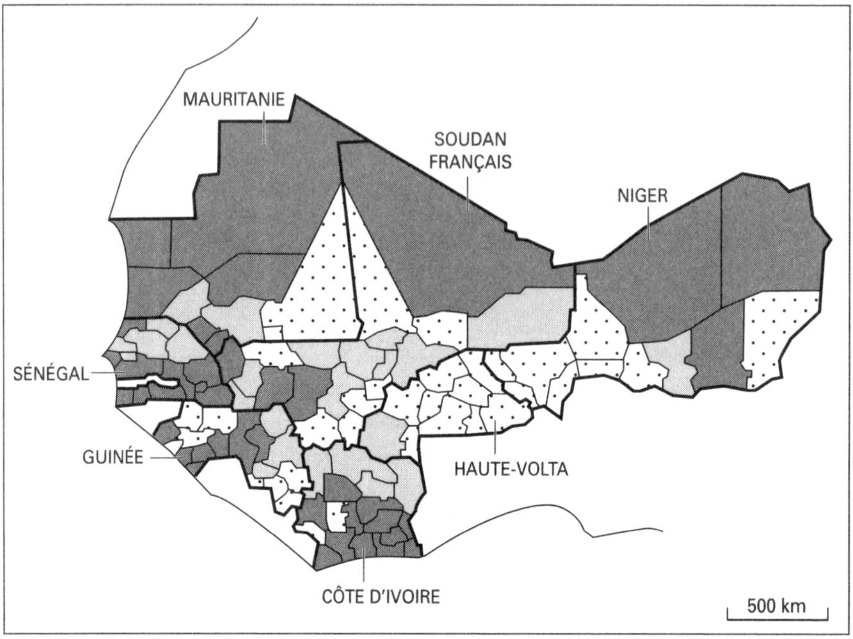

Source : *ibid.*
Les trois trames différentes regroupent chacune un tiers des cercles de 1925, classés par le nombre d'enseignants par habitant. La trame la plus foncée correspond au plus fort rapport d'enseignants par habitant, la trame la plus claire au plus faible rapport.

royaume, densité de population) et les conditions de leur conquête (ancien comptoir, présence forte d'Européens avant 1910, date d'arrivée des Français, durée de la résistance, indemnisation des chefs). Mieux encore, elle est maintenue quand on ne compare que des cercles adjacents partageant des caractéristiques géographiques et anthropologiques communes. Ainsi, les différences d'investissement initial ont conservé une forte rémanence, soit à travers la reconduction des politiques d'aménagement du territoire entre 1930 et 1960 et après les indépendances (effet d'offre), soit à travers les habitudes prises par les populations et les processus de reproduction intergénérationnelle (effet de demande).

L'empire colonial français était paradoxalement décentralisé, au point que l'historien américain William Cohen a pu appeler les administrateurs de cercles des « empereurs sans sceptre », bénéficiant de fortes marges de manœuvre personnelles[1]. Dans la première période de la colonisation française (1910-1930), avant que l'on ne commence vraiment à parler de « mise en valeur » ou de « développement », les huit colonies de l'AOF s'autofinançaient pour l'essentiel, les taxes prélevées (impôt de capitation surtout) étant égales aux dépenses effectuées (salaires du personnel administratif, enseignant et médical, travaux publics, etc.). À l'intérieur des colonies, la péréquation des ressources budgétaires entre cercles demeurait très limitée. Dès lors, l'administration coloniale a forgé des inégalités spatiales durables, à la fois entre les pays (entre colonies) et au sein des pays (entre cercles).

Ce constat est également valable pour l'empire britannique où la décentralisation était aussi assez poussée[2]. Le Nigeria, où la politique d'*indirect rule* fut appliquée de la manière la plus achevée par son concepteur lord Lugard, a hérité d'une structure fédérale soumise à un processus de fission, depuis la guerre du Biafra (1967-1970) jusqu'à la Constitution de 1999 qui a porté à 36 le nombre d'États. Le Ghana, ex-Gold Coast, était divisé en quatre régions gérées de manière relativement autonome (Côte, Ashanti, Northern Territories, British Togoland) qui ne furent réunies qu'en 1946.

Frontières postcoloniales et émergence des nations

Sur ce « fond de carte » déjà fragmenté, l'époque postcoloniale a fait surgir de forts écarts de développement entre les États. Les disparités de niveau de vie entre pays d'Afrique ont plus que

1. W. B. Cohen, *Empereurs sans sceptre. Histoire des administrateurs de la France d'outre-mer et de l'École coloniale*, Paris, Berger-Levrault, 1973.

2. Dans le cas des anciens districts de l'Inde, Abhijit Banerjee et Lakhsmi Iyer démontrent aussi l'influence des différences d'administration coloniale sur les disparités régionales en matière d'investissements agraires, d'infrastructures scolaires et sanitaires, qui se traduisent par des écarts élevés de productivité agricole, d'alphabétisation et de mortalité infantile, et même de criminalité. Cf. A. Banerjee et L. Iyer, « History, institutions and economic performance : the legacy of colonial land tenure systems in India », *American Economic Review*, 95 (4), 2005, p. 1190-1213.

doublé entre 1960 et 1990[1]. Les frontières postcoloniales ont partout engendré une série de forces centripètes comme la définition d'un espace monétaire et commercial national (sauf dans le cas de la zone franc), la réorientation des flux migratoires vers la capitale et la limitation des flux d'immigration à travers les politiques restrictives de citoyenneté.

Étant donné l'hétérogénéité de ces entités nationales récentes, les comparaisons de développement entre pays ne donnent pas une idée correcte de l'influence des frontières postcoloniales. Il se pourrait fort bien que ces comparaisons « en moyenne » ne reflètent que la somme d'écarts attribuables à des géographies ou à des histoires précoloniales plus favorables. Il convient donc d'effectuer ces comparaisons à une échelle plus fine. Dans le cas de l'espace de l'ancienne AOF déjà examiné ci-dessus, si l'on se restreint aux inégalités de développement prévalant entre les cercles frontaliers et leurs voisins nationaux ou étrangers, on confirme que les écarts entre cercles limitrophes de deux pays différents sont en moyenne plus importants que les écarts entre cercles adjacents d'un même pays. Pour les années quatre-vingt-dix, l'effet frontière ainsi estimé équivaut à neuf points de scolarisation primaire pour les 7-12 ans, à trois points de taux d'alphabétisation et de connexion à l'eau, et à deux points de taux de connexion à l'électricité.

Plus précisément encore, les frontières de la Côte-d'Ivoire avec ses voisins de l'ancienne AOF, la Guinée, le Mali et le Burkina Faso, constituent un formidable terrain de différenciation institutionnelle : deux pays côtiers et deux pays sahéliens de l'intérieur, un pays qui a rompu les ponts avec la France (Guinée), deux pays qui ont connu des expériences d'inspiration socialiste (Guinée et Mali), un pays caractérisé par une stabilité politique de trente-quatre ans (Côte-d'Ivoire), un autre ayant connu une série de coups d'État sur la même période (Burkina Faso), etc. Aujourd'hui, la Côte-d'Ivoire est de loin le plus développé des quatre sur un grand nombre d'indicateurs : revenu, éducation, santé, infrastructures, etc.

1. Cf. T. P. Schultz, « Inequality in the distribution of personal income in the world : how it is changing and why », *Journal of Population Economics*, 11 (3), 1998, p. 307-344.

Figure 3. Une bande de 200 kilomètres autour de la Côte-d'Ivoire

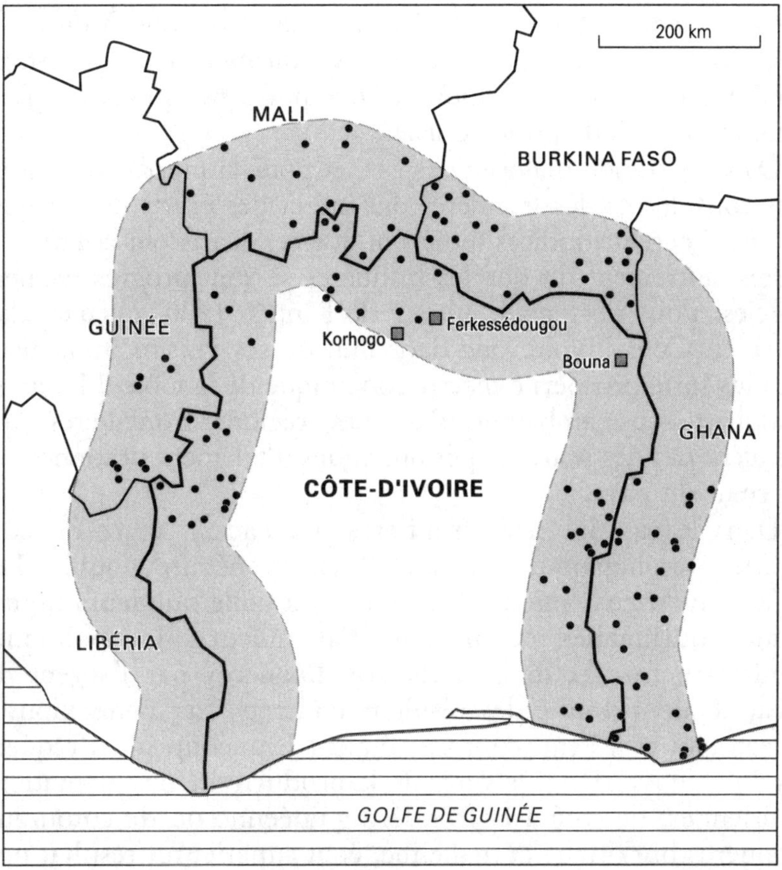

Source : D. Cogneau *et al.*, « Development at the border. A study of national idiosyncrasies in post-colonial Africa », cit.
Les symboles indiquent les localités frontalières. La frontière avec le Ghana est étudiée dans la partie suivante.

Des enquêtes à large échantillon effectuées entre 1993 et 1998 permettent d'isoler les localités limitrophes proches des trois frontières de la Côte-d'Ivoire avec ses voisins (figure 3). Une étude historique du tracé des frontières concernées montre qu'elles ont pour une large part relevé de l'arbitraire, au sens où elles auraient souvent pu passer facilement un peu plus loin et où elles n'ont pas correspondu à une sélection raisonnée des populations[1]. La frontière a par exemple changé deux fois pendant la période coloniale entre la Côte-d'Ivoire et le Burkina Faso (ancienne Haute-Volta). Dès lors, la comparaison du développement de ces localités fournit des indications très suggestives sur l'influence des institutions et des politiques mises en place pendant la période postcoloniale[2].

Dans la grande majorité des cas, et pour la plupart des variables considérées, les frontières ont induit des écarts de développement ; certains indices montrent que ces écarts ont crû avec le temps, autrement dit que les frontières se sont progressivement durcies. Pour l'essentiel, autour de l'année 1990, mieux valait vivre en Côte-d'Ivoire que dans l'un de ses voisins immédiats. La plus forte prospérité macroéconomique de la Côte-d'Ivoire se traduisait sans ambiguïté dans ses régions frontalières, qui n'étaient pas des marches périphériques totalement déconnectées du cœur du pays.

Dans le cas des trois frontières (tableau 2), vivre du côté ivoirien impliquait un niveau de vie monétaire double. Les enfants ivoiriens étaient plus grands en taille que leurs homologues burkinabés et maliens. Par ailleurs, les politiques d'infrastructure et de scolarisation financées par l'argent du cacao avaient donné des résultats concrets. Les connexions à l'électricité et à l'eau courante étaient beaucoup plus fréquentes du côté ivoirien. De surcroît, la productivité des plantations ivoiriennes, de café à la frontière guinéenne ou de coton aux frontières burkinabé et malienne, était supérieure (résultat non présenté).

---

1. Les données réunies par Pierre Englebert indiquent la présence de groupes ethniques à cheval sur la frontière. Les groupes concernés n'avaient pas d'organisation étatique précoloniale. En 1979, les frontières de la Côte-d'Ivoire avec les trois autres ex-colonies françaises étaient encore très peu jalonnées sur le terrain. Cf. P. Englebert, S. Tarango et M. Carter, « Dismemberment and suffocation. A contribution to the debate on African boundaries », *Comparative Political Studies*, 35 (10), 2002, p. 1093-1118. Cf. aussi J. D. Hargreaves, « The making of African boundaries : focus on West Africa », in A. I. Asiwaju (éd.), *Partitioned Africans, Ethnic Relations across Africa's International Boundaries 1884-1984*, New York, St. Martin's Press, 1985.

2. Cf. D. Cogneau *et al.*, « Development at the border. A study of national idiosyncrasies in post-colonial Africa », cit.

Tableau 2. Différences de développement aux frontières nord de la Côte-d'Ivoire

	Consommation par tête (%)[a]	Connexion à l'électricité (pts %)[a]	Connexion à l'eau courante (pts %)[a]	Taille des enfants de 0-5 ans (cm)[a b]	Nombre moyen d'années de primaire des hommes de 18 ans et plus[a b]	
					Nés avant 1960	Nés après 1960
Guinée 1994	– 53*	– 18*	– 5*	+ 1,8*	+ 0,4*	– 0,9*
Burkina Faso 1998	– 59*	– 32*	– 18*	– 2,3*	– 0,3	– 1,1*
Mali 1994	– 51*	– 5*	+ 1	– 1,6*	– 0,1	– 0,8*

Source : D. Cogneau *et al.*, *ibid.*
Quatre premières colonnes : ménages résidant à moins de 100 km de la frontière ; deux dernières colonnes : natifs de la frontière, résidents ou émigrés. Voir figure 3.
* : Statistiquement significatif (seuil de confiance à 5 %).
[a] : les comparaisons contrôlent des différences de longitude (latitude dans le cas guinéen) des localités.
[b] : les comparaisons contrôlent des différences dans la structure par sexe et/ou par âge des populations.
Différences au détriment (–) ou en faveur (+) des ménages frontaliers du pays indiqué en ligne, en comparaison des ménages frontaliers ivoiriens pour une année proche (1994 ou 1998).

Enfin, les hommes nés après les indépendances (1960) du côté ivoirien bénéficiaient d'une année de scolarisation supplémentaire en moyenne. Dans le cas de la frontière guinéenne, cette année de scolarisation se traduisait par une large différence d'alphabétisation du fait d'une qualité très dégradée de l'enseignement en Guinée ; cette différence se traduisait aussi sous la forme d'un taux de polygamie plus faible. Du côté du Burkina Faso, en 1998, l'avantage d'alphabétisation des Ivoiriens de 18 ans et plus était de 16 points chez les hommes. L'écart entre les deux pays s'était encore accru au sein des jeunes générations : à la frontière, l'alphabétisation « précoce » (entre 10 et 18 ans) était largement plus répandue en Côte-d'Ivoire qu'au Burkina Faso pour les garçons (29 points de différence) comme pour les filles (17 points).

En revanche, pour les générations nées avant les indépendances, la scolarisation et l'alphabétisation apparaissent beaucoup moins éloignées dans les trois anciennes colonies françaises (tableau 2, dernière colonne, sous-colonne de gauche), alors que l'écart avec le Ghana s'avère très sensible (cf. tableau 3). Ce simple fait constitue peut-être l'une des illustrations les plus éloquentes de l'influence des frontières nationales, coloniales ou postcoloniales sur le développement en Afrique[1].

Persistance des inégalités régionales au sein des nations

Pour des États en voie de consolidation, les relations entre le centre et ses provinces et la gestion des inégalités régionales font partie des éléments les plus structurants de la formation des institutions[2]. Après les indépendances, le développement économique et l'intégration d'un espace migratoire national ont souvent permis que l'hétérogénéité ne dégénère pas en conflit ; plusieurs autocrates « éclairés » ont su contenir les revendications en « partageant le gâteau », et ce d'autant plus facilement que l'accroissement de sa taille laissait des marges de manœuvre.

En ce qui concerne les frontières du Nord, les résultats obtenus pour les années 1993-1998 montrent que le centre de la Côte-d'Ivoire procurait une externalité positive à sa périphérie septentrionale. Dès 1999 cependant, après plus de dix ans de récession économique et le décès du père de la nation (Félix Houphouët-Boigny, en décembre 1993), le conflit entre quatre prétendants à la succession représentant respectivement le Sud-Est (Henri Konan Bédié), le Nord-Ouest (Robert Gueï), le Nord (Alassane Ouattara) et le Centre (Laurent Gbagbo) s'est conclu par l'élimination des deux premiers (élimination physique dans le cas du second) et par la partition du pays à partir de 2002. Le thème de « l'ivoirité », connecté au départ à la question de

1. La frontière avec le Ghana est clairement abornée depuis 1903. Cela n'a pas empêché un mouvement sécessionniste de réclamer le rétablissement du royaume du Sanwi et son rattachement au Ghana, entre 1958 et 1970. Un nouvel abornement de la frontière a été décidé en 1970, sur la base des traités passés entre 1883 et 1902 ; la pose du nouveau layon frontalier s'est terminée en 1984.

2. Cf. C. Boone, *Political Topographies of the African State, Territorial Authority and Institutional Choice*, Cambridge, Cambridge University Press, coll. « Cambridge Studies in Comparative Politics », 2003.

l'immigration burkinabé et malienne, a dérivé dans un conflit général entre autochtones et allochtones, notamment dans le domaine foncier. La rébellion qui s'est levée dans les régions du Nord a réclamé entre autres choses un meilleur partage des ressources du pays, sans toutefois envisager une quelconque sécession ni le rattachement à un autre État comme le Burkina Faso. S'il faut trouver des arguments économiques à cette contestation de l'État central, il faut donc aller chercher une frustration relative plutôt qu'un désavantage absolu.

Bien que mieux loties dans l'absolu que leurs voisines, les localités ivoiriennes des frontières du Nord apparaissent de fait particulièrement déshéritées quand on les compare à la moyenne de leur pays. Dès lors, pour toutes les générations nées avant les années quatre-vingt, la propension à émigrer depuis les frontières du Nord vers le reste du pays variait de 40 % (frontières burkinabé et malienne) à 60 % (frontière guinéenne). Cette migration est fortement sélective : les migrants sont nettement plus instruits que leurs homologues restés sur place, et occupent plus souvent des emplois non agricoles. Les localités frontalières guinéennes et, quoique dans une moindre mesure, les localités burkinabés et maliennes se situent également au-dessous de leurs moyennes nationales respectives. En Guinée, le pouvoir d'attraction de la capitale et des autres régions est toutefois bien inférieur, le taux d'émigration interne des natifs de la frontière n'atteignant que 15 %. Au Burkina Faso et au Mali, ces taux sont encore plus faibles, mais c'est justement l'émigration externe vers la Côte-d'Ivoire qui a dominé jusqu'à la crise, dans la continuité des migrations de travail coloniales, souvent forcées, vers les fronts pionniers cacaoyers du Sud.

Une partie de ces inégalités régionales provient bel et bien d'une discrimination institutionnalisée, qu'il est possible de lire dans l'allocation des dépenses publiques. Comme le montre Élise Huillery, cette discrimination était déjà en place au début de l'ère coloniale : du point de vue du nombre d'instituteurs, de médecins et d'infirmières par habitant ou du point de vue des dépenses d'infrastructure par kilomètre carré, les cercles frontaliers concernés (Guinée forestière, sud du Mali et de l'ancienne Haute-Volta, nord de la Côte-d'Ivoire) se situaient en dessous de la moyenne de leur colonie dès 1910-1930. En Côte-d'Ivoire, l'emploi des marges de manœuvre financières obtenues à la suite de la dévaluation du franc CFA, entre 1994 et 1998, a continué de privilégier le sud du pays[1].

Un processus historique du même type s'est appliqué au nord du Ghana, où vit aujourd'hui un cinquième de la population du pays. De surcroît, avant la colonisation, cette région fut dominée par le royaume asante qui y prélevait des esclaves. Par la suite, les politiques coloniales ont continué de traiter cette région comme une réserve de main-d'œuvre, sans y investir. La réticence des missionnaires chrétiens à s'établir dans des régions islamisées a également freiné l'extension de l'école. Le Nord est aujourd'hui encore discriminé dans les dépenses publiques, notamment dans le domaine sanitaire. Il n'a pas profité du retour de la croissance dans les années quatre-vingt-dix[2]. De même en Ouganda, la colonisation a redoublé un conflit préexistant et favorisé le sud du pays ; au nord, un mouvement rebelle ayant ses bases au Soudan mène depuis vingt ans une guerre contre le gouvernement central.

Ethnicisation des conflits

Le tracé colonial et postcolonial des frontières a non seulement démembré des groupes ethniques homogènes mais aussi réuni des groupes très différents du point de vue de la culture politique. Pierre Englebert et ses coauteurs[3] montrent que les groupes ethniques les plus structurés politiquement, comme ceux qui sont issus de royaumes précoloniaux, ont tendance à entrer en conflit pour le pouvoir étatique, tandis que les groupes les moins structurés, comme ceux provenant de sociétés acéphales, ont tendance à s'en trouver exclus.

La littérature africaniste discute depuis longtemps des réinventions de l'ethnie aux différentes époques de l'histoire du continent. Les États précoloniaux ont agrégé les tribus mais les ont

1. Cf. D. Cogneau et S. Mesplé-Somps, « Les illusions perdues de l'économie ivoirienne et la crise politique », *Afrique contemporaine*, 206, 2003, p. 87-104.

2. Cf. A. Shepherd et E. Gyimah-Boadi, « Bridging the North-South divide in Ghana ? Background paper for the 2005 World Development Report », mimeo, World Bank, Washington, DC, 2005.

3. P. Englebert, S. Tarango et M. Carter, « Dismemberment and suffocation. A contribution to the debate on African boundaries », art. cit.

aussi hiérarchisées, particulièrement dans le contexte de la traite esclavagiste. Puis le colonisateur a soigneusement énuméré et classifié les groupes sociaux et linguistiques qu'il rencontrait, pour enfin les « coter » sur différentes échelles : avancé/retardé, travailleur/paresseux, pacifique/belliqueux, etc.[1]. Ses politiques ont rigidifié des identités floues ou multiples et transformé des divisions transitoires ou mouvantes en clivages durables[2]. Au cours du temps, au fur et à mesure de leur mobilisation, les ethnies se sont chargées d'une culture politique pouvant remonter à la constitution des royaumes ou des seigneuries précoloniales, à l'expérience de la traite, à la mémoire de la résistance ou de la collaboration sous la colonisation, comme aux aléas des alliances et des scissions postcoloniales. Par exemple, la répression du mouvement indépendantiste de l'Union du peuple camerounais par le pouvoir colonial français, puis, après 1960, par le président Ahmadou Ahidjo, a beaucoup fait pour consolider les identités bassa et bamiléké. Au Sénégal, la résistance de la région de la Casamance à la colonisation française a trouvé son prolongement dans l'apparition d'un mouvement sécessionniste à partir de 1982. Aujourd'hui, dans les capitales pluriethniques d'Afrique francophone, à Yaoundé, Abidjan ou Antananarivo, l'endogamie ethnique se révèle extrêmement forte, même à un niveau fin de nomenclature, comme l'ont montré les travaux de François Roubaud.

À partir des exemples kenyan et zambien, le politologue Daniel Posner montre que le passage au multipartisme contribue à solidifier des groupes de référence politiques plus larges que la tribu ou le clan : région, langue ou religion[3]. Dans les années quatre-vingt-dix, en Côte-d'Ivoire comme au Cameroun, les nouveaux partis politiques (FPI et RDR, SDF) concurrençant

---

1. Cet ethnicisme colonial ne s'est pas confiné à l'Afrique. Cf. D. L. Horowitz, *Ethnic Groups in Conflict*, Berkeley, University of California Press, 2e éd. 2000.

2. Cf. J.-L. Amselle et E. M'Bokolo (éd.), *Au cœur de l'ethnie*, Paris, La Découverte, 1999. Dans la première partie de son livre sur la Zambie, Daniel Posner fournit une démonstration édifiante de l'influence du colonisateur sur les coalitions ethniques. Cf. *Institutions and Ethnic Politics in Africa*, Cambridge, Cambridge University Press, 2005.

3. D. Posner, « Regime change and ethnic clevages in Africa », mimeo, Department of Political Science, Los Angeles, University of California, 2005.

l'ancien parti unique (PDCI et RDPC) ont acquis une coloration ethnique[1]. De même, Posner analyse les deux groupes chewa et tumbuka situés chacun à cheval sur la frontière du Malawi et de la Zambie, et montre que l'« ethnicisation » conflictuelle de leurs relations est beaucoup plus forte au Malawi où leur poids numérique fait qu'ils peuvent intervenir significativement dans le jeu politique[2].

Cette ethnicisation de la politique n'est pourtant pas une fatalité. Par exemple, Edward Miguel souligne que dans les villages tanzaniens proches de la frontière du Kenya, les infrastructures et les résultats d'éducation et de santé dépendent moins de la fragmentation ethnique interne au village que dans les villages kenyans limitrophes[3]. Ce résultat constitue un indice fort de l'influence des politiques antitribalistes mises en œuvre en Tanzanie sous l'impulsion de Julius Nyerere. À travers une analyse comparative des enquêtes représentatives *Afrobarometer* portant sur douze pays, Edward Miguel et Daniel Posner montrent aussi que l'identification primordiale au groupe ethnique ne retient que 40 % des individus, ce taux étant éminemment variable selon les pays ; ils relient l'intensité de cette identification à la présence de quelques groupes ethniques numériquement forts, mais aussi à la proximité temporelle d'une élection[4]. De même, l'expérience contrôlée menée par Léonard Wantchekon au moment des élections présidentielles de 2001 au Bénin montre que le clientélisme électoral atteint un maximum d'efficacité lorsqu'il s'appuie sur la proximité ethnique entre patron et client ; réciproquement, une plate-forme universaliste centrée sur le bien commun fait fortement baisser le vote ethnique[5].

1. Sur le cas du Cameroun, cf. J.-J. Aerts, D. Cogneau, J. Herrera, G. de Monchy et F. Roubaud, *L'Économie camerounaise, un espoir évanoui*, Paris, Karthala, 2000, p. 220-240.

2. D. Posner, « The political salience of cultural difference : why Chewas and Tumbukas are allies in Zambia and adversaries in Malawi », *American Political Science Review*, 98 (4), 2004, p. 529-545.

3. E. Miguel, « Tribe or nation ? Nation-building and public goods in Kenya *versus* Tanzania », *World Politics*, 56 (3), 2004, p. 327-362.

4. E. Miguel et D. Posner, « Sources of ethnic identification in Africa », mimeo, University of Berkeley, 2006.

5. L. Wantchekon, « Clientelism and voting behavior, evidence from a field experiment in Benin », *World Politics*, 55 (3), 2003, p. 399-422.

Ainsi, ce ne sont pas les ethnies qui créent le clientélisme, c'est l'inverse. L'inégalité dans son ensemble, et notamment l'inégalité interne aux régions et aux groupes ethniques, est à la source de relations entre *big men* et clients qui sapent la capacité des États à faire prévaloir le bien commun. Plus l'inégalité est importante, plus une population pauvre, peu instruite et privée de chances de mobilité sociale se trouve dominée par une classe restreinte d'entrepreneurs politiques dont elle espère des prébendes et diverses retombées sur la base d'une affinité ethnique.

Internationalisation des conflits internes

Les conflits interétatiques sont relativement rares en Afrique. Les deux derniers conflits interétatiques d'importance sont l'invasion de l'Ouganda par les troupes tanzaniennes en 1978-1979 qui provoqua le départ d'Idi Amin Dada et le retour de Milton Obote, et la guerre entre l'Éthiopie et l'Érythrée entre 1998 et 2000, due à la séparation des deux pays en 1993. Selon l'historien américain Jeffrey Herbst, les élites postcoloniales trouvent leur intérêt dans l'intangibilité de ces frontières, qui garantit internationalement leur droit de propriété sur les ressources nationales[1].

Même dans les deux exemples cités, ces conflits externes sont une conséquence directe de conflits internes antérieurs. Comme le montre Pierre Englebert[2], les quelques conflits internationaux ou les mouvements de sécession peuvent souvent être reliés à l'existence de groupes ethniques numériquement importants situés à cheval sur les frontières disputées. Le démembrement colonial permet ainsi de s'expliquer que les nombreux conflits civils qui déchirent les nations africaines aujourd'hui impliquent presque tous certains États voisins, que ce soit sous forme d'ingérences volontaires ou de répercussions subies comme l'afflux de réfugiés : Rwanda, Soudan, Congo (ex-Zaïre), Sierra Leone, Liberia, Côte-d'Ivoire…

1. J. I. Herbst, *States and Power in Africa. Comparative Lessons in Authority and Control*, New York, Princeton University Press, 2000.

2. P. Englebert, S. Tarango et M. Carter, « Dismemberment and suffocation. A contribution to the debate on African boundaries », art. cit.

Herbst souligne que la garantie onusienne des frontières consolide artificiellement des États-territoires fondamentalement différents du modèle d'État-nation européen forgé par les guerres. Cependant, on l'a vu, les trajectoires postcoloniales ont déterminé de forts écarts de développement entre régions limitrophes et donc au sein de groupes ethniques frontaliers. Certains États du moins, peut-être parmi les plus avantagés par l'histoire et la géographie, ont obtenu des réussites véritablement nationales. Ce constat a fondé l'espoir que l'émergence de puissances économiques régionales (Côte-d'Ivoire, Ghana, Ouganda, Afrique du Sud...) puisse entraîner à sa suite le développement des pays voisins.

La création d'espaces commerciaux transnationaux en Afrique occidentale, orientale et australe a cherché à stimuler cet effet d'entraînement du commerce, considéré comme un facteur de paix[1]. Toutefois, le commerce intra-africain continue de ne représenter qu'une portion congrue des échanges du continent, même au sein d'espaces monétaires comme la zone franc.

Les nombreuses crises de xénophobie qui émaillent l'histoire postcoloniale de l'Afrique subsaharienne, envers des travailleurs immigrés ou des réfugiés ayant fui un conflit, témoignent des mêmes difficultés. Comme le souligne Jeffrey Herbst, la plupart des États n'ont pas abordé de front les questions cruciales de citoyenneté qui leur sont posées et ont la plupart du temps conservé le droit de la nationalité qui prévalait chez le colonisateur avant les indépendances[2]. *A fortiori*, ce domaine est resté totalement en dehors des négociations entre États. Or le creusement d'écarts de développement entre territoires nationaux implique inévitablement une pression migratoire accrue.

Pour des auteurs comme Herbst ou Englebert, cet échec relatif de l'intégration régionale et de la stratégie de dilution des fron-

1. Cf. P. Martin, T. Mayer et M. Thoenig, *La mondialisation est-elle un facteur de paix ?*, Paris, Éditions Rue d'Ulm-Presses de l'ENS, Cepremap n° 3, 2006.

2. L'exemple des anciennes colonies françaises et notamment de la Côte-d'Ivoire est particulièrement frappant à cet égard, puisque l'ancien droit du sang (*jus sanguini*) issu de la Révolution française a été conservé alors même que la France évoluait vers le droit du sol (*jus soli*). Les anciennes colonies britanniques ont, quant à elles, conservé un droit du sol que la Grande-Bretagne a amendé après la fin de la période coloniale et l'abandon d'un espace migratoire ouvert au sein du Commonwealth.

tières suggère que l'option consistant à les modifier pourrait retrouver une certaine actualité. On peut cependant remarquer avec James Robinson que les États d'Amérique latine ont été construits tout aussi artificiellement autour des frontières et des structures laissées par les colonisateurs[1]. Les inégalités régionales y sont d'ailleurs particulièrement fortes, et plusieurs d'entre eux sont aujourd'hui engagés dans un processus de démocratisation de leurs institutions qui passe par des politiques ambitieuses de redistribution des ressources. Leur identité nationale ne suscite désormais plus aucun doute, malgré l'influence économique, politique et idéologique exercée par les États-Unis[2]. Même si les écarts entre nations sont nettement moins importants, la question de la coopération régionale se pose également, à travers les relations entre des puissances régionales comme le Brésil ou le Mexique et de petits pays comme la Bolivie ou le Guatemala. Ce type de voie est sans doute le seul que des États africains fragiles et peu légitimes puissent suivre, s'ils souhaitent échapper aux forces de désintégration qui les atteignent aujourd'hui. Ils n'ont en tout cas pas d'autre choix que d'affronter sans détour le défi des inégalités internes et externes.

L'héritage d'institutions dualistes et la reproduction sociale

Les inégalités spatiales constituent une facette des inégalités qui prévalent à l'intérieur des pays, et contribuent à l'explication de l'ampleur des inégalités observées en Afrique subsaharienne[3]. Toutefois, plusieurs facteurs fondamentaux des inégalités entre

1. J. A. Robinson, « States and power in Africa by Jeffrey I. Herbst. A review essay », *Journal of Economic Literature*, 40 (2), 2002, p. 510-519.

2. Cf. Y. Dezalay et B. G. Garth, *La Mondialisation des guerres de palais. La restructuration du pouvoir d'État en Amérique latine, entre notables du droit et Chicago boys*, Paris, Seuil-Liber, 2002.

3. Chris Elbers *et al.* estiment par exemple que les disparités de revenu entre communes représentent plus de 20 % des inégalités de revenu entre ménages à Madagascar et au Mozambique. Cf. C. Elbers, P. Lanjouw, J. Mistiaen, B. Özler et K. Simler, « On the unequal inequality of poor communities », *World Bank Economic Review*, 18 (3), 2004, p. 401-421.

individus ne recoupent que partiellement leur localisation spatiale. Il en est ainsi de la répartition des ressources comme la terre arable ou l'éducation, mais aussi des emplois occupés et de l'influence politique.

Force et persistance des hiérarchies précoloniales

Prenons un exemple : l'ampleur et l'ancienneté des inégalités à Madagascar ne doivent pas être uniquement rapportées à la structure spatiale des différents royaumes précoloniaux (Betsimisaraka, Merina, Sakalava), à la conquête merina du XIXe siècle et au clivage résultant entre les hauts plateaux et le reste du pays. Elles proviennent aussi de la structuration en castes de ces royaumes. Ainsi la société merina distinguait les individus d'ascendance aristocratique *(andriny)* des roturiers libres *(hova)* et des descendants d'esclaves (*mainty* et *andeva*). La colonisation française et surtout les cinquante ans d'indépendance du pays semblent avoir assez peu modifié la prégnance des clivages ethnique et de caste, même s'ils sont désormais passés sous silence. Dans le cas de la capitale Antananarivo en 1997, François Roubaud montre la persistance d'une très forte endogamie de caste, surtout parmi les Merinas, et la forte correspondance entre la caste d'une part, le diplôme ou la position dans l'échelle sociale d'autre part[1].

Si Madagascar constitue à certains égards un exemple extrême et original, caractérisé aujourd'hui encore par une rigidité sociale flagrante, Elikia M'Bokolo souligne cependant les fortes inégalités sociales qui prévalaient aussi dans des cas aussi différents que les royaumes asante (Ghana), du Dahomey (Bénin), buganda et bunyoro (Ouganda), et en Afrique centrale dans les sociétés de la zone gabonaise (Mpongwe, Orungu, Nkomi). Au XIXe siècle, les nouvelles opportunités économiques ouvertes par l'expansion du commerce agricole et minier permirent certes quelques promotions sociales fulgurantes, l'émergence d'une nouvelle classe de marchands et même celle de nouveaux États. Cependant, l'esclavage et le travail forcé se trouvèrent stimulés et accrus, dans les régions côtières comme dans les États de l'intérieur,

1. F. Roubaud, *Identités et transition démocratique : l'exception malgache ?* Paris-Antananarivo, L'Harmattan-Tsipika, 2000.

nouveaux ou anciens[1]. Par la suite, les hiérarchies scolaires et statutaires apportées par le colonisateur ont souvent redoublé et renforcé les hiérarchies antérieures.

Colonisation et dualisme

Au-delà des inégalités régionales, les États postcoloniaux ont hérité d'institutions économiques et sociales extractives, c'est-à-dire profondément marquées par l'extraction de matières premières et caractérisées par un dualisme extrêmement marqué entre un secteur formel de taille réduite et un vaste secteur informel incluant la paysannerie[2].

Plusieurs travaux récents d'économie mettent l'accent sur l'influence du peuplement colonial européen sur les institutions des pays et leur développement[3]. Dans le cas de l'Afrique, il est important d'introduire une typologie un peu plus fine.

Dans les quelques pays qui ont fait l'objet d'un peuplement européen significatif (l'Afrique du Sud, le Zimbabwe, le Kenya), le dualisme a découlé d'une ségrégation raciale évidente pour l'accès à la terre, à l'éducation ou à l'emploi. Dans le cadre de l'économie de plantation, la colonisation de peuplement a notamment entraîné des inégalités foncières presque comparables à celles que l'on observe en Amérique latine. De fait, les pays où cohabitent une population d'ascendance européenne et une

1. E. M'Bokolo, *Afrique noire, histoire et civilisation,* Paris, Hatier et Agence universitaire de la francophonie, 2e éd. 2004.

2. Selon Nathan Nunn, les pays les plus touchés par les différentes traites esclavagistes entre 1400 et 1913, et surtout la traite atlantique représentant 70 % de l'ensemble, se trouvent aujourd'hui dotés des institutions les plus inadéquates et sont parmi les plus pauvres du continent. Cf. N. Nunn, « Slavery, institutional development and long-run growth in Africa, 1400-2000 », mimeo, University of British Columbia, 2005.

3. Cf. par exemple D. Acemoglu, S. Johnson et J. A. Robinson, « The colonial origins of comparative development : an empirical investigation », *American Economic Review*, 91 (5), 2001, p. 1369-1401. Les conséquences inégalitaires de l'économie de plantation en Amérique latine ont été explorées par les historiens Stanley Engerman et Kenneth Sokoloff. Cf. S. L. Engerman, K. L. Sokoloff, « Factor endowments, inequality and paths of development among new world economies », National Bureau of Economic Research, WP, 9259, 2002.

population autochtone (ou, comme dans plusieurs pays d'Amérique latine ou des Caraïbes, d'origine esclave) sont parmi les plus inégalitaires du monde[1].

Dans les pays où la production minière domine l'économie, l'accaparement de la rente par les colons puis par les élites nourrit de manière immédiate les inégalités (Angola, Congo [ex-Zaïre], Sierra Leone, Zambie). L'exploitation *off-shore* de vastes gisements de pétrole à partir des années soixante-dix au Nigeria, en Angola, au Gabon et au Cameroun, et plus récemment au Tchad et en Guinée-Équatoriale, a eu les mêmes conséquences. De surcroît, l'appréciation du taux de change réel causée par ces rentes en dollars défavorise les revenus paysans (phénomène dit du syndrome hollandais) et privilégie la consommation des plus riches, au fort contenu en produits importés.

Enfin, dans le troisième type de pays, qui ont des économies de traite agricole, les institutions mises en place lors de la colonisation sont entrées en résonance avec les structures des États précoloniaux, déjà transformés par l'influence de la traite esclavagiste et l'ouverture au commerce mondial. Dans ces cas, les colonisateurs sont peu intervenus dans la répartition de la terre. Ils se sont bornés à organiser l'extension à marche forcée de quelques exportations lucratives (arachide, cacao, café, coton, huile de palme, etc.), en déplaçant la main-d'œuvre des arrière-pays vers les zones adéquates et en concédant le négoce à quelques intermédiaires. Comme dans les régions minières, l'investissement financé par l'État métropolitain ou les entreprises concessionnaires s'est focalisé sur les infrastructures routières, ferroviaires ou portuaires nécessaires au stockage et à l'acheminement de cette production. L'impôt de capitation prélevé sur la main-d'œuvre paysanne, en général par l'intermédiaire des chefs, et quelques taxes sur le commerce suffisaient à financer le fonctionnement de l'administration et le reste des investissements publics (écoles, dispensaires, routes secondaires).

Après les indépendances, un grand nombre de pays africains ont de même pratiqué des politiques de forte taxation de l'agriculture à travers des offices de commercialisation et des caisses de stabilisation régulant les prix payés aux producteurs, ou plus

1. Cf. D. Cogneau et C. Guénard, « Colonization, institutions and inequality. A note on some suggestive evidence », DIAL, DT 05, Paris, 2003.

directement à travers une taxe à l'exportation. Au lieu d'être réinvestie dans le monde rural, cette fiscalité implicite et explicite alimentait le budget de l'État et permettait le financement de salaires élevés pour les fonctionnaires.

Ainsi, dans les économies de traite agricole, contrairement aux économies de plantation, la petite propriété domine et les inégalités foncières demeurent limitées ; en revanche, le dualisme de revenu au détriment de l'agriculture est encore souvent prononcé, même après les cures d'austérité imposées aux budgets publics dans les années quatre-vingt et quatre-vingt-dix[1].

Le dualisme entre les revenus attachés aux différents emplois se combine bien sûr avec de fortes inégalités devant l'éducation formelle, qui constitue le viatique pour l'accès aux emplois les mieux rémunérés et aux positions privilégiées, notamment au sein de l'appareil d'État. En introduisant l'école et en imposant sa langue, le colonisateur a ainsi introduit un principe d'inégalité supplémentaire, dont la puissance n'a pu que s'accroître après son départ. Les données internationales montrent que les pays d'Afrique subsaharienne sont ceux où les inégalités du nombre d'années d'études sont les plus accusées, ceci allant avec le fait que l'instruction scolaire est encore peu répandue. Beaucoup de pays se caractérisent par un dualisme scolaire et sanitaire, caractérisé par la coexistence d'institutions d'élite publiques et privées coûteuses situées dans la capitale et d'un secteur de base (écoles primaires et dispensaires) faiblement doté en personnel, médiocrement approvisionné et inégalement réparti sur le territoire.

Identité du colonisateur et école : une différence sans conséquences ?

Du point de vue de l'extension de l'école, il existe une différence importante entre les anciennes colonies britanniques et les autres, notamment françaises. En termes quantitatifs, un avan-

1. Voir à ce sujet la dernière partie. F. Bourguignon et Ch. Morrisson ont montré que ce facteur expliquait une part importante des inégalités de revenu dans les pays en développement. Cf. F. Bourguignon et Ch. Morrisson, « Inequality and development : the role of dualism », *Journal of Development Economics*, 57 (2), 1998, p. 233-235.

tage britannique s'observe sur tout le continent ; pour la population adulte, il représentait déjà une année d'études en moyenne en 1960[1]. À la fin de la période coloniale, en 1950, et sur l'ensemble des territoires, 234 000 élèves étaient enregistrés dans les écoles primaires au Ghana contre 32 000 en Côte-d'Ivoire, et 73 000 élèves dans le secondaire contre seulement 1 300[2]. Dans la génération qui avait entre 20 et 30 ans à l'indépendance des deux pays, 35 % des élèves avaient effectué un cycle primaire complet de six ans au Ghana contre 13 % en Côte-d'Ivoire, plus de 4 % avaient achevé les treize à dix-sept ans d'éducation pré-universitaire alors qu'on trouvait moins de 1 % de bacheliers en Côte-d'Ivoire.

L'écart moyen entre les deux types de colonies s'est maintenu, selon les deux bases de données internationales de Barro et Lee et de Cohen et Soto. Les données réunies par la Banque mondiale provenant d'enquêtes effectuées autour de l'année 2000 indiquent un écart beaucoup plus important, de plus de deux années d'études[3]. Au-delà de l'écart quantitatif, il est difficile de se prononcer sur les différences de qualité de l'éducation entre les deux groupes de pays. En effet, l'analyse des informations restreintes fournies par les enquêtes disponibles montre qu'une année d'école primaire est plus efficace en Côte-d'Ivoire qu'au Ghana en termes d'alphabétisation. Les différences de rendement monétaire de l'éducation – en 1988, une année d'études était trois fois moins rémunérée au Ghana – incitent à la même circonspection.

L'origine coloniale de cet écart éducatif s'explique notamment par le système adopté par les Britanniques, appelé *grant-in-aid*, qui était fondé sur la subvention publique donnée par l'Education Department d'un enseignement missionnaire « conventionné ».

---

1. Cf. D. Cogneau, « Colonisation, school and development in Africa. An empirical analysis », DIAL, DT 01, Paris, 2003.
2. Cf. B. R. Mitchell, *International Historical Statistics, Africa, Asia and Oceania, 1750-1993*, Londres, MacMillan, 2001.
3. R. J. Barro et J. W. Lee, « International measures of schooling years and schooling quality », *American Economic Review* (Papers and proceedings), 86 (2), 1996, p. 218-223. D. Cohen et M. Soto, « Growth and human capital : good data, good results », Technical Paper 179, Paris, Études du Centre de développement de l'OCDE, 2001 ; « World development report : equity and development », Washington, DC, World Bank, 2005.

Du côté français, l'obligation de laïcité et de gratuité imposée dès après 1905 en Afrique occidentale française comme en métropole limita l'extension de l'enseignement primaire pour des raisons d'effectif et de coût, surtout après la Première Guerre mondiale qui avait sévèrement diminué les cohortes d'instituteurs et plus encore après la crise budgétaire des années trente. Une seconde explication plus englobante oppose une doctrine à la fois assimilationniste et élitiste du côté français et une doctrine ségrégationniste et utilitariste (réponse aux besoins des entreprises) du côté britannique. Le fait que l'école ouvrait plus de droits du côté français (accès à l'administration coloniale notamment) explique aussi peut-être pourquoi son extension devait en contrepartie être freinée et restreinte[1].

À la frontière entre le Ghana et la Côte-d'Ivoire, il se confirme que la politique britannique a fait la différence pendant la période coloniale : une année de scolarisation primaire supplémentaire et environ dix points d'alphabétisation séparent les hommes et les femmes nés avant 1960 du côté ghanéen de la frontière de leurs homologues ivoiriens. En revanche, pendant les vingt-cinq premières années de la période postcoloniale, il apparaît que la Côte-d'Ivoire a refait son retard en matière d'alphabétisation (tableau 3). À la fin des années quatre-vingt, le système scolaire ghanéen continue de scolariser plus d'enfants, en particulier relativement plus de filles, et de maintenir plus d'enfants dans les six premières années du primaire ou même au-delà, notamment en ne pratiquant presque pas le redoublement de classe. Mais en contrepartie d'un taux de scolarisation inférieur, l'alphabétisation des enfants et des adolescents est mieux assurée en Côte-d'Ivoire (résultats non présentés).

Par ailleurs, en ce qui concerne la santé, le Ghana semble s'être continuellement éloigné de la Côte-d'Ivoire depuis les indépendances, comme le suggère l'accroissement des écarts de tailles moyennes à la frontière : une différence d'un centimètre pour les générations nées avant 1960, puis de deux centimètres pour

1. Uniformité de la langue, gratuité, laïcité et *réponse aux besoins de l'administration* étaient les quatre mots d'ordre de la politique scolaire française. Cf. P. Gifford et T. C. Weiskel, « African education in a colonial context : French and British styles », in P. Gifford et W. R. Louis (éd.), *France and Britain in Africa : Imperial Rivalry and Colonial Rule*, New Haven-Londres, Yale University Press, 1971.

les générations nées entre 1960 et 1970, et enfin de quatre centimètres pour les enfants nés dans les années quatre-vingt (dernière colonne du tableau 3). Le taux de mortalité des enfants en bas âge est également inférieur de moitié en Côte-d'Ivoire (4 % contre 8 % du côté ghanéen), pour les mères natives de la frontière nées entre 1940 et 1970.

Tableau 3. Scolarisation et nutrition à la frontière entre la Côte-d'Ivoire et le Ghana en 1988

	Nombre moyen d'années de primaire des 18 ans et plus[a]		Taux d'alphabétisation des 18 ans et plus (pts %)[a]		Taille par sexe et âge (cm)[a]	
	Hommes	Femmes	Hommes	Femmes	0-5 ans	18 ans et +
Nés avant 1960	+ 1,1*	+ 1,2*	+ 12*	+ 9*		– 1,0*
Nés après 1960	+ 0,9*	+ 1,7*	0	+ 9	– 4,3*	– 2,0*

Source : D. Cogneau *et al.*, « Development at the border. A study of national idiosyncrasies in post-colonial Africa », cit.
Individus natifs de la frontière, résidents ou émigrés, années 1985-1988.
* : Statistiquement significatif (seuil de confiance à 5 %).
[a] : Les comparaisons contrôlent des différences de latitude des localités et de la structure par sexe et par âge des populations.
Différences en faveur (+) ou au détriment (–) des Ghanéens.

Toujours du côté ivoirien, la connexion des ménages à l'électricité et à l'eau courante était plus répandue, le rendement à l'hectare des plantations de cacao supérieur, ainsi que le niveau de vie monétaire (résultat non présenté). Rattrapé puis dépassé par la Côte-d'Ivoire pendant les vingt premières années de l'indépendance, le Ghana est cependant parvenu à inverser la tendance depuis lors.

Plus généralement, en 1960 comme en 1990, si l'on tient compte de certaines conditions initiales précoloniales et du type de colonisation, les anciennes colonies françaises apparaissent aussi riches et aussi productives que leurs homologues britanniques. De la même manière, en matière de santé, aucune différence n'apparaît entre les deux types de colonie. En 1960, l'espérance de vie à la naissance est identique de part et d'autre, et de même en 1990, une fois prise en considération la prévalence plus forte du virus du sida dans les anciennes colonies britanniques[1]. Ainsi, l'avantage quantitatif des anciennes colonies britanniques en matière d'éducation ne s'est traduit nettement ni sur le plan de l'alphabétisation ni sur le plan sanitaire, non plus jusqu'à présent qu'en termes de croissance économique.

Identité du colonisateur et reproduction

Ne s'agit-il donc que d'une simple différence de « style » dénuée de conséquences ? Potentiellement non, car dans les sociétés postcoloniales les certificats scolaires sont devenus les clés d'accès, non seulement aux emplois dans le secteur moderne mais aussi aux positions dans l'appareil d'État et au pouvoir politique, suivant en cela les évolutions des sociétés européennes[2]. De ce point de vue, opposer une administration française inspirée de l'égalitarisme républicain à une administration britannique favorable aux privilèges archaïques ne tient pas[3].

Les différences d'extension du système scolaire se sont en effet traduites dans l'inégalité des chances pour l'accès au diplôme[4]. Le tableau 4 compare deux anciennes colonies britanniques, le

1. Sur le plan du développement économique comme de la santé, les pays issus des deux grands empires faisaient en revanche la différence avec les anciennes colonies belges, espagnoles, italiennes et portugaises. Le principal « succès » des autres colonisateurs, où l'extension de l'école fut presque exclusivement assurée par les missionnaires, semble être d'avoir évangélisé les populations sous leur contrôle, une fois pris en compte le fait que les missionnaires britanniques ou français furent plus souvent confrontés à la présence de l'islam. Cf. D. Cogneau, « Colonisation, school and development in Africa. An empirical analysis », cit.

2. Cf. P. Bourdieu, *La Noblesse d'État*, Paris, Éditions de Minuit, 1989.

3. En matière de répartition foncière, Jeffrey Herbst contredit lui aussi l'idée que l'administration française ait particulièrement bouleversé le pouvoir des chefs, relativement à son homologue britannique. Cf. J. Herbst, *States and Power in Africa. Comparative Lessons in Authority and Control*, *op. cit.*, chap. 6.

4. Cf. D. Cogneau, T. Bossuroy, P. De Vreyer, C. Guénard, V. Hiller, P. Leite, S. Mesplé-Somps, L. Pasquier-Doumer et C. Torelli, « Inégalités et équité en Afrique », DIAL, DT 11, Notes et documents Agence française de développement, 27, Paris, 2006.

Tableau 4. Inégalité des chances scolaires dans cinq pays

	Scolarisation dans le primaire	Entrée au collège[a] (middle school)	Entrée au lycée[b] (secondary school)
Ghana (1987)	9,2	2,5	2,7
Ouganda (1992)	7,1	3,3	1,9
Côte-d'Ivoire (1985-1988)	49,6	4,1	2,5
Guinée (1994)	24,2	2,6	1,8
Madagascar (1994)	9,8	4,6	4,2

Source : D. Cogneau *et al.*, *ibid.*
Hommes de 22 ans et plus.
[a] : Fils scolarisés dans le primaire.
[b] : Dans le secondaire.
Méthode : Rapports de chance *(odds-ratios)* : plus les coefficients sont élevés, moins la mobilité intergénérationnelle est forte ; dans les deuxième et troisième colonnes, les positions des pères sont codées un degré en dessous (non scolarisé/scolarisé ; primaire au plus/secondaire 1er cycle au moins).
En Côte-d'Ivoire, pour un individu dont le père n'est jamais allé à l'école et pour un individu dont le père avait été scolarisé, la probabilité de reproduire les positions paternelles est près de cinquante fois supérieure à la probabilité de les échanger. Parmi ceux qui ont été scolarisés, pour un individu dont le père n'était jamais allé à l'école et pour un individu dont le père avait été scolarisé, la probabilité que le premier ne dépasse pas le primaire et que le second aille au moins au collège est plus de quatre fois supérieure à l'autre branche de l'alternative. Parmi ceux qui ont fréquenté le 1er cycle du secondaire, pour un individu dont le père n'avait pas dépassé le primaire et pour un individu dont le père avait atteint le 1er cycle du secondaire, la probabilité que le premier ne dépasse pas le 1er cycle et que le second aille au moins dans le 2e cycle est plus de deux fois supérieure à l'autre branche de l'alternative.

Ghana et l'Ouganda, et trois anciennes colonies françaises. Les deux pays anglophones se distinguent par une reproduction intergénérationnelle moins forte de l'éducation, quel que soit le niveau considéré. À l'opposé, les systèmes scolaires de la Côte-d'Ivoire et de Madagascar discriminent fortement les héritages sociaux. Dans le premier pays, où l'expansion de l'école est récente, cette sélectivité s'exprime plus particulièrement à l'entrée en primaire et au collège[1]. Dans le second pays, de scolarisation ancienne, elle prend toute son ampleur dans l'accès aux deux parties du cycle secondaire et au-delà. En Guinée finalement, où

1. L'élitisme scolaire ivoirien est abordé d'un point de vue sociologique par L. Proteau, *Passions scolaires en Côte-d'Ivoire. État, école, société*, Paris, Karthala, 2002.

les progrès de la scolarisation ont été particulièrement limités, les inégalités d'accès à l'école sont les plus déterminantes. L'analyse de cette mobilité scolaire par cohortes montre qu'elle a très peu varié au cours du temps et en particulier depuis les indépendances, et que les écarts entre pays sont demeurés constants[1]. Ces différences de mobilité scolaire intergénérationnelle sont cohérentes avec des différences du même ordre en matière d'inégalité des chances sociales et d'inégalité de revenu tout court.

L'inégalité des chances dans l'accès aux diplômes supérieurs a impliqué une reproduction plus accentuée des élites politiques.

En dehors du Fourah Bay College de Sierra Leone, fondé en 1827, plusieurs établissements d'enseignement supérieur ont éclos dans l'Empire britannique entre les deux guerres : le Prince of Wales'Achimota College (1927) au Ghana et le Yaba Higher College (1934) au Nigeria, le Makerere College en Ouganda, école technique (1922) devenue ensuite une université, et le Kenya Teacher Training College (1939). À la même époque, on ne trouvait qu'une école de médecine et deux écoles normales au Sénégal et une troisième au Mali (Katibougou).

Au moment des indépendances, les leaders politiques provinrent de ce nouveau groupe de diplômés, qu'il s'agît de ceux que la rhétorique raciste désignait comme les « évolués », distingués par l'école républicaine française et insérés dans l'administration coloniale, ou de la classe nombreuse d'instituteurs, de techniciens d'entreprise et de professions libérales créée par l'enseignement supérieur britannique mais maintenue à l'écart du pouvoir d'État.

Une conséquence indirecte des politiques scolaires coloniales se situe donc au niveau de la composition des élites. Elles pourraient aussi avoir déterminé les trajectoires politiques des États indépendants pendant la première phase de leur consolidation.

Dans le cas des anciennes colonies britanniques, la ségrégation subie par la classe instruite sous la colonisation constitua sans doute un motif supplémentaire de rejet des liens avec le colonisateur, susceptible d'expliquer que les trajectoires de rupture furent plus fréquentes. Par ailleurs, dans la période 1960-1975, la forte concurrence entre prétendants engendra des systèmes politiques à la fois plus ouverts et plus instables.

1. Cf. T. Bossuroy, D. Cogneau et V. Hiller, « Trends and structures of social mobility in African countries », mimeo, DIAL, Paris, 2006.

Dans les anciennes colonies françaises, le lien avec l'administration française et le faible nombre de prétendants diplômés se traduisirent au contraire par une « association » plus forte avec l'ancienne métropole, mais aussi par la prédominance durable de systèmes autocratiques soutenus par Paris, malgré l'*aggiornamento* de la politique française au début des années quatre-vingt-dix (discours de La Baule prononcé par François Mitterrand sur la démocratisation, dévaluation du franc CFA, etc.)[1].

L'inégalité actuelle et la démocratie

Dépendants de l'exportation de quelques produits miniers et agricoles, de l'aide des anciennes métropoles et de l'endettement international, les États extractifs postcoloniaux sont presque tous tombés en faillite pendant les années quatre-vingt, à la suite de la chute des cours des matières premières, de celle du dollar et d'un renchérissement des taux d'intérêt. Par ailleurs, à partir de 1990, les régimes autocratiques ont brusquement régressé pour laisser la place à des démocraties électorales plus ou moins transparentes. Tous les pays ne sont pas entrés au même rythme dans ces deux processus d'ajustement économique et de démocratisation politique, comme le montrent les exemples du Ghana, de l'Ouganda, de Madagascar, de la Côte-d'Ivoire et de la Guinée.

Inégalité postcoloniale dans cinq pays et exception ghanéenne

Depuis les indépendances, ces cinq pays n'ont pas connu la même trajectoire en matière d'inégalités. Le tableau 5 montre que les chances de sortie de la condition paysanne ont drastique-

1. Dès les indépendances, les anciennes colonies britanniques étaient toutes sorties du West African Currency Board situé à Londres. En revanche, à quelques exceptions près (Guinée, Madagascar, Mauritanie), les anciennes colonies françaises délèguent encore aujourd'hui une partie de leur souveraineté monétaire à travers les mécanismes de la zone franc et du compte d'opérations du Trésor français. Elles continuent de constituer un véritable marché captif pour les entreprises de l'ancienne métropole exportant vers l'Afrique.

ment diminué en Côte-d'Ivoire et en Guinée, et même à Madagascar où elles étaient déjà faibles au départ ; au Ghana et en Ouganda, en revanche, la rigidité sociale est demeurée relativement stable[1]. Dans ces deux pays, quelle que soit la génération, le fils d'un agriculteur et le fils d'un non-agriculteur ont trois à cinq fois plus de chances de reproduire les positions paternelles que de les échanger. En Côte-d'Ivoire et en Guinée, ce rapport de chances se situait dans la même fourchette pendant la période coloniale ; il a en revanche été multiplié par deux ou trois pour les générations postcoloniales. À Madagascar, la fluidité sociale était déjà particulièrement faible avant l'indépendance, pour des raisons déjà évoquées.

Tableau 5. Évolution de la rigidité intergénérationnelle dans cinq pays

	Période coloniale[a]	Période postcoloniale[b]
Ghana	5,4	4,8
Ouganda	3,1	4,4
Côte-d'Ivoire	5,5	12,0
Guinée	3,3	13,7
Madagascar	10,5	16,9

Source : calculs de l'auteur à partir d'une série d'enquêtes auprès des ménages. Hommes de 22 ans et plus.
[a] : Avaient 16 ans ou plus à l'indépendance ; [b] : Moins de 16 ans à l'indépendance.
Méthode : Rapports de chance *(odds-ratios)* : plus les coefficients sont élevés, moins la mobilité intergénérationnelle est forte.
En Côte-d'Ivoire, dans les générations d'avant l'indépendance, pour un individu dont le père était agriculteur et pour un individu dont le père ne l'était pas, la probabilité de reproduire les positions paternelles était près de six fois supérieure à la probabilité de les échanger. Ce coefficient de reproduction est passé à douze après l'indépendance, signifiant une réduction de la mobilité sociale.

1. L'interprétation longitudinale d'une comparaison de mobilité sociale entre deux groupes d'âge n'est pas entièrement légitime. Les analyses confirment cependant que le processus de mobilité intragénérationnelle (au cours du cycle de vie) conduit à resserrer le lien entre origine sociale et position d'arrivée. Les niveaux de rigidité sociale indiqués dans le tableau 5 sont en fait sous-estimés pour la période postcoloniale. Cf. T. Bossuroy, D. Cogneau et V. Hiller, « Trends and structures of social mobility in African countries », cit.

Dans les anciennes colonies françaises, le dualisme entre le monde paysan et le reste de la société s'est formidablement accentué depuis 1960. Outre l'élitisme scolaire dont il a déjà été question, la tradition de centralisme française a privilégié une polarisation de l'espace et des ressources autour de la capitale, comme en témoigne la plus faible densité du réseau routier de l'empire français en 1960. En Côte-d'Ivoire, les investissements décidés après la dévaluation du franc CFA et la mort d'Houphouët-Boigny, entre 1994 et 1998, dans le cadre du programme des « douze travaux de l'Éléphant d'Afrique », témoignaient encore de cette tendance centraliste et à certains égards pharaonique.

Ainsi, autour de l'année 1990, un écart de treize points selon l'indice de Gini séparait le pays le plus inégalitaire, la Guinée, et le pays le moins inégalitaire, le Ghana (voir tableau 5)[1]. Une partie importante des différences entre les niveaux d'inégalité des cinq pays s'expliquait par le degré de dualisme entre l'agriculture et les autres secteurs. Dans le pays le moins inégalitaire, le Ghana, l'écart de revenu moyen par tête entre les ménages d'agriculteurs et les autres ménages se réduisait à 10 % en 1987, tandis qu'il atteignait 140 % en Côte-d'Ivoire (1985-1988) et même 260 % en Guinée (1994).

C'est encore dans les trois anciennes colonies françaises, et notamment en Côte-d'Ivoire, que l'échelle des rémunérations entre professions est la plus étendue en 1990. De la même manière, au sein du salariat, la rémunération de l'éducation est nettement plus élevée en Côte-d'Ivoire, à Madagascar et en Guinée, et ceci pour tous les niveaux d'études : primaire, secondaire et supérieur. Ce type d'écart s'observe également dans les grilles de salaires des fonctionnaires, qui apparaissent beaucoup plus resserrées dans les deux pays anglophones.

1. Charlotte Guénard et Sandrine Mesplé-Somps montrent que l'absence de prise en compte des revenus de la population étrangère non africaine d'une part (Européens, Libanais, Asiatiques...), pourtant en fort petit nombre (0,2 % de la population), et la sous-déclaration des revenus et dividendes du capital des entreprises formelles (en comparaison des montants enregistrés par la Comptabilité nationale) d'autre part, conduisent à une sous-estimation importante du niveau des inégalités. Concernant les « hauts revenus », les sources africaines ne permettent pas hélas de suivre l'exemple des études menées sous l'impulsion de Thomas Piketty pour plusieurs pays et notamment l'Inde. Cf. C. Guénard et S. Mesplé-Somps, « Mesurer les inégalités : que captent réellement les enquêtes ? Analyse de deux enquêtes ivoiriennes et malgaches », DIAL, DT 13, Paris, 2004.

Tableau 6. Inégalités et écarts de revenu entre groupes sociaux dans cinq pays

	Côte-d'Ivoire (1985-1988)	Ghana (1987)	Guinée (1994)	Madagascar (1993)	Ouganda (1992)
Inégalités de revenu par tête					
Indice de Gini	0,56	0,46	0,59	0,53	0,49
Indice de Theil-T	0,67	0,40	0,70	0,56	0,50
Ménages d'agriculteurs (%)	57	59	62	75	70
Dualisme agricole*	2,4	1,1	3,6	2,1	1,7
Écarts de revenu et inégalités/ décomposition de l'indice de Theil-T					
Part du dualisme agricole (%)	15	3	28	11	6
Part des écarts entre professions (%)	22	3	33	13	7
Idem avec structure Ghana (%)	23	3	35	14	8

Source : D. Cogneau *et al.*, *ibid.*
Population des ménages.
* : Rapport entre le revenu moyen des ménages d'agriculteurs et le revenu moyen des autres ménages.
La Côte-d'Ivoire est le deuxième pays le plus inégalitaire des cinq. 57 % des ménages ivoiriens sont dirigés par un agriculteur. Les autres ménages ont un revenu 2,4 fois supérieur. Cet écart de revenu (dualisme agricole) rend compte de 15 % de l'indice de Theil-T global égal à 0,67. Les écarts de revenu entre professions non agricoles (cadres supérieurs, cadres moyens, employés et ouvriers, patrons, petits indépendants, auto-employés, inactifs) augmentent le pouvoir de la décomposition de sept points (= 22 – 15). Celle-ci ne change pratiquement pas (un point) lorsque l'on repondère les données pour obtenir la structure de classes du Ghana.

Ces inégalités transversales sont par ailleurs en cohérence avec les inégalités longitudinales entre des individus d'origine sociale différente, telle que mesurée par la profession, l'éducation des parents et la région de naissance (figure 4). Dans le pays le moins inégalitaire, le Ghana, l'inégalité des chances devant le revenu, au sens d'une inégalité de revenu imputable à l'origine sociale des individus, est elle aussi largement moins élevée, que ce soit en niveau absolu ou en proportion de l'inégalité globale. Combinant à la fois de plus faibles inégalités de revenu et une transmission intergénérationnelle du revenu plus faible, le Ghana apparaît en définitive comme une sorte de « Suède » africaine, sans toutefois le système de redistribution qui prévaut dans la Suède scandinave, et avec un niveau d'inégalités équivalant à celui de l'Argentine[1].

Figure 4. Inégalités de revenu transversales et inégalités des chances dans cinq pays

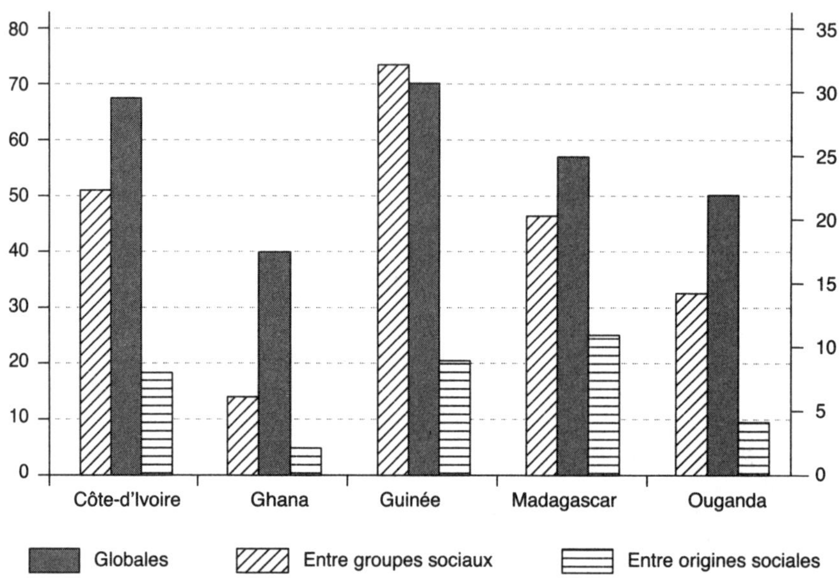

Source : D. Cogneau *et al.*, *ibid.*
Hommes de 22 ans et plus.
Indices de Theil-T ; échelle de gauche : inégalités globales ; échelle de droite : inégalités entre groupes sociaux (voir tableau 6) et inégalités entre origines sociales.

Une telle entrée permet-elle de comprendre que le Ghana ait mieux pris le virage de l'ajustement au milieu des années quatre-vingt, puis celui de la démocratie dans les années quatre-vingt-dix ? Après avoir été au bord du gouffre, ce pays enregistre un taux de croissance moyen de 4 % par an depuis vingt ans. Il a connu une première alternance vraiment démocratique en 2001 avec le départ de Jerry Rawlings, au pouvoir depuis 1983, et

1. Cf. A. Björklund et M. Jäntti, « Intergenerational income mobility in Sweden compared to the United States », *American Economic Review*, 87 (5), 2001, p. 1009-1018.

l'élection de John Kufuor, réélu depuis en 2005. Pour le moment du moins, les histoires parallèles du Ghana et de son voisin la Côte-d'Ivoire ont tourné à l'avantage du premier[1].

Zones d'ombre de l'ajustement structurel et de la démocratisation

Les politiques d'ajustement structurel imposées par le Fonds monétaire international et la Banque mondiale se sont âprement attaquées à plusieurs des symptômes engendrés par les institutions inégalitaires africaines : surévaluation du change, dualisme des revenus, parafiscalité, subventions à la consommation des plus riches, allocation élitiste des investissements en éducation et en santé. Les corrections monétaires, fiscales et budgétaires, la libéralisation du commerce interne et externe et les privatisations ont parfois obtenu des résultats tangibles dans le domaine des équilibres macrofinanciers et dans la réduction du dualisme au détriment de la paysannerie. En contrepartie, dans de nombreux cas, la pauvreté urbaine a augmenté, de même que les inégalités entre gros paysans exportateurs et petits paysans vivriers[2]. Affaiblis et privés de ressources, beaucoup d'États ont par ailleurs connu un accroissement de la corruption. En traitant quelques symptômes, on n'a pas guéri le mal.

Nombre de travaux ont souligné à quel point ces États peuvent être le lieu de la rencontre et de la collusion de quelques stratégies d'accumulation individuelles, parvenant à s'approprier privativement une partie des ressources collectives[3]. Les recrutements ethniques et les « éléphants blancs » (investissements

1. Autre « chouchou » de l'aide internationale, sorti d'un gouffre encore plus profond et affichant 5 % de croissance depuis une vingtaine d'années, l'Ouganda n'a introduit le multipartisme qu'en 2005 et a réélu en 2006 le président Yoweri Museveni, au pouvoir depuis 1986.

2. Dans le cas de la dévaluation du franc CFA en Côte-d'Ivoire, cf. M. Grimm, « A decomposition of inequality and poverty changes in the context of macroeconomic adjustment : a microsimulation study for Cote-d'Ivoire », in A. F. Shorrocks et R. Van der Hoeven (éd.), *Growth, Inequality and Poverty. Prospects for Pro-Poor Development*, Oxford, Oxford University Press, 2004.

3. Cf. notamment J.-F. Bayart, *L'État en Afrique. La politique du ventre*, Paris, Fayard, 1989.

publics non rentables) constituent depuis longtemps des façons de constituer et de récompenser un groupe de supporters reconnaissants[1]. Depuis la démocratisation, une presse relativement libre mais souvent factieuse raconte au jour le jour les tribulations et les tractations des participants au jeu du pouvoir. Or les progrès de l'instruction secondaire et supérieure ont largement accru le nombre de prétendants, sans que les ressources convoitées et les postes aient augmenté dans les mêmes proportions.

Dans un tel contexte, la vague de démocratisation peut également comporter sa part d'ombre. Quand l'exacerbation de la concurrence politique induit une instrumentalisation de l'ethnicité à grande échelle, une « fission » des élites peut brusquement succéder à leur état de « fusion » et de collusion. L'exemple de la Côte-d'Ivoire illustre bien que, même lorsque l'État national exerce une réelle action de développement sur son territoire, et même avec un mélange migratoire intense, ce jeu politique est susceptible de faire éclater un pays, face aux désillusions engendrées par une récession économique sévère[2]. Les récessions mettent d'autant mieux à l'épreuve la légitimité des États qu'elles en révèlent le caractère profondément inégalitaire. Ce dernier pourrait être remis en cause pacifiquement dès lors que la démocratie signifierait une véritable séparation des pouvoirs et non pas seulement un jeu électoraliste entre prétendants carnassiers et claniques. À partir d'une enquête effectuée à Abidjan juste avant l'explosion de la crise en 2002, François Roubaud souligne l'espoir unanime que la population pluriethnique de la capitale ivoirienne place dans le progrès de la démocratie. En même temps, la défiance massive des groupes nordistes vis-à-vis des élites et du pouvoir central s'oppose à la confiance déclarée par les affiliés au groupe krou du président Laurent Gbagbo[3].

Dans la conclusion de son livre sur les chefs asante, l'historienne et anthropologue Sara Berry reprend la typologie des États

1. Cf. J. Robinson et R. Torvik, « White elephants », *Journal of Public Economics*, 89 (2-3), 2005, p. 197-210.

2. Edward Miguel et ses coauteurs montrent que les sécheresses catalysent souvent des conflits civils. E. Miguel, S. Satyanath et E. Sergenti, « Economic shocks and civil conflict : an instrumental variables approach », *Journal of Political Economy*, 112 (4), 2004, p. 725-753.

3. F. Roubaud, « La crise vue d'en bas à Abidjan : ethnicité, gouvernance et démocratie », *Afrique contemporaine*, 206, 2003, p. 57-86.

postcoloniaux introduite par son collègue ougandais Mahmood Mamdani : d'une part les régimes nationalistes conservateurs s'appuyant sur les hiérarchies et les clivages sociaux hérités du passé (chefferies et ethnies) et proposant une « participation sans représentation », d'autre part les régimes nationalistes radicaux cherchant à transformer la société par une modernisation dualiste et autoritaire commandée depuis les villes[1]. Mamdani condamne ces deux types de régime comme également despotiques. Aux yeux de Sara Berry, l'histoire politique du Ghana indépendant le situe à part : il aurait balancé entre ces deux formes de régime sans les réaliser entièrement. Cette oscillation aurait fait proliférer une série de positions intermédiaires informelles et formelles, comme elle aurait encouragé une perpétuelle renégociation des droits fonciers[2]. Là se situe peut-être l'une des explications de l'exception ghanéenne en termes d'inégalité, qu'il conviendrait d'étudier plus avant.

Conclusion

L'Afrique subsaharienne est non seulement le sous-continent le plus pauvre de la planète, mais aussi le plus inégal. Elle cumule de larges écarts de richesse entre nations, proches de ceux qui s'observent en Asie, et des inégalités massives au sein des nations, comparables à celles qui prévalent en Amérique latine. Les différentes strates de l'histoire longue se sont accumulées pour constituer le legs d'un espace fragmenté et d'institutions nationales inéquitables. Les inégalités d'aujourd'hui sont à la source de violences économiques, sociales et politiques, et aussi d'une mauvaise allocation des ressources, qui handicapent le développement.

1. Bien avant la conquête coloniale, différents handicaps agraires avaient limité la densité du peuplement et avaient déterminé

1. M. Mamdani, *Citizen and subject : Contemporary Africa and the legacy of late colonialism*, Princeton, NJ, Princeton University Press, 1996.

2. S. S. Berry, *Chiefs know their boundaries. Essays on property, power and the past in Asante, 1896-1996*, Cape Town, David Philip ; Oxford, James Currey ; Portsmouth (NH), Heinemann, 2001.

des structures sociales fondées sur le contrôle d'une main-d'œuvre esclave ou tributaire. Dans la plupart des États précoloniaux, les inégalités sociales étaient très fortes. La traite négrière a renforcé ces inégalités dans les États proches des côtes tout en détruisant le potentiel des arrière-pays où s'organisait la capture des esclaves. Au fil du XIXe siècle, l'extension d'États guerriers ayant accès aux armes à feu et les débuts du commerce minier et agricole ont le plus souvent renforcé ces tendances. Avec l'occupation coloniale, l'avantage acquis par les régions côtières s'est définitivement affirmé.

2. Les colons européens se sont souvent appuyés sur les lignes de fractures régionales préexistantes. La difficulté de contrôler des territoires vastes avec peu de forces militaires a imposé une gestion décentralisée qui a induit des différenciations durables entre des régions au départ similaires. La première phase de la décolonisation a fait émerger des nations aux réussites économiques disparates, sous l'effet d'une série de forces centripètes comme la monnaie, l'intégration des marchés, les migrations internes et l'investissement public. Même les régions périphériques et dominées ont profité des réussites du développement. Cependant, les discriminations régionales ont perduré et les écarts entre régions ont persisté.

3. Les institutions extractives léguées par la colonisation aux jeunes États indépendants ont induit un dualisme marqué des emplois, des revenus et des systèmes scolaires et sanitaires qui constituent les sources majeures des inégalités actuelles. Un peu partout, les hiérarchies scolaires et statutaires introduites par les colons ont plus renforcé que modifié les stratifications et les catégories dominantes établies. Ni plus ni moins développées que leurs homologues britanniques, les anciennes colonies françaises ont cependant hérité d'une école élitiste et d'un espace polarisé autour de la capitale. Ces deux facteurs ont situé l'Afrique francophone sur une trajectoire particulièrement inégalitaire, caractérisée par un dualisme croissant, une inégalité des chances aiguë et une forte reproduction des élites politiques. La fermeture des élites francophones et leur association-dépendance vis-à-vis de l'ancienne métropole ont favorisé des régimes autoritaires à la stabilité tenace.

4. Dans les années quatre-vingt, vingt ans après la plupart des indépendances, les États extractifs postcoloniaux sont presque

tous tombés en faillite et se sont vu imposer un ajustement qui s'est attaqué à certains des symptômes de ces institutions inégalitaires comme le dualisme et l'allocation biaisée des dépenses publiques. La chute du mur de Berlin a ensuite entraîné l'introduction du multipartisme et l'émergence de démocraties électorales plus ou moins transparentes selon les cas. Initialement moins inégal, un pays comme le Ghana a mieux pris ces deux tournants de l'ajustement et de la démocratisation que ne l'a fait son voisin, la Côte-d'Ivoire. Jusqu'aux années quatre-vingt-dix, ce dernier pays avait pourtant fait la différence par rapport à ses voisins, avec le Ghana comme avec d'autres anciennes colonies françaises aux histoires contrastées (Burkina Faso, Guinée, Mali). À ce titre, il fut longtemps considéré comme un modèle de construction de la nation et de développement économique éclairé. Il a cependant explosé entre 1999 et 2002 sous le coup d'une crise de succession qui a dégénéré en une confrontation ethnicisée entre Nord et Sud, autochtones et allochtones.

5. Aujourd'hui, l'inégalité fragilise de l'intérieur et de l'extérieur les nations. Elle constitue le substrat d'un clientélisme qui induit une ethnicisation du jeu politique, sous la forme d'une concurrence entre factions pour l'accès aux ressources de l'État. Combinée à de fortes disparités régionales, cette concurrence est susceptible de dégénérer, en cas de récession, en diverses formes de contestation de l'État central (la concentration des ressources et des activités étant également un facteur de vulnérabilité économique). Ces conflits internes ont tendance à s'internationaliser, tandis que les conflits directs entre États souverains sont extrêmement rares. La xénophobie envers les immigrés (réfugiés ou volontaires) constitue une forme parallèle d'ethnicisation des inégalités. Dans tous les cas, c'est l'inégalité qui induit la question des ethnies et des frontières plutôt que l'inverse.

DEUXIÈME PARTIE

LA FRANCE FACE À SON DESTIN

IV

Vers un nouveau modèle

5.

La *flexicurité* danoise : quels enseignements pour la France ?

« Le mauvais fonctionnement du marché du travail est à la base des déséquilibres économiques du Danemark. »
OCDE, 1990

« Nous devons ajuster en permanence notre modèle. »
Claus Hjort Frederiksen, ministre danois de l'Emploi, 16 juin 2005

Introduction : une configuration paradoxale en quête d'interprétations

Il est un pays, largement ouvert à la concurrence internationale, dont la fiscalité et les cotisations sociales absorbent près de la moitié du PIB, qui indemnise à 90 % durant plus de quatre ans ses chômeurs les plus défavorisés. Le taux de syndicalisation approche les 80 %, l'emploi public représente près du tiers de l'emploi total et le pays n'est pas spécialisé dans les hautes technologies. L'économiste aurait tendance à en conclure qu'il rencontre des difficultés majeures qui appellent des réformes radicales. Or le taux d'emploi y est l'un des plus élevés au monde, le chômage largement inférieur à la moyenne européenne, le niveau de vie approche celui des États-Unis et il progresse au même rythme que la moyenne des pays de l'OCDE. Ce pays n'est autre que le Danemark et l'on comprend qu'il ait retenu l'attention des analystes comme des décideurs politiques (figure 1).

Figure 1. La position du Danemark en comparaison internationale, 2003

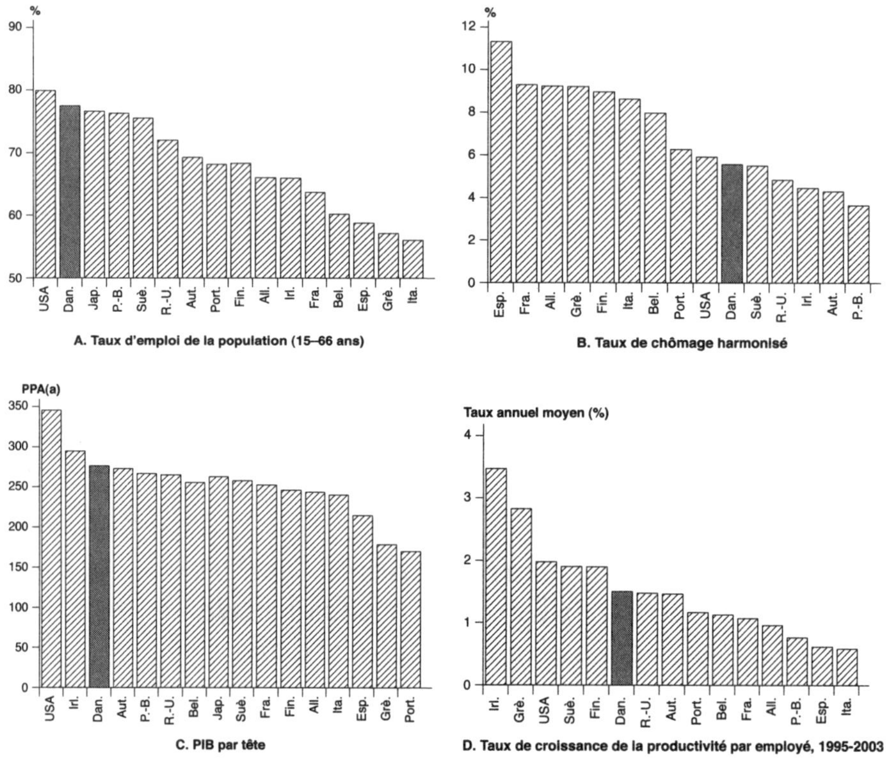

Source : S. Gaard, M. Kieler, « Two decades of structural reform in Denmark : a review », Danemark, ministère des Finances, 2004.
[a] : PPA : parité de pouvoir d'achat.

La présente contribution entend explorer les mécanismes centraux qui se conjuguent pour expliquer le succès danois. Elle en montre l'origine historique, puis se propose de tirer quelques prudents enseignements concernant l'applicabilité de ce « modèle danois » au reste de l'Europe et plus particulièrement en France.

Le modèle danois : la complémentarité des institutions encadrant le marché du travail

La référence même, en termes de « modèle », suppose un ensemble cohérent de dispositifs institutionnels organisant la réactivité de l'économie tant aux aléas de court terme qu'aux transformations plus structurelles concernant l'économie internationale, le système technique ou encore le changement des attentes sociales. C'est précisément l'intérêt de l'hypothèse de la *complémentarité institutionnelle* que d'éclairer cette question. Initialement conçue pour rendre compte des différences entre les capitalismes japonais et américain[1], elle a ensuite été mobilisée pour cerner la résilience du capitalisme rhénan[2] face au processus de mondialisation, actualisant une intuition avancée dès le début des années quatre-vingt-dix[3]. Diverses méthodes sont en effet disponibles pour examiner dans quelle mesure des institutions encadrant le marché du travail, les relations professionnelles, la couverture sociale, le système d'innovation, le régime financier ou encore la nature des interventions publiques peuvent se combiner en un petit nombre de configurations viables[4].

Le noyau dur de la flexicurité

La déstabilisation des relations professionnelles en Europe tient très largement à la crise du régime économique de l'après-guerre, puis au processus de libéralisation associée à la construction du marché unique ainsi qu'à la transformation des règles

1. M. Aoki, *Toward a Comparative Institutional Analysis*, Cambridge, Mass., MIT Press, 2001.

2. P. Hall, Soskice David (éd.), *Varieties of Capitalism : The Institutional Foundations of Comparative Advantage*, Oxford, Oxford University Press, 2001.

3. M. Albert, *Capitalisme contre capitalisme*, Paris, Seuil, 1991.

4. B. Amable, R. Barré, R. Boyer, *Les systèmes d'innovation à l'ère de la globalisation*, Paris, OST Economica, 1997 ; B. Amable, *Les cinq capitalismes : Diversité des systèmes économiques et sociaux sans la mondialisation*, Paris, Seuil, 2005.

régissant la concurrence internationale. À cet égard, le Danemark se situe à proximité des économies anglo-saxonnes concernant le faible degré de réglementation du marché des produits (figure 2. A). Dès lors doit prévaloir une forme ou une autre d'adaptation du travail et de l'emploi, car plusieurs options sont *a priori* possibles. Les entreprises peuvent d'abord chercher à répondre aux aléas et aux transformations structurelles grâce à la facilité des ajustements de l'emploi, ce que la littérature qualifie de *flexibilité numérique*. Une alternative consiste à utiliser la durée du travail comme variable d'ajustement. Une troisième solution vise à répercuter directement dans la formation des salaires l'évolution de la compétitivité des firmes nationales, ce qui définit la *flexibilité salariale*. Dans la mesure où le changement technique affecte la nature du travail et les qualifications qu'il requiert, la capacité d'adaptation des compétences des salariés définit une quatrième forme, la *flexibilité fonctionnelle*. Enfin, l'adaptabilité de la couverture sociale aux transformations technologiques et économiques constitue une cinquième composante d'une politique de flexibilisation, lorsque, par exemple, on institue des exemptions de cotisations sociales afin de faciliter l'embauche des moins qualifiés ou des chômeurs de longue durée. En fonction de l'histoire des relations professionnelles et des stratégies adoptées par les gouvernements successifs, les pays de l'OCDE ont exploré une large palette de formes de flexibilisation[1].

La particularité du Danemark est d'avoir résisté aux tentations d'une protection durable des emplois existants et favorisé au contraire la rapidité du redéploiement de la main-d'œuvre entre entreprises. En effet, parmi les pays européens, le Danemark se distingue par le plus haut taux de mobilité de la main-d'œuvre, puisque chaque année près de 30 % de la population employée change d'emploi (figure 2. B), et 25 % de cette population passe par une période, en général, courte, de chômage puisque le taux de chômage de longue durée est de l'ordre de 1 %. Cette *flexibilité numérique* est une conséquence du caractère très souple de la législation, qui est la moins contraignante de tous les pays européens

1. La conclusion aborde brièvement la variété des compromis institutionnalisés qui sont à l'origine de ces trajectoires.

Figure 2. Six caractéristiques de la flexicurité danoise

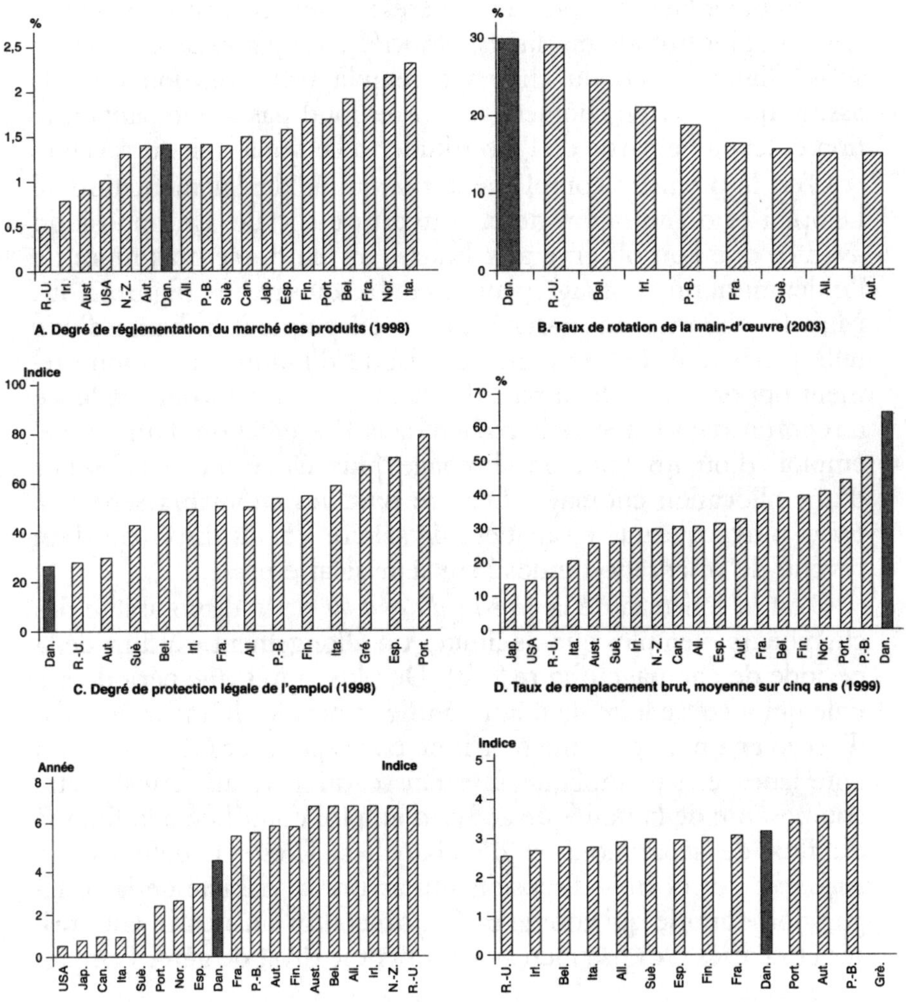

Source : S. Gaard, M. Kieler, « Two decades of structural reform in Denmark : a review », cit.

[a] : Les données comparatives proviennent de l'OCDE, l'évaluation complémentaire pour le Danemark résulte d'une enquête spécifique menée par le ministère des Finances danois en 2004.

en matière de protection de l'emploi (figure 2. C)[1]. Le fait que le tissu productif se compose à titre principal de PME explique aussi cette mobilité de la main-d'œuvre.

Comment faire accepter aux intéressés cette réallocation permanente et l'incertitude qui lui est associée ? La *générosité de l'indemnisation*[2] (figure 2. D) du chômage remplit cette fonction car elle assure que l'état de chômeur ne correspond pas à une paupérisation et lève une partie de l'incertitude, celle qui a trait au revenu.

C'est la première complémentarité qui lie déréglementation de l'emploi et organisation de la couverture sociale. En opposition avec ce que l'on observe aux États-Unis, la durée maximum de l'indemnisation chômage peut atteindre quatre ans (figure 2. E). Mais les théories du marché du travail pointent la limite d'une telle générosité. D'une part, elle risque d'induire un comportement opportuniste de la part des chômeurs qui auront tendance à reporter dans le temps la recherche et l'acceptation d'un nouvel emploi, d'où un taux de chômage plus élevé qu'en l'absence d'une allocation chômage. D'autre part, les chômeurs seront, *a priori*, plus exigeants en matière de salaire, car ils disposent d'un revenu de réservation indexé sur leur salaire passé.

C'est la fonction de la *sévérité du contrôle* de la disponibilité des chercheurs d'emploi que de limiter un allongement « indu » de la période de chômage (figure 2. F). De plus, après une période initiale qui a été réduite de quatre à une année, le chômeur est tenu d'accepter un emploi, même s'il ne correspond pas à sa fonction antérieure et s'il implique une baisse du revenu[3]. Ainsi, cette composante de la politique active d'emploi contribue à la fluidité du flux de séparations et d'embauches. C'est en définitive la *conjonction* de ces trois dispositifs qui assure la viabilité de la configuration danoise qui codifie en fait un compromis entre entreprises et salariés : les premières obtiennent le droit de gérer l'emploi

1. Force est de souligner qu'il n'est pas aisé de construire un tel indicateur qui pose de redoutables problèmes méthodologiques. Il semble néanmoins que les approches plus qualitatives confirment la flexibilité notable que permettent, au Danemark, le droit du travail et les conventions collectives.

2. Après prise en compte de la fiscalité, fortement progressive, les taux de remplacement nets sont significativement inférieurs dès que le revenu excède le revenu moyen, voir tableau 2 *infra*.

3. L'Observatoire européen de l'emploi a élaboré un Rapport d'information de base, Danemark, 2004, récapitulant le détail de la législation.

en fonction de leurs objectifs et de leurs contraintes en contrepartie d'une garantie de revenu pour les salariés. Comme les caisses régionales d'assurance chômage sont certes gérées par les syndicalistes et l'organisation patronale, mais que leurs ressources sont principalement issues du budget public, cet échange n'est validé qu'à travers l'intervention de l'État.

On peut parler de *complémentarité institutionnelle*, puisque la fonction de réallocation du travail n'est assurée qu'à travers la conjonction de trois dispositifs – le droit du travail, la couverture sociale et une politique d'emploi active – régissant les relations des trois acteurs : les entreprises, les salariés et l'État. Les bénéfices de cette configuration – plus grande réactivité et croissance de la productivité – sont ensuite partagés entre ces mêmes acteurs, selon leurs propres objectifs : la survie et la profitabilité des firmes grâce à la compétitivité, la sécurité du revenu pour les salariés, la capacité de prélèvements obligatoires pour l'État (figure 3).

Figure 3. Le cœur du modèle danois : la complémentarité entre trois institutions

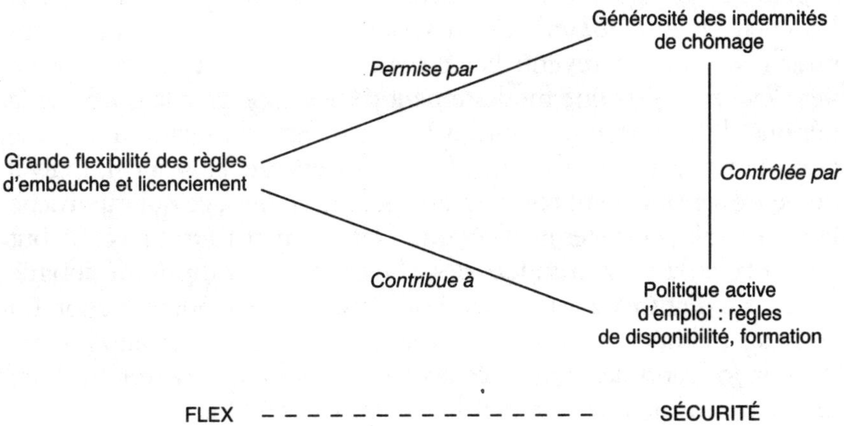

On peut ajouter que cette configuration trouve vraisemblablement une de ses origines dans le civisme exemplaire des Danois[1] qui les conduit à ne pas exploiter outrancièrement les facilités qu'offre la générosité des allocations chômage. Ce n'est pas cependant le facteur déterminant car le système d'incitations semble suffisant, en théorie comme en pratique, pour induire le cercle vertueux de la *flexicurité*.

La politique active de l'emploi : la spécificité danoise

En effet, c'est l'un des objectifs de cette troisième composante de la *flexicurité* que de contrebalancer l'effet de la générosité des indemnités de chômage sur le possible allongement de la durée de la recherche de l'emploi et le risque d'une rigidification de la formation des salaires. Or le détail des règles en vigueur et des modalités d'organisation des parcours des chômeurs importe, comme le montrent les recherches économétriques.

Tout d'abord, le taux de remplacement brut de 90 % du revenu d'activité ne concerne que les titulaires d'un revenu inférieur aux deux tiers du salaire moyen. L'un des traits importants du système danois est d'impliquer une dégressivité de ce taux en fonction du salaire. Le Danemark partage ce même profil avec la Suède, la Norvège et l'Allemagne, mais il est beaucoup plus marqué dans ce pays. En effet, les *effets redistributifs* du système danois sont marqués : les titulaires d'un bas revenu bénéficient d'un taux de remplacement net élevé et il n'est que modestement décroissant avec la durée de la période de chômage (cf. tableau 1). Au niveau du salaire moyen, le taux de remplacement est inférieur mais encore substantiel, mais il demeure sensiblement constant au cours du temps, ce qui rapproche le cas danois du système allemand. Dans l'un et l'autre pays, le but est d'éviter la paupérisation des chômeurs, y compris de longue durée. En d'autres termes, dans l'organisation de l'indemnisation du chômage, l'impératif de justice sociale prime celui d'incitation. C'est donc la fonction des politiques actives d'emploi que de réintroduire une autre forme d'incitation à la reprise de l'emploi.

---

1. Comme le proposent Y. Algan et P. Cahuc, « Civic attitudes and the design of labor market institutions : Which countries can implement the Danish flexicurity model ? », 2005, Cepremap DT 0517, http://www.cepremap.ens.fr/depot/docweb/docweb0517.pdf.

Tableau 1. De notables effets redistributifs de l'indemnisation du chômage au Danemark

Taux de remplacement net (en %) pour un célibataire en 2002	Danemark	Suède	Royaume-Uni	France	Allemagne
Revenu égal à 2/3 du salaire moyen					
• 1er mois	84	82	63	80	63
• 60e mois	69	67	54	62	72
Revenu moyen					
• 1er mois	59	81	45	71	61
• 60e mois[a]	58	17	34	62	57

Source : OCDE, *Prestations et salaires,* 2004, www.oecd.org/els/social/prestations et salaires.

[a] : Lorsque l'on tient compte aussi de l'aide sociale, les écarts sont beaucoup moins marqués : le taux de remplacement net est de 69 pour le Danemark, 67 pour la Suède, 54 pour le Royaume-Uni, 62 pour la France et 72 pour l'Allemagne.

C'est à partir de 1994 seulement qu'*une politique active d'emploi* est introduite. Elle vise à accroître les compétences et la qualification des chômeurs de longue durée afin de favoriser leur retour à l'emploi. Les programmes comportent deux phases. Dans la première, d'une durée d'une année, l'initiative de recherche d'emploi appartient essentiellement aux chômeurs en relation avec les agences locales d'emploi et leur participation aux programmes de formation est faible. À partir de la deuxième année, les chômeurs sont tenus de suivre une formation pendant plus de 75 % du temps. Cette seconde période dure trois ans, période après laquelle s'il n'a toujours pas trouvé d'emploi, l'individu perd son droit à des indemnités chômage, mais a alors accès au système de solidarité sociale. Pour recouvrer son droit à indemnités de chômage, l'individu doit avoir travaillé au moins vingt-six semaines au cours de l'année en cours. Durant toute la période de quatre ans, le chômeur peut recevoir une offre de participation à un programme de formation en provenance de l'agence locale d'emploi. Il ne peut refuser cette offre sous peine de perdre tout droit à indemnité de chômage. L'autorité nationale du marché du travail danoise distingue quatre grands types de programmes :

– accès à des *emplois subventionnés dans le secteur privé* d'une durée de six à neuf mois pour lesquels l'employeur reçoit une aide publique correspondant à la moitié du salaire minimum ;
– accès à des *emplois dans le secteur public*, d'une durée limitée à six-douze mois ;
– Programme de *formation* ou d'acquisition de l'éducation de base d'une durée de quelques mois ;
– enfin, divers *programmes d'aide aux chômeurs* dans la recherche d'un emploi, l'évaluation des compétences, la mise en confiance des chômeurs.

Compte tenu de la relative sophistication de cette organisation, il n'est pas aisé de procéder à l'évaluation de la politique active d'emploi danoise.

Il apparaît d'abord qu'avant la réforme décidée en 1993, le système d'indemnisation du chômage a effectivement accru le salaire de réservation donc pénalisé l'emploi, mais ensuite le durcissement des conditions d'éligibilité a corrigé cet effet et les programmes ont effectivement favorisé l'emploi[1]. Il apparaît que la probabilité d'embauche d'un chômeur est la plus élevée pour les hommes entre 26 et 50 ans et qu'elle est fortement procyclique, ce qui introduit une complémentarité forte entre politique économique et politique d'emploi.

En fait, le profil temporel des mesures d'activation introduit trois effets distincts qu'il importe de composer pour en évaluer l'impact global[2]. Traditionnellement, les évaluations ne retenaient que deux effets :

– pendant le programme, les individus ont de moindres possibilités de rechercher et d'obtenir un emploi, selon un effet dit de blocage (*lock in*) ;

1. N. Westergaard-Nielsen, « Danish labor market policy : Is it worth it ? », Aarhus School of Business, Department of Economics, novembre 2001.
2. M. Roshol, M. Svarer, « Estimating the threat effect of active labour market programmes », Université d'Aarhus, Department of Economics, 2004, WP 2004-06.

– après le programme, ils sont censés bénéficier de *compétences* accrues, donc améliorer leurs chances d'accès à l'emploi.

Plus récemment, nombre de recherches ont fait apparaître l'importance d'un troisième effet : comme la participation au programme de formation peut apparaître peu attractive à certains chômeurs, ils vont être incités à trouver plus vite un emploi avant d'être enrôlés dans une formation obligatoire. C'est l'effet de *dissuasion*, que l'on peut détecter empiriquement par une augmentation de la fréquence d'obtention d'un emploi à l'approche de la fin d'une année de chômage. L'évaluation s'en trouve affectée car elle réintroduit un bénéfice supplémentaire associé à la politique active d'emploi (figure 4).

Figure 4. Les trois effets de la politique active d'emploi

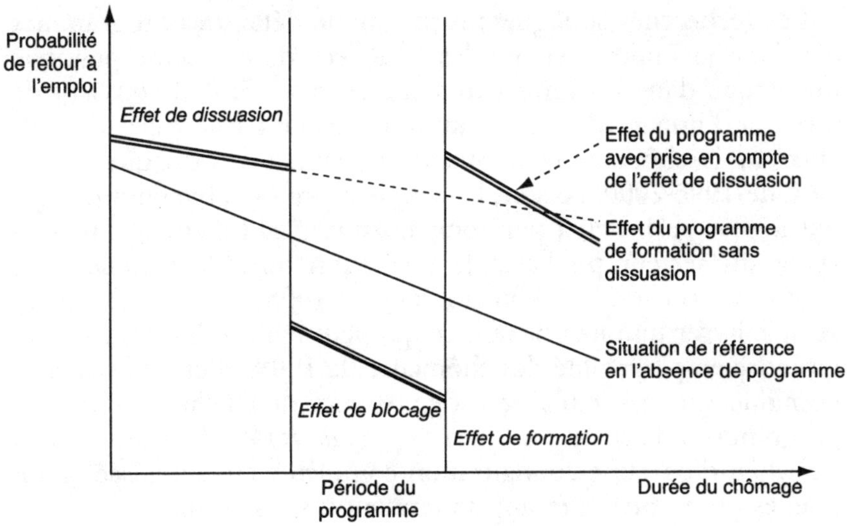

Source : M. Roshol, M. Svarer, « Estimating the threat effect of active labour market programmes », cit., p. 4.

La confrontation de ce modèle avec les données danoises de 1998 à 2002, collectées à partir de registres administratifs, confirme que l'effet de dissuasion réduit d'environ trois semaines la durée du chômage. Ainsi paradoxalement, le programme de formation bénéficie même à ceux qui n'y participent pas ! Au demeurant ces gains sont différenciés selon la nature du programme :

seules les subventions à l'emploi privé semblent réduire légèrement la durée du chômage, une fois exclu l'effet de dissuasion, mais l'effet global est à peine significatif. Cette importance de l'effet de dissuasion est confirmée lorsque l'on étudie la réaction des individus au changement de législation intervenu en 1994 : il a accru de 145 % la probabilité de retour à l'emploi[1]. Il semblerait que cet effet soit aussi fort que celui que suscitent les systèmes dans lesquels la durée d'indemnisation est réduite, comme aux États-Unis, mais l'avantage du système danois est de ne pas réduire le revenu, donc le bien-être, des individus qui ne parviennent pas à trouver d'emploi. Cependant, les raisons de cette conciliation de l'efficacité économique avec un principe de solidarité sociale ne sont pas nécessairement celles qui étaient mises en avant lors du lancement des politiques actives d'emploi, car elles se fondaient sur l'effet de formation.

Les recherches soulignent aussi que le détail des programmes d'activation importe et que les bénéfices d'une même politique maintenue dans le temps peuvent s'éroder[2]. Si l'on convient de mesurer l'impact des programmes par l'intermédiaire de leur effet sur le chômage et le flux de revenu, il ressort que, sur la période 1995-2000, ce sont les emplois privés subventionnés qui ont le plus grand effet par comparaison avec les emplois temporaires du secteur public et la formation hors de l'emploi. Par contre, si l'on suit les chômeurs depuis 1998, seul l'emploi privé semble livrer un bilan positif, ce qui peut tenir à divers facteurs : moindre employabilité des chômeurs de 1998, effet du cycle économique, ou encore plus grande précocité de l'inclusion dans des programmes d'activation. Le *réglage fin du modèle danois* importe et c'est loin d'être une configuration complètement stabilisée, point que les observateurs étrangers tendent à sous-estimer.

1. L. Pico Geerdsen, « Is there a threat effect of labour market programme ? A study of ALMP in the Danish UI System », Danish National Institute of Social Research, avril 2005.

2. J. Jespersen, J. Munch, L. Skipper, « Costs and benefits of Danish active labour market programs », WP 2004-1, Danish Economic Council.

Trois précautions indispensables pour analyser le modèle danois

De cette revue des évaluations de l'impact des politiques actives d'emploi, il apparaît que ce modèle est moins simple que ne le laissent penser les présentations pédagogiques.

Compte tenu de l'homogénéité de la société danoise, il est tentant d'attribuer le succès de la *flexicurité* à la diffusion des *valeurs civiques* qui limitent le comportement opportuniste des chômeurs, ce que confirment des travaux économétriques[1]. Un certain nombre d'autres indices tend à relativiser l'ampleur du phénomène. En premier lieu, la stabilité de ces valeurs au cours du temps - elles se transmettent même de génération en génération - ne rend pas compte du profil temporel du chômage qui est tendanciellement croissant de 1973 à 1993, décroissant ensuite, puis stationnaire (voir ci-après figure 6. B). En second lieu, il est possible d'interpréter ce civisme comme l'acceptation d'une logique en termes de droits et devoirs et d'un principe de responsabilité, que les autorités en charge de gérer l'emploi peuvent rendre effective grâce à un contrat liant le chômeur, au demeurant assorti de contrôles qui, même peu fréquents[2], ont un rôle d'incitation contrainte significatif. En outre, l'adhésion quasi unanime à des valeurs civiques n'interdit pas complètement des comportements plus opportunistes puisque le travail au noir est loin d'être inconnu au Danemark et que, par ailleurs, un nombre significatif de chômeurs déclare travailler dans l'économie souterraine[3]. Pour autant, on ne peut exclure

1. Voir Y. Algan et P. Cahuc, « Civic attitudes and the design of labor market institutions… », art. cit.

2. Ainsi, les sanctions par le service public d'emploi sont rares : entre 500 et 1 500 par an pour une population de 200 000 personnes transitant par ce service, comme le souligne J.-C. Barbier, « Learning from Danemark ? », 2005, EPC WP 20.

3. Selon le *Rapport fra Udvalget om Personbeskatning*, Del II, Copenhague (1992), le travail au noir aurait représenté 4,5 % du PIB en 1991. Près de 11 % de toutes les personnes âgées de 20 à 69 ans affirment avoir travaillé au noir en 1992, et 17 % des chômeurs déclarent travailler dans l'économie souterraine (repris de OCDE, 1992-1993, *Études économiques de l'OCDE, Danemark,* note 17). Réalistes, les autorités ont, depuis lors, permis aux chômeurs d'avoir un emploi, sous certaines conditions.

que les valeurs forgées dans l'histoire soient le catalyseur grâce auquel ont pu émerger nombre d'institutions et, récemment, le modèle original de la flexibilité.

Tableau 2. L'importance croissante de la part d'activation des dépenses publiques pour l'emploi

En % du PIB	Danemark		Suède		Royaume-Uni		France		Allemagne	
	1990	2002	1990	2002	1990	2002	1990	2002	1990	2002
Administration des services de l'emploi	0,09	0,12	0,21	0,37	0,18	0,17	0,12	0,18	0,20	0,23
Formation	**0,27**	**0,86**	0,53	0,29	**0,20**	**0,02**	0,33	0,23	0,34	0,32
Mesures en faveur des jeunes	0,25	0,10	0,07	0,02	0,17	0,13	**0,20**	**0,40**	0,03	0,10
Mesures en faveur des handicapés	0,20	0,34	0,74	0,50	0,02	0,02	0,06	0,09	0,21	0,30
Aides à l'embauche	0,29	0,17	0,13	0,21	0,02	0,02	0,09	0,35	0,15	0,22
Total des mesures actives	1,09	1,58	1,68	1,4	0,60	0,37	0,81	1,25	0,93	1,18
Indemnité de chômage	**3,09**	**1,37**	0,80	1,04	0,94	0,37	1,29	1,63	0,98	2,
Préretraites	1,18	1,67	0,08	0,01			0,55	0,17	0,01	0,03
Total des mesures passives	4,26	3,04	0,88	1,05	0,94	0,37	1,84	1,81	0,99	2,13
Total	**5,36**	**4,63**	2,57	2,45	**1,54**	**0,75**	2,64	3,06	1,92	3,31

Source : OCDE, *Employment Outlook*, 2005.

Traditionnellement, on attribue le mérite principal des politiques actives à l'*intensité de la formation et de la requalification.* Hypothèse vraisemblable si l'on considère la répartition des dépenses publiques pour l'emploi : c'est au Danemark qu'elles sont particulièrement élevées et surtout qu'elles ont fortement crû de 1990 à 2002, contrairement par exemple à ce qu'on observe en Suède (tableau 2). On ne dispose pas, semble-t-il, d'évaluations permettant de cerner l'impact sur la croissance à long terme de l'ensemble de ces dépenses, mais rien n'interdit de penser qu'elles puissent jouer un rôle significatif[1]. Du fait du succès de la réinsertion des chômeurs, la part des dépenses d'indemnisation du chômage a diminué… mais pas celle liée aux préretraites. En effet, celles et ceux des travailleurs âgés qui ne peuvent trouver un emploi rémunéré sont pris en charge par la solidarité nationale. Cela signifie qu'étant donné l'hétérogénéité des talents et des compétences et le haut niveau déjà atteint par le taux d'emploi, on ne saurait attendre une efficacité totale d'une stratégie de mise au travail. Donc les politiques sociales ne peuvent viser exclusivement un *workfare* car elles doivent continuer à promouvoir des transferts de revenu en direction de ceux qui, transitoirement ou durablement, ne peuvent s'insérer dans un système économique soumis à la concurrence qui requiert une haute productivité. En un sens, les *politiques de retrait du marché de l'emploi* sont complémentaires des politiques d'activation de l'emploi. Mais, de ce fait, le cercle vertueux danois est loin de déboucher sur un État frugal[2] !

Troisième précaution, il ne faudrait pas surestimer la cohérence propre au pôle des politiques actives d'emploi au sein du triangle de la *flexicurité*[3]. D'un côté, l'objectif affiché, essentiel dans une perspective de long terme, est d'améliorer constamment les compétences à travers l'éducation, la requalification et l'accès même temporaire à des emplois pour éviter la constitution de trappes à chômage. On donne par exemple aux entreprises la possibilité de cerner les potentialités de ceux qu'elles ont embauchés pour une période limitée, à bas coût grâce à la sub-

1. En effet, les évaluations recensées par la précédente section ne concernent qu'une partie de ces dépenses et ne portent que sur un horizon relativement court. En particulier, elles ne capturent pas les externalités propres à l'éducation.

2. Cf. Th. Bradgaard, F. Larsen, P. Kongshoj Madsen, « The flexible Danish labour market », CARMA, Université d'Aalborg, 2002 : si, en 1960, 200 000 personnes, équivalent temps plein, étaient prises en charge par la couverture sociale, ce chiffre s'élève à 900 000 en 1995 et, malgré les efforts d'activation, il est encore de 800 000 personnes en 2002.

3. Ce point est souligné par M. Rosholm et M. Svarer, « Estimating the threat effect of active labour market programmes », cit., mais aussi de nombreux autres chercheurs danois qui pointent moins la cohérence que les tensions d'un système en constante évolution. Lire J. Guul Andersen, J. Pedersen, « Continuity and change in Danish active labour market policy : 1990-2005 », CCWS, Université d'Aalborg, mimeo, 13-15 janvier 2006.

vention publique. Mais, d'un autre côté, l'insertion obligatoire dans un programme est perçue comme une menace qui incite à la reprise de l'emploi pour éviter un stage ou un emploi perçus comme peu attractifs, voire dissuasifs ! D'un point de vue empirique, cet effet apparaît important, or il peut entrer en contradiction avec l'objectif de relèvement des compétences : à l'extrême, des programmes repoussoirs seraient l'idéal ! Seraient-ils, dans le modèle danois, l'équivalent fonctionnel de la pression qu'exerce dans les systèmes anglo-saxons la faible couverture du risque de chômage ?

Ce n'est ni le modèle anglo-saxon de workfare ni le modèle continental de protection de l'emploi

C'est une invitation à répondre à une objection fréquente dans les débats politiques sur les stratégies de lutte contre le chômage en Europe : la *flexicurité*, d'abord néerlandaise puis danoise, ne serait qu'une variante mineure de la flexibilité typique des économies américaine ou britannique. Or, même si les deux configurations visent à répondre aux mêmes transformations « structurelles », la *flexicurité* donne une réponse significativement différente de celle que met en œuvre la *flex-flexibilité*. On désigne ainsi la stratégie qui vise à retranscrire la nécessité d'adaptation dans la *totalité* des composantes de la relation salariale, donc la recherche simultanée des cinq formes de flexibilité précédemment décrites.

En premier lieu, lorsqu'on rapproche diverses enquêtes sur l'appréciation subjective par les salariés du degré de sécurité de la rigueur de la protection de l'emploi, tel que cerné par l'indicateur OCDE, apparaît une corrélation *négative* et significative. De plus, ce sentiment de sécurité de l'emploi est corrélé *positivement* à l'indicateur OCDE de générosité de l'indemnisation du chômage[1]. Ainsi les législations des pays méditerranéens ont la paradoxale conséquence de freiner les ajustements de l'emploi,

1. Ce résultat est établi à partir de deux enquêtes différentes, European Community Household Panel et International Social Survey Programme, par F. Postel-Vinay et A. Saint-Martin, « Comment les salariés perçoivent la protection de l'emploi », INRA-Paris Jourdan. Il converge avec les analyses de l'OCDE, en particulier les *Perspectives de l'emploi de l'OCDE*, 2004.

sans pour autant garantir un fort sentiment de sécurité. À l'opposé, dans les pays, essentiellement anglo-saxons, qui se caractérisent par la plénitude du droit à gérer – c'est-à-dire une grande liberté des firmes dans les embauches et les licenciements – paradoxalement les employés s'y sentent plus en sécurité[1]. Comment est assuré ce *sentiment de sécurité* tant au Danemark qu'aux Pays-Bas et en Norvège ? Grâce à la générosité des allocations de chômage, c'est-à-dire une modalité bien différente de celle qui prévaut aux États-Unis, à savoir le maintien d'un taux de chômage modéré, grâce en particulier à un usage adéquat de la politique budgétaire et monétaire. Au-delà de notables spécificités nationales, il se confirme que les allocations de chômage contribuent au sentiment de sécurité. Or c'est un trait distinctif de la *flexicurité.*

Si, à grands traits, cette dernière configuration assure une efficacité de l'allocation du travail analogue à celle de la flex-flexibilité, l'avantage de la *flexicurité* est de maintenir et promouvoir de *moindres inégalités,* en accord avec la tradition et les attentes de la majorité des citoyens des pays de l'Union européenne[2]. Pour la plupart, les indicateurs cernant les inégalités, la pauvreté, les situations financières difficiles, désignent le Danemark comme le pays obtenant les meilleurs résultats (tableau 3). Les indicateurs tant quantitatifs que qualitatifs de l'emploi et du travail renforcent encore la performance danoise. Les employés danois sont très satisfaits de leur emploi, sont moins soumis au stress, et ils travaillent sensiblement le même nombre d'heures par an que leurs homologues français.

1. Pour autant qu'il soit fondé de comparer les situations nationales à travers le pourcentage des enquêtés qui déclarent jouir d'une bonne ou très bonne sécurité d'emploi. Ces résultats sont entachés d'une certaine fragilité.

2. La collation des statistiques correspondantes trouve son origine dans le travail de D. Velin, « Apprentissage, innovation et performances économiques : une analyse du "miracle" danois », mémoire de DEA, Paris, EHESS, 2005.

Tableau 3. Le Danemark : de remarquables performances économiques sans inégalités majeures

		Danemark	Suède	Royaume-Uni	France	Allemagne
Performances macroéconomiques						
1.	PIB par habitant en PPA[a] 2004 (EU à 25 = 100)	**122**	116	119	110	109
2.	Taux de croissance moyen 1992-2002	2,3 %	2,6 %	**3 %**	2 %	2 %
3.	Solde public/PIB 2004	**2,3 %**	1,6 %	-3,1 %	-3,6 %	-3,7 %
4.	Inflation (taux annuel) 2004	**0,9 %**	1 %	1,3 %	2,3 %	1,8 %
5.	Solde du commerce extérieur/PIB 2003	4,6 %	6,3 %	-4,3 %	0,1 %	**6,8 %**
Inégalités						
6.	Ratio du revenu des 20 % les plus riches / Revenu des 20 % les plus pauvres 2004	**3,4**	nd	4,9	4	3,6
7.	Part des salariés en difficulté financière (1994-2000)	8,7	nd	12,5	15,4	**5,7**
8.	Part des personnes vivant sous le seuil de pauvreté (1994-2000)	**5,6**	8,3	11,7	8,6	6
Travail et emploi						
9.	Part des salariés satisfaits ou très satisfaits de leur emploi 2001	**95,2 %**	85,2 %	90,2 %	81,2 %	87,6 %
10.	Part des salariés trouvant que leur travail est souvent ou toujours stressant 2001	**29 %**	40,5 %	42 %	34,9 %	31,2 %
11.	Nombre moyen d'heures annuelles ouvrées par personne 2004	1 454	1 357	1 669	**1 441**	1 443
12.	Part de la population à temps partiel dans l'emploi total 2003	21,3 %	45 %	25,2 %	16,5 %	22,4 %

Sources : 1, 3, 4, 5 : Eurostat ; 2 : *Perspectives de l'emploi de l'OCDE* (2005) ; 6 : Commission européenne ; 7, 8 : European Community Household Panel ; 9 : European Working Condition Survey ; 10 : European Quality of Life Survey ; 11 : *Perspectives de l'emploi de l'OCDE* ; 12 : Employment in Europe.

[a] : PPA : parité de pouvoir d'achat.

Ainsi apparaissent tant les traits communs au *workfare* et à la *flexicurité* que leurs différences. L'un et l'autre répondent au changement d'environnement qui implique une adaptation de l'emploi, différente de l'idéal que représentait la construction de marchés internes dans les années soixante, et ces deux modèles concentrent leurs efforts sur la mise au travail et la mobilisation des compétences des salariés. Cependant, leurs modalités et leurs résultats sont significativement différents :

Le *workfare* fait principalement jouer la pression concurrentielle à l'acceptation d'un emploi par la modestie et la durée relativement brève de l'indemnisation du chômage ; les actions de formation sont présentes mais c'est la réinsertion dans l'emploi qui prime, quitte à ce qu'elle intervienne dans une qualification plus basse et un salaire inférieur[1]. L'aspect disciplinaire du marché est premier et il correspond en un sens aux enseignements de la variante de la théorie du salaire d'efficience qui fait jouer un rôle déterminant au coût de la perte de l'emploi, d'autant plus important que le chômage est élevé et les allocations de chômage modestes. Dans cette configuration, les inégalités salariales sont fonctionnelles puisqu'elles définissent les incitations des salariés à l'acceptation d'un emploi.

La *flexicurité* se propose au contraire d'éliminer l'insécurité traditionnellement associée aux périodes de chômage et de favoriser l'insertion grâce au recours à une formation pour ajuster les compétences au niveau requis par les nouveaux emplois. Si le chômeur ne parvient pas à trouver un emploi par ses propres recherches, il est enrôlé dans un parcours organisé devant le conduire à un emploi. En théorie tout au moins, il est affranchi de la pression du marché, de sorte que ce sont des procédures d'acceptation des stages et (ou) d'emplois qui remplacent la vertu disciplinaire qu'exerce ailleurs le marché. La générosité des allocations de chômage fait partie intégrante d'une politique générale visant à éviter la formation de trappes à pauvreté. Enfin, grâce à l'école et à la formation qui mettent l'accent sur la capacité à résoudre de façon relativement autonome les problèmes que ren-

1. C'est en particulier le cas aux États-Unis, ce qui explique les difficultés de mise en œuvre de la formation des adultes de faible qualification en dépit même d'expériences novatrices tendant à intégrer au niveau local les services de gestion de l'emploi et ceux de formation. Voir OCDE, « La formation des adultes aux États-Unis », 2004.

contre le salarié dans son activité de production, la *flexicurité* permet l'établissement d'un modèle d'économie apprenante, alors que le *workfare* s'accommode mieux de méthodes tayloriennes – toujours présentes – ou encore de celles associées au modèle de production frugale[1].

Le rôle de la formation des salaires

Ce système, qui donne un certain pouvoir de négociation aux salariés, même lorsqu'ils sont chômeurs, n'a-t-il pas pour propriété perverse d'induire une rigidité salariale, finalement préjudiciable à l'équilibre macroéconomique ? Une revue de la littérature suggère que ce danger est peu présent dans le cas danois. D'abord pour des raisons théoriques, car le modèle *insider/outsider* ne s'applique pas puisque le marché interne des grandes entreprises est extrêmement limité, que les salariés ne bénéficient pas d'une garantie d'emploi et que par conséquent la durée moyenne d'un salarié dans un emploi est l'une des plus faibles parmi les pays de l'OCDE. De plus, dans une petite économie ouverte, dans laquelle le secteur exposé occupe une place centrale, les revendications salariales sont contrôlées, à moyen terme tout au moins, par la position concurrentielle de l'économie.

Ensuite, l'organisation même des négociations entre l'association patronale et le syndicat limite la rigidité salariale car, lorsque les négociations sont centralisées, les acteurs sont tenus de prendre en compte les répercussions des salaires sur l'emploi, même si un glissement salarial intervient pour ajuster le résultat de la négociation nationale aux spécificités régionales et si l'on observe une tendance à la décentralisation de la formation des salaires au cours des dernières décennies[2].

1. E. Lorenz, B. A. Lundvall, A. Valeyre, « The diffusion of the new forms of work organizations and workers outcomes : Lessons from the European case », Edward Elgar, Cheltenham, 2006.

2. Des travaux économétriques suggèrent que les facteurs locaux n'ont pas d'influence claire et significative sur les salaires au niveau régional. K. Albaek, R. Asplund, E. Barth, S. Blomskog, B. Runar Guoùundsson, V. Karlsson, E. Stojer Madsen, « The wage-unemployment relationship in the Nordic countries », mimeo, Université de Copenhague, Institut d'économie, juillet 2000.

Des études économétriques portant sur les pays nordiques montrent que la formation des salaires est finalement similaire au Danemark, en Suède, Norvège et Finlande, qu'elle a été relativement stable jusqu'en 1993 et que le taux d'indemnisation, élevé dans ces pays, n'a pas apparemment d'impact sur le salaire. Par contre, les politiques actives d'emploi accroissent la pression salariale, mais elles peuvent être favorables à l'offre de travail et à la productivité[1]. Une autre étude portant sur des données individuelles pour l'économie danoise montre la dépendance du salaire masculin, mais non pas féminin, vis-à-vis du volume des créations d'emploi et ce dans les diverses phases du cycle[2]. A priori, cela serait l'indice d'un caractère assez concurrentiel de la formation des salaires, dominé par les flux de mobilité, ce qui relativise le rôle des variables plus institutionnelles. Vont dans le même sens les résultats d'une autre étude économétrique qui souligne la faiblesse des effets de mar-

Figure 5. Une transformation de la formation des salaires après 1993

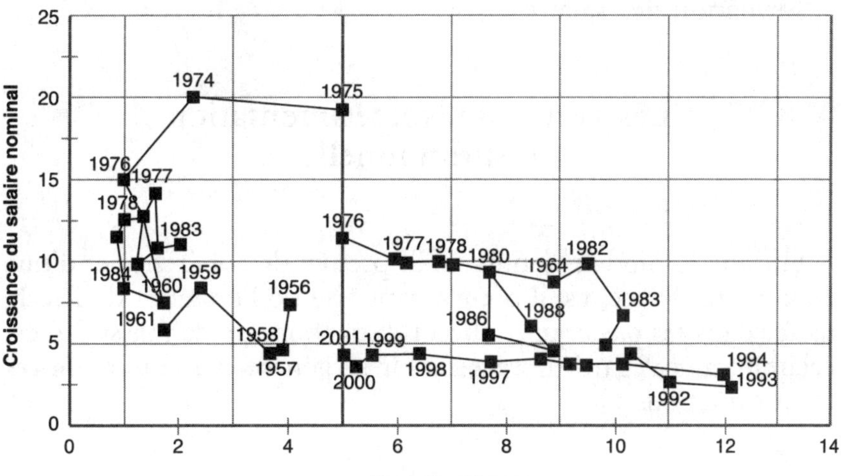

Source : B. Thomas, L. Flemming, M. Per Kongshoj, « The flexible Danish labour market : a review », 2005.

1. R. Nymsen, A. Rodseth, « Explaining unemployment : Some lessons from Nordic wage formation », *Labour Economics*, 10, 2003, p. 1-29.
2. Ch. Belzil, « Job creation, destruction, workers reallocation and wages », *Journal of Labor Economics*, 18 (2), avril 2000, p. 183-203.

ché interne sur la rigidification des salaires : une ancienneté de cinq ans dans le même emploi ne procure que 2,2 % de revenu supplémentaire par rapport à un travailleur mobile, valeur remarquablement faible si on la compare aux rendements estimés pour les autres pays[1].

Autant d'indices qui, au plan microéconomique, conduisent à relativiser l'ampleur des effets des allocations de chômage sur la formation des salaires. Au plan macroéconomique, une analyse en termes de relations de Phillips (figure 5) montre la succession de trois grandes périodes dans la formation du salaire nominal : 1956-1973, 1974-1993, 1993-2001. Le plus remarquable est que depuis 1993 le chômage a pu être réduit de 12 % à 5 % avec une quasi-constance du taux d'augmentation du salaire nominal à un taux inférieur à 5 %. Certes la stabilisation monétaire contribue à ce mouvement, mais nombre d'autres études confirment la baisse du seuil du taux de chômage à partir duquel s'accélère l'inflation. Ainsi le cercle vertueux de la *flexicurité* (cf. figure 3) n'a pas été compromis par une externalité négative provenant d'une rigidification de la formation des salaires.

Les vertus de l'expérimentation institutionnelle

Si donc le modèle danois a fait preuve de cohérence et d'une certaine résilience, est-il pour autant aisé de l'imiter et de l'acclimater dans les pays qui souffrent d'un chômage de masse ? Il est éclairant à cet égard de revenir sur sa genèse et l'histoire de ses transformations[2].

1. J. Baggor (2005), « Wage growth and turnover in Denmark », mimeo, Université d'Aarhus, Département d'économie, 2005.

2. Cette question a suscité une vaste littérature tant en Europe – voir par exemple G. Schmid, K. Schömann, « Learning from Denmark », 1999 – qu'en France – voir J.-C. Barbier, « Apprendre vraiment du Danemark », Centre d'études de l'emploi, WP 5 (2), février 2005 ; A. Lefebvre et D. Méda, *Faut-il brûler le modèle français ?*, Paris, Seuil, 2006.

Un modèle venu de loin...

Or les spécialistes danois[1], comme les partenaires sociaux[2], n'hésitent pas à en déceler l'origine, il y a plus d'un siècle, lorsqu'en 1899 patronat et syndicat conclurent l'accord fondateur déjà mentionné : les travailleurs reconnaissent aux entreprises le droit de gérer, donc de décider des embauches et des licenciements ; en contrepartie, les entreprises leur reconnaissent le droit d'association et d'organisation. Telle est la lointaine origine de la flexibilité contemporaine des ajustements de l'emploi. Elle s'est maintenue jusqu'à nos jours, car la demande de protection des postes de travail n'a été que très rarement formulée. C'est entre 1936 et 1938 qu'apparaît un second trait des relations professionnelles, le fait que les conventions collectives, négociées entre patronat et syndicat, ont pour fonction de traiter des questions liées à la formation des salaires et à la durée du travail.

Parallèlement se constitue une couverture sociale à vocation universelle qui, en 1969, aboutit à une réforme du financement et de l'organisation de l'indemnisation du chômage, avec un financement privilégié par l'État grâce à l'impôt. Apparaît ainsi le deuxième pôle de la *flexicurité* : un système beveridgien de couverture du risque chômage, généreux, car, à l'époque, les dividendes de la croissance et la faiblesse du chômage rendent possible un taux de remplacement élevé. Après les deux chocs pétroliers apparaissent les premières mesures en vue de favoriser le retour à l'emploi, même si elles s'accompagnent de dispositifs plus malthusiens, par exemple le recours à des retraites anticipées, mesure alors commune à beaucoup de pays. Il faut attendre le plan de réformes de 1993 pour que se constitue véritablement le troisième pôle de la *flexicurité*, à savoir le subtil

1. Par exemple P. Kongshoj Madsen, « The Danish model of "Flexicurity" : A paradise with some snakes », European Foundation for the Improvement of Living and Working Conditions, Interactions between Labour Market and Social Protection, Bruxelles, 16 mai 2004.

2. Un indice du caractère fondateur de cet accord : les sites de l'association des entreprises danoises (DA) comme celui de la confédération syndicale (LO) font partir l'histoire de la *flexicurité* de ce lointain épisode.

système d'incitation et de contraintes associé aux politiques actives d'emploi.

La réponse à des déséquilibres macroéconomiques majeurs

En effet, ces réformes et innovations sont elles-mêmes la réaction à des épisodes de forte détérioration de la conjoncture économique. La trajectoire danoise commence à se singulariser avec la stabilisation qui intervient à partir de 1983 : une rapide contraction des dépenses publiques permet une notable baisse du taux d'intérêt (figure 6. A) qui en fait relance la croissance et se traduit par une baisse du chômage, ce qui introduit un premier décalage des trajectoires macroéconomiques par rapport au reste de la zone euro, favorable au Danemark (figure 6. B). Il est important de souligner qu'en 1993 le taux de chômage danois est le même que celui de la zone euro. Ce n'est que postérieurement que les évolutions se distinguent : la décrue du chômage est beaucoup plus marquée au Danemark, même si les profils conjoncturels continuent à évoluer de concert avec l'Europe. Ce décrochage au plan macroéconomique confirme l'ampleur des changements mis en évidence à partir de données microéconomiques : il n'est pas illogique de l'attribuer à l'ensemble des mesures qui réforment les politiques actives d'emploi danoises.

La situation macroéconomique s'améliore significativement puisque le déficit du compte courant extérieur se résorbe pour faire place à un excédent à partir de 1999 (figure 6. C). Simultanément, le pays parvient à accumuler un surplus des comptes publics, tout en manifestant les mêmes évolutions cycliques que la zone euro (figure 6. D).

Cela signifie que les contraintes macroéconomiques associées à l'Union européenne[1] ne suffisent pas à expliquer la persistance du fort chômage européen : l'exemple danois suggère que la conjonction d'une politique macroéconomique anticipatrice et stable et d'une organisation adéquate de la relation salariale et de

1. Bien qu'ayant refusé l'adhésion à l'euro, le Danemark suit le mouvement des taux d'intérêt déterminés par la Banque centrale européenne, car l'objectif est le maintien d'un taux de change quasi fixe de la couronne vis-à-vis de l'euro.

Figure 6. L'évolution des indicateurs macroéconomiques, 1970-2005

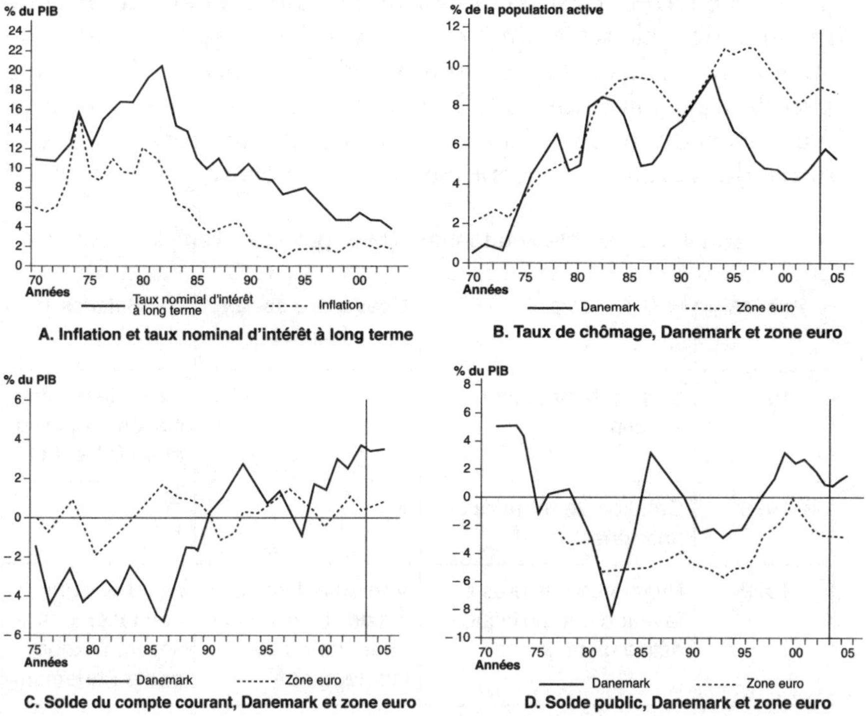

Source : G. Soren, P. Kongshoj Mads, « Two decades of structural reform in Denmark : a review », cit.

la couverture sociale peuvent, en l'espace d'une décennie, améliorer la quasi-totalité des indicateurs économiques, au premier rang desquels le chômage. Par un effet en retour, ces succès consolident la légitimité d'une intense redistribution assurée par un niveau de fiscalité inconcevable tant aux États-Unis qu'au Japon.

Des similarités avec la France… puis des trajectoires divergentes

Les politiques d'emploi, sur trois décennies, ont expérimenté un large spectre de mesures, dont certaines sont loin d'anticiper le modèle de la *flexicurité*. Par exemple, à la fin des années soixante-dix, les autorités procèdent à un soutien temporaire à l'emploi et surtout elles créent la possibilité de retraites anticipées. Autre exception au principe de négociation bipartite des salaires, le Parlement fixe en 1979 des normes d'augmentation des salaires, alors qu'en 1982 c'est par la loi qu'est abolie l'indexation automatique des salaires et qu'il est procédé à une augmentation des cotisations sociales. On est frappé par la similarité de réaction avec la trajectoire française, d'autant plus qu'en 1987 les partenaires sociaux danois s'accordent aussi sur une réduction de la durée du travail qui ne sera pas remise en cause par la suite.

Tableau 4. Le caractère tâtonnant de la politique d'emploi danoise

Années	Emploi	Couverture sociale, fiscalité	Salaires
1977	Soutien temporaire à l'emploi		Objet de la négociation collective entre DA et LO[a]
1978	Création de retraites anticipées		
1979	Premières mesures en faveur d'une politique active d'emploi	Versement des allocations de chômage pour une durée indéterminée	Normes d'augmentation des salaires fixées par le Parlement
1981	Obligation d'une offre d'emploi aux jeunes chômeurs		Accord bisannuel sur les salaires
1982		Majoration des cotisations sociales	Suppression par la loi de l'indexation des salaires
1985		Réduction des cotisations patronales et transferts sur l'impôt des sociétés	
1986	Politique structurelle en faveur de la recherche, la formation		Abrogation de la loi sur l'indexation des salaires
1987	Accord sur la réduction de la durée du travail		Accord salarial pour 4 ans entre DA et LO

Années	Emploi	Couverture sociale, fiscalité	Salaires
1991	Restriction du droit d'un chômeur à refuser une offre : après un an, recherche d'un emploi en dehors du domaine d'activité antérieur	Suppression des allocations de chômage pour les 35 premières heures de chômage	
1992	Emplois subventionnés pour les jeunes, les travailleurs âgés		
1993		Réduction du taux marginal d'imposition pour inciter au travail	Décentralisation de la négociation des salaires, mais centralisation pour les retraites et la durée du travail
1994	Encouragement des congés sabbatique, parental ou pour formation – Application d'une directive européenne durcissant la législation sur les licenciements collectifs – Subvention pour l'emploi des peu qualifiés dans les services domestiques	Après 4 ans d'allocation de chômage, obligation de participation à une formation à temps plein	
1995		Durcissement de l'accès à l'allocation de chômage : 52 semaines (au lieu de 26) d'emploi non subventionné	Accord programmant des augmentations de salaire de 4 % par an
1996	Abolition du retrait anticipé de chômeurs de longue durée âgés de 50 à 59 ans		

Années	Emploi	Couverture sociale, fiscalité	Salaires
1997		Réduction à 5 ans de la durée maximum des allocations de chômage	Décentralisation accrue des négociations salariales
1998		Incitation fiscale encourageant l'activité jusqu'à 65 ans	
1999			Négociations salariales : + 4 % en 1999 3,5 % en 2000
2000	Réforme du système de formation des adultes		Poursuite de la décentralisation des négociations salariales
2002	Plan « Plus de personnes au travail »		
2003	Réforme du système des préretraites		
2005		Rapport de la Commission sur l'État providence	

Source : Dépouillement des études économiques de l'OCDE sur le Danemark, 1977-2005.
[a] : DA : association des entreprises danoises.
LO : confédération syndicale.

Il est cependant une différence majeure entre les deux pays : le principe du droit à gérer est maintenu fermement au Danemark, alors que la réaction française est de renforcer la protection des postes de travail, car la stabilité de l'emploi est devenue implicitement la norme, sous l'effet du développement des marchés internes des grandes entreprises. Or la rupture des tendances de la croissance rend de plus en plus problématique la possibilité de cette forme de soutien de l'emploi. Par opposition, au Danemark, compte tenu de la vigueur des flux de main-d'œuvre entre PME et de l'ouverture plus marquée à la concurrence internationale, la politique s'oriente vers l'acceptation, voire l'encouragement, de la mobilité, quitte à l'encadrer par des mesures de sécurisation du revenu et l'organisation des trajectoires individuelles de retour à l'emploi. Comme le changement d'époque concerne aussi le paradigme technologique, les partenaires sociaux s'accordent pour promouvoir un effort de formation et de requalification des salariés menacés par l'obsolescence de leurs compétences (tableau 4).

Figure 7. Le rôle déterminant des retraits du marché du travail : le tournant de 1993

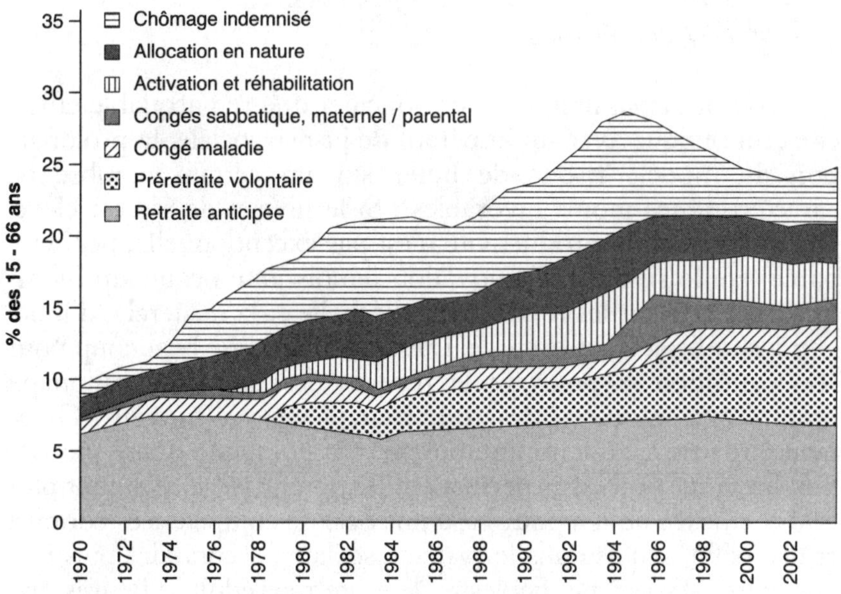

Source : Marie Hansen, « The flexicurity, the Danish Model », communication à l'ambassade du Danemark à Paris, 2005.

La contrepartie de l'exigence de productivité de la part des salariés n'est autre que le retrait du marché du travail d'une partie croissante de la population, qu'il s'agisse de la reconnaissance d'un handicap, de préretraite, de congé parental, voire de congé maladie. Or ces retraits impliquent une augmentation du financement des transferts correspondants, ce qui introduit périodiquement des mesures en vue de limiter ces différentes options.

D'autant plus que l'extension du prélèvement fiscal peut contribuer à réduire l'offre de travail. Ce n'est qu'à partir du milieu des années quatre-vingt-quinze que la part de la population active impliquée par ces programmes cesse de croître pour se réduire et se stabiliser aux alentours de 25 % au début des années 2000 (figure 7).

Il est ainsi clair que le modèle de la *flexicurité* est le résultat d'un long processus d'apprentissage et qu'il ne manifeste ses qualités et ses propriétés favorables que depuis le milieu des années quatre-vingt-dix.

Le modèle danois présente aussi des faiblesses… qui appellent des réformes

Si son principal mérite est de concilier une remarquable efficacité économique avec un impératif de justice sociale, la prolongation du modèle risque de buter sur un certain nombre de caractéristiques moins favorables[1]. Si le niveau de vie est élevé, la croissance de la productivité n'est pas exceptionnelle, peut-être parce que le système d'innovation danois joue beaucoup moins que les autres sur les rendements d'échelle et la recherche d'innovations radicales. En outre, le Danemark dépense beaucoup pour son éducation et pourtant le résultat des tests internationaux montre que le niveau des compétences est très moyen[2]. Or ce peut être une lacune importante pour la poursuite d'une innovation liée à un processus permanent d'apprentissage, d'autant plus aisé et efficace qu'il a pour base un socle de compétences complet et diversifié, acquis dans le système scolaire, secondaire puis universitaire. Troisième faiblesse, le nombre réduit d'heures travaillées et l'ampleur du pool de main-d'œuvre retirée du marché du travail peuvent hypothéquer la viabilité du système fiscal, dès lors que l'État providence aurait à couvrir de nouveaux besoins.

1. On doit aux chercheurs danois d'avoir souligné très tôt les limites et tensions du modèle danois. Entre autres P. Kongshoj Madsen, déjà cité. Les responsables politiques danois sont eux-mêmes très clairs sur la portée des succès danois, comme en témoigne la citation du ministre danois de l'Emploi mentionnée en exergue de la présente contribution.

2. Ce point est amplement documenté par le rapport 2005 de l'OCDE sur le Danemark, *Études économiques de l'OCDE*, cit.

Enfin, se pose le problème de l'intégration des immigrants qui, en moyenne, continuent à avoir un taux d'activité bien inférieur à celui des résidents de longue date.

À la demande du gouvernement, la commission chargée de proposer des réformes de la couverture sociale a rendu son rapport en décembre 2005. Parmi les 43 propositions, les plus importantes visent à enrayer la chute de la population active de 400 000 personnes à l'horizon de 2040. Il est proposé de reculer l'âge de la retraite, de renforcer les droits et les devoirs des immigrants et des chômeurs, de réduire la durée maximale des allocations de chômage, de supprimer le taux intermédiaire de l'impôt sur le revenu, mais aussi de renforcer la scolarité des jeunes Danois et, simultanément, d'avancer l'âge de sortie de l'université en faveur d'une entrée plus précoce sur le marché du travail. Le gouvernement en place, d'inspiration libérale, s'est déclaré peu désireux d'appliquer les coupes proposées, car tant le parti social-démocrate que le syndicat ont exprimé leur opposition à ce programme au nom de la défense de l'équité. Quant au patronat, il pousse le gouvernement à l'action, mais en lui proposant d'étaler dans le temps les mesures préconisées par la commission. C'est peut-être l'indice de la poursuite, un temps encore, du modèle danois.

Conclusion : quels enseignements ?

L'intérêt pour le modèle danois s'explique aisément puisqu'il livre aux gouvernements des pays européens qui souffrent encore d'un chômage de masse quatre enseignements.

Les leçons d'un succès

D'abord que l'eurosclérose et le déclin ne sont pas des fatalités : en 1993, le Danemark souffrait de la plupart des maux qui continuent à affecter aujourd'hui encore l'Allemagne et la France, mais la poursuite avec constance de la stabilité macroéconomique et d'une série de réformes, le plus souvent marginales, des institutions encadrant l'emploi ont été suffisantes pour enrayer des évolutions défavorables. Ensuite, à une époque où les Européens doutent de la viabilité de leur modèle social, il est rassurant de montrer que le Danemark explore un modèle basé sur une haute productivité, des salaires élevés, une couverture sociale très étendue, ce pour une économie largement ouverte sur la concurrence mondiale. C'est une alternative à l'attracteur que représente une économie à basse productivité, bas salaires et faible couverture sociale. Troisième enseignement : le modèle est bâti sur la recherche permanente d'un compromis entre deux exigences réputées contradictoires, l'adaptabilité des entreprises d'un côté, l'exigence de sécurité par les salariés de l'autre. Ainsi la *flexicurité* est une alternative à une stratégie qui rechercherait dans tous les domaines la flexibilité maximale, dans laquelle la sécurité de l'emploi ne serait que le produit *ex post* d'une plus grande efficacité économique et du retour au plein-emploi. Enfin, le succès danois ne tient pas à une unique mesure magique, mais il dérive de la recherche d'une synchronisation entre l'évolution du droit du travail, la couverture sociale et les interventions publiques en matière d'emploi. Ce sont ces institutions qui expliquent l'efficacité de l'allocation de la main-d'œuvre, la faible segmentation du marché du travail, à l'exclusion notable de la main-d'œuvre immigrée en provenance des pays du tiers-monde. La *flexicurité* elle-même s'insère dans un régime macroéconomique original qui rend cohérent un système fiscal fondé sur l'impôt direct, un système d'innovation basé sur un processus permanent d'apprentissage et une politique économique anticipatrice et stable dans le temps, dans le cadre d'une acceptation par l'ensemble des acteurs des règles de la concurrence internationale.

Une construction politique et institutionnelle propre au Danemark

Si ces principes sont généraux et transcendent les spécificités nationales, tel n'est pas le cas de la configuration institutionnelle très particulière qui a conduit à l'émergence du modèle danois. Il s'inscrit en effet dans une tradition quasiment séculaire de recherche d'un compromis entre des intérêts différents, voire contradictoires, en particulier ceux des entreprises et des salariés. Le Danemark est un pays dans lequel, en permanence, se négocient des compromis, de sorte que ne sont pas nécessaires les pactes sociaux qui, dans les autres pays (les Pays-Bas, l'Irlande), ont rythmé les stratégies de lutte contre le chômage. Le fait que le pouvoir soit clairement partagé entre le gouvernement et les partenaires sociaux n'est pas sans influence sur la gestion attentive, et de plus en plus décentralisée, de la *flexicurité*. La densité des interactions entre les acteurs de la vie économique et politique est une condition importante de la construction de la confiance dans les actions du gouvernement. Enfin, les particularités du système éducatif qui s'inscrivent elles aussi dans une tradition séculaire et celles du système productif caractérisé par le dynamisme de PME tant industrielles que tertiaires, sont deux composantes essentielles permettant d'expliquer l'acceptation de la mobilité par les salariés. Dernière particularité danoise, le pragmatisme dans le réglage fin des politiques actives d'emploi mérite d'être souligné.

Rechercher les formes nationales de flexicurité : un art d'exécution !

Si les gouvernements se proposaient d'importer l'ensemble de ces caractéristiques, l'histoire des « modèles », successivement rhénan, japonais, américain, suggère que la copie conforme d'une quelconque architecture institutionnelle est hors de portée, car l'hybridation entre de nouveaux principes, qui ont montré leur pertinence ailleurs, et l'inscription dans une trajectoire locale est la règle. On peut par contre rechercher les *équivalents fonctionnels* de ce qui fait le succès de ce modèle et réformer en conséquence les institutions et formes d'organisations existantes pour faire émerger les enchaînements vertueux correspondants. Dans ce cas, quelques espoirs sont permis. C'est à la lumière de ce principe que s'éclaire la difficulté des « réformes structurelles » en France. En fait, le capitalisme français est un hybride entre le modèle méditerranéen en matière de protection de l'emploi et social-démocrate en termes de couverture sociale, ce qui est rarement reconnu. De plus, la stratégie des gouvernements hésite en permanence entre une adhésion implicite à une flexibilité de marché et l'invocation, souvent rhétorique, d'un modèle social européen idéal, qui n'est plus celui que représente l'Allemagne mais qui en fait doit beaucoup au modèle social-démocrate scandinave. Or, en l'absence d'un compromis fort sur un noyau dur garantissant une forme de sécurité des salariés, tout porte à croire que la flexibilité de marché est un attracteur puissant, même si diverses mesures transitoires tendent à freiner la vitesse de transformation en direction de cette configuration.

Ce n'est pourtant pas une fatalité puisque les comparaisons internationales montrent la variété des formes de la *flexicurité*. Au Japon, c'est la permanence de la relation d'emploi qui est le compromis de base à partir duquel il est possible d'ajuster les horaires, le salaire, la mobilité des salariés d'un poste de travail à l'autre. Aux États-Unis, la politique économique vise un compromis équilibré entre stabilité monétaire et croissance, de sorte que la proximité du plein-emploi fait accepter aux salariés une forte mobilité, même sans couverture sociale étendue. Traditionnellement en France, c'était la stabilité de l'emploi et l'idéal de carrière salariale dans les marchés internes du travail qui constituaient le compromis fondateur, fortement institutionnalisé par le droit et les interventions publiques. Cette configuration a montré ses limites tout au long des deux dernières décennies. Pour autant, cela n'invalide pas la possible négociation d'un nouveau compromis qui garantirait une sécurisation des parcours professionnels grâce à un redéploiement, progressif mais déterminé, des interventions publiques et une nouvelle délimitation des responsabilités respectives de l'État et des partenaires sociaux. Ce pourrait être la *flexicurité* à la française. C'est peut-être la voie ouverte par l'accord du 11 janvier 2008, conclu entre le patronat et les syndicats, même si ce n'est qu'une toute première étape dans cette direction. En effet, si l'économie a vocation à fournir un diagnostic, la politique de réforme institutionnelle demeure un art d'exécution, spécialement difficile.

VI

Portrait de la jeunesse française

6.

Une jeunesse en panne d'avenir ?

Les vigoureuses protestations qui se sont élevées au printemps 2006 contre le projet gouvernemental du CPE (contrat première embauche) ont eu le grand mérite d'étaler sur la place publique un certain nombre de constats que beaucoup de sociologues avaient établis depuis une quinzaine d'années[1]. Frappée de plein fouet par le ralentissement de la croissance consécutif aux chocs pétroliers des années soixante-dix, la jeunesse a fait les frais de la nouvelle donne économique. Elle a payé le plus lourd tribut aux mutations profondes du marché du travail : chômage, précarité, petits boulots, intensification du travail, flexibilité, le tout sur un fond d'insécurité sociale et professionnelle. Au point que certains ont pu affirmer sans être vraiment démentis par les faits qu'en expérimentant les nouvelles formes d'emploi, la jeunesse avait servi de variable d'ajustement au nouveau contexte économique et social. Repris et scandés dans les rues par les intéressés eux-mêmes, leurs parents et leurs enseignants, ces constats sociologiques étaient devenus, au printemps 2006, des évidences pour tous. Ils n'en mourraient pas tous, mais tous étaient atteints ! Longtemps protégés du chômage et de l'insécurité grâce à leurs diplômes, les étudiants avancés n'échappaient plus à la spirale du déclassement. La période s'étendant entre la fin des études et

1. On pourra, pour des analyses plus développées sur chacun de ces aspects, se reporter à Ch. Baudelot et R. Establet, *Avoir trente ans en 1968 et en 1998*, Paris, Seuil, 2000 ; Ch. Baudelot et R. Establet, *Suicide, l'envers de notre monde*, Paris, Seuil, 2006 ; Ch. Baudelot et M. Gollac, « Le salaire du trentenaire : question d'âge ou de génération ? », INSEE, *Économie et statistique*, numéro spécial, 304-305, 1997, p. 17-36.

l'installation dans un emploi stable s'allonge inexorablement, au prix d'incertitudes et de frustrations. Les salaires d'embauche sont bas et l'écart se creuse avec les générations précédentes. Le contexte économique et social dans lequel s'inscrivent les jeunes aujourd'hui engendre alors une immense incertitude. Contrairement aux générations précédentes qui, portées par la croissance, pouvaient rationnellement former des projets de carrière, de famille, de résidence, et surtout d'ascension, la jeunesse d'aujourd'hui est en panne d'avenir. Ce message était clairement formulé dans les nombreux cortèges qui ont sillonné la France. Et les parents étaient aussi mobilisés que leurs enfants car il en allait de la transmission entre les générations. Non seulement la promotion était de plus en plus difficile, mais la reproduction même devenait interdite. En installant le chômage des jeunes comme une tendance de fond de l'économie française, le ralentissement de la croissance entraîne une reconversion brutale et la baisse des stratégies familiales.

La détérioration de la situation a eu beau se généraliser progressivement à tous les jeunes, le degré d'incertitude face à l'avenir varie fortement selon les différentes fractions de la jeunesse. Si le chômage des jeunes ébranle les bases de l'équilibre social et n'épargne aucun niveau de formation et aucune classe sociale, il serait cependant erroné de lui prêter des vertus égalisatrices. Le ralentissement de la croissance a, au contraire, accru les inégalités dans tous les domaines. Il n'y a donc pas *une* jeunesse mais différentes fractions de la jeunesse, qui se distinguent non seulement par leurs positions sociales, mais aussi par leurs trajectoires, leurs aspirations et la valeur marchande des capitaux respectifs dont les jeunes ont pu hériter ou qu'ils ont acquis eux-mêmes, dans les domaines scolaire, familial et relationnel. Ce fractionnement socioéconomique est mis en évidence par les ouvrages traitant de populations spécifiques – jeunesse rurale pour N. Renahy ou ouvrière pour S. Beaud et M. Pialoux[1] –, mais aussi par des études d'ensemble menées sur la jeunesse[2], ainsi que par de nom-

1. S. Beaud et M. Pialoux, *Retour sur la condition ouvrière*, Paris, Fayard, 1999 ; N. Renahy, *Les Gars du coin*, Paris, La Découverte, 2006.

2. O. Galland, *Sociologie de la jeunesse*, Paris, Armand Colin, 1997 ; O. Galland et B. Roudet, *Les Valeurs des jeunes, tendances en France depuis 20 ans*, Paris, L'Harmattan, 2001.

breux travaux économiques et statistiques sur la réussite scolaire, l'insertion sur le marché du travail, le mariage ou la dynamique de décohabitation.

Cherchons ici à dresser le cadre objectif d'ensemble en isolant les transformations majeures qui ont affecté depuis trente ans cet âge de la vie. Nous ne traiterons pas des questions relatives à l'emploi et au chômage parce que, occupant à elles seules une position stratégique, elles réclament d'être analysées en détail[1]. Nous attirerons l'attention du lecteur sur trois dimensions qui ont profondément bouleversé les conditions matérielles et morales de cet âge de la vie : l'allongement et la désynchronisation des calendriers d'entrée dans la vie adulte, la transformation du régime des salaires des jeunes à l'embauche, la contradiction entre l'accroissement de l'investissement scolaire et le rendement décroissant des diplômes.

L'allongement de la jeunesse pour tous et la désynchronisation des calendriers d'entrée dans la vie adulte

Des travaux récents de sociologues et de statisticiens ont étudié les transformations des calendriers de l'entrée dans la vie. On dispose grâce à eux de données très fiables disséquant en détail les étapes qui conduisent de l'état d'enfant inactif, célibataire, scolarisé, et familialement hébergé à l'état d'adulte doté d'un emploi stable et rémunéré, vivant en couple avec ou sans enfants dans un logement indépendant. Deux grandes lignes se dégagent avec force de cette évolution : « le report dans le franchissement des principales étapes et la déconnexion entre les âges auxquels ces étapes sont franchies[2] ».

Antoine Prost avait mis au jour deux modèles sociaux d'entrée dans la vie distinguant d'un côté une jeunesse étudiante et bour-

1. Ce point décisif est étudié par D. Goux et C. Nouveau, dans « Le chômage jeune baisse-t-il ? », *infra*, p. 260.

2. O. Galland, « Une entrée de plus en plus tardive dans la vie adulte, les trajectoires des jeunes : transitions professionnelles et familiales », INSEE, *Économie et statistique*, 283-284, 1995.

geoise et de l'autre une mise au travail précoce qui était la norme parmi les classes populaires. Le premier modèle se traduisait pour les garçons par une période plus ou moins longue entre la fin du lycée et l'accès à une profession, meublée d'études, de rencontres, d'expériences amoureuses et de loisirs financés par la famille. Le mariage et l'accès à une profession stable venaient mettre un terme à cette période de jeunesse. Jeunesse dont les membres masculins des classes populaires se trouvaient privés : pour eux, le service militaire marquait une césure définitive avec la vie adolescente. La fin du service, le mariage et la prise d'un emploi définitif se succédaient en quelques mois[1].

Aujourd'hui, les étapes ne sont plus synchrones. Chacun de ces seuils est séparé des autres par un laps d'un temps plus ou moins long, et semble par là animé d'une signification particulière. Si la majorité des passages au statut d'adulte se déroule selon la séquence suivante – fin des études, premier emploi, logement indépendant, mise en couple –, les calendriers « atypiques » sont devenus très nombreux et concernent 28 % des hommes et 41 % des femmes, soit près d'un tiers de la cohorte. Voici les quatre profils « atypiques » identifiés par l'auteur :

– la mise en couple suit l'obtention d'un emploi mais précède l'accès à un logement indépendant : ce profil concerne 8,8 % de la génération ;

– la vie en couple précède à la fois l'accès à l'emploi et au logement indépendant : ce profil concerne 7 % de la génération ;

– l'accès à un logement indépendant précède à la fois la mise en couple et l'accès à l'emploi : ce profil concerne 7,8 % de la génération ;

– l'accès à un logement indépendant survient au même moment que la mise en couple et précède l'obtention d'un emploi : ce profil concerne 6,7 % de la génération.

La « crise » n'a pas institué de césure dans ces tendances qui se sont accélérées dans tous les pays d'Europe au cours des années soixante. Elle a en revanche dressé un obstacle de taille à la conquête de l'autonomie par les jeunes : la raréfaction des emplois et la montée du chômage. Or chacun sait que ce sont les jeunes qui sont, et de loin, les plus exposés au chômage et que la

1. A. Prost, « Jeunesse et société dans le France de l'entre-deux-guerres », in *Éducation, société et politiques*, Paris, Seuil, 1992.

probabilité de se trouver au chômage, très inégalement répartie parmi eux, varie fortement selon le capital scolaire accumulé. Se pose alors une question. Cet allongement de la période de transition objectivement établi par les indicateurs statistiques a-t-il le même contenu social lorsqu'il s'agit d'expérimentations assurées par un solide capital scolaire et familial et lorsque ces « expérimentations », imposées par les va-et-vient entre l'ANPE, la mission locale et des emplois précaires, réduit l'âge de la jeunesse à être une période de galère sans boussole ?

Le parcours traditionnel où l'accès à l'emploi suit de peu la fin des études et précède également de peu l'accession à un logement indépendant et la mise en couple concerne près d'un tiers de la part masculine de la génération (31 %). Il est beaucoup plus souvent pratiqué par les garçons ayant des diplômes universitaires et par les enfants de cadres supérieurs que par les autres. Dans les classes populaires, le parcours de loin le plus fréquent est celui où les différents seuils se franchissent dans le même ordre traditionnel, mais selon un rythme beaucoup plus lent. 61 % des non-diplômés et 53 % des titulaires masculins d'un CAP ou d'un BEP attendent d'avoir un travail pour s'installer dans un logement indépendant et y fonder une famille. La succession ralentie des étapes traditionnelles ne peut guère passer pour une « innovation » ou une « expérimentation » : c'est au contraire une régression, qui entrave le mouvement vers l'autonomie. S'ils n'étaient pas symétriques, les deux modèles de passage à la vie adulte distingués par A. Prost sous la IIIe République ne manquaient pas de se compenser. Privés d'une formation longue et des plaisirs de la jeunesse estudiantine, les jeunes de milieu populaire accédaient plus vite à un statut d'adulte de plein droit et à la maturité sociale et psychologique qui en découlait. Leur statut de travailleur leur permettait de ne plus dépendre de leur famille d'origine et d'accéder aux responsabilités de chef de famille. Ce qu'ils perdaient en salaire et en formation, ils le gagnaient en expérience de la vie et en maturité. Dès lors qu'il se ralentit et que s'allongent les durées entre les différentes étapes du parcours, le modèle traditionnel change de sens. La dépendance à l'égard de la famille d'origine s'en trouve renforcée et différé l'accès au statut d'adulte de plein exercice. Lorsque l'on cherche à connaître les contenus d'existence qui se dissimulent sous les catégories abstraites de la statistique, on se trouve en présence, parmi les moins dotés, d'une situation contrainte.

Maintien forcé au domicile familial, impossibilité de vivre avec une compagne tant qu'un emploi minimal ne permet pas de financer l'indépendance. Ce repli contraint et forcé sur le foyer des parents entre en contradiction à la fois avec les modèles d'émancipation traditionnelle des milieux populaires et avec les tendances générales d'évolution des sociétés modernes vers toujours plus d'individualisme. Perdants sur les deux tableaux de la tradition et de l'innovation, la majorité des jeunes garçons d'origine populaire se retrouvent ainsi en porte à faux dans la société d'aujourd'hui.

Le tableau féminin est différent. Les modèles de référence de passage à la vie adulte tels qu'ils sont légués par la tradition ne sont plus du tout les mêmes. La mise en couple sous les espèces du mariage représentait la césure principale. Dans les classes populaires, les filles travaillaient jusqu'au mariage dès la sortie de l'école pour cesser progressivement leur activité professionnelle à mesure que naissaient les enfants. Dans les classes plus aisées, les filles quittaient leur famille pour se marier et devenir maîtresses de maison.

Aujourd'hui, à tous les niveaux de diplômes, c'est la séquence traditionnelle masculine (emploi, logement indépendant, mise en couple) qui est devenue la norme. Les deux tiers des titulaires d'un diplôme moyen (CAP, BEP, BEPC) et plus de la moitié des titulaires d'un diplôme supérieur et des sans diplômes inaugurent l'entrée dans la vie adulte par l'accès à l'emploi dont le salaire permet l'accession à un logement indépendant et à la mise en couple. La différence avec les profils masculins ne disparaît pas pour autant : les filles franchissent les seuils de chacune de ces étapes à une vitesse supérieure. Le profil « traditionnel ralenti » ne concerne qu'une fille sur cinq.

Les niveaux de diplôme opèrent ici aussi des clivages significatifs. Les filles les moins diplômées ont plus de mal à réaliser le parcours rapide de l'emploi à l'autonomie familiale et le compensent par un repli sur un modèle traditionnel : l'accès à l'indépendance passe par le mariage avant de passer par l'emploi. C'est au pied de l'échelle des diplômes que les contrastes entre les sexes sont les plus forts. Lorsque le chômage vient freiner l'accès des hommes peu diplômés à l'emploi, l'ordre des étapes d'accession à la vie adulte reste le même mais il est fortement ralenti. Les femmes, en revanche, conservent la vitesse sans accéder à l'emploi. Au sommet de la hiérarchie des diplômes, au contraire, comportements masculins et féminins se rejoignent.

La transformation du régime des salaires des jeunes à l'embauche

Longtemps, les entreprises ont réussi à maintenir entre les vieux et les jeunes, les anciens et les nouveaux, un traitement salarial qui présentait le grand avantage de faire la part belle à la fois à l'expérience des aînés et à l'innovation apportée par les forces neuves. Pendant toute la période où la France a connu de forts taux de croissance, s'est progressivement mis en place, dans les entreprises, un régime de relations entre les générations qui reconnaissait les mérites respectifs des uns et des autres, tout en s'inscrivant dans le droit fil des valeurs qui régissaient les rapports entre générations au sein de la famille. Cette tendance bien établie s'est brisée aux alentours des années 1975 et a durablement perturbé le système de relations, bien au-delà des frontières des entreprises.

Le salaire et l'évolution des rémunérations au cours de la vie active constituaient la clé de voûte de ce système. Le principe en était simple : les nouveaux salariés entrant sur le marché du travail étaient embauchés à un salaire supérieur à celui auquel avaient été embauchés leurs aînés. Autorisé par la forte croissance économique, ce mécanisme permettait d'un seul coup de satisfaire les intérêts des anciens et des nouveaux sans jamais exacerber les écarts de traitement entre eux.

À profil de carrière individuelle identique, les nouveaux entrants bénéficiaient en effet par rapport à leurs aînés d'un coup de pouce au salaire d'embauche. Ce coup de pouce initial réduisait l'écart de salaire qui les aurait séparés de leurs aînés si l'effet de carrière ou d'ancienneté avait été seul à jouer. C'est pourquoi les disparités de salaires entre classes d'âge étaient si réduites. Mais ce coup de pouce initial exerçait un second effet : il plaçait dès le départ les nouveaux entrants, les jeunes, sur une orbite salariale située un cran au-dessus de celle de leurs prédécesseurs : c'est à partir de là qu'ils les rattrapaient, puis les dépassaient. Telle est l'origine de ce profil en dos d'âne accusé des courbes de salaire selon l'âge tel qu'on a pu le mettre en évidence à partir de 1962. Mais, au-delà de ses aspects techniques, l'embauche à salaire croissant propre aux années de croissance constituait bien la clé de voûte de tout un système des relations entre générations.

Deux traits le caractérisaient qui impliquaient à leur tour deux conséquences d'une portée sociale considérable :

– les travailleurs dans la force de l'âge étaient toujours, à un instant donné, mieux payés que les plus jeunes et les plus vieux, l'écart entre les rémunérations les plus fortes et les plus faibles demeurant toujours limité ;

– les salaires des individus s'élevaient en général tout au long de leur carrière, comme l'ont montré toutes les analyses statistiques effectuées sur les carrières individuelles.

L'effet brut des différences d'âge se trouvait ainsi en grande partie neutralisé. Un fils pouvait gagner plus que son père sans que son père ait jamais vu baisser son propre salaire. S'établissait de la sorte un compromis subtil entre le pouvoir des anciens d'une part et, de l'autre, les ambitions et la plus grande certification des générations montantes. C'est dire que l'âge à cette époque ne constituait pas une ligne de fracture sensible. Autant le statut social, le montant des rémunérations, le niveau de formation et le sexe constituaient les lignes de fracture sociale principales – les événements de Mai 1968 les ont bien mis en scène –, autant les différences d'âge étaient, dans la famille comme dans les entreprises, une source de tensions faibles. Les enquêtes et les sondages de l'époque l'indiquent bien.

L'embauche à salaire croissant

L'avantage de ce compromis équilibré fondé sur l'embauche à salaire croissant était double : l'expérience des anciens était respectée et la valeur des jeunes reconnue. Le statut des anciens n'était pas menacé puisque leur carrière progressait régulièrement au cours de leur vie active. La valeur ajoutée par la formation des jeunes générations au sortir de l'école était gratifiée par ce surcroît initial de rémunération. Toutes les générations trouvaient ainsi leur compte à ce mécanisme doublement intégrateur. Au niveau de l'entreprise, il permettait de renouveler et d'enrichir la force de travail sans porter atteinte au privilège de l'âge, l'un des moins faciles à discuter, puisqu'il associe expérience acquise et légitimité de la tradition. Au niveau de la famille, l'amélioration globale des salaires des jeunes permettait de ne pas mesurer la réussite de l'éducation donnée à la seule aune de la mobilité sociale ascendante. L'accès plus rapide des enfants, à catégorie sociale égale, à des biens d'équipement prestigieux témoigne de la réussite familiale, sans qu'il soit nécessaire de recourir au modèle toujours rare de la promotion individuelle dans une catégorie supérieure. À partir de repères simples et visibles – l'accès à la voiture, au logement confortable, à la propriété du logement –, on peut esquisser une spirale ascendante donnant du sens aux efforts des générations aînées et encourageant les nouvelles à poursuivre dans le même sens. Les plus vieux se réjouissaient d'une meilleure réussite de leurs enfants qui venait récompenser leurs efforts éducatifs. Les plus jeunes accédaient plus tôt que leurs aînés à des niveaux de consommation leur assurant l'autonomie : ils pouvaient de ce fait se voir reconnaître par leurs parents un statut d'adultes et d'égaux.

On pourra s'étonner de voir attribuer à ce mécanisme salarial d'embauche à salaire croissant une aussi grande importance sociale, si on le compare à la promotion sociale ascendante. Il importe ici de dissiper des malentendus. L'ascenseur social est sans doute en panne aujourd'hui mais force est de constater qu'il n'a jamais vraiment très bien fonctionné en France. Concernant moins d'un fils d'ouvrier sur trois (et encore moins de filles), la promotion intergénérationnelle a toujours été un phénomène socialement minoritaire dans les catégories statistiquement majoritaires, tandis que le maintien dans une catégorie privilégiée constitue, aujourd'hui comme hier, la règle ultramajoritaire dans les catégories statistiquement minoritaires : elle concerne près de deux fils de cadres supérieurs sur trois.

Les mouvements de mobilité sociale ascendante sont alors assez consistants pour donner corps à une représentation de la promotion sociale qui la transforme en idéal méritocratique et républicain, mais ils ont toujours été trop restreints pour être accessibles à la majorité. En revanche, le mécanisme de l'embauche à salaire croissant revêtait une tout autre ampleur. Il s'appliquait à tous les jeunes, quels que soient leur sexe, leur niveau de formation et la profession dans laquelle ils s'engageaient. Ses retentissements s'exerçaient dans toutes les familles. Il s'agissait bien d'un levier universel de promotion sur place qui équilibrait de façon équitable les rapports entre les générations. Chacun pouvait être fier de soi. Les parents parce qu'ils avaient à la fois contribué par leur travail à produire un monde meilleur et élevé le niveau d'éducation de leurs enfants. Les enfants, puisque, en bons apôtres de la théorie du capital humain, ils pouvaient à juste titre attribuer l'accroissement de leur pouvoir d'achat à leur mérite et aux nouvelles qualifications acquises au cours de leur formation. Les deux générations pouvaient grâce à ce régime de relations être à la fois solidaires et autonomes. C'est bien le régime idéal que mettent en évidence toutes les enquêtes menées sur la famille et les relations parents-enfants aujourd'hui comme hier.

Et c'est ce modèle tout entier qui est mis en péril aux alentours de 1975 par le renversement de la tendance salariale. Dès lors que les salaires d'embauche ne progressent plus d'une année sur l'autre, les nouveaux entrants se voient retirer le petit escabeau sur lequel la croissance les avait juchés et qui leur permettait de compenser le retard d'ancienneté et de carrière qui les séparait « naturellement » de leurs aînés. Les différentes générations ne sont alors plus séparées entre elles que par le temps de la carrière et de l'ancienneté, ce qui contribue à creuser les écarts de rémunération entre les classes d'âge et par là les statuts sociaux associés à ces âges.

Le régime des relations entre les générations tel qu'il s'est mis au point pendant les années de croissance est ainsi atteint au cœur de son fonctionnement. La stagnation, voire la récession des niveaux de salaire d'embauche engendrent des disparités sur deux plans :

– pour les générations entrant sur le marché du travail après le premier choc pétrolier, des disparités croissantes, une année donnée, entre les salaires des individus en fonction de leur âge, au bénéfice des plus vieux ;

– de fortes inégalités entre les générations qui ont bénéficié de l'ancien régime et celles qui n'ont connu que le nouveau.

Depuis les années soixante-dix, les écarts de salaires entre classes d'âge se sont en effet beaucoup accrus alors qu'ils devraient en bonne logique diminuer. L'âge est une mesure de l'expérience acquise sur le tas *(on the job training)*. Or les trente dernières années se caractérisent par des mutations technologiques sans précédent (informatisation, industries de process, électronique, commandes numériques, etc.). Les travailleurs les plus âgés se sont formés dans un environnement professionnel dont beaucoup des composantes technologiques sont aujourd'hui obsolètes. À l'opposé, formés dès l'origine à des technologies plus modernes et se trouvant à l'âge le plus favorable au changement et aux adaptations, les travailleurs les plus jeunes font preuve d'une capacité d'apprentissage supérieure. L'expérience acquise sur le tas pesant d'un poids toujours moindre face aux compétences plus fraîches dont disposent les plus jeunes, on devrait s'attendre à une réduction des écarts de salaire selon l'âge. La transformation d'une société artisanale et paysanne largement fondée sur la transmission traditionnelle des savoirs en une société salariale et bureaucratique faisant de la compétence et de la performance des valeurs et des principes d'organisation fondamentaux, devrait également jouer au bénéfice des plus qualifiés, c'est-à-dire des plus jeunes.

Une analyse statistique fouillée, raisonnant « toutes choses égales par ailleurs » et cherchant à mesurer l'effet propre de chacun des facteurs susceptibles d'expliquer les variations observées, permet de préciser les termes de l'énigme[1].

Une comparaison systématique entre deux classes d'âge (les hommes de 30 et de 45 ans) permet de mesurer l'effet spécifique de chacune des autres variables. En 1970, l'avantage salarial réel des plus âgés était modéré. Le supplément de salaire dû à leur âge, indépendamment des autres variables, ne dépassait pas 6,8 %, et l'effet combiné des autres variables était très faible (+ 0,2 %). La distribution des catégories socioprofessionnelles n'avantageait que très faiblement les salariés de 45 ans.

Seules deux variables exerçaient des effets notables qui finissaient par s'annuler. Plus anciens dans les entreprises, les salariés de 45 ans recevaient de ce fait en moyenne 2,1 % de salaire en plus. Mais cet avantage était entièrement compensé par le fait que les trentenaires étaient plus diplômés que leurs aînés. Maintes fois décrite, la lutte entre jeunes diplômés et anciens autodidactes avait donc lieu à armes à peu près égales, les atouts et les faiblesses des uns et des autres finissant par se compenser.

1. Pour une démonstration complète, voir Ch. Baudelot et M. Gollac, « Le salaire du trentenaire : question d'âge ou de génération ? », art. cit.

Une triple rupture

La donne est très différente en 1993. Premier changement, le plus fondamental : l'effet propre de l'âge s'est accru de façon spectaculaire, passant de + 7 à + 24 %. Deuxième changement : la répartition par catégorie socioprofessionnelle est désormais beaucoup plus favorable aux salariés de 45 ans ; elle leur confère un avantage salarial de 6 % sur ceux de 30 ans. Troisième changement : l'équilibre entre ancienneté et formation s'est rompu. Plus fortement touchés par la précarité, les trentenaires perdent de ce fait 4 % sur leurs aînés ; et, dans le même temps, ce handicap n'est pas comblé par la meilleure formation des plus jeunes, puisque les primes de salaire liées aux diplômes se sont réduites. Ainsi, malgré une formation initiale bien meilleure, les trentenaires ne tirent de leurs diplômes qu'un avantage tout à fait réduit : à peine 1,7 %. La crise a favorisé les capitaux humains anciens, au détriment des qualifications nouvelles.

Les disparités de salaire entre classes d'âge se sont donc fortement creusées depuis trente ans alors que l'élévation continue du niveau et des qualifications des nouvelles générations, sorties frais émoulues du système d'enseignement, laissait attendre une diminution de ces inégalités. À s'en tenir à ces seules dimensions macrosociales, une nouvelle ligne de fracture semble apparaître dans la société française qui viendrait s'ajouter à des clivages plus anciens : riches et pauvres, exclus et nantis, français et immigrés, centre ville et banlieue, etc. De fait, entre jeunes et vieux, se creuse aujourd'hui un fossé qui sépare d'un côté ceux qui cumulent les attributs majeurs de la puissance sociale, de l'autre ceux qui concentrent sur leurs têtes la majorité des handicaps.

École : espoirs et désillusions

C'est à l'aune de la formation et du titre scolaire que se mesure aujourd'hui l'essentiel de la valeur d'un homme au moment décisif où il cherche à trouver sa place dans la société. La part croissante occupée par l'institution scolaire dans le placement des individus sur le marché du travail, et, plus largement encore, dans la vie des familles et des individus par l'attribution à chacun d'une valeur scolaire propre, constitue l'une des transformations majeures de la vie sociale depuis la fin de la Deuxième Guerre mondiale.

Diverses raisons expliquent ce fait social de vaste ampleur dont les origines précèdent largement le défi – « 80 % de bacheliers à l'an 2000 » – que lancent à l'école les autorités politiques au début des années quatre-vingt. Vivement accéléré par la montée du chômage, ce mouvement plonge ses racines dans les premières années de croissance. Il s'agissait alors, pour les responsables de la politique économique, de doter le pays d'une force de travail hautement qualifiée, capable de moderniser l'économie française et de rivaliser avec les puissances les plus compétitives. Les modèles japonais et allemand ont persuadé tous les acteurs économiques de la pertinence pratique de la théorie américaine du capital humain. La formation des hommes est à la fois un facteur économique global de croissance et un placement rentable au niveau individuel. Il s'agit dans les deux cas d'un investissement.

Avec les chocs pétroliers s'ajoute la volonté de lutte contre le chômage. C'est à coup sûr la mesure « anticrise » qui a le plus vite convaincu et mobilisé les familles, y compris les plus défavorisées. L'idée juste selon laquelle le niveau du chômage est inversement proportionnel au diplôme s'est rapidement popularisée. Face à la dégradation des conditions d'insertion des jeunes, chacun a compris, dans tous les milieux sociaux, que l'école représentait une planche de salut puisque les risques de chômage étaient inversement proportionnels au niveau de diplôme atteint.

La croissance aidant, l'investissement dans l'école devient le point de convergence de plusieurs éthiques aux dimensions à la fois individuelles et collectives, économiques et sociales :

– l'éthique familiale de la reconnaissance individuelle ;

– l'éthique productiviste qui valorise l'innovation et l'investissement, donc les générations à venir ;

– l'éthique républicaine méritocratique qui attribue un rôle croissant à la compétition scolaire.

Au cours des trente dernières années, les aspirations scolaires des familles, surtout des familles populaires, se sont non seulement élevées mais aussi profondément transformées. La crise de l'emploi a en effet porté un coup mortel au modèle ouvrier de passage à l'âge adulte où il importait d'abord que, le plus tôt possible, le jeune ait un bon métier, puisse gagner sa vie et fonder une famille.

Dans le régime ancien, l'institution scolaire demeurait largement étrangère à l'univers familial et professionnel des ouvriers. Seule une minorité d'enfants d'ouvriers accédait au cycle long des lycées. Véritables « miraculés » scolaires, ils obtenaient, quand ils réussissaient, des diplômes rares qui consacraient leur droit d'entrer dans des professions relevant de la sphère des classes moyennes ou supérieures. Il s'agissait pour eux et pour leurs parents d'une promotion sociale objective. Quels que soient les déchirements et les ruptures endurés au cours de cette métamorphose parfois vécue sur le mode de la trahison, le résultat était là : l'investissement scolaire avait payé ce qu'on en attendait en termes de profits économiques et sociaux. Encore ne s'agissait-il que d'une infime minorité d'enfants d'origine populaire[1].

Pour l'immense majorité des autres, une voie traditionnelle était tracée : un enseignement professionnel court et une mise au travail précoce. La majorité des fils d'ouvriers devenaient ouvriers à leur tour.

Cette transmission du statut entre les générations sous la forme de sa reproduction est aujourd'hui en partie interdite par la montée du chômage mais surtout l'objet d'un refus déterminé par les pères comme par les fils. La dévalorisation de la condition ouvrière, l'intensification des conditions de travail, la précarisation des statuts et la montée du chômage font de l'usine un pôle répulsif, pour les pères qui y travaillent comme pour leurs enfants qui feront tout pour ne pas y travailler. Le refus de l'usine n'est pas nouveau. Les parents ouvriers ont toujours souhaité que leurs enfants fassent mieux qu'eux. Mais ce refus n'a jamais connu l'ampleur et la dramatisation qu'il revêt aujourd'hui.

Il faut « continuer ». Aller le plus loin possible et s'accrocher coûte que coûte au lycée afin d'éviter le chômage et de bénéficier d'un meilleur salaire. « Continuer… », l'infinitif est un impératif :

1. S. Beaud et M. Pialoux, *Retour sur la condition ouvrière*, *op. cit.* ; S. Beaud, *80 % de bacheliers et après ? Les enfants de la démocratisation scolaire*, Paris, La Découverte, 2002.

il faut continuer. Mais la forme intransitive de la formule est révélatrice de l'absence d'objectif concret en matière de formation ou de profession. Parents et enfants partagent cette aspiration. La nouvelle donne du système scolaire et l'abaissement des barrières à l'entrée du lycée favorisent largement dans un premier temps la réalisation de ces désirs.

Au début des années soixante, en milieu populaire, dès que la réussite était simplement moyenne, on excluait une fois sur deux l'entrée en sixième. Lorsque les performances étaient en dessous de la moyenne, d'autres orientations étaient très majoritairement préférées : fin d'études, apprentissage. Il en allait de même pour le souhait du baccalauréat : seule une minorité d'enfants d'ouvrier aux résultats scolaires moyens envisageait de préparer le baccalauréat.

Pour les élèves d'aujourd'hui, entrés en sixième en 1989, les messages de l'institution sont intégrés dans les stratégies des familles ouvrières mais avec une force bien moindre. De longues études doivent être entreprises, contre vents et marées, même lorsque les résultats scolaires sont faibles. À ceux des enfants d'ouvriers qui se classent dans le peloton de queue des épreuves d'évaluation en sixième, les parents assignent tout de même comme objectif, dans 60 % des cas : « Continuer » les études jusqu'à 20 ans et plus.

La réalité des scolarités et des débouchés professionnels a-t-elle été à la hauteur de ces grandes espérances placées dans l'institution scolaire ? Oui et non.

Oui, parce que la généralisation de la scolarisation à des catégories sociales hier reléguées dans les filières courtes et l'allongement des scolarités n'ont en rien démenti, en moyenne, la rentabilité de ce placement à l'échelle des individus, comme le montrent les deux contributions suivantes. L'investissement dans les études continue à rapporter du salaire et de l'emploi.

Non, parce que les aspirations scolaires se sont élevées plus nettement que ne se sont améliorées les scolarités. Et les scolarités se sont développées beaucoup plus fortement que les emplois de cadres supérieurs ou moyens. Malgré la progression indiscutable des scolarités, le système scolaire français n'est pas devenu une vaste université. Malgré l'accroissement des catégories de cadres supérieurs et moyens, la société française n'est pas devenue une société de cadres. Les mécanismes qui régissent à la base la réussite scolaire ont pu se desserrer sans changer de nature. Aux sommets des pyramides scolaire et sociale, la crise a été sinon conjurée du moins considérablement amortie. Ce sont les jeunes qui se sont engagés dans la compétition scolaire sans disposer des atouts pour s'y tailler une place conforme à leurs aspirations qui se trouvent frappés de plein fouet par la dégradation de l'emploi sans bénéficier des protections traditionnelles que leur assurait le milieu ouvrier.

La crise a frappé en raison directe de la faiblesse des protections antérieures. Les filles d'origine ouvrière et sorties de l'école avec un maigre bagage paient le plus lourd tribut : fermeture des accès aux professions de responsabilité, chômage et, dans une société tertiarisée, orientation croissante vers des emplois ouvriers. Les filles de cadres peu diplômées ne connaissent que la montée du chômage et, avec un bagage scolaire moyen, une fermeture des emplois de cadres et la résignation aux emplois tertiaires peu prestigieux. Les garçons peu diplômés échappent plus que les filles à l'épreuve du chômage, mais évitent plus difficilement la condition ouvrière. Au sommet, l'élite scolaire sursélectionnée des fils d'ouvriers diplômés de l'enseignement supérieur s'en tire mieux que les fils de cadres.

En haut

Pour les hommes :

– en 1969, 81 % des licenciés masculins sont cadres supérieurs et 57 % des emplois de cadres supérieurs sont occupés par des licenciés ;

– en 1998, 67 % des licenciés masculins sont cadres supérieurs et 75 % des emplois de cadres supérieurs sont occupés par des licenciés.

Pour les femmes :

– en 1969, 71 % des licenciées féminines sont cadres supérieurs et 62 % des emplois de cadres supérieurs sont occupés par des licenciées ;

– en 1998, 49 % des licenciées féminines sont cadres supérieurs et 80 % des emplois de cadres supérieurs sont occupés par des licenciées.

Tableau 1. La promotion : accès au statut de cadre (moyen et supérieur) à l'âge de 30 ans en 1970 et 1998 selon l'origine sociale et le diplôme

HOMMES		Objectif scolaire atteint		Objectif social atteint : statut de cadre pour un diplôme donné	
		Sur 100 fils d'ouvriers	Sur 100 fils de cadres	Fils d'ouvriers	Fils de cadres
1970	Supérieur au baccalauréat	7	48	78	84
	Baccalauréat/Brevet	8	30	61	72
	CAP/Sans diplôme	85	22	11	38
	Ensemble	**100**	**100**	**19**	**71**
1998	Supérieur au baccalauréat	12	69	74	76
	Baccalauréat/Brevet	15	16	27	46
	CAP/Sans diplôme	73	15	6	25
	Ensemble	**100**	**100**	**18**	**63**

FEMMES		Objectif scolaire atteint		Objectif social atteint : statut de cadre pour un diplôme donné	
		Sur 100 filles d'ouvriers	Sur 100 filles de cadres	Filles d'ouvriers	Filles de cadres
1970	Supérieur au baccalauréat	4	44	66	60
	Baccalauréat/Brevet	10	31	20	48
	CAP/Sans diplôme	86	25	2	14
	Ensemble	**100**	**100**	**7**	**45**
1998	Supérieur au bac	16	68	52	68
	Bac/Brevet	21	19	12	23
	CAP/Sans diplôme	63	12	4	17
	Ensemble	**100**	**100**	**13**	**53**

Source : enquêtes « Formation et qualification professionnelle », 1970 et 1993, INSEE, enquête « Emploi », 1998.

Ce tableau 1 est divisé en deux selon les sexes. Dans les deux colonnes de gauche de chaque tableau figurent les objectifs scolaires atteints une année donnée pour les trentenaires issus d'une origine sociale donnée. Elles se lisent ainsi : sur 100 fils d'ouvriers âgés de 30 ans en 1970, 85 sont sortis de l'école avec au plus un CAP, 7 seulement ayant décroché un diplôme de l'enseignement supérieur. Les performances scolaires se sont élevées entre 1970 et 1998 puisque cette année-là, ils étaient 12 à obtenir un diplôme supérieur et 73 à ne pas dépasser le niveau CAP.

Les deux colonnes de droite mettent en relation l'objectif scolaire atteint et le statut social obtenu. Elles se lisent ainsi : sur 100 fils d'ouvriers âgés de 30 ans en 1970 et titulaires d'un diplôme de l'enseignement supérieur, 78 sont devenus cadres alors qu'avec un même diplôme c'est le cas de 84 % des fils de cadres. Vingt-huit ans plus tard, la situation est moins bonne pour tous mais les écarts se sont comblés entre les fils d'ouvriers et les fils de cadres, dont les proportions de diplômés de l'enseignement supérieur à devenir cadres sont respectivement passées de 84 à 76 et de 78 à 74 chances sur 100. Etc.

Tableau 2. La prolétarisation : accès à un poste d'employé, d'ouvrier ou au chômage à l'âge de 30 ans en 1970 et 1998 selon l'origine sociale et le diplôme

HOMMES		Objectif scolaire atteint		Objectif social atteint : employé, ouvrier ou chômeur pour un diplôme donné	
		Sur 100 fils d'ouvriers	Sur 100 fils de cadres	Fils d'ouvriers	Fils de cadres
1970	Supérieur au baccalauréat	7	48	21	4
	Baccalauréat/Brevet	8	30	33	18
	CAP/Sans diplôme	85	22	81	47
	Ensemble	**100**	**100**	**73**	**18**
1998	Supérieur au baccalauréat	12	69	22	14
	Baccalauréat/Brevet	15	16	66	46
	CAP/Sans diplôme	73	15	88	68
	Ensemble	**100**	**100**	**77**	**27**

FEMMES		Objectif scolaire atteint		Objectif social atteint : employé, ouvrier ou chômeur pour un diplôme donné	
		Sur 100 filles d'ouvriers	Sur 100 filles de cadres	Filles d'ouvriers	Filles de cadres
1970	Supérieur au baccalauréat	4	44	25	0
	Baccalauréat/Brevet	10	31	40	16
	CAP/Sans diplôme	86	25	34	28
	Ensemble	**100**	**100**	**34**	**12**
1998	Supérieur au baccalauréat	16	68	38	18
	Baccalauréat/Brevet	21	19	66	47
	CAP/Sans diplôme	63	12	66	57
	Ensemble	**100**	**100**	**61**	**29**

Source : enquêtes « Formation et qualification professionnelle », 1970 et 1993 ; enquête « Emploi », 1998.
Ce tableau 2 reprend la présentation du tableau 1.
Les deux colonnes de droite mettent en relation l'objectif scolaire atteint et le statut social obtenu. Elles se lisent ainsi : sur 100 fils d'ouvriers âgés de 30 ans en 1970 et titulaires d'un diplôme de l'enseignement supérieur, 21 sont quand même devenus employés, ouvriers ou chômeurs, alors qu'avec un même diplôme ce n'est le cas que de 4 % des fils de cadres. Vingt-huit ans ans plus tard, la situation est la même pour les fils d'ouvriers, mais elle s'est aggravée pour les fils de cadres dont la proportion de diplômés de l'enseignement supérieur à devenir employés, ouvriers ou chômeurs est passée de 4 à 14. Etc.

Bac + 2

Pour les hommes :

- en 1969, 83 % des Bac + 2 masculins sont cadres (53 % cadres moyens et 30 % cadres supérieurs) et seuls 13 % des emplois de cadres moyens sont occupés par des titulaires égaux ou supérieurs à Bac + 2 ;
- en 1998, 76 % des Bac + 2 masculins sont cadres (63 % cadres moyens et 13 % cadres supérieurs) et seuls 54 % des emplois de cadres moyens sont occupés par des titulaires égaux ou supérieurs à Bac + 2.

Pour les femmes :

- en 1969, 81 % des Bac + 2 féminins sont cadres (69 % cadres moyens et 12 % cadres supérieurs) et seuls 24 % des emplois de cadres moyens sont occupés par des titulaires égaux ou supérieurs à Bac + 2 ;
- en 1998, 64 % des Bac + 2 féminins sont cadres (56 % cadres moyens et 8 % cadres supérieurs) et seuls 71 % des emplois de cadres moyens sont occupés par des titulaires égaux ou supérieurs à Bac + 2.

Ces données jettent une lumière crue sur la nature des profondes transformations intervenues au cours des trente dernières années. À la fin des années soixante, tout le monde y trouvait son compte : les diplômés parce que leurs titres de l'enseignement supérieur leur assuraient à 30 ans un statut de cadre près (ou plus) de huit fois sur dix. Les non-diplômés parce que loin d'être saturées par les diplômés frais émoulus de leurs écoles, les catégories de cadres, moyens et supérieurs, leur étaient encore largement ouvertes et accessibles : près (ou plus) d'un tiers des postes leur étaient offerts. Passé ce petit moment de bonheur partagé qui faisait la part belle à la méritocratie scolaire tout en favorisant la promotion interne acquise sur fond d'expérience, les relations entre diplômes et emplois se sont beaucoup tendues. Les tendances contradictoires qui animent à la baisse la mesure des destinées et à la hausse celle du recrutement expriment l'extrême tension entre les deux forces en présence. Sans diplôme correspondant au niveau du poste, les chances d'accès tendent vers zéro. Mais avec le diplôme correspondant, les chances s'amenuisent de l'obtenir, tant la concurrence est vive entre les titulaires de ce diplôme. De là, la grande déception de ceux qui croyaient que le baccalauréat allait leur ouvrir les portes du monde.

En bas

On aurait tort de penser que cette tension ne s'observe qu'en haut de la hiérarchie. À cette différence près que si l'indicateur de destinée est lui aussi orienté à la baisse, celui des recrutements, contrairement à ce qui se passe en haut, s'inscrit également à la baisse. Signe évident de la concurrence féroce qui résulte des déclassements en cascade engendrés par le processus précédent. Si les emplois non qualifiés sont de moins en moins occupés par des trentenaires qualifiés, c'est qu'une grande partie des emplois non qualifiés sont occupés par des individus qualifiés qui n'ont pas trouvé de poste à la hauteur de leur certification. Même sur les emplois non qualifiés, la concurrence fait rage, condamnant au chômage les hommes et les femmes sans diplôme.

Pour les hommes :

– en 1969, 44 % des hommes sans diplôme occupent un emploi non qualifié et 83 % des emplois non qualifiés sont occupés par des sans diplôme ;

– en 1998, 29 % des hommes sans diplôme occupent un emploi non qualifié mais seulement 48 % des emplois non qualifiés sont occupés par des sans diplôme.

Pour les femmes :

– en 1969, 26 % des femmes sans diplôme occupent un emploi non qualifié et 91 % des emplois non qualifiés sont occupés par des sans diplôme ;

– en 1998, 22 % des femmes sans diplôme occupent un emploi non qualifié et 39 % des emplois non qualifiés sont occupés par des sans diplôme.

Personne n'est épargné, mais le recul a frappé les plus défavorisés. La crise n'a pas engendré une société duale où les mieux lotis auraient été totalement épargnés alors que le poids du malheur et de l'exclusion reposerait en totalité sur les épaules des plus démunis. Mais les barrières tracées par l'origine sociale, le capital culturel et le sexe n'ont pas été effacées pour autant. Si les jeunes qui sortent de l'école avec la certification la plus basse sont confrontés aux plus grandes difficultés d'insertion, c'est qu'ils ne cessent de se trouver en concurrence avec des jeunes plus diplômés qui se présentent sur le même marché.

Principes de variation

Voilà le cadre d'ensemble et quelques tendances lourdes qui définissent les conditions objectives dans lesquelles évoluent les jeunes d'aujourd'hui. Ajoutées aux obstacles dressés sur le marché du travail, toutes ces tendances concourent à engendrer une situation d'incertitude face à l'avenir. L'avenir est incertain, voire bouché. D'où l'absence de projets individuels réalisables (familial, résidentiel, immobilier, professionnel), mais aussi collectifs, d'où la faible mobilisation électorale et la perte de confiance dans le politique traditionnel.

Rappelons pourtant que si ce cadre est commun à tous, les jeunes sont loin d'être tous logés à la même enseigne. Parmi les principes de variation permettant de comprendre les différentes positions occupées par les jeunes dans ce cadre, et de distinguer, au sein de ce bloc préalablement indifférencié, différentes fractions (certaines s'en tirent très bien et d'autres pas du tout...), il en existe *trois* qui sont particulièrement déterminants.

L'un des principes permettant de rendre compte de la diversité des situations a trait à l'intensité de la compétition : les places sont peu nombreuses, elles sont chères et la concurrence y est féroce. C'est dans la relation formation-emploi que s'exprime le plus la férocité de cette concurrence. À tous les niveaux, dans les commissions de spécialistes universitaires pour recruter de nouveaux maîtres de conférences ou des chercheurs CNRS : il n'est pas rare que pour un seul poste, se présentent 2 à 300 candidats dont 80 sont bons ou très bons. Mais aussi, à l'autre pôle de la hiérarchie de l'emploi dans les entreprises de restauration rapide, ou les parcs de loisirs, où se livre une compétition acharnée entre diplômés et travailleurs non qualifiés pour des emplois précaires et mal payés. Qui sont les gagnants et qui sont les perdants de ces concurrences hautement compétitives ?

Les protections sont différenciées selon les groupes sociaux et l'aide que l'on peut attendre de la famille : aide matérielle (logement, financement...) ; aide relationnelle et mobilisation de réseaux ; aide intellectuelle dans le soutien aux études. Contrairement aux années soixante où, dans tous les milieux, on cherchait, par le travail ou par les études, à s'affranchir au plus vite de l'emprise de la famille afin d'accéder le plus tôt possible à une autonomie professionnelle, résidentielle, affective, conjugale, financière, intellectuelle et morale, la dépendance à l'égard de la famille s'est aujourd'hui accrue et surtout allongée. Certaines familles apportent un soutien particulièrement efficace, d'autres non, indépendamment du milieu social.

Les comportements des filles et des garçons ne convergent qu'en haut de la pyramide sociale, à un niveau de diplôme universitaire.

On ne dispose que depuis peu, en France, de données statistiques permettant de comparer aux autres, au niveau national, les trajectoires scolaires, sociales et professionnelles des jeunes issus de l'immigration. Une étude récente du Céreq sur les cohortes sorties du système scolaire, en 1992 et en 1998, montre que l'origine ethnique constitue un handicap sérieux à l'insertion, à tous les niveaux de diplôme[1].

Un seul exemple de ces clivages : à la question : « Êtes-vous habituellement sans espoir en pensant à l'avenir ? », c'est entre les professions intermédiaires et les ouvriers que le contraste est le plus marqué. Les jeunes ouvriers sont ainsi 11,7 % à manifester une telle angoisse, contre 5,7 % des professions intermédiaires. Le contraste est encore plus net pour les jeunes scolarisés, selon la catégorie sociale de leur chef de famille : 17,3 % des enfants d'ouvriers contre 4,7 % des enfants de professions intermédiaires.

Des stratégies familiales à la peine

De la fin de la guerre au premier choc pétrolier, le parallélisme est frappant entre d'une part la hausse continue du salaire d'embauche et d'autre part l'évolution des morales familiales vers une promotion de l'autonomie : les tendances dominantes de l'évolution sociale ont été intériorisées et projetées au titre d'objectifs pour l'avenir. Cet avenir objectif assumé a pu long-

1. Centre d'études et de recherches sur les qualifications, *Bref* [lettre d'information mensuelle en ligne], 205, février 2004, et 226, janvier 2006.

temps se prévaloir de la légitimité moderniste d'une société globale en pleine transformation et en pleine croissance : une société moderne, qui ne croit plus à l'éternel hier, doit exister comme projet, utopique ou réaliste. De même, les groupes sociaux se construisent en prolongeant vers le futur les avancées de leur situation présente. Pendant trente années, l'objectif de promotion a pu se réaliser sans nécessairement exiger une accumulation de capital scolaire ou une promotion sociale personnelle. À emploi égal, le débutant était mieux payé que ne l'avaient été ses aînés en commençant. Dans ce régime de croissance et de plein-emploi, même si le système scolaire était brutalement sélectif et la mobilité ascendante rare – ce qu'elle était et ce qu'elle demeure –, la transmission intergénérationnelle était en partie assurée. On était loin de l'égalité des ambitions et des réussites, mais un minimum de succès était garanti aux ambitions minimales de promotion. Cet effet du *welfare* – moins souvent cité que l'assurance-maladie, les congés payés ou les droits à la retraite – est plus important encore, parce qu'il est générateur de stratégies et de cohésion : en dégageant les perspectives, la croissance globale facilitait la transmission familiale, l'une des relations sociales les plus chargées en affects et en tensions[1].

La conjuration du chômage inspire au contraire la reconversion des stratégies populaires à l'égard de l'école, mais aussi plus généralement de l'avenir. Avec des effets bien réels : la prolongation des études et des bénéfices moyens en matière de salaire et d'emploi. Mais aussi avec une conséquence dramatique : l'amélioration globale de la formation des jeunes s'accompagne d'une extension du chômage dans cette classe d'âge. Pour la plupart des familles, la construction d'un avenir objectif assumé est soumise à des contraintes contradictoires : plus les rendements scolaires décroissent et plus il est nécessaire d'investir davantage dans la scolarité. Les prémices d'une vraie crise sont réunies : la situation économique ébranle les bases de la morale collective et diminue les marges de jeu des acteurs. Priver d'emploi sérieux des jeunes mieux formés que leurs parents, c'est instiller le doute sur les valeurs centrales de l'investissement éducatif dans les

1. P. Bourdieu, « Les contradictions de l'héritage », in *La Misère du monde*, Paris, Seuil, 1993.

familles comme sur la légitimité du pouvoir dans la vie professionnelle. Le recours à l'assistance – qu'il s'agisse de payer ou de cautionner un loyer, d'arrondir une fin de mois, d'héberger un jeune couple ou encore d'assurer une formation scolaire sans débouchés professionnels en attendant l'emploi – n'est jamais qu'une régression vers les ressources accumulées dans le passé. L'éducation moderne se définit et s'accomplit au contraire dans la valorisation d'un potentiel.

Suicide, la montée des jeunes

Le dernier quart du XXe siècle a bouleversé une relation que plus de cent cinquante ans de statistiques mondiales avaient incité à considérer comme une donnée universelle : la croissance régulière du taux de suicide avec l'âge. Depuis le début du XIXe siècle et dans la quasi-totalité des pays disposant de statistiques, la tendance ne souffrait aucune exception. Les jeunes mettaient peu fin à leurs jours, tandis que, l'âge venant, la proportion de personnes passant à l'acte augmentait selon un profil quasi linéaire. La relation était si simple et si universelle qu'elle devenait transparente. S'imposant à tous avec la force d'une évidence naturelle, elle appelait peu de commentaires.

Et puis, voilà qu'au cours des années soixante-dix cette belle régularité se dégrade au profit d'un double mouvement : le suicide des jeunes augmente, celui des personnes âgées diminue. Les deux phénomènes surviennent au même moment ; ils sont étroitement liés et doivent être analysés ensemble.

Alors qu'en France, en 1950, les 65-74 ans se suicidaient près de cinq fois plus souvent que les 25-34 ans, le rapport tombe à 1,5 en 1995. La symétrie y est toutefois moindre qu'aux États-Unis : la courbe ne passe pas d'une droite à pente ascendante à une horizontale. Elle prend la forme d'un profil bimodal (« à deux bosses »). Ces différences sont instructives. Si la même tendance qui s'amorce au cours des années soixante-dix s'observe dans l'immense majorité des pays développés, elle s'y accomplit dans chaque pays selon des modalités singulières qui se révèlent particulièrement riches d'enseignements.

Les générations anciennes, plus ou moins nanties par l'accumulation des bénéfices de l'expansion antérieure, n'ont pas été frappées avec la même violence que les jeunes par le retournement de la conjoncture et l'irruption des politiques néolibérales. Ayant connu le plein-emploi toute leur vie et l'embauche à salaire croissant, ayant profité de l'inflation pour accéder à la propriété, elles bénéficient au moment de la retraite de l'élan imprimé à leur carrière, des largesses de l'État providence qui assure une protection nouvelle au troisième âge contre les incertitudes économiques, et de l'allongement de l'espérance de vie imputable aux progrès de la médecine.

Ces transformations ne sont pas propres à la France : dans la plupart des pays de l'OCDE, le dernier demi-siècle a été caractérisé par une baisse des taux de suicide des personnes âgées et une montée des suicides des jeunes à partir de la crise de 1975, conformément au modèle décrit en détail par L. Chauvel[1] et pour des raisons analogues à celles évoquées dans le cas de la France. Cela se vérifie sans équivoque pour les pays suivants : Australie, Autriche, Belgique, Canada, Danemark, Finlande, France, Grèce, Italie, Mexique (hausse surtout forte chez les jeunes), Pays-Bas, Nouvelle-Zélande, Norvège, Singapour, Suède, Suisse, Royaume-Uni, États-Unis.

Le cas de l'Angleterre est particulièrement instructif, puisqu'il s'agit d'un pays où le suicide a baissé pendant toute la période : le suicide masculin passant graduellement de 13,6 en 1950 à 10,2 pour 100000 en 2000 et le suicide féminin de 7,0 à 3,0. Chez les hommes et chez les femmes, cette baisse est imputable d'abord à la chute très importante du suicide des personnes âgées. L'invention du troisième âge, les progrès de la médecine et de nombreuses années de croissance continue ont amélioré le sort des personnes âgées. En revanche, chez les hommes, cette tendance à la baisse est en partie contrecarrée par la hausse du suicide des jeunes, surtout à partir de 1975 : 5,4 en 1950, 7,8 en 1975, 10,5 en 2000. La hausse s'est accentuée après 1975.

À cette tendance générale, deux exceptions notables sur lesquelles il est important de réfléchir : le Japon et l'Allemagne.

1. L. Chauvel, « L'uniformisation du taux de suicide masculin selon l'âge : effet de génération ou recomposition du cycle de vie », *Revue française de sociologie*, 38, 1997, p. 681-733.

Le cas du Japon est très intéressant. Il a souvent été accablé, bien à tort, de tous les stigmates d'une société hyper-suicidogène. Alors que sa richesse s'est puissamment développée et que sa pyramide des âges a vieilli comme toutes celles des pays riches, le taux de suicide y a baissé entre 1950 et 1995, passant de 19,6 à 17,3 pour 100 000. Or, dans cette évolution, la prise en compte de l'âge est très instructive.

Car ce qui est remarquable dans la statistique japonaise de ces années-là, c'est la baisse du suicide à tous les étages de la pyramide des âges, notamment la baisse relativement impressionnante du suicide des jeunes, dans une période où la croissance économique bat son plein, amenant le Japon aux tout premiers rangs de l'économie mondiale. Ces données sur le suicide s'éclairent sans doute par le grand soin avec lequel la société japonaise a pendant longtemps entouré l'intégration et l'insertion des générations, en organisant des formes de capitalisme d'entreprise inédites sur lesquelles ont fortement insisté les économistes M. Morishima et H. Nohara[1]. Le premier met en évidence les dimensions culturelles propres au capitalisme japonais, implanté dans un pays non individualiste et sans traditions puritaines. H. Nohara insiste plutôt, dans le cadre des études comparatistes menées au laboratoire d'économie du travail d'Aix-en-Provence, sur les modes de construction de la qualification qui distingue les sociétés. « Les jeunes Japonais connaissent une relative facilité dans la phase de leur insertion professionnelle. Cette facilité n'est pas due à l'adéquation de leur formation initiale vis-à-vis du marché du travail, mais à un système de gestion de la main-d'œuvre, en vigueur dans les entreprises, qui valorise, plutôt que la qualification précise, la potentialité d'adaptation professionnelle. » En lieu et place du montage pièce à pièce d'entreprises fortement axées sur la compétitivité et le rendement individuels, les patrons japonais ont organisé des unités de vie collective à fort sentiment d'identification. Organisation qui s'accompagne d'une grande attention apportée à l'accueil et à la formation des nouvelles

1. M. Morishima, *Capitalisme et confucianisme, technologie occidentale et éthique japonaise*, Paris, Flammarion, 1986 ; et M. Maurice et H. Nohara (éd.), *Les Mutations du « modèle » japonais de l'entreprise*, Paris, La Documentation française, coll. « Problèmes politiques et sociaux, n° 820 », 1999. Voir aussi C. Lanciano, M. Maurice, J.-J. Silvestre et H. Nohara (éd.), *Les Acteurs de l'innovation et l'entreprise : France-Europe-Japon*, Paris, L'Harmattan, 1998.

recrues. On sait que, depuis quelques années, le modèle japonais se lézarde, et que, mondialisation oblige, les formes anglo-saxonnes du *corporate business* font pénétrer la flexibilité, la précarité et l'individualisme dans la société japonaise. Les taux de suicide ont alors parfaitement répondu à cette inflexion de l'organisation économique : ils ont connu une hausse brutale, n'épargnant plus les jeunes, seules les personnes les plus âgées réussissant à y échapper.

Le cas du Japon, avec sa tendance accusée à la baisse sur un demi-siècle, suivie d'une reprise brutale dans la dernière décennie, est unique dans tous les pays riches. Il manifeste l'extraordinaire sensibilité du taux de suicide aux transformations qui affectent la vie économique et sociale et les conditions d'existence et de travail des différentes classes d'âge.

Le bond en avant du suicide des jeunes ne se manifeste pas non plus outre-Rhin. Comme le Japon, l'Allemagne voit diminuer très sensiblement ses taux de suicide à tous les âges. En cinq ans (1985-1990), le taux de suicide masculin baisse de 29,4 à 22,4 pour 100 000 dans les Länder de l'Ouest. Quelles explications apporter ? Risquons-en quelques-unes de la même veine que celles invoquées dans le cas du Japon. Le système d'éducation allemand liant davantage l'école aux entreprises permet une meilleure intégration des jeunes dans l'univers du travail : de fait, les jeunes Allemands ne se singularisent pas par des taux de chômage supérieurs à ceux des autres classes d'âge. L'enseignement professionnel, loin de servir de moyen de relégation, est au contraire fortement valorisé. Alors que, en France, l'ouvrier ou le technicien sont des ingénieurs ratés, l'ingénieur allemand est considéré comme un ouvrier qui a réussi. Les inégalités de salaires et de revenus sont moindres en Allemagne qu'en France et aux États-Unis. Et surtout les formes de ségrégation par l'âge y sont beaucoup moins accusées que dans les autres pays européens en matière de salaire, d'emploi, d'accès au logement et même de patrimoine. Autant de différences qui définissent une autre organisation économique et sociale des âges de la vie. Et qui se traduisent par un profil différent du suicide selon l'âge.

Ces exceptions allemande et japonaise incitent à réfléchir parce qu'elles indiquent une voie : le suicide des jeunes n'est pas une fatalité. Il est possible de le conjurer et d'alléger ainsi, par là même, le malaise et la souffrance qui frappent les jeunes de la plupart des pays développés, en prenant toutes les mesures pour accueillir les jeunes générations et leur ménager la place qui leur revient dans le foyer central des valeurs de nos sociétés, celui du travail.

D'autant que toutes les enquêtes menées depuis plusieurs années sur les « valeurs des jeunes » en matière de travail, de famille, de mœurs ou de normes sociales n'indiquent jamais de rupture franche entre les valeurs des jeunes et celles des adultes d'aujourd'hui[1]. Les premiers attendent en particulier beaucoup du travail : la possibilité de s'épanouir et de développer toutes les potentialités de leur personnalité, l'occasion d'entretenir des relations interpersonnelles avec d'autres et de se voir reconnus par la société. Ils s'inscrivent par là dans le *main stream* des valeurs engendrées par les nouvelles formes d'organisation du travail. La dimension de lien social attachée au travail est pour eux fondamentale. La généralisation du chômage n'a donc en rien sécrété chez eux une culture de l'antitravail. Bien au contraire. De même, O. Galland et B. Roudet montrent qu'au cours des dernières décennies les valeurs des jeunes et des adultes se sont plutôt rapprochées. Loin de se creuser, les écarts entre générations, très accentués dans les années soixante pour culminer autour de 1968, se sont progressivement estompés. Dans le domaine des mœurs et des normes morales, les jeunes se distinguaient fortement, il y a quarante ans, de leurs aînés par des comportements plus permissifs, un moindre respect des normes sociales et un faible sentiment d'appartenance à la communauté nationale. Il n'en va plus ainsi aujourd'hui : l'autorité est devenue une valeur consensuelle, les jeunes sont à peine plus permissifs que les adultes qui le sont eux-mêmes devenus, conservant en vieillissant l'héritage vécu de 1968. La fierté nationale est un sentiment partagé par tous. Ce rapprochement résulte de deux mouvements de sens contraire : les adultes âgés de 40 à 50 ans voire 60 ans ont, plus que les générations précédentes, résisté à l'effet de vieillissement qui affaiblit en général la tolérance à l'égard des comportements déviants ou simplement atypiques, l'homosexualité notamment. Quant aux jeunes, ils sont devenus dans beaucoup de domaines moins permissifs que leurs aînés au même

1. Voir en particulier O. Galland et B. Roudet, *Les Valeurs des jeunes, tendances en France depuis 20 ans*, *op. cit.*

âge : ils croient davantage aux bienfaits de l'autorité dans les relations sociales, au mérite de la fidélité dans les relations de couple, à l'apprentissage de règles de conduite dans les relations éducatives. Ils ne sont pas devenus pour autant plus réactionnaires : les jeunes participent au premier rang des mouvements de libéralisation des mœurs, des luttes contre le racisme et les discriminations. « Simplement, écrivent O. Galland et B. Roudet, la tolérance qui est la valeur fondamentale à la base de ce corps d'attitudes trouve des limites naturelles (et non pas abstraites) dans la régulation des rapports privés. » Hissant les rapports individuels et les contacts, l'amitié en particulier, au rang des valeurs suprêmes, ils réclament une régulation de ces relations de manière à gérer les excès possibles d'une liberté individuelle toujours plus grande. En aucun cas, les jeunes d'aujourd'hui ne peuvent être considérés comme un groupe social à part qui serait orienté par des systèmes de valeurs étrangers à l'ensemble des autres classes d'âge.

7.

Faut-il craindre l'inflation des diplômes ?

Dans les années cinquante et soixante, un vaste mouvement d'expansion de l'enseignement secondaire traverse la plupart des pays occidentaux. L'effort a débuté dès avant la Seconde Guerre mondiale aux États-Unis, qui gardent aujourd'hui encore une longueur d'avance sur la plupart des autres pays développés. À l'origine, il s'agit d'accompagner l'industrialisation de l'économie en augmentant le niveau de qualification des enfants de paysans et d'ouvriers. La plus grande partie d'entre eux quittaient alors l'école très tôt pour travailler, dès l'âge de 13 ou 14 ans. Dans un pays comme la France, un tel volontarisme éducatif n'avait plus eu cours depuis la fin du XIXe siècle et la généralisation de la scolarité primaire[1].

Dans la plupart des pays, cette grande période de démocratisation scolaire s'est appuyée sur deux types d'outils :

– une élévation de la durée de scolarité obligatoire (parfois assortie d'un soutien financier aux familles modestes, pour compenser le manque à gagner des enfants qui poursuivent l'école au lieu de travailler) ;

– un report dans le temps du moment où le tronc de scolarisation commune se sépare en une voie professionnelle et une voie générale.

En France, l'avènement du collège unique se prépare ainsi progressivement dans les années cinquante et soixante. L'accès au

1. O. Marchand et C. Thélot, « Formation de la main-d'œuvre et capital humain en France depuis deux siècles », *Les Dossiers d'Éducation et formation*, 80, 1997.

lycée se démocratisera dans un second temps, entre le milieu des années quatre-vingt et le milieu des années quatre-vingt-dix.

Dès l'origine, ces réformes ont fait l'objet de débats et leur bilan continue d'être très discuté. La France est sans doute l'un des pays où le scepticisme est aujourd'hui le plus aigu quant à l'effet réel de ces politiques. Il est à cet égard significatif que l'une des réponses politiques aux émeutes des jeunes de novembre 2005 ait été l'abaissement de l'âge minimum d'entrée en apprentissage. Beaucoup en France ne perçoivent plus le volontarisme scolaire comme un moyen de résoudre les difficultés des jeunes, mais au contraire comme une cause de ces difficultés. L'une des raisons profondes du pessimisme ambiant tient au fait que les conséquences bénéfiques de l'expansion scolaire sont beaucoup moins visibles que ses effets négatifs. De fait, les réformes scolaires entreprises dans l'après-guerre ont deux types d'effets très différents, les deux faces d'une même pièce ; l'un, très visible, l'autre, pas du tout :

– elles ont pour conséquence la plus visible de faire arriver brutalement aux différents niveaux du collège, puis du lycée, de nouveaux publics, enfants d'origines modeste et très modeste, en moyenne moins efficacement soutenus par leurs familles et moins bien préparés à des études longues ; il en résulte des difficultés inédites pour les enseignants ayant à gérer des classes beaucoup plus hétérogènes et un sentiment général d'affaiblissement de la qualité des élèves et des classes à chaque niveau du système ; de là le sentiment général que le niveau baisse, que les diplômes ne servent plus à rien, que le système se délite ;

– en même temps, ces réformes ont permis à des cohortes d'enfants, et plus particulièrement d'enfants issus de familles ouvrières ou paysannes[1], de poursuivre des études et d'obtenir des qualifications qu'ils n'auraient pas obtenues sinon et, par la suite, d'en retirer des avantages personnels et salariaux ; il s'agit d'un effet beaucoup moins visible, bien moins facile à identifier ; c'est pourtant l'objectif même de ces réformes qui est ici en jeu.

---

1. Pour l'analyse du lien entre milieu social d'origine et exposition à la démocratisation d'après-guerre, on peut consulter par exemple D. Goux et É. Maurin, « Origine sociale et destinée scolaire », *Revue française de sociologie*, 36 (1), 1995, p. 81-125.

La confusion des débats dérive de la grande difficulté à séparer l'effet potentiellement positif des réformes sur les cohortes d'élèves bénéficiaires, et l'effet déprimant pour les enseignants et la société de voir des qualifications et des diplômes naguère très sélectifs devenir accessibles à des élèves en moyenne moins bien préparés, moins soutenus.

La littérature semble avoir été principalement attentive à ce deuxième effet, parmi les sociologues[1] comme parmi les économistes, qu'ils mesurent des phénomènes de déclassement des diplômés[2] ou les déterminants de l'expansion scolaire[3]. Pourtant, il est essentiel de prendre la mesure des effets bénéfiques de l'expansion scolaire. Il s'agit évidemment d'une question extrêmement difficile à trancher. Dans l'absolu, il faudrait pouvoir identifier ce que seraient devenus les enfants de la démocratisation si on n'avait pas encouragé et organisé leur arrivée au collège, puis au lycée. Pour s'en approcher, le protocole le plus probant consiste à comparer, au sein des générations successives, des individus ayant directement bénéficié des politiques éducatives avec d'autres qui en ont été exclus ou n'ont pas été concernés.

Une telle approche a été récemment mise en œuvre pour la Suède, avec des résultats fiables. Le Canada et le Royaume-Uni ont également fait l'objet d'évaluations rigoureuses. Ces estimations sont présentées dans la section suivante. Elles exploitent le fait que des réformes n'ont pas été mises en œuvre au même moment sur différents territoires mais, dans le cas français, de telles variations n'existent pas. En revanche, les réformes françaises n'ont pas concerné de la même façon l'ensemble de la population. Elles ont ouvert l'accès au collège, puis au lycée à ceux qui jusqu'alors quittaient l'école à la fin du primaire, mais elles

1. M. Duru-Bellat, *L'Inflation scolaire. Les désillusions de la méritocratie*, Paris, Seuil, coll. « La République des idées », 2006.

2. Voir J.-F. Giret, A. Lopez et J. Rose (dir.), *Des formations pour quels emplois ?*, Paris, La Découverte-Céreq, 2005.

3. Voir Th. Magnac et D. Thesmar, « Analyse économique des politiques éducatives : l'augmentation de la scolarisation en France de 1982 à 1993 », INSEE, *Annales d'économie et statistique*, 65, 2002. Ces derniers distinguent trois moteurs de l'augmentation du niveau scolaire : la hausse des rendements salariaux, la baisse des coûts directs de scolarisation et la baisse de la sélectivité. Ils estiment que ce dernier mouvement porte la responsabilité principale du phénomène.

n'ont pas vraiment modifié les règles de sélection dans l'enseignement supérieur long et notamment dans le système des classes préparatoires et des grandes écoles. Notre évaluation de l'expansion scolaire en France s'appuie sur une analyse de l'évolution des inégalités de salaires observées au fil des générations entre ceux qui accèdent aux institutions les plus sélectives et les autres (voir p. 246). Les premiers n'ont pas été directement concernés par la démocratisation du collège et du lycée alors que les seconds en ont été les bénéficiaires immédiats. Si la démocratisation de l'enseignement secondaire a eu un effet sur les carrières salariales, il doit pouvoir être repéré et quantifié à l'aune d'une diminution des inégalités entre les bénéficiaires directs de cette démocratisation et les autres enfants.

Les expériences suédoise et britannique

Dans l'immédiat après-guerre, le système scolaire suédois se caractérise par six ans de scolarité obligatoire, à l'issue de laquelle une partie des enfants (essentiellement ceux d'origine modeste) bénéficient d'une ou deux années de scolarité primaire supplémentaires, tandis que l'autre partie, beaucoup plus réduite, les 17 % d'enfants d'origine « aisée », accèdent au collège puis au lycée. La grande majorité des enfants quittent alors l'école à 13 ou 14 ans.

Dès la fin de la guerre, une réforme d'envergure est imaginée : le tronc commun de scolarisation passe de six à neuf ans et les enfants pauvres et riches continuent de fréquenter les mêmes écoles pendant neuf ans au lieu de six. En outre, les familles modestes reçoivent une aide spécifique pour compenser le manque à gagner des enfants qui ne travaillent pas. À bien des égards, cette réforme anticipe ce qui se passera en France et ailleurs. Comme ailleurs, la réforme est l'objet de débats houleux, surtout au sujet des trois années supplémentaires communes. La partie conservatrice de l'électorat ne pense pas possible ni souhaitable que les enfants de toutes origines puissent rester aussi longtemps dans la même école. Chose extraordinaire pour l'époque, les pouvoirs publics suédois mettent en place une expérimentation à l'échelle du pays pour trancher le débat.

Un tiers environ des communes a ainsi, entre 1949 et 1962, mis en place la réforme de façon anticipée, son avenir étant lié à la comparaison de ces mêmes communes réformées et des autres. Cinquante ans plus tard, C. Meghir et M. Palme ont réexaminé les éléments statistiques disponibles sur cette expérimentation et produit une évaluation riche d'enseignements[1].

Ils se sont concentrés sur la cohorte 1948. Du fait de l'expérience sociale mise en œuvre à l'échelle du pays, 35 % des enfants nés cette année-là ont fait leur scolarité dans le nouveau système, 65 % dans l'ancien. Les deux chercheurs se sont concentrés sur les rendements privés de cette réforme, mesurés par les salaires. La taille de l'échantillon leur permet de distinguer trois types d'enfants selon l'origine sociale et les résultats scolaires à la fin du primaire : origine modeste/capacités scolaires faibles, origine modeste/capacités scolaires élevées, origine aisée[2].

Sous l'effet direct de l'expérience, les enfants des municipalités qui ont appliqué la réforme ont reçu une instruction plus longue que ceux des autres municipalités (0,3 année d'école supplémentaire en moyenne). Sans surprise, l'effet est concentré sur les enfants d'origine modeste, principales cibles de la réforme, ceux-là mêmes qui, en majorité, quittaient l'école pour travailler dès que la loi le leur permettait.

S'agissant des salaires, les enfants scolarisés dans les municipalités qui ont mis en œuvre la réforme ont eu en moyenne de meilleures carrières salariales. Les auteurs calculent le rapport entre le surcroît moyen de salaire observé parmi les adultes issus de ces municipalités (par rapport aux autres adultes) et le surcroît de temps passé à l'école dans ces mêmes municipalités. Cela leur permet d'évaluer un rendement salarial, c'est-à-dire l'augmentation des salaires en pourcentage qui résulte de chaque année d'éducation supplémentaire. Ils obtiennent un rendement moyen d'environ + 5 %. Une analyse plus détaillée révèle que l'effet sur les salaires est surtout très fort pour les enfants d'origine modeste à capacités élevées (le rendement est alors de + 13 %). En revan-

1. C. Meghir et M. Palme, « Educational reform, ability and family background », *American Economic Review*, 95, 2005, p. 414-424.

2. L'origine est mesurée par le niveau scolaire du père et les capacités sont mesurées sur la base de tests logiques soumis à la fin des six premières années de primaire.

che, l'effet de la réforme est en moyenne *négatif* pour les enfants d'origine aisée : les salaires des enfants d'origine aisée ayant grandi dans des municipalités appliquant la réforme sont plutôt plus faibles que ceux des personnes de même origine sociale et de même génération ayant grandi dans l'ancien système.

Cette expérience livre un exemple historique éclairant toute l'ambiguïté de ce type de réformes : effets positifs pour les cohortes d'enfants d'origine modeste, particulièrement pour les meilleurs d'entre eux (soit, dans l'étude suédoise, 40 % de la population), mais effets plutôt négatifs pour les 17 % de la population d'origine aisée, qui fréquentaient seuls le niveau supérieur du système d'enseignement et ont subi d'un seul coup la concurrence de tous les autres.

Après la guerre, le Royaume-Uni a également procédé à des relèvements de l'âge minimum de fin de scolarité (de 14 à 15 ans en 1947 puis 16 ans en 1973). P. Oreopoulos exploite le fait que ces relèvements n'ont pas eu la même amplitude, ni été mis en place à la même date en Angleterre et en Irlande (en Irlande du Nord, l'âge minimum a atteint 15 ans en 1957 et il a fallu attendre 1972 en République d'Irlande)[1]. Ces décalages temporels dans la mise en œuvre régionale des réformes permettent un protocole d'évaluation proche de celui utilisé pour la Suède (où les décalages étaient entre municipalités). À comparer des cohortes issues d'un territoire où la réforme a été appliquée avec celles issues d'un territoire voisin qui ne l'est pas encore, constate-t-on une amélioration relative des salaires dans la province où la réforme est entrée en vigueur ? Dans le cas du Royaume-Uni, la réponse est clairement positive. L'effet du surcroît de scolarité obligatoire sur les salaires correspond, selon les calculs d'Oreopoulos, à des rendements salariaux de l'éducation de l'ordre de 12 % par année d'étude supplémentaire. Des résultats comparables sont obtenus pour les provinces canadiennes[2].

Au-delà de l'allongement de la scolarité obligatoire, le Royaume-Uni a également mis en œuvre une réforme du collège

1. P. Oreopoulos, « Do dropouts drop out too soon ? Wealth, health and happiness from compulsory schooling », mimeo, Université de Toronto, 2005.

2. P. Oreopoulos, « The compelling effects of compulsory schooling : evidence from Canada », *Canadian Journal of Economics*, 2006, 39 (1).

proche de notre propre réforme du collège unique, en abolissant, dans les années soixante, la distinction entre *Grammar School* (collèges sélectifs) et *Comprehensive School* (non sélectifs). S'appuyant sur le fait que cette réforme a été mise en place plus tard (et de façon seulement partielle) en Irlande du Nord, une récente étude de É. Maurin et S. McNally met en évidence un effet très positif sur les destins scolaires de ce type de réforme[1]. Que l'on considère les filles ou les garçons, on constate, juste après la réforme, une amélioration très sensible des résultats des élèves d'Irlande du Nord par rapport à ceux du reste du Royaume-Uni, lors des évaluations nationales réalisées à 16 ans (à la fin du collège) comme lors des examens subis à 18 ans, à la fin du lycée pour l'accès à l'université.

Une évaluation de l'expérience française

Les décennies d'après-guerre sont, en France, le moment d'une expansion continue du système scolaire et d'une élévation très rapide du niveau de formation de la population. Pour les femmes, cette évolution a permis d'abord et avant tout un accroissement de la participation au marché du travail. Mieux formées, elles sont de plus en plus nombreuses à travailler ou chercher un emploi. Chez les hommes, la diffusion des diplômes est surtout allée de pair avec une élévation des niveaux de qualification et de rémunération des emplois occupés. Nous allons nous centrer sur ce second aspect et explorer les rapports existant entre l'accroissement du niveau de formation de la population masculine née entre 1946 et 1973 et l'évolution des salaires observés en milieu de carrière pour ces générations. Dans quelle mesure le surcroît de formation dont ont bénéficié les enfants nés dans les décennies d'après-guerre a-t-il réellement contribué à l'amélioration de leur situation salariale ? Dans quelle mesure les différentes phases de la démocratisation scolaire correspondent-elles à des rythmes différents de réduction des inégalités salariales ?

1. É. Maurin et S. McNally, « Selective schooling », mimeo, Londres, Centre d'économie de l'éducation, 2006.

Les deux phases d'expansion de l'enseignement secondaire

L'expansion du système éducatif français pour les générations d'après-guerre s'est déroulée en deux grandes phases. Le système s'est tout d'abord transformé pour accueillir l'ensemble d'une classe d'âge au sein d'un même collège, dispensant à chacun un enseignement commun. C'est tout le sens des réformes ayant progressivement institué la scolarité obligatoire à 16 ans et le collège unique. C'est également au profit des générations 1946-1964 que les filières universitaires techniques courtes (BTS, DUT) ont connu leurs premiers développements, dans le sillage de Mai 1968 notamment. À cette première période fait suite une phase, très différente, de démocratisation rapide de l'accès au lycée, dont l'impulsion a suivi l'arrivée de la gauche au pouvoir au début des années quatre-vingt. La proportion de bacheliers, qui représentait 26 % de la classe d'âge en 1980, passe à 29 % en 1985, 44 % en 1990 et 63 % en 1995. Elle est stable depuis.

La première phase d'expansion a concerné les personnes nées entre 1946 et 1964, tandis que la seconde a surtout bénéficié aux personnes nées dans la décennie suivante, entre 1965 et 1974. Ces deux phases correspondent chacune à un effort bien particulier de diffusion de l'enseignement dans la population. Pour bien comprendre les effets de la démocratisation sur les salaires de ceux qui en ont bénéficié, il faut considérer séparément ces deux périodes et les deux sous-ensembles de générations auxquelles elles correspondent.

Lorsque l'on se concentre, pour commencer, sur les hommes nés entre 1946 et 1964, on constate qu'en deux décennies à peine la proportion de personnes sans diplôme décroît de 43 % pour celles nées immédiatement après la guerre à moins de 30 % pour les générations du milieu des années soixante (tableau 1). Le nombre de personnes sans diplôme au sein de chaque classe d'âge a ainsi diminué d'environ un tiers en vingt ans. Sur la même période, la proportion de la population ayant une qualification professionnelle (CAP ou BEP) s'accroît de 8 points et la proportion disposant d'un diplôme universitaire technique (de niveau Bac + 2) s'accroît de 4 points. La succession de réformes menées dans les années cinquante et soixante a contribué à augmenter la part de la population disposant de formations secon-

Tableau 1. Évolution des diplômes des hommes avec la classe d'âge

	Tous les hommes						
	Nés en 1946	Nés en 1956	Nés en 1965	Nés en 1974	1965/ 1946	1965/ 1956	1974/ 1965
Non diplômés	43 %	36 %	29 %	21 %	– 0,07	– 0,07	– 0,08
CAP/BEP	30 %	35 %	38 %	24 %	0,05	0,03	– 0,14
Bac	10 %	11 %	11 %	23 %	0,01	0,00	0,12
BTS/DUT	5 %	6 %	9 %	15 %	0,01	0,03	0,06
1er cycle universitaire	1 %	2 %	2 %	2 %	0,00	0,00	0,00
2e-3e cycles universitaires	7 %	7 %	6 %	11 %	– 0,01	0,00	0,05
Grandes écoles	4 %	4 %	5 %	5 %	0,00	0,01	0,00
	Hommes salariés						
	Nés en 1946	Nés en 1956	Nés en 1965	Nés en 1974	1965/ 1946	1965/ 1956	1974/ 1965
Non diplômés	42 %	35 %	27 %	18 %	– 0,07	– 0,08	– 0,09
CAP/BEP	30 %	35 %	38 %	25 %	0,06	0,03	– 0,13
Baccalauréat	10 %	11 %	11 %	23 %	0,01	0,00	0,12
BTS/DUT	5 %	6 %	10 %	16 %	0,02	0,03	0,06
1er cycle universitaire	2 %	2 %	2 %	1 %	0,00	0,00	0,00
2e-3e cycles universitaires	7 %	6 %	6 %	11 %	– 0,01	0,01	0,04
Grandes écoles	4 %	4 %	5 %	5 %	0,00	0,01	0,00

Source : INSEE, enquêtes « Emploi », 1990 à 2002.

daires professionnelles et universitaires techniques au détriment de la population sans diplôme.

Tout au long de cette même période, la proportion d'hommes titulaires d'un diplôme universitaire du 2e ou 3e cycle ou diplômé d'une grande école est en revanche restée quasi constante au sein des classes d'âge successives (avec environ 11 % de la population masculine, dont 4 % dans les grandes écoles). La première grande phase d'expansion du système éducatif combine ainsi un accroissement rapide des formations professionnelles et techniques (surtout secondaire court) et le maintien d'une sélectivité stricte pour l'accès aux filières généralistes de l'enseignement supérieur long, notamment les grandes écoles.

À cette première période d'expansion succède, nous l'avons dit, une seconde phase, plus brève, mais plus rapide, dont vont bénéficier les générations nées entre le milieu des années soixante et le milieu des années soixante-dix. En moins de dix générations, la part des sans diplôme poursuit sa chute (– 8 points entre les générations 1965 et 1974), mais celle des diplômés de l'enseignement secondaire professionnel se met également à décroître brutalement (– 14 points de CAP et BEP). En revanche, toujours en moins de dix générations, la part dans chaque génération des personnes titulaires d'un baccalauréat ou d'un diplôme universitaire technique court augmente de 18 points et celle des titulaires d'un diplôme du 2e cycle universitaire de 5 points. L'accroissement de la proportion de bacheliers est due pour moitié au développement des nouveaux baccalauréats professionnels. Pour l'essentiel, ces classes d'âge font l'expérience d'une substitution très rapide de formations professionnelles longues à des formations professionnelles courtes. Les 2e cycles universitaires commencent eux aussi à s'ouvrir, mais, comme au cours de la phase précédente, les grandes écoles restent fermées sur une même base sociale (4 à 5 % d'une génération, en 1974 comme en 1965).

Les effets salariaux de la démocratisation scolaire

La première phase d'expansion du système éducatif peut se comprendre comme une période au cours de laquelle le destin des 10 % des élèves ayant les meilleures aptitudes scolaires au sein d'une génération étaient préservés à l'identique tandis que les autres (90 %) se voyaient offrir un surcroît de formation initiale, notamment dans des filières professionnelles courtes. Au cours de la seconde phase de démocratisation, le destin scolaire des 5 % d'élèves ayant les meilleures aptitudes scolaires était de nouveau préservé tandis que les 95 % autres se voyaient offrir un surcroît de formation (essentiellement de niveau baccalauréat et universitaire court) au sein d'un lycée et d'un système universitaire progressivement ouverts à des publics plus variés. Point essentiel pour notre propos, on peut isoler, tout au long de chacune des deux grandes phases, une petite fraction de la population masculine (représentant 11 % puis 5 % de la population) dont le destin scolaire est resté assuré dans les filières d'élite. Le surcroît de formation a été important mais, pour l'essentiel, il a correspondu à des formations relativement courtes et il est demeuré ciblé sur les populations n'ayant pas accès à l'enseignement supérieur long.

Sur cette base, il nous faut évaluer si ce surcroît de formation a bien permis une amélioration de la situation salariale de ceux qui en ont bénéficié. Les générations de personnes à qui les grandes écoles et les formations supérieures longues sont restées fermées ont bénéficié à plein de deux phases d'expansion scolaire, au collège d'abord, au lycée ensuite. Observe-t-on pour autant que leurs carrières salariales se sont rapprochées de celles des diplômés des grandes écoles ? Les bénéficiaires de l'expansion scolaire ont-ils vu leurs salaires relatifs s'accroître ?

Pour répondre à ces questions, nous allons estimer une équation qui explique le salaire par des effets de cohorte, des effets d'âge et l'effet du niveau de diplôme.

Le salaire de chaque individu est également déterminé par un ensemble d'autres caractéristiques (comme par exemple l'origine géographique et sociale de l'individu) qui restent inobservées. Dans la mesure où ces autres variables ont également déterminé les performances scolaires de l'individu, les différences de salaires entre individus de niveaux d'éducation différents ne peuvent pas s'interpréter comme reflétant le seul effet de l'éducation, même lorsque l'on compare des personnes du même âge et de la même cohorte de naissance. Elles reflètent également les différences d'aptitudes existant entre individus de niveau scolaire différent.

Cependant, étant donné que la proportion d'individus sélectionnés dans les filières scolaires d'élite (dans notre cas, les grandes écoles) est stable à travers les cohortes considérées on peut raisonnablement supposer que les différences d'aptitudes entre sélectionnés et non-sélectionnés sont elles aussi, en moyenne, stables dans le temps. Dans cette hypothèse, une modification de l'écart de salaires entre la population ayant accédé aux grandes écoles et le reste de la population au fil du temps ne peut pas s'interpréter comme l'effet des caractéristiques inobservées : elle ne peut provenir que de l'élévation du niveau d'étude de la population qui n'a pas accédé aux grandes écoles.

En période de démocratisation du secondaire (c'est-à-dire d'accroissement du niveau d'étude des personnes n'ayant pas accédé aux grandes écoles), l'estimateur le plus simple (appelé estimateur en différence de différences) de l'effet de l'éducation secondaire s'obtient ainsi en mesurant l'évolution, cohorte par cohorte, des différences de salaires entre les diplômés des institutions d'élite et les autres salariés[1]. Ainsi, les tableaux 2 et 3 présentent deux paramètres essentiels : le premier mesure les différences de salaires systématiques qui existent entre les deux populations (liées en partie aux différences de niveau scolaire et en partie aux caractéristiques inobservées), tandis que le second mesure la réduction de cet écart, à mesure que les générations prolongent leurs études. C'est ce paramètre qu'il est possible d'interpréter comme l'effet de l'expansion scolaire : il sera positif si l'écart salarial entre les diplômés des grandes écoles et tous les autres pris en bloc se réduit au fur et à mesure que l'écart de niveau d'étude diminue.

Tableau 2. Décomposition des salaires des hommes nés entre 1946 et 1964

	Effet	Effet
Non diplômé grande école	– 0,7571	
Non diplômé grande école x cohorte	0,0259	
Non diplômé 2e cycle ou plus		– 0,6024
Non diplômé 2e cycle ou plus x cohorte		0,0293
Indicatrices de cohorte	oui	oui
Indicatrices d'âge	oui	oui
Nombre d'observations	233 189	233 189

Source : Ibid.

1. Il faut souligner que cette mesure capture tout ensemble le rendement moyen des différentes formes d'éducation secondaire, chacune étant pondérée par la part qu'elle a prise dans la phase de démocratisation étudiée.

Pour éclairer cette question, le tableau 2 décrit l'évolution de l'écart de salaire horaire moyen entre les hommes diplômés des grandes écoles et les hommes non diplômés des grandes écoles pour les générations nées entre 1946 et 1964. Dans ce travail, les équations de salaire sont estimées uniquement sur la population masculine, bien que les femmes aient connu également une augmentation de leur durée d'études. On évite ainsi les difficultés liées au traitement de la participation féminine au marché du travail qui a évolué rapidement sur la période : les résultats sur les hommes sont plus faciles interpréter et plus robustes.

Les salaires de toutes les personnes de l'échantillon sont observés au milieu des carrières, dans les enquêtes « Emplois » menées entre 1990 et 2002. Il faut souligner que l'on ne compare pas des individus à différentes dates, mais des cohortes différentes aux mêmes dates. Cette comparaison met en jeu des effets d'âge qui sont neutralisés par la présence d'indicatrices d'âge estimées grâce à l'empilement de plusieurs années[1].

Sans surprise, les données de l'enquête « Emploi » confirment que – à âge donné et au sein d'une même cohorte – les diplômés de l'enseignement supérieur long gagnent en moyenne beaucoup plus que les autres. Si l'on se concentre sur les diplômés des grandes écoles, leurs salaires sont ainsi en moyenne deux fois plus élevés que ceux des personnes non diplômées des grandes écoles[2]. Mais ces mêmes données révèlent que cet écart *a tendance à s'éroder au fil des générations.* Si l'on considère les diplômés des grandes écoles, la baisse de leur salaire relatif entre les cohortes 1946 et 1964 est d'environ 0,36 % par an[3], soit un déclin de 6,5 % en dix-huit générations (c'est-à-dire 1946-1964). Si l'on prend comme référence

1. Il faut noter à ce point que les indicatrices d'âge mêlent en fait des effets d'âge et des effets de conjoncture, ce qui n'a pas d'importance ici puisque nous ne cherchons pas à les interpréter.

2. Très exactement, la différence des logarithmes des salaires présentée dans le tableau 2 est de – 0,7571, ce qui correspond à un rapport du niveau de salaire de 1 à 2.

3. Cet effet de 0,36 % n'est pas lisible directement dans le tableau 2 car la variable de cohorte a été normalisée. Il est obtenu en divisant le coefficient (0,0259) par le terme de normalisation, soit 0,0259/7,33. Le même principe s'applique aux autres chiffres tirés des tableaux 2 et 3.

l'ensemble des diplômés des grandes écoles et des 2e et 3e cycles universitaires, la baisse de leur salaire relativement au reste de la population masculine est un peu plus rapide : 0,4 % par génération, soit environ 7,2 % sur dix-huit générations. En d'autres termes, le surcroît de formations secondaires professionnelles et universitaires courtes dont ont bénéficié les 90 % de la population n'allant ni dans les grandes écoles ni dans les derniers cycles universitaires s'est traduit par un gain salarial total d'environ + 7 % en dix-huit ans. Comme cette première grande phase d'expansion du système éducatif s'est traduite par une augmentation de 14 % des diplômés de l'enseignement secondaire professionnel ou universitaire court au détriment des non-diplômés, ces résultats suggèrent que le rendement moyen de ces nouveaux diplômes est d'environ 50 % (c'est-à-dire 0,07/0,14). Si l'on admet que l'obtention d'un diplôme réclame entre trois et cinq ans d'études supplémentaires, on peut évaluer à environ 10 à 16 % le rendement des années d'études certifiées dont la première phase d'expansion du système éducatif a permis la multiplication. Nous proposons plus loin une analyse plus directe du rendement moyen des années d'études supplémentaires. Toutefois, il ressort d'ores et déjà assez clairement de notre analyse que l'allongement de la durée des études qui a accompagné la grande démocratisation d'après-guerre du système éducatif français a produit des effets importants sur les salaires des bénéficiaires, dans la fourchette haute de ce qui a pu être établi dans d'autres pays[1].

Le tableau 3 propose une évaluation similaire au tableau 2 pour les générations ayant bénéficié de la seconde phase de démocratisation du système éducatif, c'est-à-dire nées entre 1965 et 1973. De façon intéressante, on observe de nouveau une baisse du salaire relatif des diplômés des grandes écoles. Le rythme de cette baisse est de 1,47 % par génération[2], soit environ 12 % en huit générations. En d'autres termes, le

1. De tels taux de rendement impliquent qu'en renonçant à une année de salaire pour poursuivre ses études, on augmente de 10 à 16 % les salaires futurs chaque année au cours de la vie active. Un tel surplus de revenus couvre largement le coût privé ou social d'une année de formation, en particulier parce que le coût d'opportunité d'une année d'étude doit s'évaluer aux taux d'intérêt du marché, qui sont nettement inférieurs.

2. C'est-à-dire 0,108/7,34.

Tableau 3. Décomposition des salaires des hommes nés entre 1965 et 1973

	Effet	Effet
Non diplômé grande école	– 0,7709	
Non diplômé grande école x cohorte	0,1080	
Non diplômé 2e cycle ou plus		– 0,6386
Non diplômé 2e cycle ou plus x cohorte		0,1207
Indicatrices de cohorte	oui	oui
Indicatrices d'âge	oui	oui
Nombre d'observations	67 593	67 593

Source : Ibid.

surcroît de formation professionnelle longue (baccalauréat professionnel, BTS, DUT...) dont ont bénéficié 95 % d'hommes au cours de cette période s'est traduit par une élévation de 12 % de leurs salaires relatifs. Si l'on se souvient que cette seconde phase de démocratisation s'est traduite au sein de chaque génération par la substitution d'environ 22 % de nouveaux bacheliers et/ou titulaires d'un diplôme universitaire court à des personnes sans diplôme ou titulaires d'un diplôme du secondaire long, on obtient un rendement salarial moyen pour les nouveaux diplômes d'environ 55 % (c'est-à-dire 0,12/0,22). En adoptant les mêmes conventions que pour la première phase de démocratisation, on obtient donc une évaluation comparable du rendement moyen par année d'étude certifiée supplémentaire.

Les effets de l'allongement des études

L'élévation rapide du niveau de formation des générations nées entre 1946 et 1964 d'abord, entre 1965 et 1973 ensuite, n'a pu se réaliser qu'au prix d'un allongement important de la durée des études. D'une part, l'obtention d'un diplôme plus élevé réclame mécaniquement un nombre minimum d'années de formation supplémentaires. D'autre part, au fur et à mesure que les scolarités s'allongent et se complexifient, les risques de redoublement et d'abandon en cours de cycle de formation se multiplient. Les sections précédentes suggèrent clairement que les années d'étude conduisant à l'obtention d'un diplôme ont un effet important sur les salaires. Mais, les années redoublées ou n'ayant pas abouti à l'obtention d'une qualification ont-elles un rendement aussi élevé ? Il s'agit d'une question importante : le coût social et privé d'un surcroît de formation est directement fonction du nombre d'année d'études qui ont été nécessaires à son obtention. Il est toutefois difficile d'éclairer cette question car on ne dispose pas de mesure très précise des durées réellement passées à l'école et de leur évolution au fil des générations. L'enquête « Emploi » contient une information sur l'âge de fin de scolarité indiquant un accroissement moyen d'environ 1,6 an pour la première phase de démocratisation et de 1,5 an pour la seconde. Il s'agit d'un ordre de grandeur sans doute assez grossier de l'évolution des durées de scolarisation à proprement parler, l'âge de fin de scolarité étant un indicateur très indirect du temps réellement passé à l'école. Il a en particulier pour défaut de ne pas prendre en compte le fait qu'un nombre croissant d'étudiants travaillent tout en étudiant à temps partiel, précisément pour financer leurs études[1]. Si l'on accepte l'hypothèse que l'accroissement des âges de fin d'études tend à surestimer l'accroissement des temps réellement passés dans le système éducatif, les rendements d'une année d'étude supplémentaire estimés avec cet indicateur donneront une borne inférieure des rendements réels. L'enquête « Emploi » fournit également une information sur le *niveau* atteint par les répondants, qu'ils aient ou non réussi leur diplôme. Selon cette convention, une personne ayant atteint la dernière année de son BEP a un niveau BEP, qu'elle ait réussi son examen ou non. Nous avons distingué huit niveaux et attachés à chacun d'eux un nombre d'années

1. Selon l'enquête sur la formation et les qualifications professionnelles, la proportion de personnes travaillant alors qu'elles n'ont pas fini leurs études était résiduelle dans l'après-guerre alors qu'elle représente aujourd'hui 20 % des étudiants.

d'étude théorique[1]. Nous avons également construit des années théoriques correspondant au diplôme *obtenu*[2]. Le tableau 1 retrace l'évolution de la valeur moyenne de ces différents indicateurs au fil des générations. En trente ans, le nombre d'années correspondant au niveau ou au diplôme s'est élevé d'environ deux ans et l'âge de fin d'étude déclaré, de plus de trois ans. Une partie non négligeable de l'effort éducatif (un tiers environ) s'est ainsi perdue en années redoublées dont l'efficacité est probablement moindre que celles des années non redoublées, surtout si celles-ci sont couronnées par un certificat.

Adoptant la même méthodologie que précédemment, nous avons estimé, pour chacune des deux grandes phases de démocratisation, le rapport entre l'écart salarial avec les diplômés de grandes écoles (qui se réduit avec les générations) et l'écart de temps passé à l'école (qui diminue également). Nous avons utilisé tour à tour trois mesures du temps passé à l'école : (a) la durée théorique telle que le diplôme permet de l'estimer, (b) la durée telle que le *niveau* atteint en fin de scolarité permet de l'estimer, (c) la durée telle que l'âge de fin d'étude permet de l'estimer.

---

1. Nos conventions sont les suivantes : les personnes ayant atteint la terminale se voient attribuer douze années d'étude (qu'elles aient ou non réussi le baccalauréat), celles ayant atteint les premiers cycles universitaires en reçoivent quatorze (qu'elles ou non un diplôme Bac + 2), celles ayant atteint les 2e cycles en reçoivent seize, et les 3e cycles, dix-huit. Les personnes ayant dépassé la classe de 3e et commencé une scolarité au lycée reçoivent dix années d'études, celles n'ayant été que jusqu'en 3e ou équivalent en reçoivent neuf, les autres personnes ayant fréquenté le collège en reçoivent huit et celles déclarant avoir arrêté au primaire en reçoivent sept (pour mémoire, l'âge modal de fin d'étude de ce dernier groupe est de 14 ans).

2. Nous présenterons les résultats correspondant à deux spécifications possibles. La première associe à chaque diplôme l'âge de fin d'étude médian de ses titulaires (tel qu'observé en début de période pour la génération 1947). La seconde associe à chaque diplôme un nombre d'années d'étude théoriques.

Tableau 4. Rendement des années d'étude (cohortes 1946-1964)

	Effet	Effet	Effet	Effet
Non diplômé grande école	– 0,4297	0,2076	0,0082	0,4681
Durée d'études déclarée	0,0559			
Durée d'études théorique correspondant aux niveaux		0,0879		
Durée d'études théorique correspondant aux diplômes			0,1010	
Durée d'études, base 1947				0,1769
Indicatrices de cohorte	oui	oui	oui	oui
Indicatrices d'âge	oui	oui	oui	oui
Nombre d'observations	230 914	230 914	230 914	230 914

Source : Ibid.

Tableau 5. Rendement des années d'étude (cohortes 1965 et 1973)

	Effet	Effet	Effet	Effet
Non diplômé grande école	– 0,2986	0,1444	0,2852	0,0220
Durée d'études déclarée	0,0649			
Durée d'études théorique correspondant aux niveaux		0,1123		
Durée d'études théorique correspondant aux diplômes			0,1280	
Durée d'études, base 1947				0,1012
Indicatrices de cohorte	oui	oui	oui	oui
Indicatrices d'âge	oui	oui	oui	oui
Nombre d'observations	67 337	67 337	67 337	67 337

Source : Ibid.

Lorsqu'on se livre à ce calcul (tableaux 4 et 5), on constate que le salaire des personnes non diplômées des grandes écoles s'est rapproché de celui des diplômés au rythme d'environ 6 % par année supplémentaire d'âge de fin d'étude et d'environ 10 % (9 % pour la première période et 11 % pour la seconde) par année correspondant à un niveau supplémentaire (que la fréquentation du niveau soit certifiée ou non). S'agissant des années couronnées par un diplôme, les salaires des personnes non diplômées d'une grande école se sont élevés à un rythme plus rapide encore, compris entre 10 et 17 % par année d'étude certifiée supplémentaire, selon la période considérée et la convention adoptée pour mesurer les années certifiées. Nous retrouvons là des ordres de grandeurs proches de ceux auxquels nous parvenions en examinant le rendement des diplômes dans la première partie de cette étude. Ces évaluations suggèrent clairement que la démocratisation est d'autant plus rentable pour les populations visées que l'on parvient à leur éviter les années perdues, sous forme de redoublement et d'échec notamment.

Depuis bientôt dix ans, la France hésite à franchir une nouvelle étape dans le processus de démocratisation de son système éducatif. Elle s'interroge sur l'opportunité d'ouvrir réellement les portes de son enseignement supérieur long et de ses grandes écoles. Beaucoup sont même tentés de revenir sur les acquis des précédentes étapes du processus, notamment le collège unique. L'ambition d'amener l'ensemble d'une génération au niveau du baccalauréat est dénoncée de toutes parts. Ces hésitations françaises tranchent avec le dynamisme éducatif observé ailleurs dans le monde développé. Elles naissent du retentissement particulier qu'ont dans ce pays les difficultés rencontrées au cours des décennies récentes pour accueillir en masse, au collège puis au lycée, les enfants des catégories les plus modestes de la société. Les enseignants font face à des problèmes inédits de gestion des classes, et ces difficultés – peut-être plus encore en France qu'ailleurs – empêchent d'envisager sereinement une nouvelle étape de démocratisation. Comme nous avons pu le constater dans cette étude, l'expansion de l'enseignement secondaire a pourtant été un succès. Contrairement à une idée aujourd'hui dominante, les phases les plus volontaristes de l'expansion scolaire d'après-guerre ont coïncidé avec une amélioration sur le long terme des destins sociaux (ici mesurés à travers les salaires) de ceux qui en ont bénéficié le plus directement, c'est-à-dire tous ceux qui, sans ce volontarisme, seraient probablement aujourd'hui sur le marché du travail sans qualification secondaire. Le surcroît de formation dont ont bénéficié les enfants de milieux modestes au fil des générations d'après-guerre s'est en effet traduit par une amélioration très sensible de leur situation salariale à l'âge adulte.

Une politique éducative ne peut pas simplement se juger à l'aune des difficultés concrètes, immédiates, de sa mise en œuvre. Il importe également d'apprécier les évolutions sur le long terme qui, sans elles, n'auraient pas pu se produire, les inégalités et les déchirements qu'elle a permis d'éviter. À cet égard, le bilan des politiques menées en France dans l'après-guerre rejoint celui déjà disponible dans d'autres pays développés et incite à retrouver avec eux une vision un peu plus optimiste et volontariste de l'avenir de l'école.

8.

Le chômage des jeunes baisse-t-il ?

L'insertion professionnelle des jeunes est aujourd'hui l'un des problèmes les plus persistants et les plus étudiés en France. À intervalles réguliers, l'INSEE dresse un « bilan formation-emploi » : le dernier en date retrace les évolutions de l'emploi et du chômage des jeunes, celles de leur niveau et de leur type de formation, telles qu'elles ont pu être observées entre le début des années quatre-vingt et le début des années deux mille[1]. Les rapports parlementaires et administratifs ne sont guère moins fréquents : pour n'en citer que deux récents, en 2006, le Sénat suggère aux entreprises comme aux jeunes diplômés de changer leurs représentations du marché du travail : les unes et les autres ne se connaissent pas mutuellement et l'offre ne peut rencontrer la demande. Avant d'être remplacé par le Centre d'analyse stratégique, le Commissariat général du plan, constatant que l'insertion professionnelle et sociale des jeunes est insatisfaisante, coordonne un rapport qui tente de juger de l'efficacité des – nombreuses – politiques nationales d'éducation et d'insertion dans l'emploi en place depuis 20 ans[2]. Côté académique, les économistes et les sociologues français ont eux aussi produit une vaste littérature sur l'insertion professionnelle des jeunes[3]. Au-

1. INSEE, « Bilan formation-emploi. De l'école à l'emploi : parcours », *Économie et statistique*, 378-379, 2004 ; INSEE, « Bilan formation-emploi (II). Formation et qualité des emplois occupés », *Économie et statistique*, 388-389, 2005.

2. D. Charvet, *Jeunesse, le devoir d'avenir*, rapport du Commissariat général du plan, Paris, La Documentation française, 2001.

3. Pour une synthèse de ces travaux, voir F. Lefresne, *Les Jeunes et l'emploi*, Paris, La Découverte, coll. « Repères », 2003, ou Ch. Nicole-Drancourt et L. Roulleau-Berger, *L'Insertion des jeunes en France*, Paris, PUF, coll. « Que sais-je ? », 2002.

delà le la grande diversité des approches, les études s'accordent au moins sur un élément de diagnostic : des efforts soutenus ont été produits pour augmenter de façon significative le niveau moyen de formation des jeunes quand ils quittent l'école, et une grosse partie de ces efforts et de ces investissements en formation a été concentrée entre 1985 et 1995[1].

De fait, les générations nées entre le milieu des années soixante et le milieu des années soixante-dix ont bénéficié de l'un des plus formidables efforts d'ouverture du système éducatif de l'histoire du pays[2]. En à peine dix générations, la proportion de personnes ayant au moins le baccalauréat a augmenté de plus de 20 points : plus de 60 % de la génération née en 1975 décroche ou dépasse le baccalauréat, contre moins de 40 % de la génération née en 1966.

Pour autant, un certain scepticisme entoure aujourd'hui le bilan de cette politique. Pour beaucoup, l'allongement de la durée des études ne ferait que retarder jusqu'à des âges plus élevés le problème de l'insertion, sans fondamentalement le résoudre. Tout se passerait comme si les générations les plus récentes accédaient plus ou moins au même ensemble d'emplois, mais simplement à un âge un peu plus avancé que leurs aînées. La démocratisation du système scolaire est ainsi dénoncée comme une inflation du niveau d'étude sans effet réel sinon celui d'alimenter un sentiment de déclassement dans la jeunesse[3]. Cette vision pessimiste de l'ouverture de l'école est nourrie par le constat maintes fois répété de la persistance d'un chômage élevé dans les catégories d'âge traditionnellement considérées comme représentant les jeunes. Ainsi, le taux de chômage des 15-24 ans ne s'est jamais situé en dessous de 18 % depuis vingt-cinq ans[4].

Cette analyse et ce type de raisonnement ont pour eux tous les atouts de l'évidence. Ils posent cependant de nombreux problèmes. Très fondamentalement, ils négligent que les jeunes actifs d'aujourd'hui sont à bien des égards différents de ceux observés

---

1. É. Verdier, « Les paradoxes du système éducatif français », *La Revue de la CFDT*, 78, 2006.
2. S. Durier et P. Poulet-Coulibando, « Formation initiale, orientations et diplômes de 1985 à 2002 », INSEE, *Économie et statistique*, 378-379, cit.
3. M. Duru-Bellat, *L'Inflation scolaire : les désillusions de la méritocratie*, Paris, Seuil, 2006.
4. F. Lefresne, *Les Jeunes et l'emploi*, *op. cit.*

naguère. Ils sont davantage diplômés, mais également – du fait même de l'allongement des études et de l'entrée retardée sur le marché du travail – beaucoup moins expérimentés, et en particulier beaucoup plus souvent dépourvus des deux ou trois années d'expérience initiale du marché du travail si importantes pour l'insertion professionnelle. Du coup, l'évolution de la situation des 15-24 ans sur le marché du travail est la combinaison d'effets opposés, celui de leur formation plus élevée d'une part, celui de leur expérience plus réduite d'autre part. Pour réellement évaluer l'effet de la démocratisation du lycée, il est nécessaire de séparer ces deux effets, difficulté généralement non perçue par les études disponibles.

Les très rares tentatives pour surmonter cette difficulté consistent à analyser non plus un groupe d'actifs (ou de personnes) d'une même tranche d'âge (les 15-24 ans, les 15-29 ans par exemple), mais un groupe de personnes ayant quitté l'école à la même date (celles qui ont quitté l'école en 1988 par exemple). Le taux d'emploi six mois ou un an après l'entrée sur le marché du travail devient par exemple une mesure de la qualité de l'insertion professionnelle[1]. Ce changement de fenêtre d'observation marque un progrès, mais continue de soulever des difficultés d'interprétation. L'évolution au fil des années des risques de chômage de nouveaux entrants sur le marché du travail reflète avant tout les effets de la conjoncture macroéconomique et n'a qu'un lien très indirect avec l'évolution des destins professionnels au fil des générations[2]. Plus profondément, les nouveaux entrants forment des populations dont la composition varie au cours du temps et au fil des conjonctures. Ceux qui quittent l'école quand la conjoncture est mauvaise et les emplois rares sont – presque par définition – différents de ceux qui la quittent lorsque la conjoncture est bonne et les emplois nombreux. Comparer la situation de nouveaux entrants à deux dates successives revient à comparer des groupes de jeunes actifs dont les différences ne se rédui-

1. Y. Fondeur et C. Minni, « L'emploi des jeunes au cœur des dynamiques du marché du travail », INSEE, *Économie et statistique*, 378-379, cit. ; C. Minni et P. Poulet-Coulibando, « Coup de frein à l'insertion professionnelle des jeunes », *Premières synthèses*, 7 (1), 2003.

2. Y. Fondeur et C. Minni, « Au-delà du "processus d'insertion" : les jeunes au cœur des ajustements conjoncturels et des transformations des normes d'emploi », Institut de recherches économiques et sociales, DT 2003.

sent pas à un écart de formation et ne permet pas davantage d'isoler le rôle de l'éducation que les analyses centrées sur une classe d'âge (les 15-24 ans par exemple).

Cette contribution propose de réévaluer la démocratisation de l'enseignement secondaire en France, à partir d'une approche différente : elle repose sur la comparaison des trajectoires professionnelles de générations définies non pas par leur date d'entrée sur le marché du travail, mais par leur date de naissance. Ces groupes de personnes nées à la même date seront suivis de l'âge de 15 ans à l'âge de 32 ans, et l'on se concentrera tout particulièrement sur l'évolution des risques de chômage aux âges qui font suite à la période de transition entre école et emploi proprement dite. S'agissant d'évaluer l'impact propre du surcroît de formation sur les destins sociaux, il est en effet crucial de se concentrer non pas sur les âges au cours desquels s'effectuent les transitions vers le marché du travail (grosso modo avant 27 ans), mais sur la période qui lui fait immédiatement suite, après que chacun a eu l'occasion de passer au moins quelques années sur le marché du travail.

Dans un premier temps, nous expliquons plus en détail la méthode utilisée et les données servant de base à notre étude. Ensuite nous expliquons comment la phase d'insertion sur le marché du travail, entre 16 et 27 ans, s'est transformée de la génération née en 1966, juste avant la phase de démocratisation du lycée, à celle née en 1978, juste à la fin de cette ouverture de l'école et quels effets ces changements ont eus sur la phase qui a immédiatement succédé à cette insertion. Nous confortons ces résultats en montrant qu'ils marquent une rupture par rapport aux évolutions observées pour les générations immédiatement précédentes et non concernées par la démocratisation du lycée.

Données et méthode

Notre étude s'appuie sur les résultats des enquêtes « Emploi » de l'INSEE, réalisées entre 1982 et 2005. Nous raisonnons sur des groupes de personnes nées la même année, chacun de ces groupes constituant ce que nous appellerons une génération. Pour chaque génération, nous distinguons deux périodes : la période d'*insertion* proprement dite, au cours de laquelle s'effectuent les transitions vers le marché du travail, et celle qui lui fait suite, que nous proposons d'appeler période de *primo-maturité*. L'insertion sur le marché du travail des générations suivies dans cette étude se joue entre 16 et 27 ans. À 16 ans, tous sont à l'école, à 27 ans presque tous ont achevé leurs études : 27 ans est en effet l'âge au-delà duquel moins de 5 % de la génération déclare être encore en formation initiale dans l'enquête « Emploi ». Cet âge marque ainsi un seuil fondamental : la génération passe d'une situation où sa formation n'est pas terminée à une situation où continuer de se former devient l'exception. Cette frontière d'âge est la même pour les hommes et pour les femmes. Les séries des enquêtes « Emploi » de 1982-2002 et 2003-2005[1] nous permettent d'analyser la période d'insertion des générations nées entre 1966 et 1978 : par exemple, l'enquête « Emploi » de 1982 nous informe sur la génération 1966 quand elle a 16 ans, l'enquête « Emploi » de 1983 sur la génération 1966 quand elle a 17 ans, etc. Au total, en cumulant les informations fournies par les enquêtes « Emploi » de 1982 à 1993, on dispose de renseignements sur la génération 1966, depuis le moment où elle a 16 ans jusqu'au moment où elle atteint 27 ans. De la même façon, mises bout à bout, les enquêtes « Emploi » conduites entre 1994 et 2005 décrivent la situation de la génération (née en) 1978, de ses 16 ans jusqu'à ses 27 ans.

La période de primo-maturité suit immédiatement : quand la génération a entre 27 et 32 ans. À ces âges-là, la totalité de la génération a terminé sa formation initiale. Les premières années de l'entrée sur le marché du travail ont souvent déjà eu lieu : à 27 ans, plus des trois quarts ont passé plus de trois ans sur le marché du travail depuis leur sortie de l'école, à 32 ans, la quasi-totalité de la génération a plus de trois ans d'expérience du marché du travail. En incluant dans nos données la série des nouvelles enquêtes « Emploi » de 2003-2005, nous pouvons étudier cette période pour les générations nées entre 1966 et 1973. La génération née en 1973 a eu en effet 32 ans en 2005. Une présentation détaillée des données est fournie dans l'annexe 2 à la fin de la présente étude.

---

1. Sur ces dernières années, nous utilisons l'enquête « Emploi » de l'INSEE en continu.

Transformation de la phase d'insertion avant 27 ans : moins d'emploi, plus d'études

Conçue dans la décennie qui a suivi l'arrivée de la gauche au pouvoir, la dernière grande phase d'expansion du système éducatif a complètement bouleversé les conditions d'insertion des jeunes Français nés entre le milieu des années soixante et le milieu des années soixante-dix.

En à peine une dizaine de générations, la durée des études s'est allongée de près d'un an et demi. Entre les générations 1966 et 1978, la proportion de personnes de 16 à 27 ans encore à l'école s'est accrue de 12 points pour les hommes et de 14 points pour les femmes (tableau 1). Cette évolution a eu pour contrepartie une entrée plus tardive sur le marché du travail et une baisse très sensible de la proportion de 15-27 ans dans l'emploi (- 6 points, figure 1), cette baisse s'étant concentrée entre les générations 1966 à 1974, avant de s'interrompre brutalement pour les générations 1975 à 1978, vers le milieu des années quatre-vingt-dix.

Lorsque l'on compare la photographie aux mêmes âges (16 à 27 ans) des jeunes nés en 1978 et des jeunes nés en 1966, on compare ainsi deux groupes complètement différents : les jeunes nés en 1978 sont mieux formés certes, mais présents depuis beaucoup moins longtemps sur le marché du travail, ayant beaucoup moins souvent accumulé les quelques années d'expérience initiale si cruciales pour l'insertion professionnelle. Parmi les actifs de 15 à 27 ans, la proportion de ceux ayant plus d'un an d'ancienneté sur le marché du travail a ainsi diminué de 7 points entre la génération née en 1966 et celle née en 1978. Cette baisse est de même ampleur pour les hommes et pour les femmes. Cette première année d'expérience du marché du travail est de fait fondamentale. Le taux d'emploi des personnes ayant moins d'un an d'expérience du marché du travail est en général (quelle que soit la génération) inférieur à 20 %, alors qu'il atteint 65-70 % dès la deuxième année.

Tableau 1. Répartition selon le diplôme le plus élevé obtenu

Génération (année de naissance)	Sans diplôme ou CEP	BEPC	CAP, BEP ou équivalent	Bac ou équivalent	Bac + 2 ans	Supérieur à Bac + 2 ans	Ensemble
1959	29,3	9,6	29,9	13,2	12,3	5,7	100
1960	27,6	9,5	29,4	14,5	12,5	6,5	100
1961	25,6	9,6	31,5	14,1	12,9	6,3	100
1962	23,8	9,7	32,8	14,6	12,2	6,8	100
1963	25,3	8,3	31,9	14,1	12,4	8,0	100
1964	24,1	7,5	32,4	14,0	12,5	9,5	100
1965	22,4	6,9	34,6	13,4	12,6	10,0	100
1966	22,0	6,1	32,7	13,6	13,7	11,9	100
1967	20,2	5,8	32,6	13,8	15,0	12,6	100
1968	20,0	5,4	31,6	14,8	14,8	13,4	100
1969	20,5	5,1	29,8	14,5	15,9	14,1	100
1970	18,0	4,6	28,7	16,7	16,0	15,9	100
1971	16,9	4,6	25,2	17,8	17,0	18,5	100
1972	16,2	5,3	23,0	18,0	18,9	18,6	100
1973	14,4	6,2	20,6	20,0	19,5	19,2	100
1974	14,7	5,0	19,8	22,8	18,3	19,5	100
1975	13,2	5,3	20,5	21,5	18,5	21,0	100
1976	12,9	4,6	18,2	23,6	18,4	22,4	100
1977	11,4	6,4	17,0	24,0	19,4	21,9	100
1978	11,6	3,5	16,6	24,0	20,6	23,6	100

Source : enquêtes « Emploi », 1985 à 2005, INSEE.
Pour chaque génération, on a évalué son niveau de diplôme à partir de trois enquêtes « Emploi », celles réalisées 26, 27 et 28 ans après leur naissance. Les « sans diplôme » incluent les certificats d'études pour les générations les plus âgées (2 % pour la génération 1966).
Le tableau montre une forte hausse du niveau de diplômes en vingt ans.

Figure 1. Taux d'emploi entre 15 et 27 ans pour les générations 1966-1978 (référence 1972, en %)

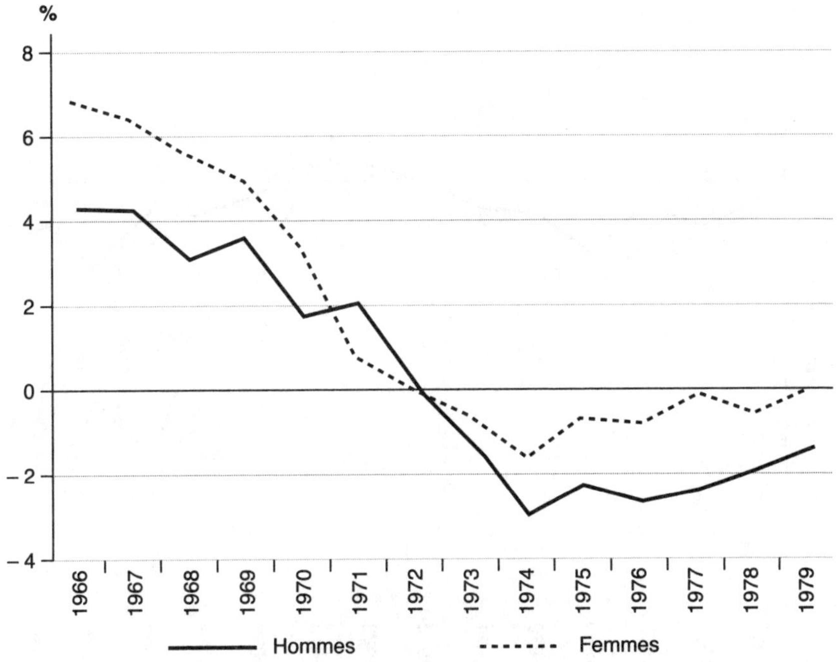

Source : enquêtes « Emploi », 1982 à 2005, INSEE.
En moyenne, de 15 à 27 ans, la génération des femmes nées en 1966 a connu un taux d'emploi de 6,8 points supérieur à celui de la génération née en 1972.

Il est remarquable de constater alors, que bien que l'expérience professionnelle de cette classe d'âge ait rapidement diminué, le taux de chômage des actifs de 15-27 ans n'a pas augmenté au fil des générations (figure 2) et que, du fait de la baisse concomitante du taux d'activité, la proportion de la population totale des 15-27 ans au chômage a même baissé sensiblement : – 2 points chez les hommes, – 5 points chez les femmes (figure 3). La stabilité du taux de chômage des actifs de 15-27 ans ne signifie pas que le surcroît de formation dont ils ont bénéficié n'a servi à rien, mais au contraire qu'il est bel et bien parvenu à compenser le déficit d'expérience initiale du marché du travail accumulé au fil des générations par les

Figure 2. Taux de chômage entre 15 et 27 ans pour les générations 1966-1978 (référence 1972 en %)

Source : Ibid.
Le taux de chômage moyen entre 15 et 27 ans de la génération des femmes nées en 1966 a été de 2 points inférieur à celui de la génération des femmes nées en 1972.

15-27 ans. La hausse du niveau de formation a d'emblée été suffisamment efficace pour maintenir à peu près identique le taux de chômage d'une population par ailleurs devenue beaucoup moins expérimentée.

Figure 3. Part de chômage chez les 15-27 ans
(référence 1972 en %)

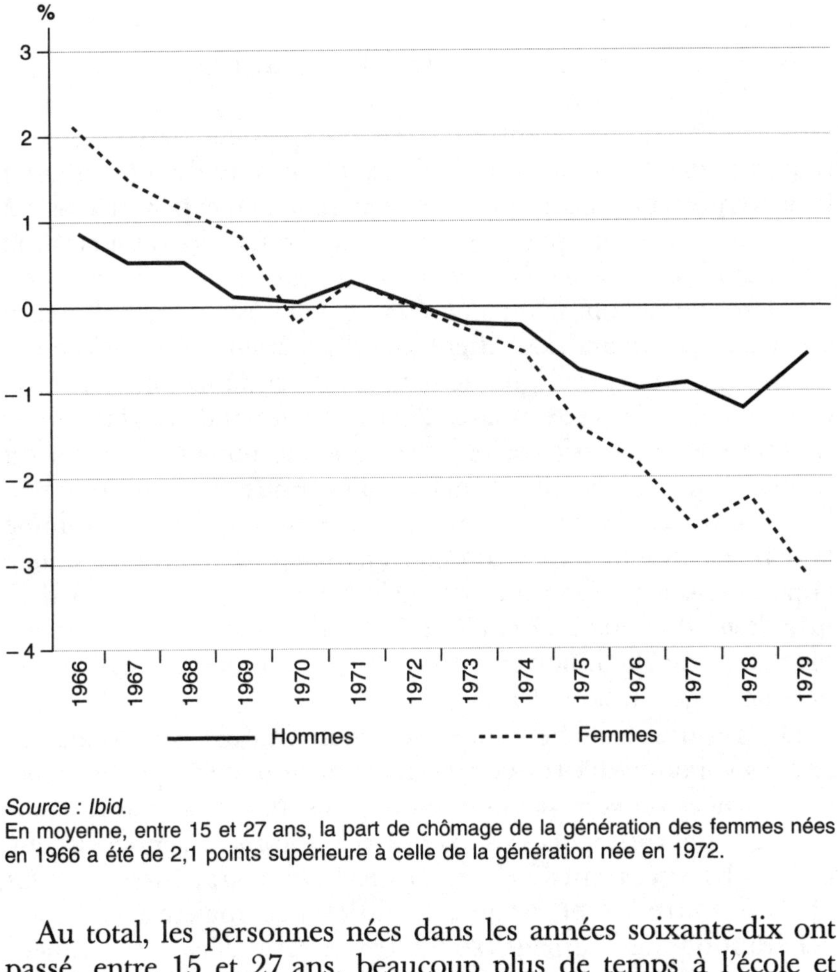

Source : Ibid.
En moyenne, entre 15 et 27 ans, la part de chômage de la génération des femmes nées en 1966 a été de 2,1 points supérieure à celle de la génération née en 1972.

Au total, les personnes nées dans les années soixante-dix ont passé, entre 15 et 27 ans, beaucoup plus de temps à l'école et beaucoup moins de temps dans l'emploi ou au chômage que les personnes nées dans la seconde moitié des années soixante, la proportion de chômeurs parmi les actifs de ce groupe d'âge restant stable en dépit de la baisse importante de leur expérience professionnelle.

Amélioration de la situation entre 27 et 32 ans au fil des générations

Au fur et à mesure que s'éloigne le moment de l'arrivée sur le marché du travail à proprement parler, les différences d'expérience professionnelle entre générations perdent de leur importance : avoir douze ans d'expérience plutôt que dix est un atout beaucoup moins massif que d'avoir deux ans d'expérience plutôt que zéro. Du coup, pour bien juger de l'effet réel d'un surcroît de formation d'une génération à l'autre, la question cruciale n'est pas tant de savoir comment évolue l'exposition au chômage avant 27 ans (quand les différences d'expérience professionnelle jouent un rôle crucial) que de déterminer comment cette exposition évolue *après* cette phase d'insertion (quand les différences d'expérience professionnelle jouent un rôle mineur). C'est à cet exercice que nous allons maintenant nous livrer : comment l'exposition au chômage a-t-elle évolué entre le début et la fin de la dernière grande expansion éducative aux âges qui font suite à la période d'insertion professionnelle telle que nous l'avons définie, c'est-à-dire entre 27 et 32 ans ? La dernière enquête disponible datant de 2005, nous ne pouvons pas prolonger l'analyse au-delà de la génération 1973.

Dans cette tranche d'âge, les générations nées dans les années soixante-dix restent moins expérimentées que les générations nées dans la seconde moitié des années soixante, mais il s'agit de différences d'expérience moins essentielles que celles observées entre 15 et 27 ans. Du coup, lorsqu'on les observe entre 27 et 32 ans, la différence majeure entre les générations des années soixante-dix et celles des années soixante redevient la différence de formation initiale et la comparaison de leur situation professionnelle donne un éclairage direct sur les effets de ce surcroît de formation reçue en termes d'employabilité une fois passé la période d'insertion à proprement parler.

De fait, les générations nées au début des années soixante-dix semblent bel et bien mieux armées : leur taux d'emploi à 27-32 ans est plus élevé que celui des générations des années

Figure 4. Proportion de personnes en emploi ou à l'école chez les 15-27 ans (référence 1972 en %)

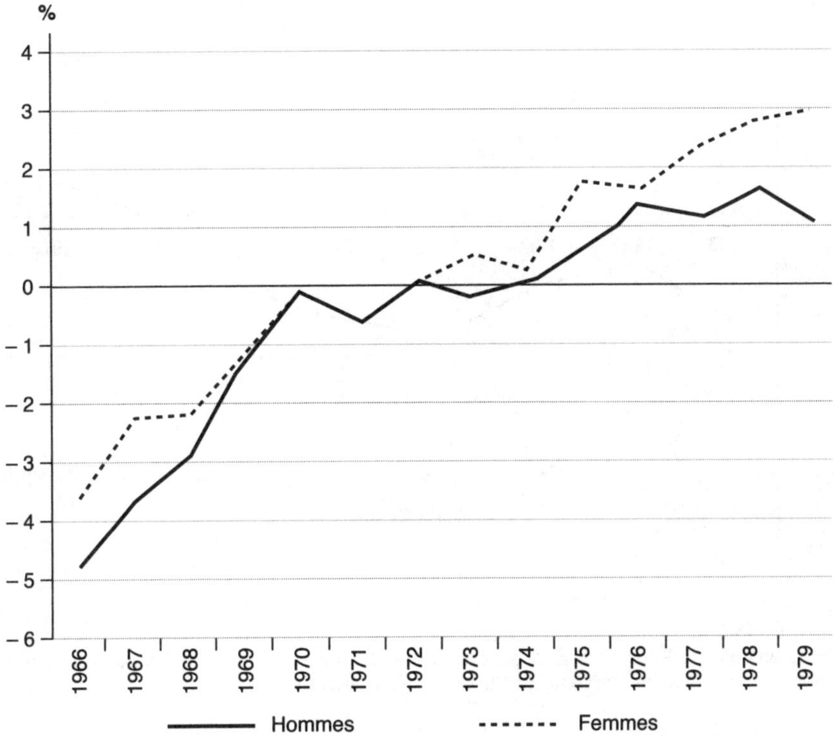

Source : Ibid.
En moyenne, de 15 à 27 ans, la proportion de femmes en emploi ou à l'école parmi les femmes nées en 1966 a été de 3,8 points inférieure à celle de la génération née en 1972.

soixante (figure 4). L'écart est particulièrement significatif pour les femmes : on constate une hausse quasi continue du taux d'emploi moyen aux âges compris entre 27 et 32 ans entre les générations 1966 et 1973. Pour cette dernière génération, le taux d'emploi est de plus de 5 points plus élevé que pour les femmes nées en 1966. Le taux d'emploi augmente également pour les hommes, mais dans une proportion moindre (presque 2 points entre la génération 1966 et la génération 1973)[1] (figure 5).

1. Le fait de calculer des taux moyens d'emploi sur plusieurs années (de l'année des 27 ans à l'année des 32 ans, soit une moyenne sur six ans) lisse

Figure 5. Taux d'emploi entre 27 et 32 ans (référence 1972 en %)

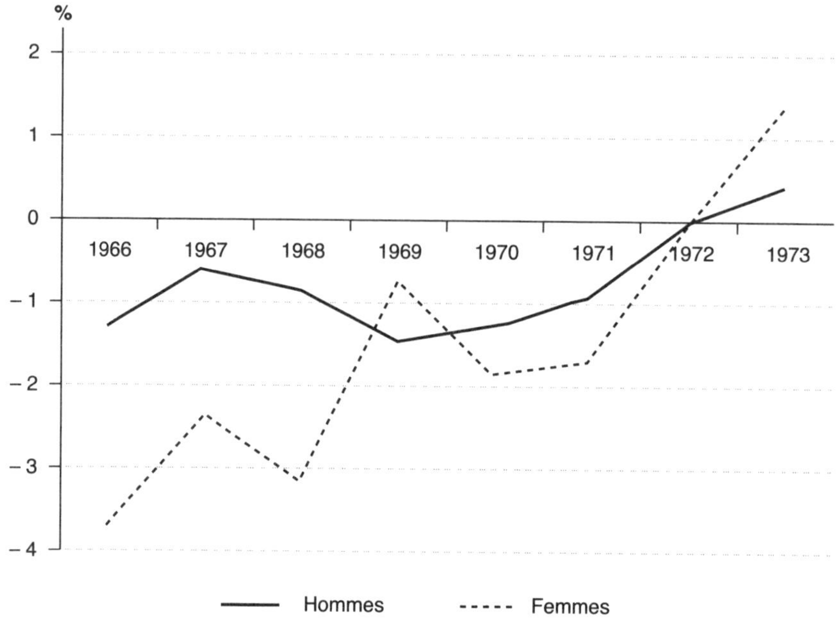

Source : Ibid.
En moyenne, de 27 à 32 ans, la génération des femmes nées en 1966 a connu un taux d'emploi de 3,7 points inférieur à celui de la génération née en 1972.

L'exposition au chômage suit une courbe opposée : le taux de chômage entre 27 et 32 ans a diminué de 2,5 points pour les hommes et de 2,7 points pour les femmes en huit générations (figure 6). Une fois passé les remous de l'insertion, la substitution de formation initiale à de l'expérience professionnelle semble donc apporter en cours de vie active un surcroît d'employabilité pour les hommes et encore plus pour les femmes. Pour ces dernières, à la baisse du taux de chômage s'est par ailleurs ajoutée une augmentation de la participation au marché du travail, qui est la poursuite d'une tendance plus longue.

les effets éventuels de la conjoncture. Ainsi, les générations nées entre 1970 et 1973 ont eu 27-32 ans entre 1997 et 2005, tandis que les générations nées entre 1966 et 1969 ont eu 27-32 ans entre 1993 et 2001. Ces deux groupes de générations sont observés à 27-32 ans sur des segments temporels différents (1993-2001 dans un cas, 1997-2005 dans l'autre), mais suffisamment larges pour inclure tous les deux des années de mauvaise et de bonne conjoncture.

Figure 6. Taux de chômage
(référence 1972 en %)

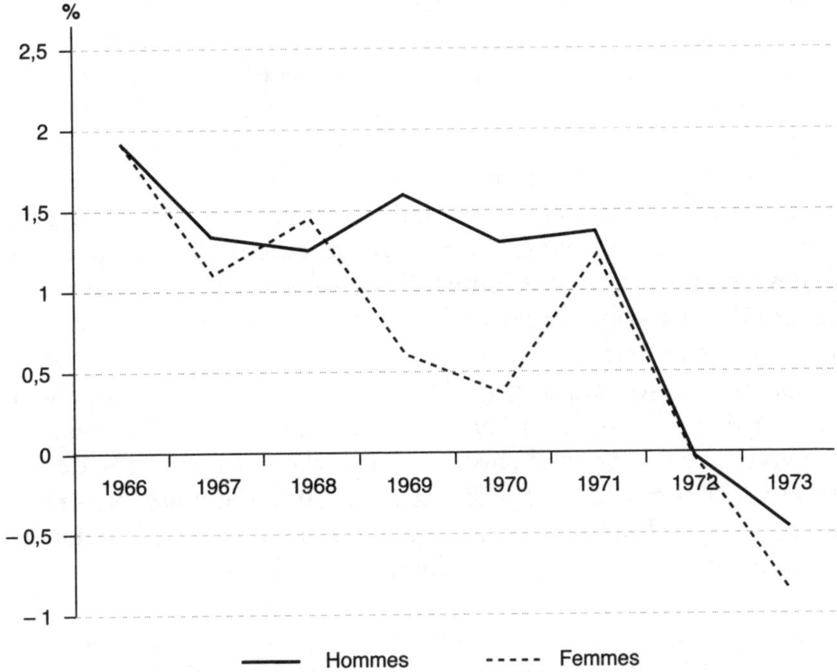

Source : Ibid.
Le taux de chômage moyen entre 27 et 32 ans de la génération des femmes nées en 1966 a été de 1,9 point supérieur à celui de la génération des femmes nées en 1972.

L'ouverture massive de l'accès au lycée s'est accompagnée d'une hausse d'environ 3 points du taux d'emploi des personnes de 27 à 32 ans entre la génération née en 1966 et celle de 1973. Cette hausse ne représente pas le simple effet d'un surcroît d'éducation lié à la réforme. À 27-32 ans, la génération 1973 est certes mieux éduquée que la génération 1966 : 39 % ont un diplôme de niveau supérieur ou égal à Bac + 2, contre 26 % de la génération 1966, soit en moyenne 2 points de plus par génération. À 27-32 ans, la génération 1973 est également moins expérimentée que la génération 1966 : elle a en moyenne huit ans et demi d'expérience, contre dix ans pour la génération 1966, soit un an et demi de moins.

Lorsqu'elle est mesurée à âge donné (ici à 27-32 ans), l'évolution du taux d'emploi capte ainsi l'effet de *substituer* une certaine quantité de formation initiale à une certaine quantité d'expérience. Pour isoler l'effet propre d'un surcroît de formation initiale d'un an et demi, il est nécessaire d'isoler l'effet de l'expérience, en l'occurrence l'effet sur le taux d'emploi d'un surcroît d'un an et demi d'expérience. L'identification de cet effet est possible en analysant la façon dont évolue avec l'âge le taux d'emploi au sein d'une génération. Nos estimations montrent qu'en moyenne, entre 27 et 32 ans, une année d'expérience supplémentaire correspond à un taux d'emploi de 0,3 point plus élevé. Cet effet de l'expérience est relativement plus fort pour les hommes : pour eux, une année d'expérience supplémentaire correspond à 0,4 point de taux d'emploi supplémentaire, contre 0,2 point pour les femmes.

Du fait de son surcroît de formation par rapport à la génération née en 1966, les femmes de la génération 1973 ont, en moyenne entre 27 et 32 ans, un taux d'emploi de près de 5,5 points supérieur (5 + 1,5 x 0,2). Le taux d'emploi augmente aussi pour les hommes entre ces deux générations, mais dans des proportions moindres, + 2,5 points (1,7 + 1,6 x 0,4).

Fin de la démocratisation du collège en période de revalorisation du salaire minimum

L'analyse qui précède éclaire les conséquences en termes d'emploi et de chômage de la dernière grande phase d'expansion éducative, celle qui a ouvert les portes du lycée et entrouvert celles de l'université aux générations nées entre le milieu des années soixante et le milieu des années soixante-dix. Cette démocratisation très rapide de l'enseignement secondaire s'est accompagnée d'une amélioration de l'emploi et d'une baisse très significative des risques de chômage observés à 27-32 ans au fil des générations 1966 à 1973. Il est trop tôt aujourd'hui pour voir les conséquences de l'arrêt brutal de l'effort d'ouverture du système scolaire survenu dans les années quatre-vingt-dix et qui s'est traduit par un arrêt de l'élévation du niveau de formation à partir des générations nées dans le milieu des années soixante-dix.

Figure 7. Augmentation marquée de la durée des études à partir de la cohorte 1966

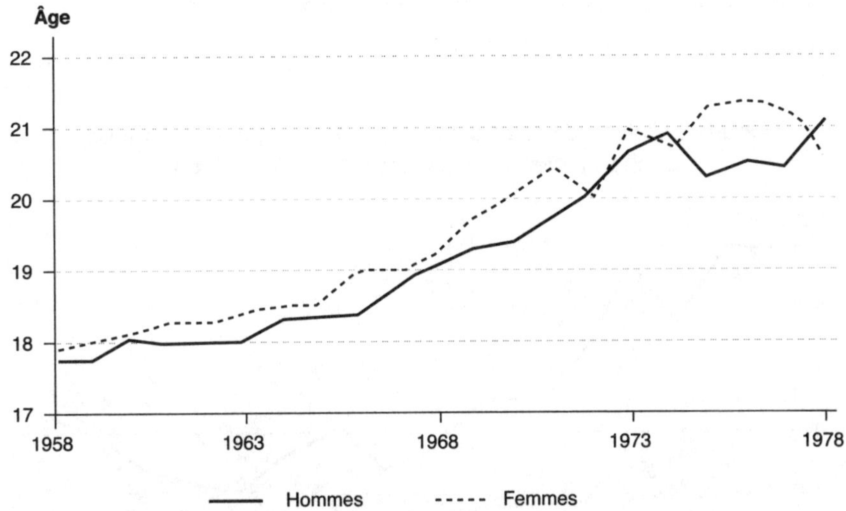

Source : enquête formation et qualification professionnelle 2003.
Personnes nées entre 1958 et 1978.

En revanche, il est possible d'évaluer si l'amélioration perceptible au fil des cohortes 1966-1973 a marqué une rupture par rapport au destin des cohortes immédiatement plus anciennes. Pour cela, nous allons compléter l'analyse qui précède en regardant les trajectoires des générations immédiatement plus âgées que celles que nous venons d'étudier. Ces cohortes, nées à la fin des années cinquante et au début des années soixante, ont connu une élévation bien moins rapide de leur niveau de formation : la durée médiane de la scolarité a augmenté d'une demi-année entre la génération née en 1958 et celle née en 1965 (en huit générations), alors qu'entre les générations nées en 1966 et celles nées en 1973 (en huit générations également), la durée médiane de scolarité a augmenté de deux ans et demi (figure 7).

De façon tout à fait cohérente, le taux d'emploi à 27-32 ans et le risque de chômage à ces mêmes âges, à l'issue de la phase d'insertion, n'ont pas du tout connu la même évolution vertueuse au fil des cohortes 1958-1965 qu'au fil des cohortes 1966-1973. En huit générations, à 27-32 ans, le taux de chômage augmente de 2 points et demi et le taux d'emploi baisse d'un point et demi (figure 8). Le redressement de l'emploi pour les cohortes 1966-1973 avec la démocratisation du lycée marque bel et bien une rupture nette avec la tendance qui prévalait pour les générations immédiatement plus anciennes.

Figure 8. Baisse du taux d'emploi jusqu'à la génération 1965 et changement de tendance à partir de 1966

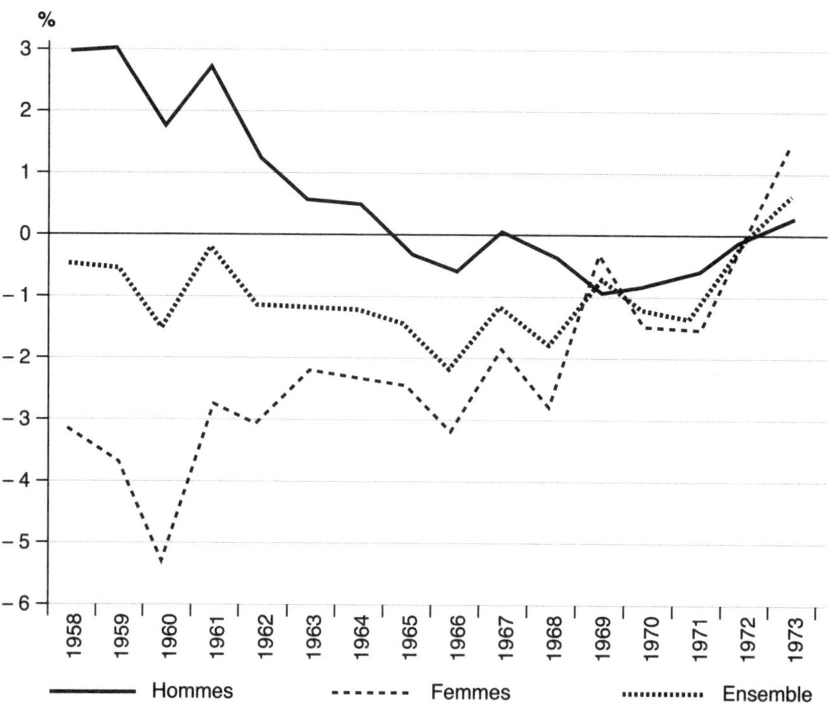

Source : enquêtes « Emploi » 1982 à 2005, INSEE.

Pour que le diagnostic soit complet, il faut souligner que la faiblesse de l'effort de formation n'est sans doute pas le seul facteur explicatif de l'affaiblissement de l'emploi pour les générations 1958-1965. D'autres paramètres clés ont rendu le marché du travail plus sélectif au cours de cette période. La figure 9 reconstitue pour chaque génération née entre 1958 et 1978 le coût d'un emploi rémunéré au Smic tel que cette génération en a fait l'expérience au moment de son insertion sur le marché du travail, lorsqu'elle a eu entre 16 et 27 ans.

Figure 9. Coût du Smic pendant la période d'insertion sur le marché du travail

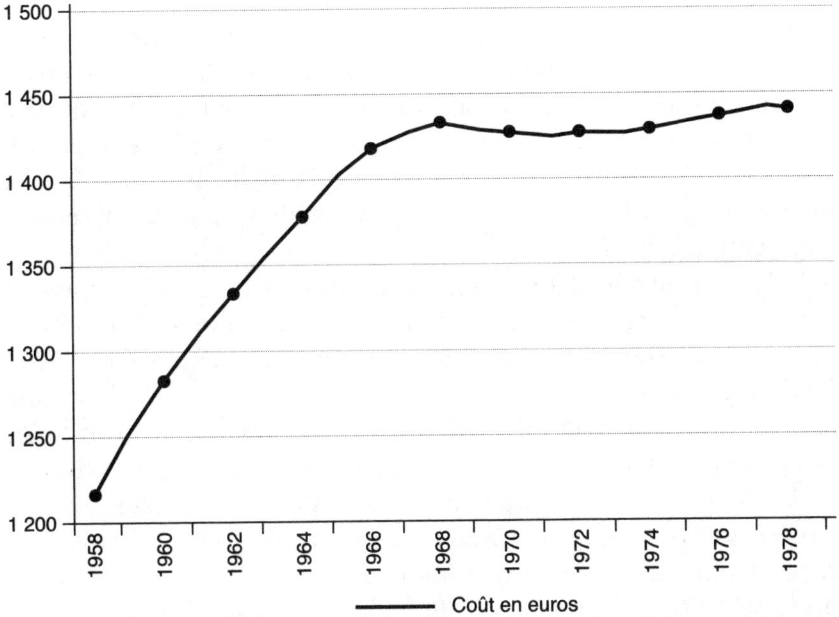

Source : INSEE.

Cette courbe révèle une quasi-stabilité du coût du travail au niveau du Smic au fil des générations 1966 à 1979, mais une hausse très brutale pour les générations 1958 à 1965. Plus précisément, le coût mensuel d'emploi d'une personne rémunérée au Smic est passé ainsi de 1 030 euros en 1975 à 1 410 euros en 1986, soit une élévation de plus de 40 %. En moyenne sur la période où la génération 1959 a eu entre 16 et 27 ans, le coût mensuel d'un salarié rémunéré au Smic s'est élevé à 1 250 euros, contre 1 400 pour la génération 1965[1].

1. La forte hausse observée dans les années soixante-dix est la traduction d'une volonté politique d'opérer par une politique de « coups de pouce » un rattrapage du salaire minimum dont le niveau avait diminué par rapport au salaire moyen dans les années cinquante et soixante. Au contraire, le coût du travail au niveau du salaire minimum a été fortement réduit à partir du milieu des années quatre-vingt-dix par la politique d'allégements de cotisations sociales ciblés sur les bas salaires.

L'impact du coût du travail sur le chômage et la qualité de l'insertion professionnelle est évidemment une question très controversée et il dépasserait le cadre de ce chapitre d'essayer de la trancher. Il nous semble néanmoins important de garder à l'esprit dans la suite que les générations 1958-1965 ont traversé : (1) une période au cours de laquelle la formation initiale des générations a augmenté moins vite qu'au cours de la période suivante et (2) une période au cours de laquelle le coût réel du salaire minimum, au moment où les générations s'insèrent, a augmenté de 25 %.

Si l'effort de démocratisation dont ont bénéficié les générations 1966 à 1973 a produit une telle rupture dans la tendance problématique qui était celle du chômage pour les générations 1958-1965, c'est sans doute aussi parce qu'il s'est réalisé dans une période de stabilisation du coût du travail pour les personnes les moins expérimentées.

À l'issue de cette étude, il ressort que l'effort éducatif des années quatre-vingt a représenté une baisse d'environ 6 points de la probabilité d'occuper un emploi aux âges inférieurs à 27 ans et une hausse de 2,5 points de cette même probabilité après 27 ans. En supposant que les carrières s'arrêtent vers l'âge de 60 ans et que le taux d'actualisation est de 5 %, on peut montrer que l'investissement éducatif des années quatre-vingt est rentable pour une personne donnée, dès lors que le taux de rendement d'une année supplémentaire de scolarité est supérieur à 3,7 % (il s'agit d'un rendement net, qui prend en compte la perte d'expérience – pour le calcul détaillé, voir annexe 1). Les estimations classiques du taux de rendement salarial d'une année de scolarité sont de fait bien supérieures[1].

Une fois passés les remous de l'insertion, les générations qui ont bénéficié de la démocratisation du lycée sont moins exposées au chômage entre 27 et 32 ans et ont un taux d'emploi significativement plus élevé entre ces âges que les générations nées plus tôt et n'ayant pas été exposées à la démocratisation du secondaire. Le

1. M. Gurgand, *L'Économie de l'éducation*, Paris, La Découverte, coll. « Repères », 2004.

surcroît de formation dont ont bénéficié les générations 1966 à 1973 a aussi eu un effet repérable sur leur destin professionnel.

Notre étude met l'accent sur l'emploi. D'autres travaux seraient nécessaires pour éclairer l'effet de l'éducation non seulement sur le fait d'avoir un emploi, mais aussi sur la qualité de l'emploi. Des analyses complémentaires pourraient être conduites sur le type des contrats de travail (intérim, CDD, CDI, fonction publique), sur l'adéquation entre le niveau de qualification de l'emploi et celui de la formation initiale ou encore sur le salaire[1]. D'autres types de travaux pourraient aussi s'intéresser à l'effet de cette élévation du niveau de formation sur les inégalités entre milieux sociaux : à qui a le plus profité cette augmentation du taux d'emploi des 27-32 ans ? Les taux d'emploi des jeunes d'origine modeste se sont-ils rapprochés de ceux des enfants d'origine aisée ?

La hausse de l'emploi dont ont bénéficié les générations de la démocratisation du lycée a pu concerner de façon différente les très diplômés et les peu ou pas diplômés. Les inégalités d'accès à l'emploi au sein même d'une génération, entre diplômés et moins diplômés, ont pu s'en trouver renforcées – ou au contraire atténuées. Telle serait une seconde piste de recherche pour des travaux à venir.

ANNEXE 1

Une estimation du rendement individuel de l'allongement des études

Nous montrons que l'allongement des études s'est traduit par une réduction de 6 points du taux d'emploi moyen entre 16 et 26 ans. Plaçons-nous du point de vue d'une personne qui aurait à choisir entre les deux situations extrêmes correspondant à cette évolution : soit faire partie de la génération née en 1966 et avoir une probabilité d'avoir un

1. F. Forgeot et J. Gautié, « Insertion professionnelle des jeunes et processus de déclassement », INSEE, *Économie et statistique*, 304-305, 1997 ; E. Nauze-Fichet et M. Tomasini, « Diplôme et insertion sur le marché du travail : approches socioprofessionnelle et salariale du déclassement », INSEE, *Économie et statistique*, 354, 2002.

emploi pe_1 entre 16 et 26 ans, puis une probabilité d'avoir un emploi pe_2 entre 27 et 32 ans, soit faire partie de la génération née en 1973, avoir bénéficié d'une formation initiale plus longue et par conséquent avoir une probabilité d'avoir un emploi entre 16 et 26 ans moindre, égale à $pe_1 - 6$, puis une probabilité d'avoir un emploi plus élevé entre 27 et 32 ans, égale à $pe_2 + 2{,}5$. Calculons le coût pour cette personne de l'allongement de ses études, c'est-à-dire du passage de la situation de la génération 1966 à celle de la génération 1973. Supposons que ce coût se limite au coût d'opportunité du salaire, et supposons en outre que la baisse du taux d'emploi est uniforme sur les âges compris entre 16 et 26 ans. Le coût de l'allongement des études est donc de 0,06 w pour chacune des années entre 16 et 26 ans, où w est le salaire annuel moyen pour la durée d'études initiale (quand la durée des études est celle de la génération née en 1966).

Toujours du point de vue de cette personne, le gain accompagnant le surcroît de formation tient à deux choses : d'une part au fait que le taux d'emploi entre 27 et 32 ans gagne 2,5 points et d'autre part au fait que le salaire perçu sera plus élevé sur l'ensemble de sa carrière, du fait d'un niveau de formation plus élevé. En prenant un taux d'emploi moyen de 80 %, et si on fait l'hypothèse que les carrières sont « plates » (on perçoit le même salaire tout au long de la carrière), le gain annuel lié à l'augmentation de salaire des 80 % de personnes ayant un emploi sera de $0{,}8 \times (1+x)^{1{,}5}-1) \times w$ pour chaque année de carrière au-delà de 27 ans et pour un rendement d'une année supplémentaire de scolarité de x %. Le gain annuel lié au surcroît d'emploi sera quant à lui de $0{,}025 \times (1+x)^{1{,}5} \times w$ sur les années comprises entre 27 et 32 ans.

Supposons en outre que l'on travaille en général jusqu'à 60 ans, et prenons un taux d'actualisation de 5 %. On peut alors calculer que l'allongement de la durée des études est rentable dès lors que son rendement salarial est supérieur à 3,7 %.

Les hypothèses que nous retenons conduisent vraisemblablement à une surestimation du taux de rendement minimal assurant la rentabilité de l'allongement des études. Les deux raisons principales sont que :

– nous avons supposé que la baisse du taux d'emploi était uniforme entre 16 et 27 ans. Il est vraisemblable qu'elle se concentre plutôt vers les âges les plus élevés. En supposant que la réduction du taux d'emploi est nulle entre 16 et 20 ans, et se trouve concentrée entre 21 et 26 ans (en supposant une baisse de 6 % à 21 ans, et de 12 % de 22 à 26 ans), il suffit que le rendement salarial d'une année d'étude soit supérieur à 3,1 % pour que l'allongement des études soit rentable ;

– nous supposons que l'effet de la poursuite des études sur l'augmentation du taux d'emploi s'arrête après l'âge de 32 ans. Cette hypothèse conduit à minorer le gain associé à l'allongement des études. Par exemple, en supposant que l'allongement des études a conduit à un accroissement du taux d'emploi de 1,25 point à partir de 33 ans (soit la moitié de la hausse constatée entre 27 et 32 ans), l'allongement des études est rentable à partir d'un rendement salarial annuel de 3,0 %.

ANNEXE 2

Les données

L'étude s'appuie sur les enquêtes « Emploi » de l'INSEE, réalisées entre 1975 et 2005. D'un côté, la série d'enquêtes annuelles 1975-2002, réalisées en général en mars[1], auprès d'environ 100 000 logements. De l'autre, la série des enquêtes « Emploi » des premiers trimestres 2003 à 2005. Ces enquêtes sont réalisées en continu sur tout le premier trimestre, auprès d'un échantillon d'environ 54 000 logements.

Dans chacune de ces enquêtes, nous nous intéressons aux personnes nées entre 1958 et 1978 inclus et uniquement âgées de 16 à 32 inclus. Par exemple, l'enquête « Emploi » de 1985 nous informe sur les personnes nées en 1966 quand elles ont 19 ans, l'enquête « Emploi » de 1986 nous informe sur les personnes nées en 1966 quand elles ont 20 ans. Dans une enquête annuelle donnée (1975 à 2002), le nombre de personnes par génération de naissance (et donc de même âge) est de l'ordre de 2 500, dans une enquête trimestrielle (2003 à 2005) de l'ordre de 1 000.

Les personnes nées entre 1959 et 1978 sont ainsi toutes suivies, année par année, de leurs 16 ans à leurs 27 ans : on peut décrire dans le détail, et pour chaque génération, l'insertion sur le marché du travail. Les personnes nées entre 1958 et 1973 peuvent être suivies pendant la primo-maturité, c'est-à-dire entre 27 et 32 ans. Les personnes nées entre 1959 et 1973 peuvent même être suivies à la fois pendant l'insertion et juste après, de 16 ans à 32 ans.

L'enquête « Emploi » fournit bien sûr la génération de naissance (et donc l'âge) de chaque personne interrogée. Elle renseigne aussi sur son statut d'activité selon les concepts du BIT (en emploi, au chômage, inactif), et la mesure de ce concept dans l'enquête « Emploi » est stable tout au long de la période étudiée[2]. Elle indique enfin la date de sortie

1. Les enquêtes de 1990 et 1999 ont eu lieu en janvier, celle de 1982 en avril, pour cause de recensement de la population en mars.

2. P. Givord, « Une nouvelle enquête Emploi », INSEE, *Économie et statistique*, 362, 2003.

de formation initiale et le diplôme le plus élevé obtenu pour ceux qui ont terminé leurs études initiales. Elle donne le niveau d'étude en cours et le diplôme le plus élevé obtenu jusqu'alors pour ceux qui sont encore scolarisés.

L'étude utilise aussi les résultats de l'enquête sur la formation et la qualification professionnelle de 2003. Réalisée auprès d'environ 40 000 personnes nées entre 1938 et 1985, elle renseigne sur la formation initiale avec beaucoup plus de détails que ne le fait l'enquête « Emploi ». Elle complète ainsi les informations fournies par l'enquête « Emploi » sur la durée de la formation initiale. Pour une génération donnée, l'échantillon est d'environ 800 personnes.

VI

La Sécurité sociale

9.

La régulation des dépenses de santé : comment faire ?

Introduction

L'assurance-maladie est un problème lancinant : pour s'en tenir à l'histoire récente, pas moins de 24 réformes[1] se sont succédé depuis le plan Barre de 1976... pour le résultat que l'on sait : en 2004, le déficit de la branche maladie du régime général de la Sécurité sociale est de 12,3 milliards d'euros, le plus élevé jamais enregistré. Le plan Douste-Blazy, second du nom, s'appuie notamment sur un désengagement de l'assurance-maladie « publique » (la Sécurité sociale) portant sur de nombreuses dépenses. Ainsi, il introduit un forfait d'un euro par consultation, prévoit une baisse du taux de couverture de nombreux médicaments, et fait payer un tarif de consultation plus élevé à ceux qui consulteront un spécialiste sans être passés par le filtre de leur médecin traitant. Toujours dans cet ordre d'idées, un forfait de 18 euros doit être acquitté par ceux qui auront reçu des soins « lourds »,

1. Voici une liste non exhaustive de ces réformes : Barre (1976) ; Veil (1977) ; Barrot (1978) ; Questiaux (1981) ; Bérégovoy (1982) ; Bérégovoy *bis* (budget global) (1983) ; Dufoy (1984) ; Barzach (1986) ; Séguin (1986) ; Séguin *bis* (taxe sur les revenus à 0,8 %) (1987) ; Évin (1988) ; Évin *bis* (abaissement du B en biologie) (1989) ; Rocard (1990) ; Durieux (nouvelle loi hospitalière, déremboursement de médicaments, relèvement des cotisations) (1991) ; Kouchner 1 (1992) ; Balladur (1993) ; Douste-Blazy 1 (1994) ; Juppé (1995) ; Barrot-Gaymard (1996) ; Aubry (1997) ; Aubry *bis* (1998) ; Guigou (2000) ; Kouchner 2 (2002) ; Douste-Blazy 2 (2004). cf. Denis-Clair Lambert, *Les Systèmes de santé*, Paris, Seuil, 2000 ; observations personnelles pour la période plus récente.

d'un montant supérieur à 91 euros. Ces quelques éléments donnent la tonalité générale de la réforme : elle fait peser la régulation du système de santé sur une responsabilisation accrue des patients, sans jouer sur l'offre de soins.

Notons d'emblée que le désengagement de la Sécurité sociale peut se traduire de deux manières distinctes, dont les effets sur les assurés et, *in fine*, sur le fonctionnement du système, sont radicalement différents. Premier cas de figure : les assurances complémentaires (mutuelles, institutions de prévoyance, sociétés d'assurances) compensent le désengagement en prenant à leur charge ces dépenses. En ce cas, elles ne manqueront pas de répercuter ce coût supplémentaire sur le prix des contrats. Du point de vue de l'assuré, le coût final payé lors du recours aux soins n'aura pas changé, mais les cotisations d'assurance (complémentaire) maladie auront augmenté. Second cas de figure, prévu notamment pour le forfait d'un euro par consultation : les complémentaires ne couvrent pas cette dépense ; elle reste donc à la charge du patient, qui est un peu moins bien assuré.

Les questions posées par la baisse des remboursements de l'assurance sociale sont de nature profondément différente selon le cas de figure. Dans le premier cas, des dépenses sont basculées depuis l'assurance sociale vers les assurances complémentaires privées opérant en univers concurrentiel. Que peut-on attendre d'une place accrue de la concurrence en assurance-maladie, et surtout comment doit-elle être encadrée ? Dans le second cas, on s'attend à ce que le patient, qui doit alors payer plus cher pour un service jusque-là presque gratuit, réduise sa consommation de soins. Peut-on pour autant espérer une meilleure efficience de la dépense de santé ?

Une présentation des dernières réformes des systèmes de santé en Europe montre que ces interrogations existent dans plusieurs pays. En France, l'architecture générale de la réforme la plus récente s'appuie essentiellement sur la régulation de la demande de soins, et très peu sur celle de l'offre de soins. Des analyses économétriques récentes des liens entre les dépenses de soins et la couverture assurantielle permettent d'éclairer ces questions, et de se livrer à un examen critique de la réforme actuelle.

Quelques réformes récentes en Europe

Dans les quinze dernières années, de nombreux pays européens ont entrepris de profondes réformes de leur système de santé. Celles-ci portent sur de multiples points : gouvernance de l'assurance-maladie, organisation du système de soins, évaluation de la qualité des soins, financement… Sans entrer dans tous les détails de ces réformes, quelques exemples mettent en évidence trois principes généraux sur lesquels elles s'appuient. Tout d'abord, la régulation du système fait de plus en plus appel à une mise en concurrence, strictement encadrée, des caisses d'assurance-maladie. Ensuite, la participation des assurés aux dépenses augmente systématiquement, sous des formes assez similaires d'un pays à l'autre. Enfin, le mode de rémunération des offreurs de soins (cliniques, hôpitaux, mais aussi médecins exerçant en cabinet de groupe ou individuel) prend des formes de plus en plus forfaitaires : les cliniques ou hôpitaux sont souvent financés en fonction des pathologies de leurs patients, et non plus en fonction de la durée de leur hospitalisation. De même, les médecins sont de moins en moins souvent payés à l'acte, mais davantage par capitation (un forfait annuel tenant compte du nombre de patients vus dans l'année, ajusté selon des critères sanitaires et les caractéristiques socioéconomiques de leur clientèle), voire sous la forme d'un salaire.

Ainsi aux Pays-Bas, le plan Simons de 1991 a étendu à l'ensemble de la population la possibilité, jusqu'alors réservée aux assurés gagnant plus de 33 000 euros par an, de choisir sa caisse d'assurance-maladie parmi plusieurs offreurs privés. Cette mise en concurrence accrue s'est appuyée sur un dispositif de péréquation des risques, mécanisme par lequel une caisse couvrant une population présentant un profil de risque plus défavorable (selon l'âge, le sexe, l'activité ou la localisation géographique de ses assurés) reçoit de la part des autres caisses un transfert financier compensant cette différence de coût moyen prévisible. Elle prévoit également une « double obligation » d'assurance : l'obligation pour chaque caisse d'accepter toute demande d'adhésion, ainsi que l'obligation pour toute personne résidant aux Pays-Bas de souscrire à une assurance-maladie. Une participation des assurés aux dépenses, sous la forme d'une franchise minimale de 250 euros par an a été introduite en janvier 2006. Enfin, on laissera plus de latitude aux caisses dans leurs relations avec les professionnels de santé : la liberté de contracter avec tel ou tel offreur de soins sera ainsi complétée par la possibilité de négocier les tarifs des actes médicaux.

L'Allemagne a également connu de profonds bouleversements de l'organisation de son système de santé. La réforme Seehofer, soutenue par les partis de l'actuelle grande coalition dirigée par Angela Merkel, a introduit en 1992 la concurrence entre caisses, elle aussi assise sur un mécanisme de compensation des risques. Des enveloppes annuelles de dépenses ont alors été instaurées (hôpital, médicaments, soins en ville), celles-ci étant déclinées, depuis 1997, sous la forme d'un budget annuel perçu par chaque médecin, tenant compte de sa clientèle, de sa spécialité et de son environnement socioéconomique. Les réformes entreprises en 2003 par le gouvernement Schröder, dans le cadre de l'Agenda 2010, complètent ce dispositif par l'introduction d'une participation des assurés aux dépenses : forfait hospitalier, ticket modérateur de 10 % sur les médicaments, forfait de 10 euros par trimestre payé par les patients consultant un spécialiste directement (sans avoir été « aiguillés » par leur généraliste, celui-ci étant payé par capitation). Les effets de ces mesures ont été extrêmement sensibles dès la première année : la consommation de médicaments a ainsi baissé de 13 %, les consultations médicales de 10 %. Alors que l'ensemble des caisses d'assurance-maladie accusait en 2003 un déficit de 3 milliards d'euros, l'exercice 2004 leur a permis de dégager un excédent de 4 milliards d'euros, qui devrait se traduire par une réduction des primes payées par les assurés.

La Suisse fournit un autre exemple, particulièrement intéressant. À l'inverse de la plupart des pays européens, la concurrence entre caisses d'assurance y est un principe très ancien, en vigueur depuis 1911, les caisses d'assurance intervenant au premier franc étant privées, à but non lucratif. Les réformes récentes ont consisté, entre autres, à encadrer cette concurrence par des règles plus strictes. Ainsi, la loi sur l'assurance-maladie de 1996 introduit la « double obligation » d'assurance. Le tarif proposé doit être indépendant du sexe, de l'état de santé et de l'âge (sauf pour les enfants) des assurés. La loi définit les biens et services de santé couverts par les contrats d'assurance, dont la forme est également précisée. Les premiers francs de la dépense de soins sont toujours intégralement à la charge de l'assuré, jusqu'à une franchise annuelle. Au-delà de ce montant, l'assuré contribue aux frais à hauteur d'un copaiement de 10 % (ticket modérateur, porté récemment à 20 %) des dépenses supérieures à sa franchise. Lorsque celles-ci atteignent 6 000 francs suisses (environ 4 000 euros), l'assurance-maladie couvre intégralement le coût des soins ; la dépense annuelle laissée à la charge des patients (franchise plus ticket modérateur) est donc plafonnée. Chaque assuré peut choisir son niveau de franchise, de 300 à 2 500 francs suisses par an (environ 200 à 1 700 euros). Des assurances complémentaires couvrent certains types de dépenses (chambre individuelle à l'hôpital, soins dentaires...) ; mais, contrairement à la France où les assurances complémentaires couvrent notamment le ticket modérateur, la loi interdit aux assureurs de proposer des contrats qui couvriraient les franchises ou ledit ticket. Plusieurs caisses proposent en outre une assurance à prix réduit restreignant le choix des offreurs de soins, ces derniers étant payés à l'acte ou, dans certains cas, sous une forme de capitation. Enfin, le mécanisme de compensation des risques entre caisses d'assurance, introduit pour une durée de dix ans, a depuis été pérennisé.

Ces expériences peuvent-elles éclairer la récente réforme de l'assurance-maladie en France ? Les comparaisons internationales sont souvent instructives, mais elles gardent de sérieuses limites. En effet, les systèmes de santé diffèrent d'un pays à l'autre à tant d'égards qu'il est très délicat d'attribuer les différences constatées dans la performance relative d'un pays à telle ou telle caractéristique particulière de son système de santé. Un autre type d'approche consiste à identifier quelques questions fondamentales se posant dans tous les systèmes de santé, et à les analyser en détail dans un système particulier. On espère alors qu'une meilleure compréhension de l'un des éléments du tableau d'ensemble dans un pays particulier permette d'illustrer le fonctionnement du même élément dans un autre pays.

L'information cachée

De nombreux travaux empiriques ont cherché à mieux cerner les relations complexes entre assurance-maladie et dépense de soins. Le point de départ est le suivant : la plupart des études constatent une corrélation positive entre niveau d'assurance et montant des dépenses. Toutefois, corrélation n'est pas causalité, et deux interprétations de cette relation statistique sont possibles. D'une part, le fait d'être mieux couvert par une assurance peut entraîner chacun à consommer davantage ; ce phénomène, souvent qualifié d'« aléa moral », traduit simplement un effet d'incitation dû à une modification du prix payé par l'usager. Mais, d'autre part, il est possible qu'une personne se sachant en mauvaise santé et anticipant ainsi qu'elle aura besoin de soins dans le futur, choisisse de souscrire un contrat d'assurance couvrant une part plus grande du coût de ces soins. La causalité est alors inversée, puisque, en présence d'« autosélection », ce serait la dépense de soins qui déterminerait le niveau d'assurance, alors qu'en présence d'« aléa moral » c'est le niveau d'assurance qui influence la dépense de soins. Notons que ces deux interprétations ne sont pas exclusives l'une de l'autre, et que les deux phénomènes peuvent tout à fait coexister.

Les déterminants de la dépense de soins sont multiples. Les processus de décision qui conduisent à cette dépense sont complexes et font intervenir de manière centrale l'interaction entre le patient et le professionnel de santé, notamment le médecin. Des éléments propres à chacun des acteurs en présence peuvent donc potentiellement influer sur la dépense de soins. Du côté du patient, en premier lieu, l'état de santé conditionne fortement la dépense ; mais le revenu dont il dispose peut limiter sa capacité à payer, notamment pour des soins coûteux. Dans tous les pays développés, des systèmes d'assurance, publique ou privée, visent à garantir un accès aux soins en principe indépendant du revenu. Un tel objectif peut s'envisager du point de vue de l'équité ou de la solidarité entre malades et bien portants, mais il peut aussi s'interpréter en termes d'assurance[1]. Les soins coûteux correspondent à des traitements lourds, qui ne sont mobilisés que dans la prise en charge de pathologies survenant avec une faible probabilité. L'assurance permet, si l'on paye une prime lorsque tout va bien, de disposer en cas de nécessité de sommes importantes permettant d'accéder aux soins coûteux. C'est là la principale mission de l'assurance-maladie que de prendre en charge le coût des soins « adéquats, » dont la nature dépend des traitements disponibles et de l'état des connaissances médicales, permettant de traiter des maladies dont la survenance future reste incertaine, surtout à un niveau individuel. La couverture complète du coût de ces « besoins de santé » par une assurance correspond à un transfert du risque depuis les individus vers les organismes collectifs, et ce partage des risques est efficient *ex ante*.

Mais la dépense de soins ne répond pas uniquement à cette logique de « besoins de santé ». En effet, l'assurance-maladie ne peut évaluer systématiquement, dans les soins consommés, ceux qui relèvent de tels besoins. Or elle rembourse, intégralement ou partiellement, le coût des soins engagés, et intervient donc en modifiant le prix des soins payés par l'assuré ; cette diminution du prix payé peut alors conduire, par un effet d'incitation, à une « demande » de soins d'un montant plus élevé. La distorsion du prix correspond à une inefficience *ex post*, lors du recours aux soins. C'est en fait là le cœur du dilemme posé par l'« aléa moral » : trop peu d'assurance est inefficient *ex ante*, trop d'assurance est inefficient *ex post*. Où mettre le curseur ?

Notons que cette présentation passe sous silence l'importance d'un autre acteur dont l'intervention détermine aussi la dépense de soins, à savoir le médecin, qui seul peut prescrire certains traitements. La demande de soins naît donc de l'interaction complexe entre le patient et le médecin, et les incitations monétaires auxquelles ce dernier fait face (notamment les conditions de sa rémunération) peuvent donner lieu à une « induction » de la demande par l'offre, phénomène déjà remarqué par Jules

1. Lorsque l'on prend en compte la dimension temporelle du risque santé, la distinction entre assurance et solidarité devient encore plus délicate, cf. P.-Y. Geoffard, « Assurance-maladie : la gestion du risque long », *Revue d'économie politique*, 110 (4), 2000, p. 457-482.

Romains ou George Bernard Shaw et depuis lors objet d'une abondante littérature empirique[1].

Pour en revenir au patient, et à l'« aléa moral » (arbitrage entre partage des risques et incitations), la question posée est de savoir quel type de dépenses et quelle part de leur coût doivent être laissés à la charge de l'assuré, sous la forme de franchises ou de tickets modérateurs, sans que cette participation entraîne un renoncement aux soins « adéquats ». *In fine*, la réponse à cette question dépend de la mesure empirique des effets d'incitation, la participation aux soins devant être plus élevée lorsque ces effets sont plus importants.

L'autre explication possible de la corrélation entre niveau de couverture et montant de la dépense de soins, à savoir l'autosélection, est radicalement différente, et recommande de prêter une attention particulière à la régulation de la concurrence entre assureurs. En effet, cette forme d'asymétrie d'information entre les assurés et les assureurs peut sévèrement déstabiliser le bon fonctionnement du marché.

Du point de vue de l'assureur, cela entraîne que les assurés présentent une structure de risque différente selon leur niveau de couverture. Un contrat d'assurance est un bien de nature très particulière, puisque son « coût de fabrication » dépend des caractéristiques de celui qui l'achète. Or les individus les plus disposés à acheter un contrat d'assurance sont justement les clients les plus « risqués » et donc les moins « profitables ». Dans un environnement concurrentiel, chaque assureur peut au contraire, en proposant un contrat d'assurance incomplète, tenter d'attirer les clients les moins risqués. On peut alors assister à un fonctionnement délétère de la concurrence[2] : un contrat unique peut être rentable tant qu'il attire à la fois des clients « risqués » et d'autres moins coûteux ; mais un assureur qui proposerait une couverture moins complète peut attirer sélectivement les individus supportant le risque le plus faible. Cette stratégie commerciale vient

1. Jules Romains, *Knock, ou le triomphe de la médecine*, 1923 ; G. B. Shaw, *The Doctor's Dilemma*, 1906. Voir aussi Th. McGuire, « Physician agency », in A. Culyer et J. Newhouse (éd.), *Handbook of Health Economics*, Elsevier, 2000.

2. Le fonctionnement d'un marché d'assurance en présence d'asymétries d'information a été notamment étudié par M. Rothschild et J. Stiglitz, « Equilibrium in competitive insurance markets : an essay on the economics of imperfect information », *Quarterly Journal of Economics*, 90 (4), 1976, p. 630-649.

déstabiliser le contrat précédent, contraint d'augmenter ses tarifs ; cette augmentation des tarifs peut alors conduire d'autres individus à préférer le contrat moins complet, nourrissant ainsi une « spirale de la mort », qui peut conduire rapidement à une disparition pure et simple du meilleur contrat[1].

L'autosélection recommande donc un encadrement très strict des règles de concurrence en assurance : les réflexions sur la régulation du système de santé doivent s'appuyer sur une estimation empirique de l'importance de ce phénomène.

Les leçons de l'analyse économétrique

Avant de revenir sur ces recommandations de politique économique, il convient donc d'estimer la part relative des deux phénomènes, et notamment de mesurer l'ampleur des effets d'incitation. L'impact de la participation des assurés aux frais de santé sur le montant de leur dépense de soins peut s'interpréter en termes d'élasticité prix de la demande de soins. De nombreuses études ont entrepris de mesurer précisément cette élasticité, à partir de données d'enquête ou administratives, ou en exploitant des « expériences naturelles » durant lesquelles l'étendue de l'assurance couvrant une population particulière avait changé au cours du temps[2]. Selon les premières études, dans les années soixante, les estimations variaient considérablement, entre – 0,1 et – 2,1. Aucune recommandation sérieuse ne pouvait s'appuyer sur une telle variabilité des estimations empiriques.

1. Ce phénomène a été mis en évidence sur un marché concurrentiel d'assurance santé par D. Cutler et S. Reber, « Paying for health insurance : The trade-off between competition and adverse selection », *Quarterly Journal of Economics*, 113 (2), 1998, p. 433-466.

2. Pour une application de ces techniques à des données françaises d'assurance complémentaire, voir P.-A. Chiappori, F. Durand et P.-Y. Geoffard « Moral hazard and the demand for physician services : first lessons from a French natural experiment », *European Economic Review*, 42 (3-5), 1998, p. 499-511.

L'expérience de la Rand

En 1974, afin de lever cette incertitude et d'obtenir une évaluation globale des impacts de l'assurance-maladie, le gouvernement fédéral américain a commandé à la Rand Corporation une étude complète de la question. Trois questions principales étaient posées. Tout d'abord, quel est l'impact d'une couverture plus généreuse sur le montant des dépenses de soins ? Ensuite, cet impact dépend-il des caractéristiques des assurés (revenu, état de santé…) ? Enfin, l'impact se traduit-il par une amélioration de l'état de santé ? La Rand a alors entrepris la Health insurance experiment, l'une des plus ambitieuses expériences contrôlées en sciences sociales. Un échantillon de près de 8 000 individus, à peu près représentatifs de la population américaine, a été suivi sur une durée allant jusqu'à sept ans. Ces individus étaient couverts par un contrat d'assurance tiré au sort parmi 15 plans différents, comportant un taux de participation aux dépenses, ainsi qu'un plafond sur les dépenses annuelles restant à charge (au-delà duquel les dépenses étaient couvertes à 100 %). Ces plans différaient selon deux dimensions : d'une part le taux de copaiement valait 0 (plan « gratuit »), 25, 50 ou 95 % ; d'autre part les dépenses restant à la charge du ménage étaient plafonnées, le montant du plafond étant fonction du revenu du ménage, et variable. Un dernier plan proposait une prise en charge complète (taux de copaiement de 0 %) des dépenses d'hospitalisation, et quasi nulle (taux de copaiement de 95 %) des autres dépenses. Enfin, et c'est un élément important du dispositif expérimental, chaque ménage participant à l'enquête recevait en début d'année à titre incitatif une somme forfaitaire correspondant au plafond de ses dépenses éventuelles.

Les données recueillies par la Rand constituent la référence incontournable sur la question de l'élasticité prix de la demande de soins : seule à avoir procédé à de telles estimations en fonction du revenu, l'enquête de la Rand est l'une des rares qui permette également de mesurer l'impact en termes d'état de santé[1].

---

1. Ces données ont conduit à de nombreuses publications, dont un ouvrage rend compte de manière très complète : J. Newhouse, *Free for All ? Lessons from the Rand Health Insurance Experiment*, Harvard, Harvard University Press, 1993.

Les principaux résultats de cette étude (pour ce qui nous intéresse) peuvent être résumés ainsi.

Tout d'abord, la dépense totale est clairement décroissante selon le taux de copaiement : la consommation totale de soins répond bien aux incitations monétaires. Cet effet de réduction des dépenses pour les ménages les moins bien couverts est principalement dû à la diminution du nombre d'épisodes de soins, la dépense par épisode ne faisant pas apparaître de différence importante ; d'autre part, la baisse la plus forte de la dépense totale, de près de 30 %, apparaît lorsque le taux de copaiement passe de 0 à 25 %. La dépense hospitalière, en revanche, est peu sensible à l'étendue de la couverture : une baisse du taux de copaiement de 95 à 25 % ne se traduit par aucune augmentation de la probabilité d'hospitalisation, le seul effet (d'ampleur modérée) concernant le plan gratuit. En outre, le coût moyen d'un séjour hospitalier ne dépend pas du niveau de couverture.

L'impact du revenu est plus complexe. La probabilité d'avoir à fournir une dépense de soins augmente toujours avec le revenu, y compris (et c'est un point surprenant et intéressant) lorsque le taux de copaiement est nul. En revanche, la probabilité d'hospitalisation décroît avec le revenu sauf pour le plan « gratuit ». *In fine*, le montant total des dépenses suit une courbe en U par rapport au revenu, et ceci quel que soit le niveau de couverture ; mais les bas revenus dépensent davantage à l'hôpital, alors que les hauts revenus ont plus souvent recours à des soins ambulatoires.

Un autre élément important de l'expérience de la Rand, qu'aucune autre étude n'a permis d'évaluer aussi précisément, concerne la mesure des effets du niveau d'assurance sur l'état de santé. Alors que la comparaison des comportements selon le niveau de couverture montrait des différences marquées dans le volume des soins consommés, cette analyse ne montre pas de différence d'évolution de l'état de santé entre le début et la fin de l'étude (à trois et cinq ans) selon le niveau d'assurance, tout du moins au sein de la population générale. Toutefois, pour les individus aux revenus les plus bas, la prise en charge complète (plan gratuit) permet de réduire les troubles de vision, ceux liés à l'hypertension artérielle, et d'améliorer la santé dentaire. En dehors de ce groupe spécifique, les dépenses supplémentaires engagées par les individus mieux couverts semblent n'apporter aucun bénéfice en termes d'état de santé, tout du moins dans cette perspective de moyen terme.

Au final, le plan gratuit conduit à des dépenses de 30 à 40 % plus élevées que le plan à 95 % de taux de copaiement, sans amélioration sensible de l'état de santé. Selon Newhouse, l'essentiel de la différence est déjà présent lorsque l'on compare le plan gratuit et celui à 25 % de taux de copaiement, la demande étant ensuite relativement peu sensible au passage de 25 à 95 % de taux de copaiement. Un ticket modérateur supérieur à 25 % apporterait donc peu de gains en termes de diminution des dépenses peu utiles ; mais il ferait porter aux assurés un risque de dépenses assez élevé.

En résumé, l'introduction d'un copaiement de 25 % entraîne une diminution de 30 % de la dépense de soins, sans effet notable sur l'état de santé. À partir de ces résultats, Newhouse estime donc qu'un contrat d'assurance qui résoudrait l'arbitrage entre partage des risques (efficience *ex ante*) et incitations (efficience *ex post*) comporterait trois éléments : une franchise sur le montant annuel des dépenses de l'ordre de 600 dollars (en valeur 2005), puis un taux de copaiement de 25 % applicable tant que les dépenses annuelles ne dépassent pas un plafond de 2 000 dollars, les dépenses au-delà de cette somme étant totalement couvertes par l'assurance. Enfin, il conviendrait de réduire la participation aux dépenses pour les assurés les plus pauvres, notamment pour certaines actions de santé (soins préventifs, dépistage et suivi de l'hypertension artérielle, soins dentaires…).

Le coût total de la Rand health insurance experiment a été de 80 millions de dollars en 1977 (ce qui équivaudrait à près de 300 millions de dollars actuels). Ceci explique sans doute pourquoi une telle expérience n'a jamais été reproduite, ni aux États-Unis, ni dans un autre pays. Or il est important de vérifier si ses conclusions principales restent valides au-delà du contexte particulier des États-Unis des années soixante-dix.

L'analyse des données suisses

L'organisation de l'assurance-maladie en Suisse fournit un cadre pertinent pour tenter une telle analyse. L'analyse économétrique des données suisses montre qu'un mécanisme de franchise annuelle permet de diminuer fortement la consommation de soins pour des dépenses peu coûteuses, tout en assurant une prise en charge intégrale des dépenses élevées par l'assurance-maladie[1].

L'assurance-maladie en Suisse : un lien entre niveau de couverture et montant des dépenses. – En ce qui concerne l'assurance obligatoire couvrant un ensemble de soins défini par la loi, chaque assuré peut choisir entre différents niveaux de couverture, correspondant à des montants différents de la franchise annuelle, allant pour la période considérée de 230 à 1 500 francs suisses. Les frais hospitaliers, de médicaments et le coût de certaines consultations médicales sont systématiquement payés par l'assureur, qui refacture aux assurés la participation aux frais qui leur incombe : la totalité des frais inférieurs à la franchise, puis le copaiement (ticket modérateur) de 10 % au-delà ; la participation aux frais ne peut toutefois excéder un plafond annuel, au-delà duquel l'assureur couvre intégralement les dépenses. Ce plafond est égal au montant de la franchise plus 600 francs suisses. Ainsi, le contrat à franchise basse garantit que l'assuré ne paiera jamais plus de 830 francs suisses en soins de santé dans l'année, alors que ce plafond annuel est de 2 100 francs suisses pour les assurés les moins couverts.

L'analyse des dépenses annuelles de soins a porté sur des données de remboursements effectués par une des principales caisses d'assurance-maladie, dans le canton de Vaud. De telles données sont très complètes, et précieuses, car elles portent sur une vaste population, en l'occurrence plus de 60 000 individus au total, dont on suit les dépenses sur une durée allant jusqu'à quatre ans (de 1997 à 2000), ce qui conduit à près de 200 000 observations. Pour simplifier ici la présentation, nous nous limiterons aux résultats portant sur les hommes, âgés de plus de 26 ans en 1997,

1. Cette présentation s'appuie sur trois articles récents : L. Gardiol, P.-Y. Geoffard et Ch. Grandchamp, « An econometric study of Swiss health insurance claims data », in P. A. Chiappori et Ch. Gollier (éd.), *Competitive Failures in Insurance Markets : Theory and Policy Implications*, Cambridge, Mass., MIT Press, 2006 ; L. Gardiol, P.-Y. Geoffard et Ch. Grandchamp, « Separating selection and incentive effects in health insurance », DT PSE, 2005 ; P.-Y. Geoffard, « Incentive and selection effects in health insurance », in A. Jones (éd.), *Elgar Companion to Health Economics*, Cheltenham, Edward Elgar, 2006.

qui ont conservé le même niveau de franchise durant la période d'étude, soit 31 540 individus.

Le premier constat est celui d'un lien statistique très net entre le niveau de couverture et le montant de la dépense annuelle, comme l'indique le tableau 1.

Tableau 1. Dépense annuelle moyenne (en francs suisses)

	Franchise annuelle (en francs suisses)				
	230	400	600	1 200	1 500
Effectif	12 632	5 084	8 048	3 100	2 676
Dépense annuelle moyenne totale	3 474	2 648	1 872	1 327	614

La dépense annuelle de soins est ainsi près de six fois moins élevée pour les assurés les moins bien couverts – ceux ayant opté pour la franchise annuelle la plus élevée (1 500 francs suisses) – que pour les assurés les mieux couverts. Une interprétation naïve de ces chiffres suggérerait que l'augmentation de la franchise annuelle de 230 à 1 500 francs suisses diminuerait la dépense de santé par un facteur 6. Toutefois, il est possible que l'état de santé moyen des assurés les mieux couverts soit, toutes choses égales par ailleurs, moins bon que celui des assurés les moins bien couverts. La différence du niveau de dépenses ne traduirait donc pas un effet des incitations monétaires sur la demande de soins, mais le simple fait que l'on consomme aussi des soins parce que l'on est malade, et pas seulement parce que c'est moins cher...

En d'autres termes, il reste à identifier les raisons de la corrélation entre montant des dépenses et niveau de couverture, en tâchant de séparer ce qui relève de l'effet d'autosélection (différence d'état de santé moyen) et de l'effet d'incitation (augmentation de la dépense de soins causée par une meilleure couverture).

De considérables effets d'autosélection. – Si l'on s'intéresse maintenant au recours à l'hôpital, on voit que la probabilité d'hospitalisation (au moins une fois durant les quatre années) est plus élevée pour les assurés les mieux couverts, de même que le montant des dépenses en cas d'hospitalisation (tableau 2).

Tableau 2. Probabilité de recours à l'hôpital et dépenses hospitalières (en francs suisses)

	Franchise annuelle (en francs suisses)				
	230	400	600	1 200	1 500
Effectif	12 632	5 084	8 048	3 100	2 676
Hospitalisation Probabilité	28 %	26 %	24 %	17 %	15 %
Dépense	3 623	2 939	2 589	2 644	2 494

Il est peu plausible que de tels chiffres traduisent un effet d'incitation : le recours à l'hôpital porte en général sur des soins lourds. Dans une certaine mesure, ces soins sont *nécessaires* ou, tout au moins, relèvent assez peu d'une décision individuelle de la part de l'assuré. Comme ils reposent davantage sur des décisions médicales, on peut s'attendre à ce que les dépenses hospitalières soient plus sensibles aux incitations monétaires portant sur l'offre de soins (les modes de rémunération des pratiques médicales) que sur la demande (l'étendue de la couverture d'assurance)[1]. Dans tous les cas, dans le cadre du système suisse, le prix moyen d'une journée d'hospitalisation est supérieur à 1 500 francs suisses. On peut alors estimer que, le montant de la franchise étant presque systématiquement dépassé dès la première nuit passée à l'hôpital, les conséquences financières pour l'assuré sont à peu près les mêmes quel que soit le niveau de couverture (en tout état de cause, dès que le coût total du séjour est supérieur à 7 500 francs suisses, même les assurés à la franchise la plus haute sont entièrement couverts). La corrélation de la probabilité d'hospitalisation indiquerait donc davantage un effet d'autosélection : les assurés qui pensent avoir recours à l'hôpital choisiraient une franchise plus basse.

1. Certaines analyses indiquent que le mode de rémunération des médecins peut influencer les prescriptions et entraîner davantage d'interventions, même lourdes comme l'accouchement par césarienne (J. Gruber et M. Owings, « Physician financial incentives and cesarean section delivery », *Rand Journal of Economics*, 27 (1), 1996, p. 99-123), ou l'hystérectomie, le remplacement total de hanche, etc. (A. Holly, L. Gardiol, G. Domenighetti et B. Bisig, « An econometric model of health care utilization and health insurance in Switzerland », *European Economic Review*, 42 (3-5), 1998, p. 513-522).

Pour se convaincre définitivement de la présence d'un tel effet, une autre mesure est possible. Compte tenu de la taille de la population suivie, il est possible de regarder le nombre de décès au sein de chaque groupe ayant choisi un certain niveau de franchise. En retenant cette fois la population des deux sexes âgée de 20 à 64 ans, on obtient les chiffres suivants :

Tableau 3. Fréquence des décès

	Franchise annuelle (en francs suisses)			
	230	400	600 ou plus	Ensemble
Effectif	12 632	4 195	8 757	25 314
Nombre de décès	257	42	61	360
Taux brut de mortalité (sur 4 ans)	2,07 %	1,00 %	0,70 %	1,42 %

Le taux de mortalité parmi les assurés les mieux couverts est trois fois plus élevé que parmi ceux ayant choisi une franchise haute. On ne peut attribuer ceci à un effet d'incitation : il faudrait supposer qu'être mieux couvert augmente la probabilité de décès… La causalité ne fait aucun doute : la différence de mortalité traduit bel et bien le fait que l'état de santé des groupes est différent. En d'autres termes, les assurés qui se savent en meilleure santé ont tendance à choisir une franchise plus haute. Des analyses complémentaires montrent que ce phénomène reste valide lorsque l'on contrôle par les variables d'âge et de genre, et vérifiable lorsque l'on intègre les personnes plus âgées ou les enfants. Par exemple, l'âge moyen des assurés diminue, selon le niveau de franchise, de 47 à 41 ans. Même si les jeunes ont bien tendance à choisir des franchises plus élevées, de telles différences d'âge ne sont pas suffisantes pour rendre compte des différences observées de mortalité.

De la même manière qu'une augmentation des franchises de 230 à 1 500 francs suisses ne conduirait pas à une division de la dépense totale par un facteur 6 comme le suggérait la comparaison naïve des chiffres du tableau 1, une telle politique ne conduirait pas à une diminution de la mortalité. Cette analyse montre donc qu'il existe bien un effet d'autosélection. Mais une analyse complémentaire permet de voir que les différences constatées dans le tableau 1 sur les dépenses de santé selon le niveau de franchise ne sont pas entièrement imputables à des différences d'état de santé. En d'autres termes, si les effets d'autosélection sont considérables, les effets d'incitation restent importants.

D'importants effets d'incitation. – La méthode suivie pour examiner cette question peut être résumée ainsi. L'état de santé d'un assuré détermine une dépense « naturelle » définie comme la demande de soins en présence d'une assurance complète. La participation aux frais peut alors entraîner une diminution de la dépense : ainsi, lorsque la dépense naturelle d'un individu est inférieure au plafond annuel mais reste supérieure à sa franchise, il en supporte 10 % du coût (le ticket modérateur) ; on suppose alors que sa dépense effective est égale à sa dépense naturelle, divisée par un certain coefficient qu'il convient d'estimer. Si l'estimation conduit à un coefficient supérieur à 1, la participation de l'assuré aux dépenses induit bien un effet d'incitation et vient « modérer » sa demande de soins (en revanche, une valeur inférieure à 1 indiquerait que le fait de payer une partie de la dépense de soins entraîne une augmentation de sa consommation). De même, si la dépense naturelle d'un assuré est inférieure à sa franchise, il doit en supporter intégralement le coût, et on suppose alors que sa dépense effective est égale à sa dépense naturelle divisée par un autre coefficient, qu'il convient encore d'estimer.

L'analyse économétrique permet de quantifier les effets d'incitation, qui vont dans le sens d'une modération de la dépense. Ainsi, par rapport à une assurance complète, l'application d'un ticket modérateur de 10 % conduit à une division du montant de la dépense par un coefficient de 1,3, et le paiement intégral des soins conduirait à une division de la dépense par un facteur de l'ordre de 2,5. Ces chiffres peuvent paraître très élevés, mais il convient de rester prudent quant à leur interprétation. En effet, tous les individus de la population observée sont couverts par des contrats d'assurance, certes d'une ampleur plus ou moins grande : il est donc impossible d'estimer ce que serait l'effet *total* du passage d'une assurance complète à une situation où l'individu ne serait plus du tout assuré. L'impact de la participation aux dépenses sur la demande de soins est mesuré « à la marge », mais permet d'estimer l'impact d'un changement du niveau de franchise en contrôlant par l'état de santé. La mesure de l'impact total de l'assurance serait pertinente s'il était envisagé de supprimer l'assurance-maladie ; fort heureusement, le débat politique en Suisse ne porte que sur la modification des niveaux de franchise. Toutefois, depuis 2005, la loi a fait passer la franchise la plus élevée de 1 500 à 2 500 francs suisses. Certains assurés doivent donc payer intégralement le coût des soins tant que celui-ci ne dépasse pas un montant annuel de l'ordre de 1 600 euros par an...

Pour traduire en termes plus concrets l'importance de ces effets d'incitation, on peut se livrer à des simulations, à partir des valeurs estimées des coefficients. Le tableau 1 indique que la dépense moyenne passe de 3 474 à 614 francs suisses lorsque l'on compare le groupe à franchise basse à celui à franchise haute ; quelle part de la différence observée (2 860 francs suisses) traduit la différence d'état de santé moyen de ces deux groupes, et quelle part traduit l'effet de la participation aux dépenses ? En d'autres termes, si l'on considère les assurés ayant choisi la franchise la plus basse (230 francs suisses), quel serait l'effet d'une augmentation du niveau de cette franchise à 1 500 francs suisses sur leur dépense moyenne ? En retenant les coefficients de réduction des dépenses indiqués ci-dessus, la simulation indique que la dépense moyenne serait réduite de 697 francs suisses. La différence des dépenses observées entre les deux groupes se décompose ainsi de la manière suivante : 697 francs suisses (soit 24 % de la différence) attribuables à l'effet propre des incitations monétaires ; 2 163 francs suisses (soit 76 %) attribuables aux différences d'état de santé des deux groupes.

La décomposition des différences de dépenses observées entre d'autres niveaux de franchise, présentée dans le tableau 4, conduit à des estimations du même ordre : un quart de la différence serait due à l'effet modérateur de la participation aux dépenses, et trois quarts à des effets d'autosélection. Ces travaux confirment donc bel et bien le fait que la demande de soins répond aux incitations monétaires. Des analyses complémentaires confirment également que cet effet porte surtout sur les dépenses hors hôpital (soins en ville, médicaments) mais que la participation aux dépenses affecte peu les dépenses hospitalières, ce que d'autres études avaient déjà mis en évidence[1].

1. Voir aussi P.-Y. Geoffard, « Dépenses de santé : l'hypothèse d'"aléa moral" », *Économie et prévision*, 142, 2000, p. 123-135 ; et surtout J. Newhouse, *Free for All ? Lessons from the Rand Health Insurance Experiment*, *op. cit.*

Tableau 4. Décomposition de l'effet total

	Franchise annuelle (FS)			
	230	400	600	1 200
Dépense moyenne	3 474	2 648	1 872	1 327
Différence avec franchise = 1 500	2 860	2 034	1 258	713
Décomposition				
Effet d'incitation	697	521	306	62
Effet de sélection	2 163	1 513	952	651

Source : Gardiol *et al.*, « Separating selection... », art. cit.

En ce qui concerne les effets d'autosélection, l'analyse montre qu'ils ne sont pas entièrement réductibles à des différences d'âge ou de sexe. Il semble bien que les assurés choisissent leur niveau de couverture en fonction de leurs prévisions de dépenses, et que ces prévisions s'appuient sur une information privée concernant leur état de santé[1], plus fine qu'une simple prise en compte de l'âge ou du sexe.

Le lien avec les résultats de la Rand n'est pas immédiat. En effet, l'étude de la Rand portait sur l'impact des taux de copaiement : l'assuré devait payer une part constante de chaque dépense de soins, tant que la dépense annuelle restait inférieure au plafond. En revanche, le système suisse conduit à faire payer à l'assuré l'intégralité de la dépense annuelle en dessous de la franchise. Une estimation des élasticités prix à partir de ces deux modes de participation aux dépenses est donc délicate, mais l'effet d'incitation apparaît plus important dans le cas d'une franchise que dans le cas d'un copaiement de 25 %.

1. Notons que l'information privée détenue par les agents est constituée de tous les éléments permettant de prévoir la dépense future mieux qu'à partir de la seule information contenue dans les variables facilement observables par l'assureur (âge, sexe). Elle peut porter sur l'état général de santé, mais aussi sur la propension à consommer des soins.

La régulation des systèmes de santé

Quelles leçons peut-on tirer de ces analyses ? Tout d'abord, la présence d'effets de type « aléa moral » entraîne l'existence d'un arbitrage entre partage du risque et incitations. En l'absence d'assurance, chacun risquerait de devoir engager des dépenses de soins élevées dans le futur ; le coût de prise en charge de certaines pathologies sévères peut même parfois dépasser l'ensemble des ressources dont un individu dispose : ainsi une dialyse a un coût de l'ordre de 54 000 euros par an, une greffe de poumon un coût de l'ordre de 100 000 euros. L'assurance permet un transfert de ce risque depuis l'individu qui peut tomber malade vers un organisme collectif ; en couvrant de nombreux individus dans une situation identique, l'organisme réalise une mutualisation du risque, au bénéfice de chacune des personnes couvertes. Mais ce transfert de risque induit aussi un transfert de responsabilité : chacun, ne supportant qu'une partie de l'impact monétaire du risque, pourra être moins incité à réduire l'importance de ce risque. Cet arbitrage entre partage des risques et incitations doit être évalué sans a priori, et pensé selon ses deux dimensions. Première dimension : l'efficacité du partage du risque. Si chacun va, bon an mal an, au moins deux fois dans l'année chez le médecin, il est à peu près équivalent de payer 20 euros à chaque visite ou de payer 40 euros en début d'année puis plus rien à chaque visite : la prise en charge par l'assurance ne change pas grand-chose en termes de partage des risques. En revanche, une maladie survenant avec une faible probabilité mais dont la prise en charge est très coûteuse (on parle alors de « dépense catastrophique ») est le type de risque dont il est important de libérer chacun. À l'inverse du risque récurrent, une couverture la plus complète améliore considérablement l'efficacité du partage du risque. La seconde dimension porte sur le contrôle du risque, traduit par l'effet des incitations monétaires. Cet effet est bien réel, mais porte surtout sur les dépenses modérées ; ainsi, les soins coûteux réalisés à l'hôpital ne sont pas affectés par la participation de l'assuré aux dépenses.

L'arbitrage entre partage du risque et incitations conduit donc à deux types de recommandations. Une couverture complète des dépenses régulières n'améliore pas beaucoup le partage du risque, mais elle peut conduire à une demande de soins trop élevée ; en revanche, une bonne couverture des soins très coûteux est importante, et elle n'induit pas d'augmentation de la demande de tels soins. Il convient donc de laisser une part du « petit risque » à la charge de l'assuré, mais aussi de garantir une prise en charge complète des dépenses « catastrophiques ». Un dispositif comportant une franchise obligatoire annuelle, que les assurances complémentaires ne seraient pas autorisées à couvrir, répondrait au premier objectif. Par ailleurs, pour les mêmes raisons mais cette fois pour répondre au second impératif, ce dispositif devrait également comporter un plafond sur la dépense totale non remboursée par l'assurance-maladie.

De ce point de vue, le ticket modérateur dans sa version française est un très mauvais instrument. Tout d'abord, il est le plus souvent couvert par des assurances complémentaires, ce qui laisse planer un certain doute sur son effet de « modération » des dépenses. À un niveau très général, la présence d'effets d'incitation pointe l'impérieuse nécessité d'une coordination étroite entre l'assurance-maladie publique et les organismes complémentaires. La mise en place d'un « ticket modérateur d'ordre public » qui ne pourrait faire l'objet d'une telle prise en charge par les assurances complémentaires a été régulièrement évoquée depuis le plan Barre de… 1976. Mais c'est le plan Douste-Blazy le plus récent qui, pour la première fois, introduit formellement ce mécanisme de régulation du système[1]. En effet, les assurances complémentaires ne peuvent proposer de prendre en charge certains frais non couverts par la Sécurité sociale. Plus précisément, les « contrats responsables » d'assurance complémentaire ne pourront pas couvrir le forfait d'un euro par consultation, ni la différence de tarif pratiqué par un spécialiste consulté sans passage par le médecin traitant. Des sociétés d'assurance qui ne respecteraient pas ces prescriptions et proposeraient des contrats « irres-

1. De tels dispositifs sont en vigueur dans de nombreux pays. On l'a vu, la loi suisse interdit aux assurances la couverture des franchises ou des tickets modérateurs ; de même, l'assurance-maladie en Belgique comporte de telles dispositions.

ponsables » (ou déresponsabilisants ?) ne pourraient plus bénéficier d'un traitement fiscal avantageux.

Toutefois, à supposer même qu'il reste effectivement à la charge de l'assuré, le ticket modérateur (ou le forfait d'un euro) s'applique indistinctement à chaque dépense. Pour éviter qu'il ne constitue, au total, une somme trop importante pour l'assuré, le montant de ce ticket modérateur doit être très réduit ; son impact sur la demande de soins ne peut alors être que limité. La prise en compte de l'état de santé n'est effectuée que de manière très brutale, à travers l'exonération du ticket modérateur appliquée aux patients souffrant d'affections de longue durée. Un ticket modérateur modulable, diminuant en fonction de la dépense totale engagée dans l'année, permettrait de faire jouer les incitations monétaires là où elles ont un impact (sur les dépenses modérées), sans pour autant pénaliser les assurés les plus malades. Dans un souci d'équité, on peut d'ailleurs envisager que ce ticket modérateur soit également modulé en fonction du revenu de l'assuré.

Il est également parfaitement clair que l'introduction d'un forfait de 18 euros pour les soins « lourds » ne peut avoir d'effet sur la demande de tels soins. Les mutuelles ont d'ailleurs annoncé qu'elles couvriraient ce forfait ce qui, en termes de partage des risques, est parfaitement justifié. Mais le surcoût d'une telle mesure se traduira immanquablement par une hausse des cotisations des mutuelles, ces dernières étant contraintes (au contraire de la Sécurité sociale, cette contrainte n'est pas théorique et s'applique année par année) à équilibrer leurs comptes. L'achat d'une assurance complémentaire, pour les individus aux revenus modestes, sera de plus en plus difficile. Certes, la complémentaire CMU (couverture maladie universelle) couvre les plus pauvres, dont le revenu mensuel est inférieur à 587 euros ; mais audelà de ce seuil, l'aide à l'acquisition d'une complémentaire reste d'une ampleur assez limitée. Une partie de la population risque donc d'être moins bien couverte et de devoir en outre payer des sommes importantes pour des soins lourds dont la responsabilité ne lui incombe guère.

Ce basculement prévisible de dépenses depuis la Sécurité sociale vers les assurances complémentaires prolonge un mouvement déjà amorcé à l'occasion de la baisse du taux de prise en charge de certains médicaments par l'assurance sociale. Une part de plus en plus importante des dépenses de soins semble donc destinée à être prise en charge par des organismes qui opèrent dans un cadre concurrentiel. Il est important de s'interroger sur la capacité de la concurrence à contribuer à une meilleure efficacité de la dépense de santé. L'analyse économique dont nous avons ici présenté les résultats principaux permet également d'éclairer cette question essentielle.

Auparavant, une petite parenthèse s'impose. L'analyse précédente notait que, du point de vue du partage du risque, laisser le « petit risque » à la charge de l'assuré n'induisait pas de coût très élevé. Cette remarque faisait toutefois abstraction des effets d'équité, car il est plus simple de moduler les cotisations d'assurance que le prix des soins en fonction du revenu. De même, une telle modulation est a priori plus facile à mettre en œuvre dans le cadre d'une caisse unique que dans un système concurrentiel. Ainsi, le financement de la Sécurité sociale repose sur des cotisations (CSG, RDS, cotisations employeurs et employés) à peu près proportionnelles aux revenus. Si l'assurance complémentaire est fournie dans le cadre d'un contrat de groupe (prévoyance collective d'entreprise), la cotisation peut encore croître avec le revenu de l'assuré. En revanche, pour la moitié de la population française non couverte par de tels contrats de groupe, la prime d'assurance complémentaire est indépendante du revenu (comme pour un contrat d'assurance automobile), en dehors de la CMU complémentaire accordée sous conditions de ressources (revenu inférieur à un seuil de 587 euros pour une personne seule), ou de l'aide à l'acquisition d'une couverture maladie complémentaire (revenu entre 1 et 1,15 fois le seuil CMUC [couverture maladie universelle complémentaire]), dont le montant reste limité. Notons toutefois que certains systèmes qui s'appuient sur une concurrence entre caisses prévoient malgré tout que les contributions dépendent du revenu. Ainsi, alors qu'en Suisse la prime payée (qui peut varier selon la caisse choisie) est indépendante du revenu mais peut faire l'objet d'un subside public pour les plus pauvres, aux Pays-Bas l'essentiel de la contribution est proportionnel au revenu et prélevé par un organisme central de recouvrement, qui reverse ensuite un forfait à chaque caisse, calculé selon le nombre d'assurés ayant choisi cette caisse et leur profil de risque. L'équité dans le financement des soins relève donc bien d'un choix politique et reste possible même dans le cadre d'une organisation concurrentielle.

Mais revenons à la question de l'efficience du système. Outre la mesure des effets d'incitation, l'analyse économétrique a mis en évidence la présence d'autosélection : les assurés détiennent une information privée sur leur consommation future de soins, et cette information influence leur choix d'assurance. On l'a vu, la concurrence entre caisses peut se traduire par une recherche des assurés les plus « rentables », qui peuvent être attirés par une couverture plus réduite (franchises ou copaiement plus élevés) ; cette forme de concurrence conduit alors à une éviction du marché des contrats qui proposaient une couverture plus large. Ce phénomène rend donc la mutualisation des risques plus délicate.

Il en est de même, en l'absence de régulation adéquate, si les compagnies d'assurance ne peuvent répercuter l'information dont elles disposent sur les tarifs. Ainsi par exemple, la dépense de soins croît fortement avec l'âge. En France, le prix des contrats individuels d'assurance complémentaire est également croissant avec l'âge. En vertu d'un principe de solidarité jeunes-vieux, de nombreuses mutuelles ont longtemps résisté à l'introduction d'une telle tarification ; mais la pression concurrentielle exercée par d'autres organismes proposant aux plus jeunes des contrats moins chers a déséquilibré la structure d'âge des mutuelles qui, pour continuer à attirer des clients moins âgés, se sont également engagées dans cette voie. Il s'agit bien d'un autre exemple de « spirale » qui montre comment la concurrence peut rendre la mutualisation des risques plus délicate. Si l'on estime, pour des raisons d'équité, que le prix payé par chacun pour disposer d'une assurance-maladie doit être indépendant de l'âge ou d'autres caractéristiques (sexe, état de santé antérieur…), la loi peut interdire aux assureurs de pratiquer une telle « tarification au risque ». C'est d'ailleurs une contrainte imposée assez systématiquement dans de nombreux systèmes concurrentiels d'assurance-maladie (Suisse, Pays-Bas, Israël, Allemagne…). Cette contrainte peut produire des effets similaires à l'effet d'autosélection : dans un cas comme dans l'autre, une information pertinente de l'évaluation du risque futur ne peut pas être utilisée. Les assureurs peuvent alors être tentés de sélectionner les risques (par exemple, en cherchant à attirer les jeunes et à rejeter les plus âgés), ce qui n'améliore en rien l'efficacité de la dépense de soins[1].

Afin d'éviter les dangers de la sélection des risques, la plupart des pays concernés ont tout d'abord introduit une double obligation d'assurance : tout individu est tenu d'être assuré, et une société d'assurance ne peut refuser une demande d'adhésion. De telles obligations sont en outre assorties d'une « compensation des risques », mécanisme de péréquation qui conduit les assureurs bénéficiant d'une clientèle plus jeune à reverser un montant compensatoire à ceux qui couvrent une clientèle plus âgée. Ces derniers reçoivent alors une rémunération en deux parties : la prime payée par leurs assurés, d'une part, qui ne couvre pas l'intégralité du coût du contrat ; le transfert issu de la compensation des risques, d'autre part, qui vient compléter leurs recettes. La rémunération totale devient alors, si le mécanisme tient compte de l'ensemble des indications disponibles sur le risque futur (âge, sexe, choix du niveau de couverture,...), indépendante de ces variables, ce qui réduit en principe l'incitation à sélectionner les risques.

À l'heure où, en France, la part du secteur concurrentiel dans le financement de la dépense de soins semble appelée à augmenter, on peut regretter l'absence de débats sur de tels mécanismes de régulation.

Conclusion

Certains enjeux posés par les réformes des systèmes de santé, et notamment de leur financement, sont les mêmes dans de nombreux pays. Il est en particulier crucial d'estimer l'importance des

1. Dans un environnement concurrentiel, tout assureur peut avoir intérêt à améliorer l'efficacité de la dépense, si ses primes peuvent traduire ses efforts en termes de baisse des coûts ou d'amélioration de la qualité. La recherche d'efficience peut en particulier passer par une régulation déterminée de l'offre de soins (normes de qualité des soins, accréditation des établissements et des professionnels, contractualisation, modes de rémunération...), démarche dans laquelle certains assureurs peuvent s'engager activement lorsque la réglementation leur en laisse la possibilité. Si tel n'est pas le cas, un des seuls moyens qui restent à la disposition d'un assureur pour améliorer sa situation est de « mieux » sélectionner sa clientèle...

problèmes d'information qui minent la relation entre l'assuré et l'organisme (ou les organismes) couvrant le risque de dépenses de santé. L'analyse montre que ces asymétries d'information sont de deux ordres. D'une part, la couverture des dépenses peut entraîner, par un effet d'incitation, une augmentation de ces dépenses. D'autre part, lorsque les assurés peuvent choisir leur niveau de couverture, leur choix peut refléter des informations privées sur le montant des dépenses futures.

L'estimation du premier effet illustre la question de la part des dépenses qui doit rester à la charge de l'assuré. L'analyse conduit à recommander un ticket modérateur modulable en fonction de la dépense annuelle, et qui ne pourrait pas être couvert par des assurances complémentaires. Cette modulation du ticket modérateur pourrait prendre la forme d'une franchise annuelle non remboursable par les complémentaires, qui jouerait pleinement son rôle d'incitation à limiter les dépenses non justifiées. Mais il est important qu'un tel mécanisme soit associé à une couverture intégrale des dépenses élevées, au-delà d'un certain plafond annuel, afin de réduire le risque de devoir payer des dépenses élevées alors même qu'elles correspondent à des soins justifiés. Tant le montant de la franchise que celui du plafond pourraient être déterminés en fonction du revenu ou de l'état de santé de l'assuré.

L'estimation du second effet illustre les périls d'une organisation concurrentielle de l'assurance-maladie ; pour éviter que celle-ci ne se traduise que par des stratégies de sélection des risques (dont certaines peuvent s'appuyer sur un comportement de choix des assurés), son fonctionnement doit être encadré par des règles strictes, et complété par des mécanismes de péréquation des risques.

10.

La réforme des systèmes de retraite : qui paiera ?

Les difficultés introduites par le ralentissement démographique

La plupart des pays industrialisés tentent de réformer leurs systèmes de retraite, systèmes qui comportent tous une part plus ou moins importante de répartition[1]. Ces réformes ne trouvent pas leur origine dans une déception à l'égard du système par répartition ou dans une volonté d'améliorer l'efficacité de l'économie, mais plutôt dans une difficulté croissante à financer ce système à une époque de ralentissement démographique. F. Cairncross, dans une excellente analyse de ces difficultés, écrit : « Une génération plus importante que jamais de personnes âgées devra être financée pour une durée plus longue que jamais par une population en âge de travailler dont la taille absolue diminue de façon continue pour la première fois depuis le temps

1. Le deuxième rapport du Conseil d'orientation des retraites (2004) donne une analyse comparée de ces réformes dans les principaux pays européens et aux États-Unis. Nous n'examinerons pas ici certains aspects des réformes des systèmes de retraite, comme l'allongement de la durée de cotisations ou le recul de l'âge de la retraite. Nous ne discuterons pas non plus le fait que la baisse du taux de fécondité, qui est une composante importante du ralentissement démographique, est endogène et pourrait justifier une baisse des retraites versées à la génération responsable de cette réduction. Cette génération n'a en effet pas eu à supporter les coûts d'éducation des enfants que supportaient les générations précédentes. Ce point est développé par H. W. Sinn, « Why a funded pension system is useful and why is it not useful », *International Tax and Public Finance*, 7, 2000, p. 389-410.

de la Peste noire [...]. De plus, si les choses se présentent mal en Amérique et encore plus mal en Europe continentale, elles deviendront un jour catastrophique dans un grand nombre de pays en développement[1]. » Nous nous intéresserons ici aux seuls pays industrialisés. Mais, comme le montre la figure 1 (p. 315), l'Asie de l'Est, et notamment la Chine, va connaître la même évolution démographique défavorable avec un retard d'une dizaine d'années seulement. La majorité des Chinois ne disposant d'aucune couverture par un système de retraites par répartition, cette évolution est un facteur explicatif important du fort taux d'épargne actuel de la Chine.

Le ralentissement démographique dans les pays industrialisés présente deux composantes. D'abord, le taux de fécondité est devenu très bas dans certaines nations, comme en Italie, en Espagne, en Allemagne et au Japon. Il reste à un niveau approximativement compatible avec une population stable en France et au Royaume-Uni et est plus élevé aux États-Unis. Ensuite, l'espérance de vie augmente dans tous les pays industrialisés. Si on complète ces deux évolutions par des données et des prévisions sur l'immigration, on peut calculer le taux de dépendance dans ces pays, c'est-à-dire le ratio du nombre de personnes âgées de 55 ans et plus au nombre de personnes dont l'âge est compris entre 20 et 54 ans et son évolution. Ce taux est actuellement relativement faible aux États-Unis et aux Pays-Bas (de l'ordre de 4/10) et est le plus élevé en Suède (6/10). Les prévisions du Conseil d'orientation des retraites (2004) pour l'année 2050 sont un taux de l'ordre de 12/10 en Espagne et en Italie, de 9 à 10/10 en Allemagne, en France, aux Pays-Bas, en Suède et au Royaume-Uni et de 7 à 8/10 aux États-Unis.

Le problème du ralentissement démographique a été considérablement amplifié par la baisse continue du taux d'activité des personnes à partir de 50 ans. Dans certains pays européens (dont la France), le taux d'activité des hommes entre 60 et 64 ans est passé de plus de 70 % en 1960 à moins de 20 % en 2000. Les récentes réformes des systèmes de retraite ont toutefois introduit des mécanismes incitant les travailleurs à rester actifs plus longtemps, et cette tendance a commencé à s'inverser. *The Economist*

1. F. Cairncross, « Forever young. A survey of retirement », *The Economist*, 27 mars 2004.

du 7 octobre 2006, se fondant sur le dernier rapport trimestriel de la Commission européenne, note que le taux d'activité des personnes âgées de 55 à 64 ans dans la zone euro est passé de 37,5 % en 2000 à 43,7 % en 2005.

Enfin, les difficultés provoquées par le ralentissement démographique sur le système de retraite par répartition sont aggravées dans le cas d'une croissance plus faible de la productivité et, en conséquence, de la masse salariale, que celle antérieurement observée et prévue. En Europe, cette croissance est devenue faible, comparée aux années cinquante et soixante. Une hausse du taux de chômage a des effets similaires, et ce taux reste élevé dans la plupart des pays européens comparativement à son niveau des années soixante.

Les avantages respectifs des systèmes de retraite par capitalisation et par répartition

Les systèmes de retraite actuels diffèrent fortement d'un pays à un autre. En Italie, en Allemagne et en France, les pensions de retraite sont en grande partie versées par des systèmes par répartition. Au Royaume-Uni, aux Pays-Bas et aux États-Unis, ces pensions sont versées en proportion à peu près égale par des systèmes par répartition et par capitalisation. Avant d'examiner la nature d'une réforme des systèmes de retraite en période de ralentissement démographique, et les difficultés que peut rencontrer la mise en œuvre de cette réforme, il nous faut discuter des fonctions et des justifications des deux composantes que sont la capitalisation et la répartition.

Capitalisation

Supposons qu'il n'existe aucun système de retraite. En présence d'un marché financier fonctionnant efficacement, les individus vont épargner durant leur vie active et vivre du produit de leur patrimoine durant leur vieillesse et leur inactivité. Nous sommes alors dans un système de retraite par capitalisation, qu'il soit implicite ou constitué de fonds de pension à statut spécial, régulés par l'État et bénéficiant éventuellement d'avantages fiscaux. Un jeune cotisant à un fonds de pension ou, plus généralement, qui se constitue une retraite future par capitalisation, percevra un revenu, quand il sera retraité, assis sur la somme de ses cotisations augmentée de la capitalisation des intérêts perçus.

Dans une économie où les marchés financiers des différents pays seraient segmentés, un système par capitalisation peut sembler vulnérable à la transition démographique. L'épargne qui est investie aujourd'hui devrait avoir un taux de rentabilité dans dix, vingt ou trente ans d'autant plus élevé que le capital qu'elle aura financé servira une main-d'œuvre abondante. Donc, une baisse de la croissance démographique devrait réduire le taux de rentabilité de l'épargne investie en vue de la retraite en dessous de ce qui était espéré. Ainsi, J. Poterba constate que, de 1950 à 2003, aux États-Unis, la valeur réelle de l'indice Standard and Poor's a évolué parallèlement à la part de la population âgée de 40 à 64 ans, celle qui accumule et celle qui travaille, dans la population totale[1]. On peut donc craindre que cet indice baisse de 2012 à 2050, en même temps que la part de cette population. Cependant, comme nous sommes proches de la date où le taux de rentabilité de l'épargne pourrait baisser, les personnes actives auraient dû déjà commencer à réduire leurs investissements, et une moindre accumulation du capital freinerait la baisse de sa rentabilité en face d'une réduction future de la population active. De plus, les analyses économétriques de Poterba donnent des résultats contradictoires quant à une baisse réelle de la Bourse américaine induite par la transition démographique d'ici à 2050. La conclusion de cet auteur est que cette baisse pourrait se produire mais ne serait pas d'une grande ampleur.

Nous pouvons d'ailleurs noter que fonder des prévisions de prix des actifs sur des prévisions démographiques est un exercice dangereux. En 1988, G. Mankiw (président du Council of Economic Advisers de 2003 à 2005) et D. Weil s'étaient fondés sur la diminution de la proportion de jeunes adultes dans la population américaine pour prévoir une baisse du prix réel de l'immobilier de 47 % aux États-Unis, entre la date de leur étude et 2007.

1. J. Poterba, « Population aging and financial markets », disponible sur http://www.kansascityfed.org/publicat/Sympos/2004/sym04prg.htm

Or les États-Unis ont connu à partir du milieu des années quatre-vingt-dix, la plus forte hausse des prix réels de l'immobilier de leur histoire, qui vient de s'arrêter tout récemment.

Mais, surtout, une des conséquences de la mondialisation financière est que l'épargne investie par les citoyens d'un pays a une rentabilité qui dépend de l'évolution à long terme de la population active, non pas dans ce pays, mais mondialement. La figure 1 montre la non-synchronisation des transitions démographiques entre pays industrialisés et pays émergents. Celle-ci implique que la hausse du ratio de dépendance dans les premiers pays ne réduira guère le taux de rentabilité de l'épargne qui y est constituée en vue de financer les retraites futures. La diversification géographique de l'investissement de cette épargne peut être effectuée directement (par des fonds en actions étrangères) ou indirectement (en investissant dans des firmes nationales ayant effectué des investissements directs ou passé des accords de sous-traitance importants à l'étranger). Ainsi, les systèmes de retraite

Figure 1. Rapport entre la population âgée de 15 à 65 ans, et la population de moins de 15 ans et de plus de 65 ans

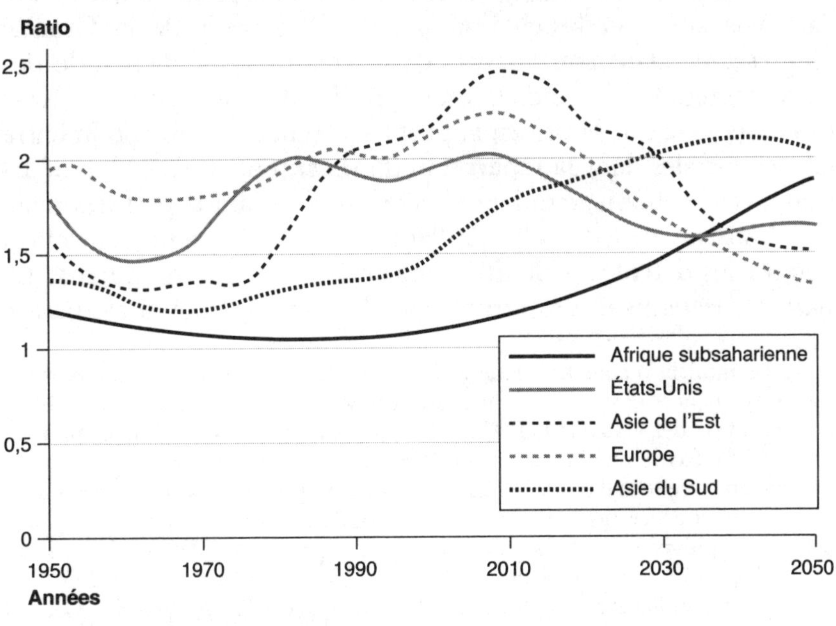

Source : D. Bloom et D. Canning, art. cit.

par capitalisation sont devenus clairement moins vulnérables à la transition démographique. C'est la raison pour laquelle les pays où la capitalisation représente une part importante du système des retraites, comme les Pays-Bas, sont moins soucieux de l'avenir de leur système que les autres. Dans la suite de notre exposé, nous supposerons le plus souvent que le taux d'intérêt des placements à long terme rémunérant l'épargne est exogène et fixe[1].

Répartition

Les systèmes de retraite par répartition sont apparus, se sont généralisés ou ont été profondément modifiés parce que les personnes les plus âgées de la population, en raison d'un contexte historique particulier, ne disposaient pas du capital leur permettant de financer une retraite décente. Cette défaillance a pu résulter de l'inexistence d'un marché des capitaux suffisant ou de son effondrement à la suite d'une guerre, d'une forte inflation ruinant la valeur des rentes d'État ou d'une récession. Le système de Social Security américain a été créé le 13 août 1935, en raison de l'effondrement des plans de pensions des entreprises et des syndicats à la suite du krach boursier de 1929, puis de la Grande Dépression. Dans son analyse de l'hyperinflation allemande des années vingt, C. P. Kindleberger approfondit une analyse de Keynes et montre que le principal problème était alors un conflit entre classes sociales dans la répartition du revenu national[2]. Une déflation, avec le chômage qui en résulte, aurait réduit la part des salaires. Mais au lieu de cela, l'inflation a ruiné les rentiers, définis comme les détenteurs de titres exprimés en termes nominaux. La part des revenus et des rentes dans le revenu national est passée

1. Le modèle d'équilibre général Ingenue (équipe Ingenue, « Macroeconomic consequences of pension reforms in Europe : an investigation with the Ingenue world model », *CEPII* WP 17, 2001), construit par le CEPII, le Cepremap et l'OFCE effectue une prévision du taux d'intérêt réel mondial jusqu'en 2050, prenant en compte le fait que la transition démographique se trouve à des stades d'avancement différents dans les pays industrialisés et dans les pays émergents. Selon cette prévision, ce taux passerait de 4,2 % par an en 2000 à 3,6 % par an en 2035, puis remonterait légèrement pour atteindre 3,7 % par an en 2050.

2. C. P. Kindleberger, *A Financial History of Western Europe*, Oxford, Oxford University Press, 2007.

de 15 % en 1913 à 3 % en 1925. La réforme monétaire allemande de 1948 a utilisé un moyen encore plus direct pour annuler 90 % des dettes et des actifs nominaux. Mais d'autres pays, comme la France et l'Italie, ont réduit les valeurs réelles de ces dettes dans les années qui ont suivi la Seconde Guerre mondiale, en recourant à l'inflation et à une succession de dévaluations. Les titres de rente avaient souvent été accumulés par les ménages durant leur vie active pour assurer leurs vieux jours. Les événements des deux côtés de l'Atlantique ont été à l'origine d'une méfiance durable de l'opinion à l'égard des fonds de pension et de la retraite par capitalisation. Dans un tel contexte, l'instauration d'un système par répartition paraissait la meilleure solution.

Dans un système de retraite par répartition, les agents doivent cotiser pour une part fixe de leurs revenus du travail. Le budget à distribuer aux retraités est alors proportionnel à la masse salariale. Ainsi, le jeune qui cotise à ce système recevra une rémunération implicite sur ses cotisations égale au taux de croissance de la masse salariale. Ici, nous approximerons parfois ce taux par le taux de croissance du PIB.

Comparaison des taux de rentabilité moyens des deux systèmes

Les macroéconomistes admettent généralement que le taux d'intérêt des placements à long terme, qui est en réalité une moyenne des taux de rentabilité de différents actifs financiers mais aussi immobiliers, est supérieur au taux de croissance. M. Feldstein avance des ordres de grandeur de 6 % par an pour le premier taux et de 2 % par an pour le second (après élimination de l'inflation)[1]. Cette évaluation est approximativement compatible avec les nombreuses études empiriques portant sur « l'énigme de la prime de risque » qui montre que, sur une longue période et pour les principaux pays industrialisés, le taux de rentabilité réel des actions est de 6 % par an supérieur au taux de rendement réel des bons du Trésor, qui est lui-même de l'ordre de 1 à 3 % par an[2].

1. M. Feldstein, « Structural reform of social security », National Bureau of Economic Research, WP 11098, 2005.

2. R. Mehra donne une bonne recension de cette littérature dans « The equity premium : Why it is a puzzle », NBER WP 9512, 2003.

Ces comparaisons doivent être faites sur des périodes suffisamment longues pour avoir un sens : les taux d'intérêt, les cours boursiers mais aussi les taux de croissance fluctuent beaucoup au cours du temps, et il est toujours possible de trouver des périodes relativement brèves où l'écart entre le taux de rentabilité moyen des actifs et le taux de croissance de l'économie est soit encore plus élevé que les évaluations ci-dessus, soit plus faible ou même négatif. Cependant, un article du Congressional Budget Office de 2004 remarque, pour les États-Unis, que le taux d'intérêt réel sur les obligations d'État à dix ans, qui constituent un placement très sûr, a été en moyenne de 4,6 % par an sur la période 1980-2003[1]. Sur la même période, la masse salariale (en dollars constants) a augmenté au taux annuel moyen de 2,2 % par an. Un article de H. W. Sinn donne le taux de rentabilité réel implicite du système de répartition allemand, pour chaque cohorte de travailleurs identifiée par l'année où elle a commencé à travailler[2]. Ce taux baisse régulièrement de 2,8 à 1,7 % par an sur la période 1957-2000. Cette évolution suit sensiblement celle de la masse salariale allemande. Si ces travailleurs avaient placé ces cotisations en obligations d'État à dix ans, leur taux de rentabilité aurait fluctué, sans marquer de tendance, entre 4,3 et 3,9 %. Nous pouvons enfin citer une étude du Deustche Bank Research qui montre que le taux de rentabilité des plans de retraite américains par capitalisation 401(k) sur une période de dix ans s'achevant en 2002, a été de 6,4 % par an[3].

1. Congressional Budget Office, « How pension financing affects returns to different generations », *Long-Range Fiscal Policy Brief*, 12, 2004.

2. H. W. Sinn, « Why a funded pension system is useful and why it is not useful », art. cit.

3. « Reform of the US pension system : Political controversies defeat demographic and financial realities », *Economics, International Topics, Current Issues*, 2005. Aux États-Unis, les plans 401 (k) sont des plans de pension volontaires bénéficiant d'avantages fiscaux. Ils sont financés par l'épargne des travailleurs et par des contributions des employeurs. Plus de la moitié de ces plans ne sont composés que d'actions ou n'en comprennent aucune. Il y a peu de recomposition du portefeuille au profit d'obligations quand le salarié devient plus âgé. Un cinquième des plans comporte plus de 20 % d'actions de l'entreprise où travaille le salarié. Quand le salarié prend sa retraite, le plan lui verse la totalité de son capital au lieu de lui proposer une rente viagère. Une partie de ces problèmes provient de ce que ces plans sont proposés par l'entreprise à ses salariés.

Sur la même période, le taux de rentabilité implicite des cotisations versées au système de Social Security fut de 1,5 à 2 % par an. En conclusion, le jeune qui est obligé de cotiser pendant plus de quarante années à un système de retraite par répartition bénéficiera pour ses vieux jours d'un revenu nettement inférieur à celui qu'il aurait perçu s'il avait partagé la même somme d'argent entre un fonds de pension et l'achat plus rapide d'un logement. Sinn estime que la pension de retraite que perçoivent les travailleurs allemands est actuellement égale à 50 % de ce qu'elle aurait été si leurs cotisations avaient été investies en obligations d'État[1]. Cette proportion baissera encore et atteindra 40 % en 2025. L'écart serait encore plus grand si cette épargne avait été placée dans un portefeuille diversifié, notamment géographiquement.

Taxation implicite à un système par répartition

Si toutes les générations ayant cotisé au système par répartition sont perdantes, seule la première génération bénéficiaire, celle des personnes âgées qui disposaient d'une épargne insuffisante pour leur assurer des vieux jours décents, a été gagnante. On peut donc considérer que l'effort de solidarité à l'égard de cette première génération a été financé par une taxe perpétuelle sur les générations suivantes de cotisants, dont le taux est égal à l'écart entre le taux d'intérêt et le taux de croissance. Le système par répartition organise donc un transfert intergénérationnel éternel au profit de la première génération de personnes âgées. Le caractère équitable de ce système dépend alors des raisons pour lesquelles cette génération n'avait pas constitué une épargne suffisante.

L'article du Congressional Budget Office fournit une bonne illustration de ce qui précède[2]. Il montre dans un graphique pour les cohortes nées chaque année depuis 1876, le gain net perçu du système de Social Security américain. Ce gain additionne les

1. H. W. Sinn, « Why a funded pension system is useful and why it is not useful », art. cit.

2. Congressional Budget Office, « How pension financing affects returns to different generations », art. cit.

valeurs actualisées des pensions perçues et, en négatif, des contributions versées. En régime stationnaire, ce gain net doit être négatif, puisque, comme nous l'avons noté, le taux d'intérêt est supérieur au taux de croissance de la masse salariale. Ce même graphique montre que le gain est positif pour la première génération, puis augmente et atteint un pic pour la génération née en 1915. Il diminue ensuite, et devient négatif (et relativement stable) pour les générations nées après 1935. L'article remarque que le transfert intergénérationnel dont ont profité les personnes nées avant 1935 trouve une certaine justification dans les souffrances que celles-ci ont subies à la suite de la Grande Dépression et de la Seconde Guerre mondiale[1].

Risques des deux systèmes

Les systèmes de retraites par capitalisation et par répartition soumettent leurs cotisants à des risques bien différents[2]. Les fonds de retraite par capitalisation font face aux risques habituels des placements financiers, avec des horizons très lointains pour leurs adhérents les plus jeunes. Par exemple, G. Burtless considère le cas d'un travailleur américain qui travaillerait quarante ans, épargnerait durant toute cette période et investirait ses économies dans un portefeuille reproduisant l'indice Standard and Poor's[3]. Ce travailleur utiliserait ensuite son capital pour acheter une rente viagère gagée sur des obligations de l'État. Il subirait le risque boursier durant sa vie active, puis le risque d'une inflation non anticipée durant sa retraite. Le premier risque se manifesterait de façon particulièrement dramatique si le travailleur prenait sa retraite dans une période suivant une forte baisse des cours bour-

1. Les opposants à cette justification citent l'histoire d'Ida May Fuller, qui rejoignit le système de Social Security nouvellement créé aux États-Unis, peu avant de prendre sa retraite. Sa contribution fut de 44 dollars et le total des pensions qu'elle perçut de 20 934 dollars.

2. Une bonne analyse comparée des risques des systèmes par répartition et par capitalisation est présentée au chapitre 4 de l'ouvrage de P. Artus et F. Legros, *Le Choix du système de retraite*, Paris, Economica, 1999.

3. G. Burtless, « Risk and returns of stock market investments held in individual retirement accounts », *Task Force on Social Security Reform*, House Budget Committee, 1999.

siers (par exemple en 1975). Burtless établit que le taux de rentabilité réel de l'épargne de ce travailleur (calculée à l'âge de sa mort) dépend fortement de l'année où il prendrait sa retraite. Sur l'intervalle 1910-1995, ce taux a fluctué de 2 à 7,8 % par an avec une moyenne de 5,2 % par an. Les variations observées sont considérables, bien que l'on puisse estimer qu'elles seront plus faibles à l'avenir dans le cas d'un portefeuille géographiquement bien diversifié, bénéficiant des progrès de l'ingénierie financière et des capacités des États à stabiliser leurs économies. On peut notamment penser qu'un fonds de pension soucieux de l'intérêt de ses cotisants placera le patrimoine de ses adhérents sur le marché des actions, dont la moyenne et la volatilité de rentabilité sont élevées, au début de leur vie active. Ultérieurement ce patrimoine verra sa part constituée d'obligations, moins rémunératrices mais moins risquées, augmenter[1].

Un système de retraite par répartition subit le risque dû à l'incertitude sur les évolutions de la population active, du taux de chômage et de la productivité du travail à des horizons de trente ou quarante ans. Burtless note que le taux de rentabilité réel du système de Social Security a pu être négatif pour certaines générations de travailleurs. Mais ce taux a été le plus souvent assez stable, de l'ordre de 1 à 1,5 % par an. Ces valeurs sont cependant nettement plus basses que le taux minimum obtenu avec la stratégie de capitalisation décrite plus haut. D'autre part les effets du ralentissement démographique vont s'aggraver avec le temps et de façon plus dramatique en Europe qu'aux États-Unis. A. Muralidhar écrit : « La crise actuelle du système de retraite par répartition peut difficilement être surestimée. Une croissance faible de la productivité et de la population active nécessiterait d'augmenter les cotisations de 12 à 20 % aux États-Unis et en Europe, où elles sont déjà de l'ordre de 25 à 30 %, à des niveaux beaucoup plus élevés. De tels niveaux seront insoutenables et la volatilité des contributions est très élevée pour de petites modifications dans les paramètres du système[2]. »

1. Un livre de A. Munnell et A. Sunden montre que des progrès dans la gestion des plans et des fonds de pension sont encore à faire, *Coming up Short : The Challenge of 401 (k) Plans*, Washington, D.C., Brookings Institution Press, 2004.

2. A. Muralidhar, « Communication », conférence du 24-25 septembre 2004, *Reforming European Pension*, Luxembourg Institute for European and International Studies.

Enfin, le système par répartition repose sur la foi en la générosité des générations futures qui financeront les retraites de leurs aînés. Cette générosité est incertaine : ces jeunes pourraient décider de réduire leur participation au système de retraite par répartition et placer l'argent ainsi disponible dans des fonds de pension où sa rentabilité serait plus élevée. Les réformes récentes des systèmes de retraite par répartition dans de nombreux pays européens n'avaient probablement pas été prévues par les travailleurs qui cotisaient il y a quinze ou vingt ans, ceux-ci pouvant se considérer comme lésés relativement aux avantages dont ont bénéficié leurs aînés.

Les difficultés de réforme d'un système de retraite dans un contexte de ralentissement démographique

Le projet de réforme du parti républicain aux États-Unis

La tentative récente de réforme du système de retraite par répartition aux États-Unis permet d'examiner cette question d'une façon particulièrement éclairante. Dans les mois qui ont suivi la réélection de George Bush, *The Economist* a publié une série d'articles sur la réforme du système de retraite que le président des États-Unis et le parti républicain souhaitaient instaurer[1]. Cette réforme devait réduire l'importance du système général de retraite américain par répartition (Social Security) au profit d'un système reposant largement sur des comptes personnels d'épargne. Plus précisément, les travailleurs cotisant au système de Social Security pour 12,4 % de leur salaire auraient la possibilité de réduire leur contribution de 4 % et de transférer cet argent vers des fonds de pension privés. Leurs retraites futures par répartition seraient réduites en conséquence. Mais la réforme ne devait pas diminuer les pensions perçues par les personnes actuellement retraitées, ni conduire à une augmentation des

1. Parus dans les numéros des 11 novembre et 9 décembre 2004, et des 13 janvier, 3 février, 10 février et 24 février 2005. Voir également l'excellent article du Deutsche Bank Research, « Reform of the US pension system : political controversies defeat demographic and financial realities », art. cit.

impôts. Comme une baisse sensible des dépenses publiques semblait difficile à imaginer, la transition de l'ancien système vers le nouveau devait être financée par un recours à l'emprunt public, et ce à un degré d'autant plus élevé que la réforme serait rapide. Les prévisions de l'endettement supplémentaire du gouvernement américain résultant de cette réforme allaient de 0,75 à 5 trillions de dollars au cours des dix années à venir (la dette publique du gouvernement américain était de l'ordre de 4,3 trillions de dollars fin 2004).

Les partisans de cette méthode de financement de la réforme ont fait remarquer que celle-ci ne ferait que substituer une dette officielle à une dette implicite de l'État (son engagement à assurer le paiement des retraites futures). Ils faisaient également remarquer que cette dette serait souscrite par les jeunes générations, trouvant en elle l'emploi de l'argent qu'elles auront cessé de verser au système de retraites par répartition.

Le principal but de cette réforme était de réagir à la détérioration des comptes du système de retraite par répartition résultant du ralentissement démographique et, plus précisément, de la baisse continue du rapport du nombre de cotisants au nombre de pensionnés. En 1960, il y avait cinq travailleurs contribuant au système pour un pensionné. Ces chiffres sont actuellement de trois pour un et ils passeront à deux pour un en 2025.

Réduction de la répartition au profit d'un développement des fonds de pension : une réforme qui n'a que peu d'effets

Le projet de réforme américain inclut la réduction de l'importance relative de la part des pensions de retraite distribuée par le système de répartition et l'augmentation de la part versée par des fonds de pension. Cette mesure est présente dans beaucoup d'autres réformes du système de pensions. La Banque mondiale, par exemple, a joué un grand rôle dans les réformes des systèmes de retraite de nombreux pays en développement, en transition ou émergents dans les années quatre-vingt-dix et deux mille. Elle a encouragé, notamment à l'aide de prêts, l'instauration d'un système à trois piliers, dont le premier était un système public par répartition, le deuxième un système de fonds de pension gérés de façon privée et le troisième l'accumulation d'une épargne personnelle. Elle a favorisé la réduction de l'importance du premier système au profit du développement du second. Un groupe d'experts indépendants a évalué l'action de la Banque mondiale sur la période 1984-2004 dans 68 pays[1]. Les conclusions du rapport sont assez sévères : les actifs des fonds de pension créés sont souvent peu diversifiés, la proportion de personnes couvertes par un système de retraite n'a guère augmenté, l'épargne nationale n'a pas progressé, le marché financier national ne s'est pas développé et la flexibilité du marché du travail ne s'est pas améliorée. Le principal reproche du rapport est que l'action de la Banque mondiale n'a pas contribué à réduire la pauvreté chez les personnes âgées, alors que c'était l'un de ses premiers objectifs. Or nous allons voir qu'en première approximation, la substitution partielle de fonds de pension au système par répartition n'a aucun effet important et ne permet donc pas de résoudre les difficultés créées par le ralentissement démographique.

La principale différence entre un système de retraite par répartition et par capitalisation est que le premier inclut un prélèvement fiscal implicite, servant à financer les retraites versées aux premiers bénéficiaires qui n'avaient pas ou peu cotisé. Il est possible de modifier l'importance relative des deux systèmes, sous la contrainte de continuer à assurer ce prélèvement fiscal, et de ne pas changer les pensions versées aux personnes retraitées au moment où s'effectue cette réforme, sans affecter le bien-être de quiconque. Démontrons cela en commençant par examiner le cas de la première génération touchée par cette modification.

Cette génération bénéficie d'une baisse des cotisations qu'elle paie durant sa vie active au système de répartition. En contrepartie, celui-ci lui versera, quand elle sera devenue âgée, une retraite diminuée d'un montant égal à la baisse des cotisations, augmentée du taux de croissance de la masse salariale. Cette génération investit les cotisations non versées dans des fonds de pension, qui placeront cet argent sur les marchés financiers. Ces fonds pourront alors distribuer une retraite égale à ce placement augmenté des intérêts capitalisés.

---

1. Banque mondiale, *Pension Reforms and Development of Pension Systems. An Evaluation of World Bank Assistance*, Washington, D.C., The World Bank, 2006.

Le système de retraite par répartition doit continuer à verser les pensions de retraite dont les droits ont déjà été acquis. Comme ses recettes ont diminué, ce système subit un déficit qui sera couvert par l'emprunt public, c'est-à-dire par une émission d'obligations d'État à long terme au taux d'intérêt du marché. Ces obligations pourront être achetées par les fonds de pension (mais il est probable que ceux-ci préféreront souscrire des titres plus rémunérateurs, actions ou obligations, acquis sur les marchés internationaux, ce que je discuterai un peu plus loin).

La génération considérée a donc transféré une partie du revenu qu'elle « plaçait » dans le système de retraite par répartition dans l'acquisition (plus ou moins directe) d'obligations d'État. La rentabilité du second placement est plus élevée que celle du premier. Pour sa part, l'État a substitué à une dette implicite du système de retraite par répartition à l'égard de ses cotisants une dette publique officielle, dont le coût est plus élevé.

Le déficit du système de retraite par répartition est transitoire : quand les droits à pension acquis avant la réforme auront expiré, les pensions seront ajustées aux nouvelles cotisations et il n'y aura plus de déficit. Il n'en reste pas moins vrai que la dette publique a durablement augmenté, et que, même si elle s'est substituée à une dette implicite, le coût de la première est plus élevé que celui de la seconde.

Cet écart de coût sera financé par une taxe qui aura pour conséquence d'annuler le gain dont bénéficie le public en ayant transféré une partie de son « épargne » du système de retraite par répartition à des fonds de pension, où elle est mieux rémunérée. Par conséquent, la réforme n'a aucun effet profond.

L'équivalence que je viens d'établir entre retraite par répartition et retraite par capitalisation n'est valable qu'en première approximation. Par exemple, la réforme considérée ici remplace une partie de la dette publique officieuse à l'égard des retraités et des futurs retraités, incorporée dans un système de retraite par répartition, par une dette publique officielle prenant la forme de titres détenus par les épargnants. Or on peut estimer que si l'État voulait mener une politique d'assainissement de ses finances, il lui serait moins difficile de réduire le premier type de dette en effectuant une réforme du système de retraite que de répudier une partie de sa dette publique officielle. Ainsi, la réforme considérée réduirait à l'avenir la liberté d'action de l'État.

D'autre part les fonds de pension préféreront placer leurs ressources sur les marchés financiers internationaux, parce que la rémunération sera supérieure à la dette publique nouvellement émise, plutôt que de souscrire des titres de cette dette. P.-O. Gourinchas et H. Rey font une analyse fascinante du rôle des États-Unis comme intermédiaire financier mondial de 1952 à nos jours[1]. Ce pays s'est toujours financé par l'émission d'actifs liquides, sûrs et à taux fixes en dollars, par exemple des bons du Trésor américain. Il a investi dans le reste du monde à un degré croissant sous forme d'actifs plus risqués, moins liquides et à plus long terme. Les États-Unis ont notamment développé les investissements directs et l'achat d'actions et réduit l'importance de leurs prêts bancaires. Les portefeuilles de titres, notamment à taux variable, détenus par les Américains, ont été de plus en plus diversifiés sur le marché international, surtout à partir de la fin des années quatre-vingt-dix. L'écart entre les rémunérations moyennes de l'actif et du passif des États-Unis a augmenté au cours du temps. Cette différence a créé un effet de levier, qui implique que les gains de l'actif brut des États-Unis permettent de financer un passif brut qui lui serait supérieur de plus de 40 %. La substitution d'une partie de la retraite par répartition par un système de fonds de pension pourrait donc renforcer ce rôle d'intermédiaire financier des États-Unis et rapporter un revenu net positif à ce pays.

Cette réforme pourrait aussi avoir de l'importance parce que les cotisations d'un système de retraite par répartition sont assises de façon rigide sur les salaires perçus et constituent un placement à un taux de rentabilité inférieur aux taux d'intérêt du marché. Ce système inclut donc une taxe implicite sur les salaires, ce qui décourage les gens de travailler et contribue à diminuer le taux d'emploi et la production nationale. Les partisans de cette réforme, comme M. Feldstein, estiment qu'elle améliorerait l'efficacité de l'économie en encourageant les actifs à augmenter leur offre de travail[2]. Cependant, la réduction de la taxe implicite incluse dans le système par répartition devrait être remplacée par

1. P.-O. Gourinchas et H. Rey, « From world banker to world venture capitalist : US external adjustment and the exorbitant privilege », NBER WP 11563, 2005.
2. M. Feldstein, « Structural reform of social security », art. cit.

l'instauration d'une autre taxe, donnant le même produit et dont le but serait de stabiliser la dette publique explicite plus élevée. Rien ne dit que cette nouvelle taxe ne créerait pas des distorsions économiques aussi sérieuses que la taxe qui aurait été réduite.

Diminuer la répartition au profit d'une augmentation des fonds de pension pourrait avoir des effets favorables ou défavorables, qui dépendront des modalités de mise en œuvre de cette réforme. Elle n'affecterait cependant guère les difficultés croissantes des États-Unis à faire face aux engagements du système de Social Security dans la période de ralentissement démographique actuel.

Qui va supporter le sacrifice ?

À un instant donné, l'État, en incluant dans celui-ci le système de retraite par répartition, crée une dette publique. Il va percevoir pour les périodes courantes et futures des ressources fiscales, va verser des transferts et effectuer des dépenses. La solvabilité de l'État implique que sa dette soit égale à la somme des valeurs actualisées de ses ressources déduites de ses transferts et de ses dépenses futures. À législation inchangée, la transition démographique va réduire ce dernier montant. L'État devra alors arbitrer entre trois solutions :

– soit il réduit immédiatement ses dépenses et ses transferts et, plus précisément dans le cas qui nous intéresse ici, le montant des pensions versées aux retraités ;

– soit il augmente ses ressources courantes, par exemple les cotisations de retraite versées par les personnes en activité ;

– soit il ne change pas sa politique dans l'immédiat et laisse donc la dette publique augmenter, c'est-à-dire qu'il repousse à plus tard la résolution du problème de sa solvabilité.

La première solution revient à faire supporter le sacrifice par les retraités ou par les personnes actives en âge d'avoir acquis suffisamment de droits à la retraite. La deuxième solution fait porter le sacrifice sur les personnes en activité. La troisième solution revient à repousser l'échéance du sacrifice. À cette échéance, l'État devra le répartir entre les différentes générations vivantes ou pas encore nées.

Il est bien sûr possible de combiner les deux premières solutions, c'est-à-dire de réduire le montant des pensions versées et d'augmenter les cotisations. Le rapport du Conseil d'orientation des retraites de 2004 donne de nombreux exemples de réformes des systèmes de retraite dans les pays industrialisés. La diminution des pensions versées aux personnes déjà retraitées prend souvent la forme d'une modification de leurs règles d'indexation : salaire net plutôt que salaire brut (Allemagne), indice des prix à la consommation plutôt que salaire moyen (France, Angleterre, Italie). La diminution des pensions versées ultérieurement peut se faire en augmentant la durée sur laquelle est calculé le salaire moyen de référence (France). On peut aussi, dans le calcul de cette moyenne, amplifier le salaire de chaque année passée de la simple hausse des prix et non plus de la hausse du PIB ou du taux de salaire moyen de l'économie, jusqu'à la date actuelle (Italie et États-Unis). Une autre possibilité consiste à passer partiellement d'un système à bénéfices définis (c'est-à-dire à niveau de pension clairement spécifié) à un système à contributions définies auxquelles s'ajustent les pensions distribuées (Allemagne, Suède).

Le ralentissement démographique apparaît comme une caractéristique durable des économies industrialisées. La deuxième solution revient alors à maintenir les retraites à un niveau inchangé et à effectuer une hausse adéquate des cotisations payées par les jeunes actifs, de façon à maintenir équilibré à chaque instant le budget du système de retraite par répartition.

Durant son cycle de vie, un individu paiera davantage pendant sa période d'activité et percevra une retraite inchangée quand il deviendra inactif. Son revenu actualisé à sa naissance aura donc diminué. Cependant, les personnes qui sont devenues retraitées au moment où la réforme a été mise en œuvre vont continuer à percevoir une retraite inchangée, alors que les cotisations qu'elles avaient versées quand elles étaient jeunes n'avaient pas été augmentées. On a donc un transfert intergénérationnel semblable à celui instauré au moment de l'introduction du système de retraite par répartition (mais sans justification de morale ou d'équité).

La combinaison des deux types de réformes garantissant l'équilibre budgétaire du système par répartition permet de répartir le sacrifice entre toutes les générations. Elle réduit le revenu de la première génération des retraités comme le revenu actualisé à la naissance de toutes les générations suivantes.

Résistance politique des générations vivantes et transfert du sacrifice aux générations futures

Une réforme combinant hausse des cotisations et baisse des pensions, sans modification du budget de l'État ni de la dette publique[1], pourrait rencontrer une forte résistance politique de la part des personnes retraitées ou proches de l'âge de la retraite, comme de celle des jeunes actifs. D. Miles et A. Cerny écrivent : « Des gouvernements démocratiquement élus, qui sont confrontés à des électeurs qui privilégient les implications directes pour eux-mêmes (et non pas pour les générations futures) des réformes des systèmes publics de retraite, obtiendront difficilement un soutien politique pour ces réformes [...]. Ces générations rassembleront une majorité d'électeurs, qui bloqueront de façon permanente les tentatives de réformes[2] [...]. » F. Cairncross complète ces considérations en suggérant que, dans la plupart des pays industrialisés, le pouvoir politique des personnes âgées a augmenté dans la période récente[3].

Dans la réforme proposée par le parti républicain et le président des États-Unis, la substitution d'une partie des retraites par répartition par des fonds de pension et le recours à l'endettement public pour financer la transition ne permettent guère de résoudre les problèmes créés par le ralentissement démographique. Une des solutions à ce ralentissement serait de réduire les pensions versées par le Social Security et de modérer la baisse des cotisations à ce système. Or la réforme maintient les pensions au même niveau.

L'absence de sacrifice assumé par les personnes retraitées au moment de l'application de la réforme entraînerait un sacrifice

1. Le revenu de chaque génération baisse durant sa vie active et durant sa retraite. Il est possible de montrer que ces générations sont alors incitées à augmenter leur épargne dans la période active de leur vie pour limiter leur baisse de pouvoir d'achat quand elles auront cessé de travailler. Pour cette raison, cette réforme conduit à un développement presque automatique du système par capitalisation et des fonds de pension.

2. D. Miles et A. Cerny, « Risk, return and portfolio allocation under alternative pension systems with incomplete and imperfect financial markets », CEPR, DP 2779, 2001.

3. F. Cairncross, « Forever young. A survey of retirement », art. cit.

plus important pour les générations suivantes. La diminution des cotisations des générations suivantes pendant leur période d'activité provoquerait une baisse particulièrement forte des pensions qu'elles percevraient à leur retraite, s'ajoutant à la hausse des impôts nécessaire pour stabiliser une dette publique devenue plus élevée.

Ainsi, alors que la croissance est freinée par le ralentissement démographique, la consommation des retraités reste la même. La consommation des actifs va diminuer si la valeur actualisée des pensions perçues ultérieurement, déduite des cotisations et des impôts qu'ils versent, diminue. Si les sacrifices supportés par les actifs sont suffisants, alors la réduction de l'offre nationale résultant d'une croissance plus lente est confrontée à une diminution de même ampleur de la demande nationale, et la balance commerciale ne se détériore pas. Mais si ces sacrifices sont insuffisants, alors la consommation des actifs diminue trop faiblement et la demande nationale dépasse la production. Dans ce cas, qui correspond à la troisième solution, l'écart est comblé par un déficit de la balance commerciale, qui est financé par une augmentation de l'endettement extérieur[1]. Ainsi, alors que dans le cas d'un simple remplacement d'une partie du système de répartition par des fonds de pension, la dette supplémentaire de l'État avait pour contrepartie une épargne supplémentaire équivalente de la part des actifs, dans le cas considéré maintenant, une partie de cette dette doit être financée par le reste du monde. Si la réforme discutée aux États-Unis était mise en œuvre, il est probable que le pays vivrait d'abord au-dessus de ses moyens et augmenterait son endettement extérieur. Les générations ultérieures hériteraient alors d'une dette extérieure plus élevée, dont la stabilisation nécessiterait un excédent commercial accru. Ces générations devraient donc réduire leur consommation.

En résumé, la réforme du système de retraite discutée aux États-Unis, en refusant de réduire le bien-être des retraités, doit abaisser encore plus le bien-être des actifs vivants ou celui des générations futures. Dans le premier cas, une diminution de la

---

1. Pour simplifier l'exposé, n'est pas pris en compte le fait que si la baisse du nombre d'actifs réduit la production intérieure, elle diminue aussi l'investissement nécessaire pour employer ces actifs. Ce dernier effet tend à améliorer la balance commerciale.

consommation nationale s'ajuste à la croissance plus lente de la production et la balance commerciale ne se détériore pas. L'augmentation éventuelle de la dette publique est entièrement souscrite (directement ou indirectement) par les fonds de pension auxquels contribuent les actifs. Dans le second cas, la consommation nationale ne s'ajuste pas à la réduction de la croissance, la balance commerciale se détériore et l'endettement extérieur croît. Alors, l'augmentation de la dette publique n'est que partiellement souscrite par les actifs vivants et les générations futures s'appauvriront.

M. Feldstein a défendu une forme modérée du projet de réforme américain[1]. La transition serait financée certes, en partie, par l'emprunt public, mais aussi par une réduction des retraites, une augmentation des cotisations et un allongement de la durée de vie active. Un système d'incitation encouragerait les actifs employés à affecter davantage aux fonds de pension que la réduction de leur contribution au système de retraite par répartition, cela dans le but de contrecarrer la baisse de l'épargne américaine qui ne manquerait pas de se produire. La réforme que propose Feldstein n'aurait donc que peu de chance de détériorer notablement la balance commerciale des États-Unis et de transférer un montant important de revenus des générations futures vers les générations vivantes. Il est cependant douteux que si la réforme proposée par le président des États-Unis et le parti républicain était mise en œuvre, la répartition du sacrifice intergénérationnel soit aussi équilibrée. N'oublions pas que les personnes qui ne sont pas encore nées ne peuvent ni voter ni protester, et qu'il est donc tentant de leur transférer des sacrifices qui auraient dû être à la charge des actifs ou des retraités vivants.

Échec du projet de réforme du parti républicain

Les propositions de réforme du gouvernement américain ont fait l'objet d'une forte résistance, d'abord de la part de la totalité des élus démocrates, mais aussi de la majorité de l'opinion américaine, à l'initiative de la puissante AARP, association de retraités comptant 35 millions d'adhérents. Nous avons déjà évoqué

1. M. Feldstein, « Structural reform of social security », art. cit.

l'augmentation du poids politique des personnes âgées au cours de la période récente dans les différents pays industrialisés. Cette opposition a été en partie idéologique (après tout, la création du système de Social Security est liée au nom de Roosevelt et à la politique du New Deal). L'instauration de fonds de pension privés entre lesquels auraient à choisir les travailleurs a inquiété l'opinion (un tel système a été instauré au Royaume-Uni par le gouvernement Thatcher et a connu de sérieuses déconvenues). Et réformer des retraites n'est pas ce qui paraît le plus urgent aux États-Unis. Même si le système de Social Security devient de plus en plus déficitaire à long terme, à pensions et cotisations inchangées, il va rester excédentaire jusqu'en 2018. Une réforme radicale de ce système semble donc exclue sous le mandat de l'actuel président[1].

Mais repousser une réforme du système de retraite par répartition en présence d'un ralentissement démographique n'est pas un acte neutre. Durant la période d'atermoiement, maintenir les pensions de retraite au même niveau alors que la masse salariale augmente moins vite que par le passé (et que les prévisions) peut être financé par une hausse des cotisations. Si cette augmentation n'est pas possible, le régime de retraites devient alors déficitaire et l'endettement public augmente. Mais, surtout, la demande nationale ne s'ajuste pas suffisamment à une évolution de l'offre devenue défavorable et la balance commerciale se détériore. La hausse de l'endettement extérieur revient alors à appauvrir les générations futures.

La mise en œuvre de réformes des systèmes de retraite dans les pays européens prend énormément de temps. En Suède, les discussions ont commencé au milieu des années quatre-vingt-dix pour aboutir à une réforme en 2001. Certaines réformes incluent

1. En cas de réforme, le système de Social Security deviendrait immédiatement équilibré, mais disposerait d'un portefeuille de bons du Trésor dont la rentabilité équilibrerait la réduction des cotisations. Cependant, ce système est un élément du budget fédéral et son identification par un fonds de pension n'est qu'une présentation comptable. Bref, la situation excédentaire actuelle et le portefeuille dont dispose le système de Social Security sont largement des artifices comptables. Il semble probable que les retraités estiment que le système actuel les place dans un rapport de force politique plus favorable que le système auquel conduirait la réforme, face à un gouvernement qui voudrait un jour réduire les pensions de retraités.

une période de transition considérable. Par exemple, en Italie, la réforme de 1995 n'affectera défavorablement que les générations qui étaient jeunes, très jeunes ou pas encore nées à cette date. D'autres réformes sont insuffisantes. Le Conseil d'orientation des retraites (2004) note que la réforme française de 2003 permettra de réduire d'environ un tiers le besoin de financement initial du régime général en 2020, qui sera de l'ordre de 15,5 milliards d'euros. La différence, approximativement 10 ou 11 milliards d'euros, devra être financée par des transferts de l'assurance chômage vers l'assurance vieillesse, ce qui sera impossible si le taux de chômage reste à des niveaux proches du niveau actuel au cours des quinze prochaines années. Le quatrième rapport du Conseil d'orientation des retraites, qui vient de paraître, actualise cette analyse, explore d'autres moyens de financement du déficit, mais confirme surtout que le déficit du système français de retraite sera élevé en 2020 (de l'ordre de 0,7 point de PIB) dans l'hypothèse très favorable d'un taux de chômage à 4,5 %. Tout se passe donc comme si les bénéficiaires du système existant cherchaient à repousser la date où commenceront les sacrifices, c'est-à-dire à faire supporter ceux-ci par les générations futures.

Certains États ont-ils commencé à faire payer leurs charges courantes par les générations futures ?

Quand un gouvernement augmente les transferts publics nets à ses administrés (ou ne les réduit pas pour les adapter à une donne économique ou démographique devenue moins favorable), la dette publique croît. Les citoyens savent qu'une partie de cette évolution aura pour contrepartie des impôts plus élevés (ou des transferts plus bas) qu'ils supporteront plus tard. Ils accumulent par conséquent une épargne qu'ils utiliseront ultérieurement (principal et intérêt) pour compenser la hausse des taxes (ou la baisse des transferts). L'autre partie de la hausse des transferts ne sera pas financée ultérieurement par les bénéficiaires, mais par les générations futures. Les bénéficiaires augmentent donc leurs dépenses, ce qui induit un déficit de la balance commerciale qui est financé par un endettement extérieur accru. La part de la hausse de la dette publique qui se diffuse dans une progression de l'endettement extérieur induira des charges supplémentaires pour les générations futures qui seront appauvries.

Nous montrons ici qu'à l'origine de cette évolution il y a gouvernement qui n'a pas le courage ou la possibilité d'ajuster immédiatement les pensions et les cotisations du système de retraite par répartition à une évolution démographique devenue moins favorable. Mais un gouvernement peut aussi transférer aux générations futures le coût de hausses d'autres transferts aux vivants, parce qu'il ne sait pas ou ne peut pas résister aux pressions. Le recours aux générations futures pour maintenir ou améliorer la situation des générations actuellement en vie, dépasse donc le problème de la réforme des systèmes de retraite. P. Heller donne un compte rendu fascinant des dangers qu'encourrait une société dont le gouvernement n'assumerait pas des coûts qui devraient être supportés dans la période courante, préférant en transférer le fardeau aux générations futures[1]. Le rapport Pébereau analyse longuement le comportement dépensier des administrations publiques françaises depuis un quart de siècle, qui a conduit à un endettement public croissant et à un transfert de charges aux générations futures[2].

Les faits

Voyons si certains pays ont connu une détérioration de leurs finances publiques et extérieures, ce qui pourrait s'interpréter comme la volonté de transférer des revenus des générations non encore nées au profit des générations vivantes.

Les tableaux 2 et 4 montrent que les engagements financiers bruts des administrations publiques, ainsi que les positions exter-

1. P. Heller, *Who Will Pay ? Coping with Aging Societies, Climate Changes and Other Long-Term Fiscal Challenges*, Fonds monétaire international, 2003.

2. M. Pébereau, *Des finances publiques au service de notre avenir. Rompre avec la facilité de la dette publique pour renforcer notre croissance économique et notre cohésion sociale*, disponible sur http://www.finances.gouv.fr/notes_bleues/nbb/nbb301/pebereau. pdf

nes nettes des différents pays, connaissent souvent une certaine stabilité au cours du temps, mais ont des niveaux sensiblement différents entre nations. Ainsi, la stabilité des endettements public et extérieur est la situation la plus fréquente dans les pays industrialisés. Mais le fait que les positions externes nettes et les dettes publiques diffèrent autant entre nations suggère que certains pays ont pu connaître des taux d'endettement croissants dans certaines périodes de leur histoire. Cependant, ces taux finissent par se stabiliser, mais à des niveaux plus élevés.

Tableau 1. Solde financier des administrations publiques

	Excédent (+) ou déficit (–) en pourcentage du PIB nominal													
	1994	1995	1996	1997	1998	1999	2000	2001	2002	2003	2004	2005	2006	2007
France	– 5,4	– 5,5	– 4,1	– 3,0	– 2,6	– 1,7	– 1,5	– 1,6	– 3,2	– 4,2	– 3,7	– 2,9	– 2,9	– 2,6
Allemagne	– 2,3	– 3,2	– 3,3	– 2,6	– 2,2	– 1,5	1,3	– 2,8	– 3,7	– 4,0	– 3,7	– 3,3	– 3,1	– 2,2
Italie	– 9,1	– 7,4	– 7,0	– 2,7	– 3,1	– 1,8	– 0,9	– 3,1	– 3,0	– 3,5	– 3,5	– 4,3	– 4,2	– 4,6
Japon	– 4,2	– 5,1	– 5,1	– 4,1	– 5,9	– 7,5	– 7,7	– 6,4	– 8,2	– 8,0	– 6,3	– 5,2	– 5,2	– 4,7
Espagne	– 6,5	– 6,3	– 4,7	– 2,9	– 3,0	– 0,9	– 0,9	– 0,5	– 0,3	0,0	– 0,2	1,1	1,1	0,9
Royaume-Uni	– 6,8	– 5,8	– 4,2	– 2,2	0,1	1,0	3,8	0,7	– 1,7	– 3,3	– 3,3	– 3,2	– 3,4	– 3,2
États-Unis	– 3,6	– 3,1	– 2,2	– 0,8	0,4	0,9	1,6	– 0,4	– 3,8	– 5,0	– 4,7	– 3,8	– 3,6	– 3,7
Zone euro	– 4,9	– 4,9	– 4,2	– 2,6	– 2,3	– 1,3	0,0	– 1,8	– 2,6	– 3,1	– 2,8	– 2,4	– 2,3	– 2,1
Total de l'OCDE	– 4,2	– 4,0	– 3,1	– 1,7	– 1,3	– 0,8	0,3	– 1,3	– 3,2	– 4,0	– 3,5	– 2,7	– 2,6	– 2,6

Source : OCDE, *Perspectives économiques*, n° 79, annexe statistique.

Examinons les tableaux 1 à 4 plus en détail. Demandons-nous, tout d'abord, si les États-Unis n'ont pas déjà transféré une partie des charges qu'auraient dû assumer les générations courantes, vers les générations futures. Le tableau 1 montre que le déficit du solde financier des administrations publiques américaines a progressivement disparu et s'est transformé en un surplus de 1994 à 2000. Mais, depuis, ce solde s'est considérablement dégradé. Les engagements financiers bruts des administrations publiques américaines (tableau 2) suivent le même mouvement. Six ou sept années représentent cependant une période trop courte pour que l'on puisse interpréter cette évolution comme résultant d'une politique systématique des États-Unis d'un transfert de revenu des générations futures vers les générations courantes. Le tableau 3 montre que la balance des opérations courantes des États-Unis a connu une détérioration régulière de 1995 à nos jours. Leur position externe nette, qui figure dans le tableau 4, suit le même mouvement. La période de détérioration est alors beaucoup plus longue. Mais le mécanisme qui revient à faire supporter des charges courantes de l'économie par les générations futures nécessite aussi une détérioration du budget des administrations et une élévation de l'endettement public que l'on n'observe qu'à partir de l'année 2000.

Examinons maintenant d'autres pays industrialisés. Le tableau 1 montre une amélioration régulière du solde financier des administrations publiques de la France, de l'Italie, de l'Allemagne et du Royaume-Uni de 1994 à 2000, suivie par une détérioration de 2000 à 2006. Au Japon, la détérioration a commencé en 1998 et un redressement apparaît à partir de 2004. Mais le déficit reste très élevé. Le tableau 2 montre que les engagements financiers bruts des administrations de ces pays se détériorent régulièrement dans la décennie 2000. Nous avons donc une dynamique proche de celle des États-Unis. Le tableau 3 montre une détérioration régulière de la balance des opérations courantes pour la France, l'Italie, l'Espagne et le Royaume-Uni de la fin

Tableau 2. Engagements financiers bruts des administrations publiques

	Pourcentage du PIB nominal													
Fin de l'année	1994	1995	1996	1997	1998	1999	2000	2001	2002	2003	2004	2005	2006	2007
France	60,2	62,6	66,3	68,4	69,9	66,2	65,0	63,6	66,7	71,0	73,4	76,5	75,9	75,1
Allemagne	46,7	55,8	58,9	60,4	62,2	60,8	59,9	59,3	61,6	64,6	67,9	69,6	71,3	71,1
Italie	–	121,9	128,3	130,2	132,5	126,7	121,6	121,1	120,0	117,9	119,4	121,4	122,3	123,4
Japon	80,2	87,7	95,3	102,3	114,9	128,9	137,1	145,2	154,0	160,2	168,1	172,1	175,2	177,3
Espagne	64,0	68,9	75,6	74,5	74,5	68,5	66,0	61,8	59,9	55,1	53,3	50,4	47,6	45,5
Royaume-Uni	47,8	52,7	52,5	53,2	53,7	48,7	45,7	41,1	41,3	41,9	44,1	47,2	50,3	52,8
États-Unis	74,6	74,2	73,4	70,9	67,7	64,1	58,1	58,0	60,3	63,4	64,0	64,1	64,1	64,7
Zone euro	58,5	72,2	77,4	79,5	80,1	78,3	75,1	73,8	74,1	75,2	76,1	77,5	77,5	77,0
Total de l'OCDE	66,4	71,7	73,9	74,2	74,3	73,6	70,8	70,9	73,1	75,2	76,8	77,7	78,1	78,4

Source : Ibid.

Tableau 3. Balance des opérations courantes en pourcentage du PIB

	1994	1995	1996	1997	1998	1999	2000	2001	2002	2003	2004	2005	2006	2007
France	0,5	0,7	1,3	2,6	2,6	2,9	1,3	1,6	0,9	0,4	– 0,4	– 1,9	– 2,6	– 2,3
Allemagne	– 1,4	– 1,2	– 0,6	– 0,4	– 0,8	– 1,3	– 1,8	0,0	2,0	1,9	3,7	4,2	4,0	4,6
Italie	1,2	2,2	3,1	2,8	1,9	0,7	– 0,5	– 0,1	– 0,8	– 1,3	– 0,9	– 1,6	– 2,1	– 2,2
Japon	2,8	2,2	1,4	2,3	3,1	2,7	2,6	2,2	2,9	3,2	3,7	3,6	4,3	5,5
Espagne	– 1,2	– 0,3	– 0,4	– 0,1	– 1,2	– 2,9	– 4,0	– 3,9	– 3,3	– 3,6	– 5,3	– 7,4	– 8,9	– 9,8
Royaume-Uni	– 1,0	– 1,3	– 1,0	– 0,2	– 0,5	– 2,7	– 2,6	– 2,2	– 1,6	– 1,4	– 2,0	– 2,6	– 2,4	– 2,9
États-Unis	– 1,7	– 1,5	– 1,6	– 1,7	– 2,4	– 3,2	– 4,2	– 3,8	– 4,5	– 4,7	– 5,7	– 6,4	– 7,2	– 7,6
Zone euro	0,2	0,6	1,0	1,4	0,8	0,3	– 0,7	0,0	0,6	0,4	0,8	– 0,2	– 0,4	– 0,3
Total de l'OCDE	– 0,1	0,1	0,0	0,1	– 0,1	– 0,7	– 1,3	– 1,1	– 1,2	– 1,1	– 1,2	– 1,8	– 2,1	– 2,1

Source : Ibid.

Tableau 4. Position externe nette en pourcentage du PIB

	1994	1995	1996	1997	1998	1999	2000	2001	2002	2003	2004
France	– 4,18	– 4,33	0,84	9,20	7,25	– 1,27	6,91	12,74	8,92	6,17	5,32
Allemagne	9,27	5,13	3,93	3,71	0,12	2,70	1,38	6,98	3,88	5,52	8,05
Italie	– 9,42	– 7,13	– 5,82	– 6,58	– 11,35	– 7,57	– 8,27	– 7,15	– 14,99	– 15,76	– 18,14
Japon	14,37	15,45	18,97	22,19	29,21	18,51	24,23	32,50	36,56	37,27	38,01
Espagne	– 22,02	– 22,49	– 22,54	– 23,47	– 31,79	– 25,86	– 26,68	– 28,84	– 37,40	– 42,58	– 49,08
Royaume-Uni	2,02	– 3,72	– 9,85	– 8,65	– 15,56	– 7,11	– 3,55	– 7,30	– 5,08	– 6,52	– 13,20
États-Unis	– 3,33	– 5,50	– 5,84	– 10,82	– 13,10	– 12,01	– 16,84	– 23,81	– 24,28	– 22,55	– 22,64
Zone euro						– 7,44	– 8,75	– 7,55	– 11,76	– 13,67	– 9,64

Source : P. Lane et G. M. Milesi-Ferretti, « The external wealth of nations Mark II : Revised and extended estimates of foreign assets and liabilities, 1970-2004 », III 5, DP 126, 2006.

des années quatre-vingt-dix à nos jours. Le tableau 4 montre que la position externe nette de l'Italie et de l'Espagne se détériore nettement sur la période. La situation budgétaire de l'Espagne s'améliore régulièrement jusqu'à nos jours et l'excédent de la balance des opérations courantes de l'Allemagne s'améliore de 2000 à nos jours.

Ces résultats sont plus suggestifs que parfaitement probants. Les finances publiques des États-Unis, mais aussi de certains pays industrialisés, dont la France, se sont détériorées depuis l'année 2000. Six années constituent une période trop courte pour conclure si on est en présence d'une défaillance transitoire ou d'un mouvement durable vers une « exploitation » des générations futures. Mais la « coïncidence » que constituent ces pays est inquiétante. Les difficultés pour les nations industrialisées de financer le coût croissant de l'État providence, notamment les pensions de retraite, mais aussi les dépenses de santé, etc., vont nécessiter des choix drastiques dans le futur, et faire payer les personnes qui ne sont pas encore nées est une décision tentante.

Pourquoi l'État ne transfère-t-il pas davantage les coûts de ses dépenses courantes aux générations futures[1] *?*

L'État a la possibilité de transférer une partie de ses charges, par exemple celles résultant du ralentissement démographique, aux générations futures. Mais cette possibilité n'a été que peu exploitée. Comment expliquer cette modération ? Une des réponses possibles est que l'État prendrait en compte dans ses décisions de façon équilibrée et cohérente, le bien-être des générations vivantes, mais aussi des générations non encore nées. On peut cependant douter que l'État fonctionne ainsi. Il est plus probable qu'il accorde plus d'importance au bien-être des générations des vivants, ceux qui votent et qui peuvent revendiquer, et porte moins d'attention aux conditions dont hériteront les générations futures.

Nous pouvons préciser cette idée en termes plus formels en considérant que l'État est constitué d'une succession de gouvernements. Un gouvernement est prioritairement intéressé par le bien-être des personnes vivant dans la période où il exerce,

1. Voir J.-P. Laffargue, « Intergenerational transfers and the stability of public debt with short-lived governments », *Mathematical Population Studies*, à paraître. Une bonne présentation du cadre analytique utilisé dans cet article est celle de D. de la Croix et P. Michel, *A Theory of Economic Growth, Dynamics and Policy in Overlapping Generations*, Cambridge, Cambridge University Press, 2002.

avec des poids spécifiques pour les différentes générations. Il attache en revanche peu d'importance aux générations qui vivront dans un futur éloigné. Nous pouvons alors nous demander pourquoi ce gouvernement n'opterait-il pas pour une politique d'endettement extérieur et de déséquilibre commercial élevés, afin d'amener le bien-être des générations vivantes à un niveau maximum, tout en laissant une lourde charge aux générations futures. Quel est le mécanisme régulateur qui pourrait inciter les gouvernements à ne pas choisir cette politique de courte vue ?

Quand un gouvernement fixe ses transferts et ses dépenses à des niveaux élevés, et ses impôts à des niveaux bas, il finance la différence par l'emprunt public. L'administration qui va diriger ultérieurement le pays sera confrontée à un endettement public élevé. Pour le stabiliser, elle sera amenée à réduire ses transferts, notamment au profit des citoyens qui avaient bénéficié quand ils étaient plus jeunes de la prodigalité du gouvernement qui exerçait alors.

Ainsi, les catégories jeunes et actives d'un pays savent que la générosité d'aujourd'hui de leur gouvernement peut avoir pour conséquence leur propre appauvrissement de demain. Ces catégories peuvent alors faire pression pour que les autorités respectent un minimum de rigueur budgétaire et ne laissent pas filer sa dette. On remarque qu'il y a, à tout instant, un conflit d'intérêt entre les jeunes générations, qui savent qu'une augmentation de la dette publique pourra détériorer leur sort ultérieur, et les générations âgées, qui savent qu'une augmentation de la charge de la dette résultant d'une augmentation des transferts en leur faveur, sera supportée par les générations suivantes.

Ce mécanisme peut être suffisamment puissant pour stabiliser la dette publique, et donc la dette extérieure, et éviter l'exploitation des générations futures. Mais ce résultat n'est pas garanti. Alors, la dette publique et la dette extérieure augmenteraient au cours du temps et il y aurait un appauvrissement progressif des générations futures. Enfin, il est possible que ce mécanisme stabilisateur fonctionne efficacement à certaines périodes mais pas à d'autres. Le pays passerait alors par des phases de stabilisation et par des phases d'augmentation de ces dettes, ce qui expliquerait l'inégalité des endettements public et extérieur des pays européens, que nous avons notée plus haut.

Conclusion

Une réforme équitable du système de retraite par répartition face à une évolution démographique durablement défavorable consisterait à répartir les sacrifices entre toutes les générations vivantes et à venir, ce qui conduirait à diminuer les pensions versées, y compris celles des retraités actuels, et à augmenter les contributions des actifs. Cette réforme pourrait prendre des formes concrètes diverses comme une modification de l'indexation des pensions ou du calcul de leurs salaires de référence. Elle conduirait alors les actifs à compenser partiellement la baisse de leurs pensions futures en augmentant leur participation au système de capitalisation. Mais compléter cette réforme par une réduction de l'importance du système de répartition au profit d'un développement des fonds de pension, et par un recours à l'emprunt public pour financer la transition, aurait probablement des effets limités et ambigus. Les éventuels avantages de ce choix, outre qu'ils ne seraient pas simples à obtenir, ne sont pas liés au ralentissement démographique.

Une autre réforme pourrait maintenir les pensions des retraités en l'état et augmenter encore plus les contributions des actifs. Ce choix, comparé au précédent, améliorerait le bien-être des personnes actuellement à la retraite, mais réduirait celui des actifs et des générations futures. Un transfert intergénérationnel similaire avait été effectué lors de l'instauration du système par répartition. Mais il pouvait alors se justifier comme une solidarité de toutes les générations à l'égard des premiers bénéficiaires frappés par des circonstances exceptionnelles, peu susceptibles de se reproduire.

Il est enfin possible d'éviter aux actifs, comme aux retraités, vivants, tout sacrifice, le déséquilibre du système par répartition étant alors financé par l'emprunt public. L'excédent d'une demande nationale qui ne s'est pas ajustée à une évolution plus défavorable du revenu national est financé par l'endettement extérieur. Le coût de cette politique serait entièrement transféré aux générations futures. Ce choix peut être politiquement attirant parce que seuls les vivants votent et revendiquent, et qu'ils peuvent refuser les deux réformes précédentes qui présentent pour eux plus de désavantages.

La lenteur de nombreux pays industrialisés à réformer leurs systèmes de retraite, puis à appliquer ces réformes, face à une évolution démographique devenue défavorable, comme le caractère insuffisant de certaines réformes, sont des expressions concrètes du choix de transférer aux générations futures des charges qui devraient être assumées par les vivants.

Il existe *a priori* des mécanismes théoriques qui peuvent freiner ces transferts. Mais ces mécanismes stabilisateurs ne sont pas toujours opérants. La détérioration de la dette publique et des positions extérieures nettes de certains pays industrialisés, les États-Unis, mais aussi l'Italie, le Royaume-Uni, et même la France, a été notable dans la dernière décennie. Cette tendance est encore trop récente pour que l'on puisse en tirer des conclusions valables. Mais les dépenses sociales ont, au moins dans les pays européens, une nette tendance à augmenter plus rapidement que le revenu national. Leur financement sera de plus en plus compliqué, notamment dans le contexte d'une évolution démographique défavorable. Il deviendra alors difficile aux gouvernements de résister à la tentation de mettre fortement à contribution les générations futures, même si cela doit beaucoup les appauvrir[1].

1. Les éléments exposés dans ce chapitre sont le prolongement d'une étude menée pour le Commissariat général du plan. La rédaction a été partiellement effectuée lors de séjours à City University of Hong Kong. Nous tenons à remercier ces deux institutions pour leur soutien matériel et intellectuel. Nous avons aussi bénéficié de discussions très utiles avec B. Hazari et E. Yu à Hong Kong, et tout spécialement avec Ph. Askenazy et D. Cohen au Cepremap, ainsi que des réactions des participants à un séminaire à la Banque de France.

VIII

Marchés et concurrence

11.

Faut-il solder la loi Raffarin ?

Introduction

L'année 1996 a été marquée par deux lois majeures pour le commerce en France : d'une part, la loi du 1er juillet sur la loyauté et l'équilibre des relations commerciales, dite loi Galland, alors ministre délégué aux Finances, qui, entre autres, accentue l'interdiction de la revente à perte ; d'autre part, la loi du 5 juillet relative au développement et à la promotion du commerce et de l'artisanat, dite loi Raffarin, alors ministre du Commerce et des PME, qui réforme le régime d'autorisation de l'immobilier commercial.

Une décennie plus tard, les effets pervers de la première, et notamment son impact inflationniste dans la grande distribution et son incapacité à garantir l'équilibre entre fournisseurs et distributeurs[1], ont conduit à une première étape de son abrogation par la loi Dutreil du 2 août 2005, suivie par la loi Chatel, votée en décembre 2005.

La loi Raffarin fait aussi l'objet de critiques. D'un côté, la Commission européenne est passée le 13 décembre 2006 à la phase 2 de la procédure d'infraction contre la France. Elle rejoint certains distributeurs, dont le *hard discounter*[2] allemand Aldi, pour considé-

---

1. G. Canivet, *Restaurer la concurrence par les prix. Les produits de grande consommation et les relations entre industrie et commerce*, Paris, La Documentation française, 2004 ; P. Rey et J. Tirole, *Régulation des relations entre producteurs et fournisseurs*, rapport du CAE 29, Paris, La Documentation française, 2000 ; voir pour une synthèse, M.-L. Allain et C. Chambolle, *Économie de la distribution*, Paris, La Découverte, 2003, p. 105 et suiv.

2. Le terme *hard discount* pouvant apparaître comme péjoratif, la profession préfère parler de « maxi discount ». Mais le terme consacré par l'Académie française est « maxidiscompte ».

rer que le dispositif actuel d'autorisation est incompatible avec la liberté d'établissement garantie par le droit communautaire. Selon la base des indicateurs de réglementation des marchés de produits construite par l'OCDE, la France présente (avec la Grèce) la réglementation des grandes surfaces la plus restrictive et la plus protectrice des enseignes en place. Récemment, les rapports Attali et Beigbeder préconisent l'abrogation de la loi Raffarin. D'un autre côté, il lui est reproché de ne pas protéger suffisamment le petit commerce. Le toilettage de la loi Raffarin exigerait donc un durcissement du régime d'autorisation : tel est l'objet de la proposition de loi Fouché adoptée le 16 juin 2005 par le Sénat.

C'est à cette double critique contradictoire qu'a tenté de répondre la Commission de modernisation de l'urbanisme commercial, composée de 45 membres (dont le sénateur Fouché, et, au titre des experts scientifiques, un sociologue[1] et un juriste, mais pas d'économiste...) qui a été créée le 25 octobre 2006. Mais si la loi Galland a donné lieu à des analyses économiques approfondies sur l'évolution des marges arrière et les relations verticales entre distributeurs et fournisseurs, les rapports sur la loi Raffarin[2] ne proposent pas d'évaluation du dispositif, à l'exception de l'avis du Conseil de la concurrence[3]. Il est vrai que l'on ne dispose pas d'indicateur statistique simple pour évaluer cette loi.

L'objectif de cette contribution est de proposer une évaluation partielle de la loi Raffarin à travers son application et ses conséquences économiques multiples sur un secteur particulier : la grande distribution à prédominance alimentaire[4]. L'enjeu n'est pas seulement sectoriel mais aussi macroéconomique. En effet, les dépenses alimentaires constituent le deuxième poste de consommation (après le

---

1. C'est ainsi qu'était présenté Philippe Moati, pourtant professeur d'économie.

2. A. Fouché, Rapport à la demande du Premier ministre, 2004 ; G. Coste, *Pour un urbanisme commercial équilibré et performant*, propositions des chambres de commerce et d'industrie de Paris-Île-de-France, 2002.

3. Avis n° 07-A-12 du 11 octobre 2007 qui s'appuie notamment sur une première version de ce chapitre.

4. Elle s'appuie en partie sur une vaste enquête menée en Europe et aux États-Unis par un réseau de chercheurs financés par la Russell Sage Foundation (New York) sur l'avenir du travail dans plusieurs secteurs incluant le commerce. Le Cepremap en est l'institution support pour la France. Voir E. Caroli, J. Gautié et R. Solow (éd.), *Low Wage France*, New York, Russell Sage Foundation, 2008. Une version française paraîtra fin 2008.

logement) et le grand commerce alimentaire[1] est la première branche professionnelle de France avec plus de 600 000 salariés. C'est d'ailleurs, depuis dix ans, l'un des principaux moteurs de la croissance économique et des créations d'emplois aux États-Unis.

Pour comprendre les mécanismes à l'œuvre et alimenter la réflexion sur une réforme, il faut abattre des mythes et cerner les intrications de l'économique et du juridique, en revenant en premier lieu sur les origines de la loi Raffarin.

Née d'une volonté de protéger le petit commerce, la loi Royer de 1973, qui soumet l'ouverture de grandes surfaces à une autorisation de commissions départementales composées pour un tiers de commerçants et artisans indépendants, a été en partie contournée par les acteurs. Elle n'a pas empêché le développement d'un puissant commerce moderne organisé autour de grands groupes ; elle a pu localement précipiter le déclin du petit commerce.

Précédée par un gel des autorisations dès 1993, la loi Raffarin rend plus difficile l'accès au marché, notamment en étendant le contrôle à toute surface de vente de plus de 300 m^2. L'objectif est moins de protéger davantage les petits commerçants que de répondre à la menace représentée, pour les grands distributeurs nationaux, par le développement des *hard discounters* allemands en France. La multiplicité des critères d'appréciation, la forte insécu-

1. La branche couvre les supermarchés, hypermarchés et *hard discount*. Les supermarchés et hypermarchés « classiques » sont des magasins d'une surface de vente supérieure à 400 m^2 qui offrent un choix important de plusieurs milliers de références alimentaires et non alimentaires à des prix sensiblement inférieurs au commerce traditionnel. Les classifications industrielles définissent un hypermarché au-delà de 2 500 m^2. En pratique, les professionnels retiennent une limite de 4 000 à 5 000 m^2 qui marque l'introduction de rayons de gros électroménager, TV, informatique, etc. Ces structures, dominantes en France ou aux États-Unis, sont relativement peu intensives en travail. Sans être nulle, la gamme de service au client est limitée. Elle varie d'un pays à un autre : par exemple *bagging* outre-Atlantique, rayons traditionnels en France.

Très présents dans le nord de l'Europe, les magasins *hard discount* sont de taille modeste, en moyenne 600-700 m^2, mais souvent moins de 400 m^2. L'offre limitée, un besoin = un produit, la présentation spartiate, un personnel polyvalent, l'absence de rayons traditionnels, des horaires limités, un cahier des charges strict imposé aux fournisseurs (par exemple un positionnement systématique et ergonomique des codes-barres) permettent une organisation frugale en main-d'œuvre, environ deux fois plus faible par m^2 que dans les magasins classiques. Le *soft discount* est une version hybride de magasin offrant un assortiment supplémentaire de quelques produits de marque et des produits frais.

rité juridique et la lourdeur des dossiers ont créé des barrières efficaces. Le développement du *hard discount* a été très fortement ralenti, le plaçant à un des niveaux les plus faibles en Europe. La loi a également freiné les créations et les extensions de surfaces classiques, cassant un moteur de modernisation et donc de croissance économique.

Malgré une clarification du droit par le Conseil d'État et de multiples stratégies de contournement de la loi qui ont permis un relatif regain des surfaces de vente depuis cinq ans, les groupes français en place ont vu leurs positions monopolistiques confortées. En conjonction avec la loi Galland, la loi Raffarin a gonflé leurs profits au détriment des consommateurs. Ces derniers, et surtout les bas revenus, font face à la fois à une offre limitée, en particulier de magasins *discount*, et à une inflation des prix des produits alimentaires.

La loi Raffarin a eu également des conséquences significatives sur l'emploi et le travail. Le *hard discount* étant utilisateur de main-d'œuvre non qualifiée ou discriminée sur d'autres segments du marché de l'emploi, notamment celui des grands distributeurs classiques, elle a réduit les opportunités d'emplois pour ces catégories. La concentration des flux de clientèle sur de rares surfaces de vente induit en outre une intensité du travail délétère. De fait, pour répondre à ces flux, les distributeurs développent des innovations technologiques et des modes de distribution alternatifs économes en main-d'œuvre.

Le contrôle de la duplication des équipements dans un secteur où, en principe, la décision devrait revenir aux acteurs privés n'a donc pas rempli ses objectifs : incapable de revivifier le commerce alimentaire isolé, il collectionne les effets pervers.

Un bilan de la loi Royer

Une loi votée sous la pression de la rue

Importé des États-Unis par des précurseurs français, le concept moderne de grande surface, qui accompagne l'émergence d'une consommation de masse, connaît un vif succès en France dès les années soixante. La distribution s'organise progressivement autour de grands groupes de succursalistes ou de franchisés, des groupes capitalistes comme Carrefour ou Promodès, ou familiaux comme Auchan ou Casino. Au début des années soixante-dix, les nouveaux hypermarchés s'ouvrent à un rythme rapide (une cinquantaine par an). En réaction à cette évolution, les surfaces de plus de 400 m^2 sont soumises en 1972 à une « taxe sur les grandes surfaces », destinée à soutenir les petits commerçants.

L'année suivante, la loi Royer, votée à l'unanimité moins une voix sous la pression de la rue, vise essentiellement à donner des gages aux manifestants du syndicat des petits artisans et commerçants, le CID-UNATI. En remettant aux mains de commissions départementales d'urbanisme commercial (CDUC) composées d'élus politiques et de représentants des organismes consulaires, le soin d'autoriser l'ouverture des surfaces de vente alimentaires supérieures à 1 500 m^2 dans les villes de plus de 40 000 habitants, ou de 1 000 m^2 dans les autres, les parlementaires d'alors improvisent un dispositif dont ils s'avouent incapables d'apprécier les conséquences[1].

De fait, si la loi Royer était censée réguler les implantations commerciales, ses effets réels sont difficiles à apprécier.

Des conséquences difficiles à évaluer

Le travail de référence sur la question est l'article de M. Bertrand et F. Kramarz[2]. L'idée est de comparer les évolutions de l'emploi et des prix entre les départements selon les taux d'autorisation des surfaces de vente. Comme le taux d'autorisation peut être endogène (on autorise plus de surfaces dans les départements où leur impact sur l'emploi sera le plus positif), les auteurs contrôlent (ils « instrumentent ») leurs estimations par la couleur politique des départements. Leur hypothèse (vérifiée statistiquement) est que les élus du centre et de droite sont plus

1. Cf. notamment *Journal officiel*, Sénat, 15 novembre 1973, p. 1720 et suiv.

2. M. Bertrand et F. Kramarz, « Does entry regulation hinder job creation ? Evidence from the French retail industry », *Quarterly Journal of Economics*, 117, 2002, p. 1369-1414.

favorables au petit commerce et donc bloquent les autorisations[1]. Leurs estimations montreraient que les grandes surfaces de vente alimentaires concernées par la loi auraient pu être 30 % supérieures en son absence. La loi aurait bien protégé les petits commerçants puisque leur poids dans l'emploi serait supérieur dans les départements à faible taux d'autorisation. Mais, au total, la loi aurait réduit d'au moins 3 % l'emploi dans le commerce alimentaire, le premier effet dominant le second. Enfin, les prix seraient supérieurs dans les zones à faible taux d'autorisation.

Cette étude innovante a suscité des controverses, notamment chez les professionnels du commerce. En premier lieu, l'impact favorable au petit commerce est potentiellement surestimé. Le principe de la loi Royer était de restreindre, souvent à un, le nombre d'acteurs par zone de chalandise, notamment pour les hypermarchés. Les auteurs de la loi escomptaient qu'un supermarché ou un hypermarché en monopole offrirait moins d'opportunités d'achat aux consommateurs et pratiquerait des prix plus élevés qu'en situation concurrentielle. Au total, le petit commerce aurait ainsi été protégé d'une concurrence par l'offre et par les prix. Mais des grandes surfaces en monopole local ont adopté dans les années soixante-dix et quatre-vingt une autre stratégie proche du *above-cost predatory pricing*[2]. Il s'agit de vendre volontairement à un prix bas pour évincer le petit commerce tout en restant profitable. Cette stratégie a pu être menée car la position monopolistique assure des volumes de vente élevés donc des revenus importants malgré un taux de marge commerciale[3] limité, inférieur à 20 %, c'est-à-dire 8 points en dessous de celui du petit commerce. Elle présentait en outre

1. Par exemple, le Limousin, région ancrée à gauche, présente un niveau de surface de vente par habitant pratiquement double de sa voisine, l'Auvergne.

2. Voir A. Edlin, « Stopping above-cost predatory pricing », *The Yale Law Journal*, 111, 2002, p. 941-991.

3. La marge commerciale totale est égale à la somme des marges avant et des marges arrière. La marge avant est la différence entre le prix de vente en magasin et le prix d'achat aux producteurs. Mais les distributeurs bénéficient en outre de reversements de la part des producteurs pour rémunérer leurs « services commerciaux », d'ailleurs souvent fictifs ; ces marges arrière constituent ainsi le prix payé par les producteurs pour être référencés par le distributeur. Le taux de marge commerciale se définit comme le ratio de la marge commerciale totale par le chiffre d'affaires.

l'avantage de dissuader un temps l'installation d'un concurrent et surtout de conquérir des consommateurs au détriment du petit commerce, puis de les éduquer à une habitude de consommation en grande surface. Si le petit commerce a cependant pu subsister dans les zones fermées au grand commerce alimentaire (c'est le cas de Paris où la densité de grandes surfaces alimentaires demeure inférieure à 0,1 m^2 par habitant), le bilan de la loi Royer pour la protection du petit commerce apparaît ainsi limité.

Cette mécanique permet en outre d'expliquer qu'au milieu des années quatre-vingt-dix les grandes surfaces détiennent en France une part du commerce alimentaire en valeur significativement supérieure à celle qu'elles ont, par exemple, en Allemagne (tableau 1).

Tableau 1. Densité et poids des grandes surfaces à prédominance alimentaire (400 m^2 au plus) en 1995 en Europe (données harmonisées)

	Nombre de supermarchés ou d'hypermarchés pour 100 000 habitants	Part en valeur dans le commerce alimentaire en %
France	14,5	69
Allemagne	13,5	60
Autriche	23,0	60
Belgique	20,8	76
Finlande	22,1	60
Grèce	14,8	67
Pays-Bas	14,1	58
Espagne	19,7	72
Suède	24,3	67

Source : D. Pilat, « Regulation and performance in the retail sector », WP 180, 1997, Economic Department, OCDE.

De même, l'estimation de Bertrand et Kramarz sur l'impact de la loi sur l'emploi total dans le commerce alimentaire peut être discutée. Ainsi, même si les auteurs étudient l'impact des autorisations sur l'emploi quatre ans après leur délivrance, ils mesurent fondamentalement un impact de court terme puisque, entre l'autorisation et l'ouverture du magasin, il peut s'écouler trois années. Or les conséquences néfastes pour les concurrents du magasin sont différées. Par exemple[1], aux États-Unis, l'ouverture des magasins Wal-Mart s'accompagne de créations nettes d'emplois sur le court terme mais de destructions au-delà de cinq années. Enfin, l'emploi chez les petits commerçants est difficile à saisir. Un jeune étudiant qui aide à temps partiel ses parents dans leur petit commerce ne se déclarera que rarement travailleur alors que le même jeune, salarié d'une grande surface, sera comptabilisé comme « en emploi ».

Si les conséquences sur l'emploi sont difficiles à évaluer, l'échec juridique de la loi est patent. Le phénomène de file d'attente des projets d'urbanisme commercial a favorisé le développement de financements occultes. Par ailleurs, le contrôle opéré par les commissions chargées de délivrer les autorisations s'est révélé largement illusoire face aux possibilités de contournement de la loi. Michel-Édouard Leclerc raconte ainsi que, pour obtenir l'autorisation d'ouvrir le premier hypermarché à Brest, son père avait déposé une demande pour « un magasin pour mammifères[2] » !

En outre, le seuil retenu, assez élevé (1 000 ou 1 500 m^2), combiné avec la franchise de 200 m^2 pour les extensions permettait la création puis l'extension de supermarchés de taille moyenne, sans autorisation préalable des commissions départementales. Au total, la loi Royer n'a pas empêché le développement en France d'un grand commerce alimentaire puissant. Le nombre de grandes surfaces par habitant y est, au milieu des années quatre-vingt-dix, comparable à celui de l'Allemagne ou des Pays-Bas ; même si l'exercice est fragile[3], en pondérant par la taille des magasins, les surfaces totales de grandes surfaces alimentaires sont inférieures à celles de l'Allemagne mais supérieures à celle de l'Espagne. Les magasins sont modernes et les organisations du travail quasi industrielles notamment dans les hypermarchés[4].

1. D. Neumark *et al.*, « The effects of Wal-Mart on local labor market », NBER WP 11782, 2005.

2. M.-É. Leclerc, *Du bruit dans le Landerneau*, Paris, Albin Michel, 2004, p. 90.

3. Les hypermarchés ayant un assortiment important en non-alimentaire, on surestime le nombre de m^2 dédiés à l'alimentaire dans les pays à forte proportion d'hypermarchés généralistes.

4. S. Prunier-Poulmaire, « Flexibilité assistée par ordinateur, les caissières d'hypermarché », *Actes de la recherche en sciences sociales*, 134, 2000.

La réforme Raffarin

Protéger le petit commerce ou les champions français ?

Dès l'alternance législative de mars 1993, le « souci de l'aménagement du territoire et la nécessité d'arrêter la désertification de l'espace rural » paraissent justifier le resserrement du dispositif d'autorisation des grandes surfaces[1]. Une circulaire du 21 avril 1993 d'A. Madelin, alors ministre chargé du Commerce et de l'Artisanat, prescrit aux préfets, de manière parfaitement illégale, de retarder au maximum la constitution, ou la convocation, des

1. Le même souci a prédominé dans les réformes entreprises simultanément en Grande-Bretagne. Éloignés du format américain, la plupart des supermarchés outre-Manche, financés par des marges commerciales proches de celles du petit commerce, offrent une assistance importante à leurs clients grâce à un personnel par m^2 de surface de vente environ double de celui des supermarchés continentaux. Les files d'attente sont limitées. En même temps que la France remaniait sa réglementation sur l'immobilier commercial, la Grande-Bretagne modifiait profondément la sienne. Les réformes de 1993, et surtout de 1996, ont mis en place un système d'autorisation des permis de construire par les Local Planning Agencies (LPA), des agences administratives sans représentant de la profession ou des consommateurs.

Malgré une concentration urbaine qui a toujours rendu difficile et coûteux de trouver de vastes espaces pour la construction de grandes surfaces, ces dernières ont fortement crû à l'extérieur des villes à partir des années quatre-vingt.

Face à la désertification commerciale des centres-ville, la loi de 1996 fait de la construction périurbaine de supermarchés la solution en dernier recours. Les implantations nouvelles doivent se faire prioritairement au sein des cités. L'objectif est triple : favoriser le renouveau urbain, assurer une proximité des activités commerciales et renforcer la concurrence locale. Les LPA peuvent suggérer des lieux de construction. Le promoteur doit financer une partie des infrastructures publiques de desserte. Sans modifier le rythme de création de surface, la loi britannique en a profondément modifié la structure. Alors qu'avant 1996 les deux tiers des ouvertures de grandes surfaces alimentaires étaient hors milieu urbain, entre 60 et 80 % sont désormais en ville. Voir pour une présentation, G. Masson et M. Osborne, « Retail trade in the UK », *Low Wage United Kingdom*, New York, Russel Sage Foundation, 2008. R. Griffith et H. Harmgart, « Supermarket entry and planning regulation », mimeo IFS, 2005. A. Bischoff, « Équipement commercial : la zone de chalandise selon le Conseil d'État », *Semaine juridique notariale et immobilière*, I, 2005, p. 1357.

commissions départementales d'équipement commercial[1], créées par la loi Sapin pour remplacer les CDUC. Le relatif « dégel » des autorisations à compter de la fin de l'année 1993 se fait avec une tonalité restrictive dans l'attente d'une réforme en profondeur de la loi Royer, rendue nécessaire, aux yeux du gouvernement, par l'incapacité de celle-ci à enrayer l'augmentation de la part de la grande distribution[2]. Invoquant le nombre particulièrement élevé des grandes surfaces en France (voir pourtant tableau 1), la loi Raffarin a l'ambition de marquer « une véritable rupture avec les politiques conduites jusqu'à ce jour [pour] mieux maîtriser le développement des grandes surfaces », accusées par le président de la République, dans une déclaration du 1er mai 1996, d'un « bilan extraordinairement négatif [...] pour l'emploi[3] ».

Pour porter un coup d'arrêt à l'ouverture de nouveaux hypermarchés, un gel des implantations commerciales, promis par une déclaration de politique générale d'Alain Juppé de novembre 1995, est d'abord ordonné par la loi du 12 avril 1996, de manière irréprochable sur le plan de la légalité cette fois. En pratique, le fonctionnement des commissions départementales d'équipement commercial (CDEC) a été interrompu jusqu'à la fin de l'année 1996.

La loi Raffarin rend ensuite plus contraignant le régime d'autorisation. Les seuils à partir desquels une autorisation de la CDEC est nécessaire sont considérablement abaissés : y sont désormais soumis toute création de magasin de commerce de détail d'une surface supérieure à 300 m^2, toute extension de la surface de vente d'un magasin ayant déjà atteint cette surface ou devant la dépasser par la réalisation du projet et tout changement de secteur d'activité d'un commerce d'une surface de vente supérieure à 300 m^2 si l'activité nouvelle du magasin est à dominante

1. Y. Durand, *Les Petites Affiches*, 27 août 1993.

2. Dans le même temps, Philippe Séguin, alors président de l'Assemblée nationale, faisait pourtant valoir que l'urbanisme commercial souffrait de « lois mal conçues et trop rapidement préparées [qui] manquaient leur but lorsqu'elles n'ont pas des effets pervers ; ainsi est-on surpris d'apprendre que la France cumule le commerce le plus concentré et la législation la plus restrictive en matière de grandes surfaces » (Doc. AN n° 846, 9 décembre 1993).

3. A. Bischoff, « La réforme de l'urbanisme commercial (loi n° 96-603 du 5 juillet 1996). Don Quichotte législateur », *Semaine juridique notariale et immobilière*, 3831, 1996, p. 1415.

alimentaire. Une barrière à l'entrée est ainsi créée pour toutes les moyennes et grandes surfaces.

L'adoption de ce seuil iconoclaste de 300 m² (qui absorbe les grosses supérettes de 300 à 400 m²) n'obéit pas seulement, ou principalement, à la volonté de protéger le petit commerce. À l'occasion de la discussion du projet de loi devant le Sénat, le gouvernement a d'ailleurs fait état de sa motivation réelle : le contrôle du développement des magasins de *hard discount* réputés s'installer souvent dans des surfaces de vente inférieures à 400 m². Il s'agissait, selon M. Raffarin, d'éviter la diffusion sur le territoire français des *hard discounters* « qui nous viennent de nos amis allemands[1] » dont le modèle paraissait « plus inquiétant que celui qui est organisé avec les grands de la distribution, parmi lesquels certains font des efforts de qualité et d'animation[2] ». Cet objectif fait ainsi converger les intérêts des chaînes françaises et des petits commerçants et artisans, que la loi Royer avait opposés. La Bourse ne s'y est d'ailleurs pas trompée : à l'annonce des lois Galland et Raffarin, les actions des grands groupes de distribution français cotés ont surperformé.

La loi Raffarin procède également à certaines réformes structurelles dans la lignée de la loi Sapin « relative à la prévention de la corruption et à la transparence de la vie économique et des procédures publiques » du 29 janvier 1993. Le nombre des membres des CDEC, qui avait été réduit de vingt à sept par la loi Sapin, passe à six du fait de l'exclusion d'un élu. Elle compte trois élus locaux, un représentant des associations de consommateurs, un de la chambre des métiers, un de la chambre de commerce et d'industrie. Quatre votes favorables sont nécessaires pour obtenir une autorisation. Les élus perdent ainsi le pouvoir de décision au sein de la commission, mais conservent, du fait de la majorité qualifiée des deux tiers, un droit de veto. Le risque de blocage en est évidemment accru.

La commission nationale, qui s'était substituée au ministre chargé du Commerce en 1993 pour exercer le pouvoir de décision en appel, est au contraire renforcée : aux quatre hauts fonc-

1. *Journal officiel*, Sénat, 17 juin 1996.

2. Réponse de M. Raffarin à J.-L. Mélenchon qui avait commis, selon le premier, « la maxi-erreur de soutenir le maxidiscompte », *Journal officiel*, Sénat, 18 juin 1996, p. 3809.

tionnaires et aux trois personnalités désignées s'ajoute une personnalité choisie pour ses compétences en matière d'emploi. Cette importance accordée à l'emploi conduit également à introduire un nouveau critère de décision pour les commissions : la prise en compte de l'impact du projet en termes d'emplois salariés ou non.

La loi alourdit enfin très sensiblement les sanctions pénales en cas de dépassement de surface autorisée ou d'implantation sauvage ; elles peuvent désormais être prononcées par jour et m^2.

Un bazar juridique

L'abaissement du seuil, la nécessité d'obtenir une autorisation dès le premier m^2 d'extension et le contrôle des changements d'activité se sont vite traduits par une forte augmentation (supérieure à 100 % entre 1997 et 2005) des dossiers examinés par les instances d'autorisation. De surcroît, tous les projets, quelle que soit leur surface, inclus dans un « ensemble commercial » de plus de 300 m^2 sont soumis à autorisation[1].

La multiplicité des critères à mettre en œuvre a encore alourdi les dossiers présentés par les candidats et le travail des CDEC et de la CNEC. L'appréciation d'un projet doit se faire, comme sous l'empire de la loi Royer, à l'aune du risque de provoquer « l'écrasement de la petite entreprise et le gaspillage des équipements commerciaux », de la nécessité d'une concurrence claire et loyale, de la satisfaction du besoin des consommateurs, de l'accroissement de la compétitivité de l'économie nationale et de l'animation de la vie urbaine et rurale. À ces principes, la loi Raffarin a ajouté la participation au développement de l'emploi, à l'aménagement du territoire, à la protection de l'environnement et à la qualité de l'urbanisme. L'article L 720-1 du code du commerce, issu de la loi, dresse ainsi une liste impressionnante des qualités que doivent présenter les projets pour être autorisés : « Ils doivent en particulier contribuer au

1. Le gérant d'un pressing de 20 m^2 dans la galerie marchande du centre commercial Super U de la Baule a ainsi été obligé d'aller jusque devant la commission nationale d'équipement commercial (CNEC) pour obtenir son autorisation d'exploitation en 2006 !

maintien des activités dans les zones rurales et de montagne ainsi qu'au rééquilibrage des agglomérations par le développement des activités en centre-ville et dans les zones de dynamisation urbaine. Ils doivent également contribuer à la modernisation des équipements commerciaux, à leur adaptation à l'évolution des modes de consommation et des techniques de commercialisation, au confort d'achat du consommateur et à l'amélioration des conditions de travail des salariés. » La loi, dite SRU, du 13 décembre 2000 impose encore de prendre en considération l'impact global du projet sur les flux de voitures particulières et de véhicules de livraison, les capacités d'accueil pour le chargement et le déchargement des marchandises et « la qualité de la desserte en transports publics ou en modes alternatifs » (sans d'ailleurs définir ce que sont les modes alternatifs de transport). Enfin, elle exige que les autorisations commerciales soient compatibles avec les dispositions opposables des schémas de cohérence territoriale.

D'emblée, la lourdeur des dossiers à constituer et le coût de la procédure pour les demandeurs ont été relevés[1]. Les commissions départementales doivent statuer dans un délai de quatre mois (contre trois mois avant la réforme Raffarin), mais les recours qui peuvent ensuite être exercés entretiennent durablement l'incertitude sur l'issue d'une procédure qui, rappelons-le, est un préalable à l'obtention du permis de construire. Le demandeur, le préfet ou deux membres de la commission peuvent, dans un délai de deux mois, demander un réexamen du dossier par la CNEC. La décision de la CNEC, rendue sous quatre mois, peut ensuite être contestée devant le Conseil d'État, qui se prononce dans un délai d'environ un an et demi (soit au total près de trois ans après le dépôt de la demande) et annule souvent des déci-

1. Dès que le projet dépasse 1 000 m^2, il doit comprendre notamment une étude d'impact sur l'équilibre des agglomérations, sur les activités dans les zones rurales et de montagne et sur l'emploi sous la forme d'un bilan des emplois créés par le projet et des emplois menacés, une indication des moyens mis en œuvre pour la modernisation et l'adaptation à l'évolution des modes de consommation et des techniques de commercialisation ainsi que pour le confort du consommateur et l'amélioration des conditions de travail des salariés ! Si le projet dépasse 6 000 m^2, une enquête publique doit en outre être réalisée avant l'examen du dossier par la CDEC.

sions des CNEC (une saisine sur deux en 2006). Le recours devant la CNEC est fermé aux tiers, et en particulier aux concurrents, mais ces derniers peuvent demander l'annulation de la décision de la commission départementale au tribunal administratif, avec appel devant la cour administrative d'appel et pourvoi devant le Conseil d'État ; dans ce cas, la procédure peut facilement s'étendre sur six ou sept ans, au cours desquels rejets et autorisations peuvent se succéder.

L'insécurité juridique susceptible de résulter de la combinaison des critères à prendre en considération, selon la technique du millefeuille législatif, a aussi été immédiatement dénoncée[1]. Insécurité d'autant plus importante que les décisions des commissions sont motivées de manière assez stéréotypée.

Il a également été relevé que le dispositif conduirait à des rachats d'entreprise et à un phénomène de concentration du commerce. Cette conséquence n'était d'ailleurs pas récusée par le ministre du Commerce, qui déclarait alors à la presse : « Je préfère un changement d'enseigne à la création de nouveaux hypers. » Dès 1996, il était entendu que la loi aurait des conséquences directes plus favorables pour les grands distributeurs que pour les petits commerçants.

L'impact de la réforme sur le développement des surfaces de vente

L'effet immédiat : un coup de frein

Le « gel » des années 1993 à 1996 et la loi Raffarin ont rempli leur objectif de barrière à l'entrée en empêchant le développement rapide en France du *hard discount.* Compte tenu du délai de deux à trois ans entre la délivrance de l'autorisation définitive et l'ouverture du magasin, leur effet a joué à plein à partir de 1996 (figure 1).

La croissance de tous les formats de vente a été stoppée. Seuls treize hypermarchés ont été créés *ex nihilo* dans la seconde moitié

1. Y. Tanguy, « La loi Royer et la réforme du 5 juillet 1996 », document de travail, 1996.

Figure 1. Développement des grandes surfaces alimentaires, 1993-2006

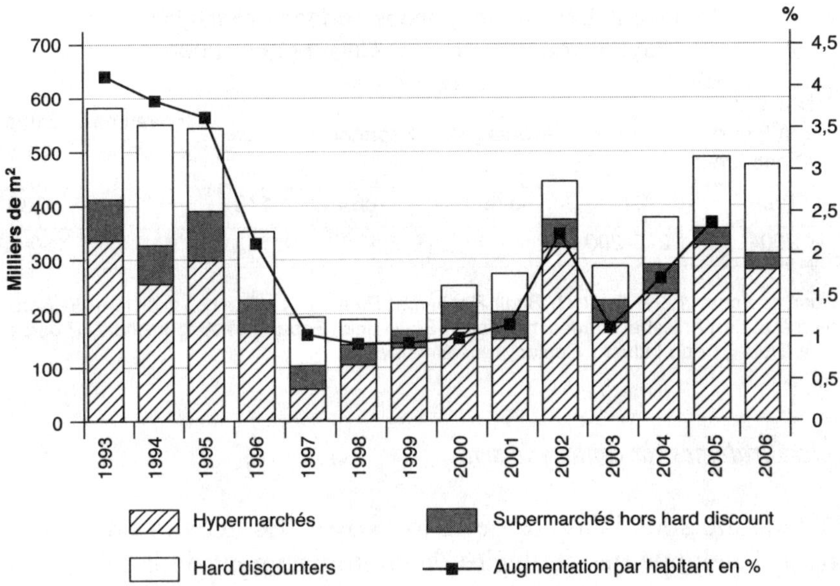

Sources : base commerce de l'INSEE de 1993 à 2004, *tradedimensions* pour 2005 et 2006.
Lecture : effondrement des créations, extensions et transferts nets d'hypermarchés et créations de supermarchés et hard discounters (≥ 400 m²) suite aux gels de 1993 à 1996 et à la loi Raffarin.

des années quatre-vingt-dix, pourtant marquée par une forte croissance économique. La croissance annuelle du nombre de m² par habitant est ainsi tombée en dessous de 1 % en 1998 et 1999.

Même si les groupes français ont essayé de contrer directement leurs concurrents germaniques en développant leurs propres enseignes discount[1], le *hard discount* a été particulièrement touché. Le flux de nouvelles surfaces de cette catégorie s'est tari des deux tiers.

En 1999, la France se situait ainsi, en m² par habitant de grandes surfaces à prédominance alimentaire, à un niveau moyen en Europe, significativement inférieur à l'Allemagne ou aux États-Unis, mais nettement supérieur à l'Espagne ou l'Italie, qui gar-

1. Ed (Carrefour), Leader Price (Casino), Netto (Intermarché), etc.

daient encore un commerce éclaté en petites unités, ou au Royaume-Uni.

Tableau 2. Densité de grandes surfaces alimentaires. Pays européens et États-Unis, 1999 et 2004

Nombre de m² pour 1 000 habitants	France	Allemagne	Espagne	Italie	Royaume-Uni	États-Unis
1999	244	326	166	116	133	380
2004	*270-290*	-	-	-	-	*460-530*

Sources : pour 1999, Deutsch Bank Research. Pour 2004 : France, ministère du Commerce et de l'Artisanat, *tradedimensions* ; États-Unis, Food Marketing Institute, *Progressive Grocer*, Food Industry Center, *tradedimensions.*

Des stratégies de contournement

Comme sous l'empire de la loi Royer, les acteurs ont cependant développé des stratégies de contournement de la loi.

Le changement d'enseigne permet, par exemple, d'assurer un développement du *discount* par les groupes français au détriment de leurs supermarchés classiques. Ainsi, plusieurs dizaines de supermarchés Casino ont été transformés en Leader Price. Auchan a débuté le passage de supermarchés ATAC en Simply Market.

Les acteurs allemands comme français se sont également engagés dans la création de *hard discount* d'une surface juste inférieure au seuil fixé par la loi ; en 2006, sur les neuf magasins de l'enseigne Lidl (*discounter* allemand leader en France sur ce segment) à Paris, trois ont ouvert une superficie exacte de 299 m². La loi Raffarin a ainsi eu pour effet d'abaisser la surface moyenne des nouveaux *hard discounters.*

Les enseignes ont par ailleurs multiplié les modes de vente alternatifs. Par exemple, dans une approche similaire à celle de Tesco à Londres, Franprix (groupe Casino) réalise un maillage de Paris en petites et moyennes surfaces de vente (plus de 180 magasins) avec une offre *discount* forte ; ainsi, dans un rayon de quinze minutes à pied, on peut trouver jusqu'à une douzaine de Franprix, totalisant plus de 5 000 m² de surface de vente mais sans la richesse d'assortiment disponible dans un hypermarché de cette dimension.

Les groupes de distribution deviennent ainsi des acteurs du commerce de proximité, plus dangereux pour le petit commerce isolé qui, en outre, est exposé à une hausse des prix du foncier pour des petites surfaces désormais très recherchées.

L'effet différé : des ouvertures mesurées

L'intégration des données du recensement de 1999 dans les calculs des densités commerciales a offert un argument pour l'extension de magasins dans des zones où la population avait fortement augmenté ; cela a permis un pic d'autorisations d'extension des hypermarchés aboutissant à plus de 300 000 m^2 de nouvelles surfaces en 2002.

De manière plus durable, la clarification apportée par la jurisprudence, à compter de 2002, à la méthode d'analyse des projets soumis à autorisation a participé à un léger mouvement de développement des grandes surfaces à prédominance alimentaire.

Écartant une application cumulative des principes d'orientation, le Conseil d'État a estimé que les commissions doivent, avant tout, apprécier si le projet est de nature à compromettre, dans la zone de chalandise intéressée, l'équilibre recherché par le législateur entre les diverses formes de commerce[1].

Si aucun risque « d'écrasement de la petite entreprise et de gaspillage des équipements commerciaux », pour reprendre la curieuse expression de la loi Royer que la loi Raffarin a conservée, n'est relevé, le projet doit être autorisé, quels que soient ses effets au regard des autres critères. À la recherche d'un instrument permettant d'évaluer le déséquilibre entre les différentes formes de commerce, le juge a opté pour la comparaison entre le taux d'équipement de la zone de chalandise en moyennes et grandes surfaces du secteur d'activité concerné (avant et après le projet) et le taux d'équipement national ou départemental. Pour réaliser ce test, la zone de chalandise est définie, à l'instar du marché pertinent, comme l'ensemble des lieux accessibles depuis

1. Conseil d'État, 27 mai 2002, société Guimato et associés, *Actualité juridique du droit administratif*, 2002, p. 702, conclusions R. Schwartz.

le site du projet en un temps donné sauf barrière géographique, financière ou psychologique particulière (passage de frontière, accès autoroutier, route escarpée, etc.). Lorsque le projet n'a pas pour effet de porter la densité des équipements commerciaux de la zone de chalandise considérée au-delà du taux de comparaison, il doit être autorisé.

Mais, en présence d'un tel danger, les commissions doivent rechercher si cet inconvénient est compensé par les effets positifs que le projet peut présenter au regard notamment de l'emploi, de l'aménagement du territoire, de la concurrence, de la modernisation des équipements commerciaux et, plus généralement, de la satisfaction des besoins des consommateurs. Le cas échéant, l'autorisation doit être accordée.

Si elle fournit un cadre uniforme, cette élucidation des méthodes de travail des commissions a toutefois des limites. La jurisprudence conduit d'abord à certaines contorsions. La combinaison d'une détermination réaliste de la zone de chalandise et de l'objet purement national de la loi (une autorisation d'implantation de grande surface du côté français de la frontière ne peut légalement être refusée pour protéger le commerce traditionnel de Belgique – qui possède pourtant un dispositif de contrôle des créations d'équipement commercial) fait qu'en cas de localisation frontalière, le pétitionnaire doit délimiter l'aire de chalandise transfrontalière, rechercher les renseignements économiques relatifs à la partie située au-delà de la frontière, mais indiquer les impacts du projet sur le seul territoire national[1].

Par ailleurs, la hiérarchisation des critères adoptée par le Conseil d'État est mise à mal par une appréhension ambiguë de la question de la concurrence. D'un côté, le fait qu'un projet favorise la concurrence ne justifie pas, par lui-même, qu'il soit autorisé. Mais, d'un autre côté, l'autorisation sollicitée doit être refusée si la réalisation de l'opération est susceptible de placer un groupe de distribution en situation d'abuser d'une position dominante dans cette zone. S'efforçant d'assumer un rôle de prévention des risques *ex ante*, le Conseil d'État interdit ainsi aux

1. Conseil d'État, 3 février 2003, n° 226804, société Cora Belgique et associés.

commissions de prendre des décisions qui auraient des effets anticoncurrentiels[1].

En outre, et surtout, il ne faut pas surestimer les apparences objectives du système de comparaison. Les données chiffrées utilisées apparaissent en effet largement approximatives. Prenons quelques exemples. Pour évaluer, en 2006, la population d'une zone, la CNEC se réfère aux chiffres du recensement de 1999, à la tendance révélée par l'évolution entre les recensements de 1990 et 1999 (alors que, depuis 2000, la France connaît un mini-boom démographique) et éventuellement, à une appréciation de la fréquentation touristique de la zone. Les surfaces commerciales de la zone de chalandise sont, elles, appréciées le jour de l'autorisation, et même parfois pour le futur puisque les surfaces seulement autorisées, mais non créées, voire n'ayant pas obtenu de permis de construire, doivent être prises en compte. La CNEC a beau se fonder sur les chiffres précis (à l'unité près) du recensement de 1999 et des surfaces commerciales de la zone de chalandise, elle est muette sur la densité commerciale finalement obtenue (après les extrapolations nécessaires pour déterminer la population de la zone), comme sur le terme de comparaison (voir annexe). En outre, contraintes par la définition de la zone de chalandise à partir des courbes isochrones, les commissions font varier ces dernières sans explication (par exemple onze minutes, vingt-deux minutes…). Enfin, dans l'hypothèse de magasins dont la zone de chalandise s'étend sur plusieurs départements, la comparaison avec la densité commerciale du seul département d'implantation – alors que les disparités entre départements limitrophes sont très importantes (figure 2) – peut conduire à des solutions opposées pour des projets similaires et situés seulement à quelques centaines de mètres de distance.

Il faut également souligner que le système même de comparaison, qui se fonde sur un calcul réalisé à partir des seules densités en moyennes et grandes surfaces (seules données disponibles), est plus apte à apprécier les risques d'évasion de clientèle des moyennes et grandes surfaces existantes vers celle projetée que le risque de « gaspillage de l'équipement commercial » de petite dimension.

1. Conseil d'État, 30 juillet 2003, n° 227838, SA Caen Distribution.

Figure 2. Densité de grandes surfaces alimentaires en m²/1 000 habitants juin 2004

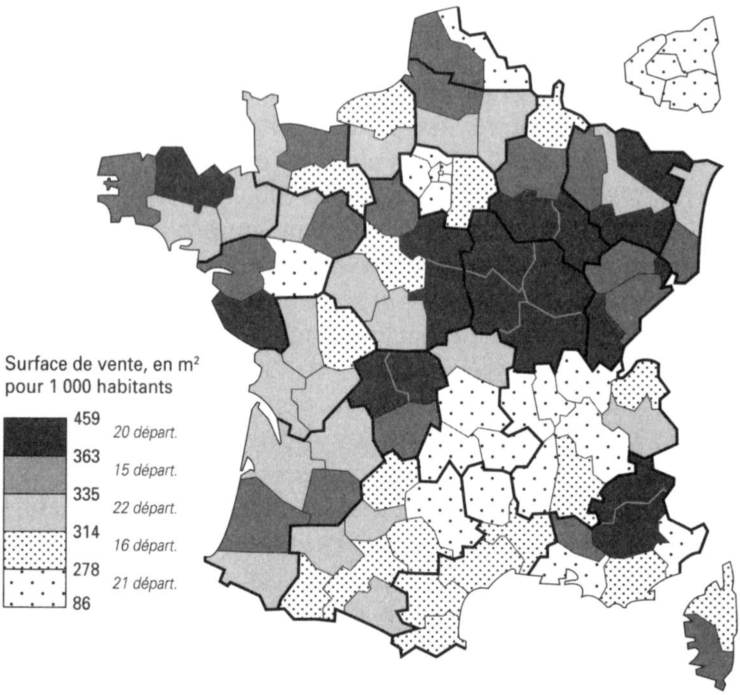

Source : ministère en charge du Commerce.
Remarque : ces densités ne corrigent pas des flux touristiques saisonniers ni des flux transfrontaliers. Les surfaces de vente par consommateur potentiel sont en particulier plus faibles dans les Alpes, en Bretagne, en Méditerranée ou le long de la côte Atlantique.

Par ailleurs, la multiplicité des critères susceptibles d'être pris en considération pour compenser le risque de dépassement de la densité commerciale moyenne que comporterait la réalisation d'un projet laisse aux commissions une marge de manœuvre appréciable. À la lecture des décisions des commissions, on ne peut qu'être pris de vertige face aux contradictions entre les décisions d'une même CDEC à quelques mois d'intervalle, ou face aux divergences de la CDEC et la CNEC quant aux données quantitatives utilisées pour apprécier un même projet (voir exemples en annexe).

Au total, la conjonction de l'intégration des données du recensement de 1999 et de la hiérarchisation des critères d'autorisation a permis un regain des autorisations. Les grandes surfaces à prédominance alimentaire connaissent ainsi, depuis 2002, une expansion modérée[1]. En particulier, en ajoutant les magasins transférés et ceux de moins de 300 m², le *hard discount* est passé de 1 800 magasins en 1996 à 4 000 en 2006 ; il a fini par doubler sa part de marché sur cette période, pour atteindre 9 % en 2002 puis autour de 13 % – dont plus de la moitié détenue par des sociétés allemandes – en 2006 (c'est-à-dire autant que les hypermarchés Carrefour). La France présente néanmoins une des plus faibles parts de marché de ce type de commerce en Europe. Si elle culmine à moins de 10 % en Grande-Bretagne où le service reste clef dans le commerce, elle dépasse 40 % en Allemagne,

1. En revanche, on ne peut prétendre que la loi Raffarin n'a pas atteint un objectif de limitation de croissance du grand commerce. Deux statistiques principales sont avancées pour le « prouver » par le tenant de cette interprétation (voir, par exemple, le dossier d'installation de la Commission sur la modernisation de l'urbanisme commercial, ministère du Commerce, octobre 2006) :

– Le taux d'autorisation par les CDEC et la CNEC. Autour de 45 % au début des années quatre-vingt-dix avant la loi Raffarin, il atteint désormais 80 %. Mais, un taux d'autorisation est le ratio des autorisations sur les demandes. Le niveau des demandes est endogène au comportement des enseignes, qui lui-même dépend du coût de montage d'un dossier. Or la loi Raffarin a multiplié les pièces composant un dossier, jusqu'à de lourdes études d'impact pour les grosses structures. À l'opposé, des enseignes peuvent avoir des stratégies de demandes non pertinentes. Ainsi, il est difficile de déduire du fait que le taux d'autorisation des magasins de *discount* alimentaire n'est que de 60 %, un biais des commissions en défaveur de ce type de commerce. Ce chiffre est affecté par Aldi, *discounter* allemand qui obtient moins de 50 % d'autorisation ; volonté nationaliste des commissions ? Probablement pas, Lidl, *discounter* allemand également, et leader sur ce segment en France, présente un taux bien supérieur.

– Le nombre de m² autorisés annuellement semble donc une meilleure statistique. Mais là aussi les chiffres bruts sont peu informatifs. Ainsi, la forte montée des m² autorisés entre 1997 et 1999 (donc avant l'effet recensement) – passage de 1,1 million à 2,6 millions – est le fait non de l'inefficacité de la loi, mais principalement de l'impact du gel initial prévu par la loi et de l'incertitude juridique régnant en 1997 et 1998.

Si les critères Royer avaient été conservés, sur les 2,7 millions de m² de nouveaux magasins autorisés en 2005, autour d'un million n'auraient pas nécessité d'autorisation. Une part substantielle du million de m² d'extension n'aurait pas également été du ressort des commissions. Au total, les autorisations sous critères Royer sont actuellement du même ordre de grandeur que celles prévalant au début des années quatre-vingt-dix.

50 % en Norvège et 35 % en Belgique, où les modes de consommation sont assez proches de ceux des Français.

Mais une croissance modérée de l'équipement commercial n'est pas synonyme d'équilibre économiquement efficient.

Les conséquences économiques de la réforme

Les champions français gagnants

Comme nous l'avons vu, le gel et la loi Raffarin ont non seulement contraint l'expansion du *hard discount*, mais aussi limité les créations ou les extensions de magasins classiques, au profit des grands groupes français déjà en place.

Par effet de rareté, la valeur foncière de leurs implantations est revalorisée. Surtout, la conjonction de la loi Raffarin qui limite drastiquement la concurrence par l'offre et accentue la pression sur les fournisseurs par effet de rareté des linéaires, accrue par l'essor des marques de distributeur[1], et de la loi Galland qui obérait la concurrence par les prix et stimulait les marges arrière, a dopé les profits hexagonaux des entreprises du secteur. Le taux de marge économique du grand commerce alimentaire s'est ainsi envolé de 12 points entre 1996 et 2002 (tableau 3), alors qu'il demeurait stable sur l'ensemble de l'économie.

Tableau 3. Taux de marge et part du travail dans la valeur ajoutée au coût des facteurs, grandes surfaces d'alimentation générale de 1994 à 2004

En %	1994	1995	1996	1997	1998	1999	2000	2001	2002	2003	2004
Taux de marge économique	22,3	22,6	23,0	25,2	27,3	28,2	31,7	33,4	34,7	35,4	33,9
Part du travail	77,7	77,4	77,0	75,8	72,7	71,8	68,3	66,6	65,3	64,6	66,1

Source : INSEE, Comptes commerciaux de la nation, 2006.

1. M.-L. Allain, et C. Chambolle, « Les relations entre producteurs et distributeurs : bilan et limites de trente ans de régulation », *Revue française d'économie*, 17 (4), 2003, p. 169-212.

Si certains groupes français ont rencontré, ou rencontrent, des difficultés, elles s'expliquent par leurs stratégies propres. Ne pouvant gagner des parts de marché en France, bloquées à deux tiers du marché alimentaire de détail et un cinquième du hors-alimentaire, ni par une politique des prix agressive ni par la création significative de nouvelles surfaces, certains acteurs de la grande distribution alimentaire se sont concentrés[1] et ont fait le choix de se lancer à la conquête des marchés extérieurs[2]. Le groupe Carrefour est emblématique de cette stratégie. Sa fusion avec Promodès en 1999 l'a propulsé au deuxième rang mondial, loin, cependant, derrière l'américain Wal-Mart. Parallèlement, il s'est implanté aux quatre coins du monde, du Japon à l'Argentine. En 2004, c'était le plus international des grands groupes de distribution mondiaux avec plus de la moitié de son chiffre d'affaires hors de France. À titre de comparaison, Wal-Mart ou le troisième groupe mondial, le britannique Tesco, réalisaient moins du quart de leur activité hors de leurs frontières.

Or l'internationalisation est une stratégie dangereuse. Les formats de vente ne s'exportent pas nécessairement bien, du fait de préférences et d'habitudes de consommation locales. Ainsi le format grande surface rencontre-t-il un succès mitigé auprès des clients japonais qui, ne pouvant faire de stocks du fait de l'exiguïté de l'habitat, ont l'habitude d'acheter très régulièrement des petites quantités dans des magasins de proximité. Les modes locaux de gestion des ressources humaines peuvent être également inadaptés. Même Wal-Mart, laminé par la concurrence du *hard discount* et des résistances sociales, a dû se retirer d'Allemagne en 2006. Carrefour, grâce à ses rentes sur le marché français – il y réaliserait les deux tiers de ses profits – a longtemps pu soutenir sa stratégie. Même sur des marchés proches, certaines implantations ont été longtemps déficitaires ; par exemple les hypermarchés belges de Carrefour n'affichent des résultats à

1. Les fournisseurs ne font plus face qu'à cinq principales centrales d'achat.

2. Par exemple, le deuxième groupe français, Auchan, déjà présent aux États-Unis, en Italie et en Espagne, intègre Docks de France en 1996, s'implante au Portugal et en Pologne, en 1997 en Argentine, en 1998 en Hongrie et au Mexique, en 1999 en Chine, en 2000 à Taïwan, en 2001 au Maroc, en 2002 en Russie… mais quitte les États-Unis en 2003.

peine positifs que depuis trois ans. D'autres, fortement déficitaires, ont dû être cédées depuis 2005 : Mexique, Japon, République tchèque, Slovaquie, Corée du Sud, Suisse[1]... En revanche, son implantation en Chine à la fois sur les formats hyper et *discount* demeure dynamique.

Les consommateurs perdants

La conjugaison de la loi Raffarin et de la loi Galland a eu un net impact inflationniste, comme le souligne notamment le rapport Canivet (2004). Avec un recul plus important, les données de l'OCDE et d'Eurostat mettent en évidence que ces lois ont été suivies par une hausse significative des prix des produits alimentaires (cf. figure 3) et cela dès l'automne 1996, c'est-à-dire bien avant l'arrivée de l'euro. En cumulé, elle atteint 7 % en 2003. Ce chiffre est compatible avec ceux issus des politiques tarifaires des enseignes intégrées. Certaines centralisent les prix de la quasi-totalité des produits et les adaptent localement pour répondre à la concurrence ; l'observation de telles données « confidentielles » montre que les différences de prix entre deux magasins de taille comparable d'une même enseigne, l'un en situation de monopole, l'autre faisant face à plusieurs concurrents, peut atteindre 5 à 10 %.

Compte tenu de son poids dans la consommation totale, l'alimentaire aurait donc participé pour 1 % à la hausse de l'indice des prix de référence en France, ce qui représentait une ponction de l'ordre de 9 milliards d'euros sur le budget des ménages pour l'année 2003. Les ouvriers, les employés, les petits retraités ou les familles nombreuses sont particulièrement touchés du fait de la part importante de l'alimentaire dans le panier de consommation (par exemple, hors alcools, 20 % pour les retraités, 18 % pour les ouvriers contre 13 % pour les cadres). C'est le phénomène inverse de celui observé aux États-

1. Ces cessions d'actifs non rentables conjuguées à une érosion des prix en France ont amené un rééquilibrage entre les participations des activités françaises et étrangères aux profits totaux du groupe (respectivement 53 et 47 % en 2007, pour des parts respectives de chiffre d'affaires de 48 et 52 %).

Figure 3. Évolution « réelle » des prix de l'alimentaire (hors alcools) en France par rapport à l'Union européenne à quinze

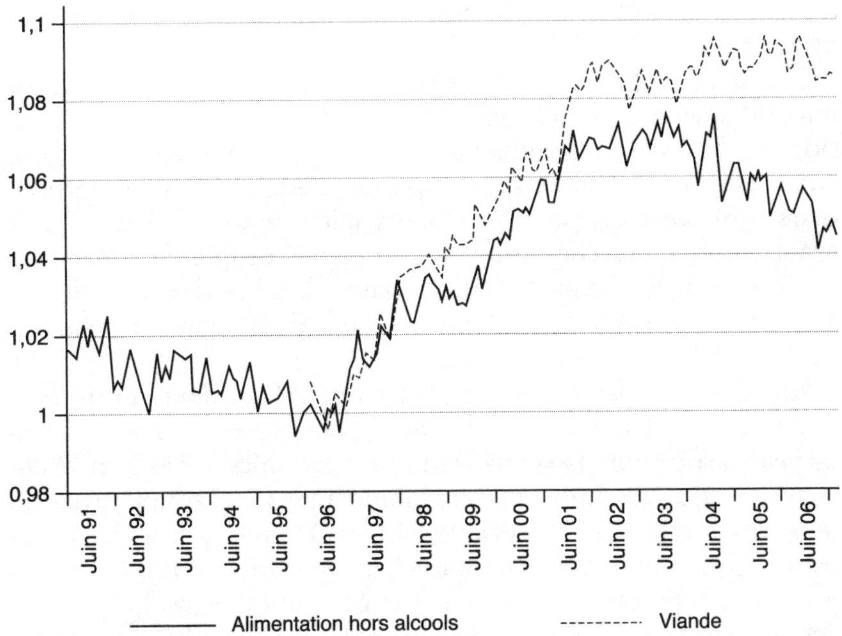

Source : base des indices des prix harmonisés d'Eurostat.
Base 1 : juin 1996.
Les courbes indiquent l'évolution des prix des produits alimentaires et de la viande en France relativement à la fois à celle de l'indice global hors énergie et alimentaire et aux mêmes évolutions constatées dans l'UE des quinze = [indice des prix des produits alimentaires en France / indice des prix hors énergie et alimentaire en France] / [indice des prix des produits alimentaires dans l'UE des quinze / indice des prix hors énergie et alimentaire dans l'UE des quinze]. Par exemple, entre 1996 et 2006, la différence entre le prix relatif de la viande en France et celui dans l'UE des quinze a augmenté d'environ 9 %.

Unis où les consommateurs modestes ont été gagnants à l'extension de Wal-Mart[1].

L'intervention de Nicolas Sarkozy, alors ministre des Finances, auprès des distributeurs en 2004 puis la loi Dutreil du 2 août 2005, et la reprise relative de la croissance des surfaces *discount*

1. J. Hausman et E. Leibtag, « Consumer benefits from increased competition in shopping outlets : measuring the effect of Wal-Mart », NBER WP 11809, 2005.

ont permis d'enclencher une légère décrue des prix alimentaires. Mais le stock d'inflation de l'alimentaire est toujours en grande partie acquis, notamment pour des produits comme la viande qui n'ont pas connu de repli de leurs prix comme le montre la figure 3.

L'impact de la loi Raffarin en termes d'offre de produits est plus difficilement appréciable. Bien que ralenti dans son expansion, le *hard discount* connaît un fort engouement qui a montré aux enseignes classiques qu'une part significative des consommateurs souffrait d'un pouvoir d'achat faible voire déclinant. Pour répondre à ce marché, toutes les enseignes proposent désormais des gammes de premiers prix similaires à celles des *hard discounters.* Certaines disposent même de zones dédiées au *hard discount* au sein de leurs hypermarchés.

En revanche, les consommateurs ont été perdants en termes d'offre de services et d'accès aux commerces. Ainsi, le *hard discount* participe de la revitalisation de certaines zones : en 2006, la moitié des grandes surfaces alimentaires en zones urbaines sensibles sont des *hard discounters.* En entravant la croissance des surfaces de vente ou leur renouvellement, la loi Raffarin n'a pas permis de répondre aux besoins des consommateurs. En particulier, les consommateurs s'épuisent dans les files d'attente générées par la concentration des clients sur les rares surfaces ; l'installation de bancs dans certains hypermarchés du sud-est de la France pour se reposer, où le déficit de surfaces de vente est le plus criant (voir figure 2), ne semble guère efficace. L'exiguïté des surfaces pousse les petits supermarchés à choisir entre un assortiment pauvre et des espaces de circulation, au détriment du confort des consommateurs voire de leur sécurité.

Le slogan de Leader Price (groupe Casino) « Ici on gagne aussi du temps » résume bien l'avantage des concepts *discount,* « un besoin, un produit », qui évite aux consommateurs de perdre du temps à choisir. Puisque la durée d'encaissement est incompressible (il faut bien payer), la recherche de gains de temps par le consommateur, qu'il soit âgé ou actif avec des horaires de travail de plus en plus fragmentés, a dopé les rayons de prédécoupés au détriment des rayons traditionnels pourtant plébiscités initialement par la clientèle. Aux rayons traditionnels victimes de difficultés de recrutement comme la boucherie s'est donc ajouté le déclin des rayons fromagerie, charcuterie, traiteur…

L'emploi et les conditions de travail

Ce déclin explique le recul historique de l'emploi dans la grande distribution alimentaire en 2004, suivi d'une reprise molle en 2005. Cependant, comme pour la loi Royer, il est très difficile de déterminer statistiquement les conséquences spécifiques de la loi Raffarin sur l'emploi net dans le commerce alimentaire.

L'emploi total dans la grande distribution alimentaire a certes continué à progresser à un rythme constant jusqu'au début des années 2000, mais cette tendance s'expliquait pour moitié par la montée du temps partiel (+ 10 points) et par le passage généralisé aux 35 heures dans le secteur. Par ailleurs, le *hard discount* étant peu intensif en main-d'œuvre, son entrave a pu préserver des emplois. Après un rapide déclin, les commerces d'alimentation spécialisée et d'artisanat commercial (boulangerie-pâtisserie...) ont stabilisé leurs ventes en volume ; mais c'est plus le résultat du développement de leurs activités autour de produits et services à haute valeur ajoutée que de la « protection » issue de la loi Raffarin.

Néanmoins, la forte déformation du partage de la valeur ajoutée en faveur du capital suggère que les distributeurs auraient pu supporter une augmentation significative des surfaces de vente et de l'emploi. En supposant que les 12 points supplémentaires de taux de marge économique auraient entièrement été consacrés à l'emploi, on obtient un gain homothétique de l'ordre de 18 % (= 12 %/0,66) d'emplois, c'est-à-dire plus de 100 000 emplois. En bloquant la concurrence par les prix, la loi Galland offrait en effet des possibilités financières uniques d'amélioration des services aux consommateurs, à travers une concurrence surface/service en magasin, et donc de créations d'emploi, que la loi Raffarin a annihilées.

Par ailleurs, la politique d'entrave du *hard discount* a probablement réduit les opportunités d'emploi (des femmes) des minorités « visibles » et des très peu qualifié(e)s en France. On observe en effet une nette segmentation de la main-d'œuvre entre la chaîne classique et le *hard discount*[1]. Les *hard discounters* recherchent des

1. P. Askenazy, J.-B. Berry et S. Prunier-Poulmaire, « Working hard for large French retailers », *Low Wage France*, New York, Russell Sage Foundation, 2008.

salariés polyvalents (caisse, remplissage des rayons et entretien) mais qui n'auront à assumer qu'une relation commerciale minimaliste avec la clientèle. En outre, du fait de salaires au niveau du Smic[1] et d'une image sociale dégradée, les *hard discounters* s'adressent au marché secondaire[2] du travail. Les supermarchés « classiques » ou les hypermarchés, qui offrent des salaires significativement supérieurs (entre 10 et 20 %), peuvent être sélectifs voire en pratique discriminants[3], pour s'assurer d'un personnel ressemblant à leur clientèle ou correspondant aux « attentes » de cette dernière notamment pour certains rayons traditionnels, où la relation avec le client est essentielle. Les étudiants sont particulièrement recherchés en caisse. Mais les distributeurs classiques n'ont plus la possibilité de faire évoluer rapidement leur personnel. Le secteur bénéficiait avant la loi Raffarin d'un marché interne vigoureux capable de motiver les salariés : la création de nouveaux magasins offrait des opportunités de progression hiérarchique. En gelant les créations de magasins, la loi a cassé cette dynamique.

Tableau 4. Performances physiques de la grande distribution alimentaire en France et aux États-Unis en 2004

	Ventes annuelles par m²	Ventes par heure travaillée	Salariés pour 10 m²	Heures travaillées par m²
France	9,8 K€	200 €	0,33	50
États-Unis	4,2 à 6,5 K$	120 à 140 $	0,25 à 0,35	35 à 46

Source : P. Askenazy *et al.*, « Working hard for large French retailers », loc. cit., à partir de diverses sources nationales.
Lecture : K : milliers. Une grande surface est un magasin de plus de 400 m² en France, et au-delà de 2 millions de dollars de chiffre d'affaires aux États-Unis. La marge commerciale inclut les marges arrière. En 2004, en parité de pouvoir d'achat, la conversion euro/dollar était quasi unitaire.

1. Lorsqu'il y a accord d'intéressement, il est soit réservé à des salariés ayant une ancienneté importante pour le secteur (par exemple, un an chez Ed), soit déclenché sur des critères stakhanovistes (par exemple, 560 euros de ventes par heure travaillée chez Aldi).

2. C'est-à-dire aux actifs bénéficiant des plus faibles options sur le marché du travail, typiquement les personnes victimes de discrimination.

3. Ces pratiques sont parfaitement assumées voire rationalisées par les acteurs de terrain, notamment les recruteurs (P. Askenazy *et al.*, « Working hard for large French retailers », loc. cit.).

La relative rareté de l'appareil commercial a par ailleurs induit un niveau de productivité physique (c'est-à-dire mesurée en termes de ventes par heure travaillée) et donc d'intensité du travail exceptionnelle ; les ventes par m^2 demeurent doubles de celles constatées aux États-Unis malgré le rattrapage américain de la dernière décennie (cf. tableau 4).

L'intensité et la flexibilité du travail atteignent des niveaux extrêmes dans les zones à forte concentration de population mais à faible équipement commercial (banlieue lyonnaise, Côte d'Azur...). En 2006, sur les dix hypermarchés géants les plus productifs, trois sont situés dans les Alpes-Maritimes, le record étant détenu par le Carrefour de Meylan en Isère avec 26 400 euros de chiffre d'affaires par m^2. Avec 10000 à 20000 clients par jour, les grands hypermarchés de ces zones sont les monuments les plus visités de France. La concentration des flux de clients le samedi et certains créneaux horaires mettent l'organisation et les salariés sous tension.

Les salariés y souffrent d'une usure au travail et de maladies professionnelles, comme les troubles musculaires et osseux, largement sous-déclarées et comparables à celles de la vieille industrie manufacturière[1]. Ces atteintes à la santé concernent tout autant les enseignes françaises qu'étrangères, les hypermarchés que les *hard discounters*. Le corollaire est un absentéisme significatif et un taux de rotation de la main-d'œuvre pouvant atteindre 100 %, incluant des démissions massives. L'absentéisme imprévu génère des difficultés importantes pour l'organisation des supermarchés classiques et surtout des hypermarchés qui sont dotés d'un personnel spécialisé ; une absence en caisse peut rapidement induire un engorgement de la ligne de caisses. En revanche, contrairement à une argumentation souvent avancée sur le terrain, il est difficile d'incriminer la rareté des surfaces de vente dans les fréquents non-respects du droit du travail et de la convention de branche, en particulier en matière d'éclatement des horaires de travail ou de politiques antisyndicales ; ces pratiques se retrouvent sous des formes proches dans le grand commerce aux États-Unis ou en Allemagne.

1. *Ibid.*

La croissance : un retard de dix ans

Les rentes augmentant naturellement avec les marges arrière, la modernisation des structures commerciales n'a plus été une priorité. Alors que la France présentait un modèle productif particulièrement moderne, fondé dès le milieu des années quatre-vingt-dix sur l'usage de technologies de l'information, les gains de productivité ont été faibles entre 1995 et 2002[1]. Dans le même temps, les États-Unis affichaient plus de 6 % de croissance annuelle de la productivité sur ce segment, représentant à elle seule un tiers de l'accélération de la croissance totale de l'économie américaine[2], même si les « progrès » du commerce s'y sont accompagnés d'une érosion des salaires. Plus précisément, la quasi-totalité de cette mécanique est portée par les performances des nouveaux magasins où l'usage des technologies de l'information est intensif[3].

C'est donc un processus classique schumpeterien de création-destruction qui améliore les performances de ce secteur. En cassant la dynamique de création d'établissements, la loi Raffarin a donc probablement obéré les gains de productivité et réduit les capacités de croissance macroéconomique de la France, pouvant aller jusqu'à un demi-point annuel.

Notons que Griffith et Harmgart, en 2005, dans un travail encore préliminaire trouvent que la réglementation britannique de 1996 a ralenti la croissance de la productivité de la grande distribution alimentaire, les implantations de centre-ville plus petites ne bénéficiant pas d'économies d'échelle significatives ; cependant, cet impact est quantitativement faible, la création

1. B. Van Ark, R. Inklaar et R. H. McGuckin, « ICT and productivity in Europe and the United States. Where do the differences come from ? », *CESifo Economic Studies*, 49, mars 2003, p. 295-318.

2. Ces estimations ne prennent cependant pas en compte les externalités négatives – augmentation du trafic, etc. – engendrées par les grands ensembles commerciaux souvent périurbains.

3. L. Foster, J. Haltiwanger et C. J. Krizan, « The link between aggregate and microproductivity growth : evidence from retail trade », NBER WP 9120, 2002 ; M. Doms, R. Jarmin et S. Klimeck, « Information technology investment and firm performance in US retail trade », *Economics of Innovation and New Technology*, 13 (7), 2004, p. 595-613.

totale de nouveaux établissements n'ayant été que peu affectée par la réforme. On peut donc mener une politique d'aménagement du commerce neutre pour la croissance.

Enfin, à nouveau, le commerce outre-Atlantique comme en Allemagne a également joué un rôle déflationniste qui a soutenu la croissance, alors que les lois Raffarin et Galland ont eu un impact inflationniste en France.

Néanmoins, les enseignes ont retrouvé récemment le chemin de l'innovation. Conscientes de leurs faiblesses et de leurs difficultés pour gérer les flux de clientèles, et face au risque d'un retour modéré à une concurrence par les prix lié à la réforme de la loi Galland et à l'introduction de la publicité télévisée, les chaînes françaises ont en effet adopté de nouvelles stratégies.

La virtualisation des surfaces de vente est expérimentée. Les magasins en ligne (Ooshop, Auchandirect...) sont en forte croissance. Mais leur chiffre d'affaires cumulé demeure encore similaire à celui d'un gros hypermarché. En revanche, le drive-in d'Auchan pourrait révolutionner le secteur. Testé dans le Nord et particulièrement économe en main-d'œuvre, ce concept consiste en des bornes interactives sur lesquelles l'automobiliste fait ses courses ; quelques minutes après validation, un employé sort de l'entrepôt adjacent et charge le véhicule.

Après des années d'hésitation, les nombreux magasins faisant face à de forts flux de clients introduisent ou vont introduire des caisses automatiques de *self scanning* malgré leur coût et la lourde maintenance. Le consommateur effectue lui-même le scan des produits et paye à une borne. Cette technologie présente plusieurs avantages. Pour reprendre le slogan de Monoprix, c'est la « caisse dont vous êtes le héros ». Les cadres pressés sont particulièrement visés. Ils gèrent leur agenda avec leur PDA, tapent leur texte avec leur portable, en marginalisant leur assistante... ils feraient de même leur *check out* avec leur *self scan* sans avoir besoin d'une caissière ; le passage en caisse deviendrait « ludique », l'attente plus supportable. En outre, la caissière n'existant plus physiquement, on peut placer plus de caisses de *self scan* que de caisses traditionnelles sur une même ligne ; c'est un gain crucial pour réduire la pression en caisse. À terme, 20 % des postes de caisse traditionnels seraient supprimés, comme dans des magasins Wal-Mart outre-Atlantique.

Anticipant un *statu quo* en matière d'expansion du parc commercial, les enseignes disposent également d'une solution complémentaire pour résoudre leur problème clé de flux importants de clientèle sur certains segments horaires. Une ouverture généralisée le dimanche permettrait d'accroître l'offre sans augmentation des surfaces de vente. Environ 20 % des dépenses pourraient être effectuées ce jour-là. Outre l'avantage organisationnel, les enseignes, alimentaires ou non, amélioreraient la rentabilité de leur capital donc la valeur de leur foncier, renforceraient leurs positions monopolistiques et pourraient reprendre leur marche de conquête des clients au détriment du petit commerce. L'usage de l'argument du « consommateur gagnant » a déjà trouvé des échos. Des propositions de lois dans cette direction ont été déposées et le dossier est à l'étude par le gouvernement Fillon. La loi Chatel a déjà libéralisé les ouvertures des magasins d'ameublement.

Au total, en ce qui concerne l'alimentaire, les conséquences économiques de la loi Raffarin sont négatives. Le petit commerce isolé, qui était déjà à un niveau d'étiage, a poursuivi son déclin. En essayant de figer les positions des acteurs commerciaux, elle a fait des groupes français des rentiers. Les salariés en France ont perdu des opportunités d'emplois et endurent des conditions de travail souvent pénibles, alors que le consommateur subit une hausse des prix. Un secteur important a ainsi été entraîné dans une trajectoire inefficiente du point de vue économique.

Réformer le régime d'autorisation de l'urbanisme commercial

Des propositions au rabais ?

Retardée dans l'espoir d'assouplir la position de la Commission européenne, la réforme de la loi Raffarin est aujourd'hui à l'ordre du jour. La réflexion, sur les bases de la proposition Fouché votée par le Sénat en juin 2005, a été confiée à la Commission sur la modernisation de l'urbanisme commercial. Ses conclusions, rendues au printemps 2007, rejoignent le cahier de route fixé par le ministre des PME d'alors, et non démenti par le nouveau gouvernement. Elles annoncent trois directions principales.

Tout d'abord, s'il n'est pas question d'abaisser une nouvelle fois le seuil de la surface soumise à autorisation[1], la hiérarchisation, imaginée par le Conseil d'État, des critères d'examen des demandes – construction favorable aux demandeurs puisque dans le cas où le projet ne doit pas porter la densité commerciale au-delà des moyennes départementales et nationales, son autorisation est acquise quels que soient ses effets sur les autres domaines – devrait être condamnée. Exigé par le droit communautaire (directive « Services » adoptée définitivement le 15 novembre 2006, art. 14.5), l'abandon d'une méthode de test économique des besoins au profit de l'appréciation du projet à l'aune des différents principes d'orientation : concurrence effective, aménagement du territoire, protection de l'environnement et qualité de l'urbanisme incluant tout particulièrement la valeur esthétique, placés à égalité, a vocation à accroître le niveau d'exigence des commissions. Toutefois, la pluralité des facteurs, dont l'appréciation concrète et la traduction juridique (appréciation de la valeur esthétique d'un projet ?) sont loin d'être évidentes, est de nature à créer une grande insécurité juridique autour de la délivrance des autorisations.

Diverses réformes structurelles sont également envisagées. La dimension départementale de la commission pourrait être accrue par la présence du président du conseil général ; mais parallèlement à cette augmentation des membres de la commission de six à sept, la proposition Fouché élève le seuil de majorité de quatre à cinq votes favorables – ce qui ne peut avoir pour conséquence que de rendre plus difficile l'obtention d'une autorisation et comporte un risque, souligné d'ailleurs par R. Dutreil, de paralysie. Des commissions interdépartementales d'équipement commercial seraient créées pour examiner les projets dépassant 6 000 m². Le projet Fouché restreignait en outre la place des hauts fonctionnaires dans la commission nationale. Les travaux de la Commission sur la modernisation de l'urbanisme commercial avancent un dispositif sensiblement différent avec des ajustements qui rendraient la participation des représentants

1. Rép. Min. n° 55501 : *Journal officiel*, Assemblée nationale, 15 mars 2005, p. 2803.

consulaires compatible avec l'interdiction, par la directive « Services », de « l'intervention d'opérateurs concurrents, y compris au sein d'organismes consultatifs, dans l'octroi d'autorisations [individuelles] » ; ces derniers n'auraient plus de voix délibérative dans des commissions départementales d'aménagement commercial qui comporteraient quatre élus et quatre personnalités qualifiées.

Enfin, pour assurer une meilleure effectivité de la loi, des sanctions administratives immédiates se substitueraient, ou s'ajouteraient, aux procédures pénales en cas d'ouverture d'une surface non autorisée.

Même si le programme des aménagements internes de l'autorisation d'urbanisme commercial est ainsi assez précisément tracé, cette réforme risquerait d'ouvrir une nouvelle phase d'insécurité juridique. Économiquement, le développement des surfaces de vente pourrait, au moins transitoirement, replonger dans l'atonie. Les choix technologiques économes en main-d'œuvre dans le grand commerce alimentaire seraient également confortés.

Une politique cohérente ?

Fondamentalement, l'objectif assigné au contrôle n'est pas précisément identifié. Ne sont évoquées ni l'intégration de l'urbanisme commercial dans les plans d'urbanisme, ni la fusion de l'autorisation d'équipement commercial avec le permis de construire[1]. Pourtant, la dissociation de ces deux barrières à l'entrée, qui induit lenteurs et insécurité, ne semble se justifier que par la perméabilité totale des objectifs qu'elles poursuivent : à l'une, le contrôle de l'urbanisme, à l'autre, la protection du petit commerce. Si le passage par les commissions d'équipement constitue essentiellement une modalité technique d'appréciation des effets d'un projet commercial en termes d'aménagement du territoire en surfaces de vente, la double procédure d'autorisation perd sa raison d'être. La solution retenue en Belgique d'une

1. Le principe est préconisé depuis longtemps, cf. G. Monédiaire, « Principe et régime de l'aménagement du territoire, de l'urbanisme, de l'environnement et de l'urbanisme commercial », *Droit et Ville*, 41, 1996, p. 187 ; Ph. Terneyre, *Les Petites Affiches*, 1996, p. 31.

procédure rapide conduite par l'autorité en charge de la délivrance des permis de construire semble plus appropriée pour garantir un développement équilibré du grand commerce[1].

L'ambiguïté tient à ce que, malgré une volonté affichée de procéder à une transformation d'ampleur de l'autorisation d'urbanisme commercial, l'objectif officiel demeure la protection du petit commerce. Ce qui précède démontre toutefois que la soumission à autorisation des surfaces commerciales excédant un certain seuil ne constitue pas un instrument efficace.

De surcroît, la multiplication récente des petites surfaces appartenant à de grandes enseignes condamne *de facto* un tel dispositif de contrôle. Aujourd'hui la grande distribution ne s'identifie plus nécessairement aux magasins de grande surface.

---

1. En Belgique, la loi dite « cadenas » du 29 juin 1975 avait adopté un système restrictif d'autorisation des implantations commerciales de plus de 1 000 m^2 en deux temps. La demande, accompagnée d'un dossier socioéconomique devait être adressée au Collège des bourgmestres et échevins (CBE) de la commune d'implantation, qui donnait l'autorisation sur avis conforme (c'est-à-dire obligatoire) du Comité socioéconomique national pour la distribution (CSEND) dans lequel siègent des représentants des entreprises de la grande distribution, des PME, des artisans et des consommateurs. Ce système a été sensiblement modifié par la loi d'août 2004 relative à l'autorisation d'implantations commerciales, votée par les socialistes et les libéraux, dite loi Ikéa (en raison des difficultés du géant suédois pour obtenir des autorisations sous le régime ancien ; Ikéa dispose pourtant déjà en Belgique de pratiquement deux fois plus de magasins par habitant qu'en France).

Le champ d'application du régime d'autorisation est étendu puisque y sont désormais soumises toutes les implantations commerciales de plus de 400 m^2. Mais le pouvoir de décision appartient désormais au CBE, qui statue seul pour les implantations inférieures à 1 000 m^2 et sur avis simple du CSEND, pour les autres. Les délais d'examen des dossiers sont nettement raccourcis (cinquante ou soixante-dix jours) et, en cas de dépassement, l'autorisation est réputée acquise. Par ailleurs, un examen simplifié est prévu en faveur des extensions limitées (de 20 % et 300 m^2 au maximum). Enfin, la loi Ikéa crée une procédure de recours devant un comité interministériel pour la distribution, composé des ministres fédéraux de l'Économie, des Classes moyennes, de l'Emploi et de la Mobilité, et des Transports, ainsi que du ministre de l'Économie de la région concernée. Les critères d'autorisation, qui doivent être examinés de manière cumulée sont : la localisation spatiale de l'implantation, les intérêts des consommateurs, l'influence du projet sur l'emploi et les répercussions du projet sur le commerce existant. Au total, les autorisations de nouvelles surfaces ont bondi de 40 % en 2005 par rapport à 2002-2004, mais une bonne partie de cette hausse s'explique par l'abaissement du seuil d'autorisation entré en vigueur en mars 2005.

La frontière est d'autant plus floue que les petits commerces fleurissent dans les galeries marchandes des centres commerciaux.

Si l'objectif est de préserver le petit commerce, d'autres instruments pourraient être davantage sollicités. On pense, par exemple, à la taxe d'aide au commerce et à l'artisanat, qui pèse sur les locaux de vente au détail dépassant 400 m^2. Seule une petite moitié des 600 millions d'euros annuels produits par cette taxe est affectée aux actions en faveur du commerce de proximité et de l'artisanat, notamment en indemnités au départ des commerçants et artisans ou aides en cas de catastrophes naturelles ou industrielles. Une reventilation en faveur de la modernisation des commerces existants ou leur création aiderait au maintien voire à l'expansion du petit commerce, notamment dans les zones qu'il a désertées, au bénéfice des consommateurs.

En tout cas, le contrôle à l'entrée exercé par l'État n'est pas une formule appropriée pour garantir un développement harmonieux de la distribution[1].

ANNEXE

L'autorisation d'équipement commercial : une loterie ? L'exemple de l'Isère

Des décisions contradictoires et antiéconomiques

Un besoin des consommateurs + des créations d'emplois = un refus d'extension :

Décision de la commission départementale
d'équipement commercial de l'Isère
réunie le 24 octobre 2006 à 09 h 30

1. Les auteurs tiennent à remercier Marie-Laure Allain, Daniel Cohen, Anne Perrot et David Spector pour leurs commentaires détaillés. Les analyses n'engagent qu'eux-mêmes.

« [...]

Considérant que la ville de La Mure dessert des communes de montagne, du sud du département, pouvant être éloignées et qui ne disposent d'aucun commerce ;

Considérant que le projet présente l'intérêt de moderniser ce magasin proche du centre-ville, de renforcer son offre en produits non alimentaires et de le rendre plus attractif afin de réduire l'évasion commerciale ;

Considérant que ce projet d'extension correspond aux orientations du schéma de développement commercial ainsi qu'aux attentes de la population ;

Considérant que la réalisation du projet permettrait la création de 11 emplois supplémentaires, soit 9 emplois équivalents temps plein ;

Mais considérant qu'après prise en compte du présent projet, la densité en matière de grandes et moyennes surfaces alimentaires passe de 394 à 429 m^2 pour 1 000 habitants sur la zone de chalandise, moyenne supérieure à la moyenne nationale 317 m^2 ;

Considérant que le projet risque de déstabiliser le commerce local ;

A décidé de refuser l'autorisation sollicitée par la demande susvisée par 3 votes favorables, et 3 votes défavorables.

Ont voté pour l'autorisation du projet :

– M. , représentant M. Le Maire de Grenoble ;

– M. , président de la Communauté de communes de La Matheysine ;

– Mme , représentante titulaire des associations de consommateurs ;

Ont voté contre le projet :

– M. , maire de La Mure ;

– M. , représentant M. le Président de la chambre de commerce et d'industrie de Grenoble ;

– M. , représentant M. le Président de la chambre des métiers et de l'artisanat de Grenoble.

En conséquence, la commission départementale d'équipement commercial de l'Isère réunie le 24 octobre 2006, a refusé à la SCI 26, rue du Docteur Tagnard et la SA LamuREDIS supermarché à dominante alimentaire à l'enseigne Super U, sur la commune de La Mure. La surface légale reste fixée à 1 200 m^2. »

Un *hard discounter* initialement de 299 m² + peu d'emplois créés + une offre commerciale déjà fournie + un renforcement de position monopoliste = une autorisation d'extension :

Décision de la commission départementale
d'équipement commercial de l'Isère
réunie le 14 février 2006 à 10 h 55

« [...]

Considérant que la densité en GMS à dominante alimentaire de la zone de chalandise est déjà très élevée (565 m² pour 1 000 habitants) par rapport à la densité départementale (257 m²) et nationale (318 m²) et qu'elle serait portée à 586 m² ;

Considérant que l'enseigne ED appartient au groupe de distribution Carrefour qui occupe la première place en termes de surface de vente dans le département (33,44 %) et dans l'arrondissement de La Tour du Pin (38,16 %) ;

Mais considérant qu'il s'agit d'une extension dans un local déjà existant ;

Et considérant que le projet permettrait une création nette de 3 emplois temps plein ;

A décidé d'accorder l'autorisation sollicitée par la demande susvisée par 6 votes favorables.

Ont voté pour l'autorisation du projet :

– M. , représentant M. le maire de Bourgoin-Jallieu ;

– M. , maire de Ruy-Montceau ;

– M. , président de la SIVOM des communes des cantons de Bourgoin-Jallieu ;

– M. , représentant M. le président de la CCI du Nord Isère ;

– M. , représentant M. le président de la chambre des métiers et de l'artisanat de Vienne et La Tour du Pin ;

– Mme , représentante titulaire des associations des consommateurs.

En conséquence, la commission départementale d'équipement commercial de l'Isère réunie le 14 février 2006, a accordé à la SAS ED l'autorisation préalable à l'extension, de 386 m² de surface de vente, d'un magasin à prédominance alimentaire à l'enseigne ED, sur la commune de Bourgoin-Jallieu. La surface de vente totale est ainsi portée à 685 m². »

Une demande, deux versions des faits totalement différentes

Pour la CDEC : une densité supérieure à la moyenne départementale, un Netto qui viendrait concurrencer un Aldi :

Décision de la commission départementale
d'équipement commercial de l'Isère
réunie le 12 juillet 2005 à 14 h 35

« [...]

Considérant que ce projet Netto viendrait décliner, sur le pôle Est de l'agglomération de Saint-Marcellin, une autre enseigne du Groupement des Mousquetaires consacrée au discompte, pour concurrencer l'implantation prochaine d'un magasin ALDI, autre enseigne de discompte ;

Mais considérant que la densité commerciale de la zone de chalandise – en matière de grandes surfaces à dominante alimentaire – est supérieure à la moyenne départementale (307 contre 250 m^2 pour 1 000 habitants) ; après prise en compte du projet, la densité passerait à 331 m^2 pour 1 000 habitants sur cette zone de chalandise ;

Considérant que la réalisation de ce projet risquerait d'affaiblir les artisans et commerçants de proximité situés dans les centres-bourg ;

Considérant que le schéma de développement commercial, dès lors qu'il recommande l'autonomie des territoires extérieurs, n'incite pas pour autant à organiser des déséquilibres entre offres d'un même secteur comme l'alimentaire ;

A décidé de refuser l'autorisation sollicitée par la demande susvisée par 3 votes favorables, 2 votes défavorables et une abstention.

Ont voté pour l'autorisation du projet :

– M. , maire de Saint-Sauveur ;

– M. , représentant M. le maire de Saint-Marcellin ;

– M. , représentant M. le président de la communauté de communes du Pays de Saint-Marcellin.

Ont voté contre l'autorisation du projet :

– M. , représentant M. le président de la CCI de Grenoble ;

– M. , représentant M. le président de la chambre de métiers de Grenoble.

S'est abstenue :

– Mme , représentante titulaire des associations de consommateurs.

En conséquence, la commission départementale d'équipement commercial de l'Isère a refusé à la SCI FAYAB, l'autorisation préalable à la création d'un magasin alimentaire à l'enseigne Netto, d'une surface de vente de 650 m^2, sur la commune de Saint-Sauveur. »

Pour la CNEC : une densité inférieure aux moyennes départementale et nationale, un Netto qui viendrait concurrencer un Lidl :

Décision de la commission nationale
d'équipement commercial
du 14 mars 2006

« [...]

Considérant que la population de la zone de chalandise du demandeur qui s'élevait à 27 801 habitants en 1999 a connu une progression de 4,9 % entre les deux derniers recensements généraux de 1990 et de 1999 ; que celle définie par les courbes isochrones, pour y inclure toutes les communes situées à 22 minutes du présent projet, comptait 37 046 habitants en 1999, soit une augmentation de 6 % durant la même période ;

Considérant que l'équipement commercial de la zone de chalandise dans le domaine alimentaire compte un hypermarché Leclerc de 3 200 m^2, trois supermarchés d'une surface totale de vente 4 305 m^2, dont un supermarché de type "maxi-discompte" à l'enseigne Lidl de 1 151 m^2, ainsi qu'une centaine de petits commerces alimentaires ; que cet équipement sera complété suite à l'autorisation par la CDEC de l'extension de 1 033 m^2 du supermarché à l'enseigne Intermarché de Saint-Sauveur ; que la zone définie par les courbes isochrones ne compte pas d'équipement commercial supplémentaire ;

Considérant qu'après la réalisation du présent projet, la densité commerciale des supermarchés serait inférieure aux moyennes nationale et départementale de référence, quelle que soit la zone considérée ;

Considérant que la création de ce magasin permettrait de stimuler la concurrence dans la zone de chalandise, notamment avec le magasin à l'enseigne Lidl situé à Saint-Marcellin ;

Considérant qu'ainsi ce projet paraît compatible avec les dispositions de l'article 1er de la loi du 27 décembre 1973 susvisée ;

Décide : Le recours susvisé est admis ; Le projet de SCI FAYAB est donc autorisé.

En conséquence est accordée à la SCI FAYAB, l'autorisation préalable requise en vue de la création d'un supermarché de type "maxi-discompte" de 650 m^2 de surface de vente à l'enseigne Netto à Saint-Sauveur (Isère). »

12.

Électricité : faut-il désespérer du marché ?

Introduction

Depuis plusieurs années, le prix de l'électricité augmente très fortement dans la quasi-totalité des pays européens. Hors de France, ce renchérissement n'est pas surprenant : il reflète simplement l'envolée du cours des énergies fossiles qui sont à l'origine de 64 % de l'électricité produite[1]. Mais, en France, les énergies fossiles ne représentent que 10 % de la production totale, assurée très majoritairement par les centrales nucléaires (78 %)[2]. On aurait pu espérer que celles-ci, dont les coûts sont stables, mettraient la France à l'abri des fluctuations de prix. Or il n'en est rien : les prix français – du moins sur la partie dérégulée du marché – ont connu une augmentation comparable à celle des prix étrangers.

Comment expliquer ce paradoxe apparent ? Est-il normal que les consommateurs français ne retrouvent pas, dans les prix, les faibles coûts de production de l'énergie nucléaire ? Faut-il accuser la libéralisation en cours sous l'égide de la Commission européenne et renforcer la régulation publique des prix ? Faut-il au contraire attribuer les prix élevés à une concurrence encore insuffisante, à cause du poids d'EDF notamment, et placer ses espoirs dans une poursuite

1. Source : Eurostat. Ce chiffre porte sur les pays de l'Union européenne à l'exception de la France.

2. Les principales sources d'électricité sont les centrales thermiques utilisant des énergies fossiles (gaz, charbon ou pétrole), les centrales nucléaires et les énergies renouvelables (production hydroélectrique pour l'essentiel, mais aussi solaire ou éolienne).

de la libéralisation ? L'intégration progressive des différents marchés nationaux sera-t-elle la panacée promise par la Commission européenne ? Quelle serait la conséquence d'une poursuite de la privatisation d'EDF, ou au contraire de sa renationalisation à 100 % ?

Ces questions simples se heurtent souvent à la technicité des débats relatifs aux marchés de l'électricité. Ceux-ci portent en effet sur des sujets multiples et complexes – ils concernent à la fois l'organisation des enchères sur les marchés de gros, la gestion et la tarification de l'accès aux réseaux de transport et aux interconnexions entre pays, et la planification à long terme des capacités de production. La politique menée en France récemment ne contribue sans doute pas à dissiper la perplexité. Il est bien difficile, par exemple, de savoir si la loi sur l'énergie votée en octobre 2006, qui privatise GDF et étend à tous les consommateurs l'accès au marché dérégulé, mais autorise également le retour aux prix régulés pour certains clients qui les avaient abandonnés, est inspirée par les vertus de la concurrence ou par celles de la régulation.

La présente étude entend toutefois montrer que, au-delà de cette complexité, les questions essentielles posées par le marché électrique français, et en particulier par l'ampleur du parc de production nucléaire, peuvent être analysées de manière très simple. L'examen des données publiques relatives à la demande d'électricité, aux capacités de production correspondant aux différentes technologies, et aux capacités d'interconnexion entre pays conduit aux conclusions suivantes, indépendamment du détail des formes d'organisation du marché.

À court terme, le prix élevé de l'électricité résulte du renchérissement des énergies fossiles, dont l'effet est amplifié par l'intégration partielle de la France et de ses voisins. EDF, détenteur de la capacité nucléaire française, bénéficie d'une rente, qui est due non pas au manque de concurrence, mais à la rareté relative du parc de production nucléaire. En effet, le prix, même sur un marché concurrentiel, est déterminé par la technologie de production la plus coûteuse nécessaire pour satisfaire la demande totale « à la marge ». Or, bien qu'il représente l'essentiel de la production française, le nucléaire ne suffit presque jamais à satisfaire à lui seul la totalité de la demande, notamment parce qu'une part substantielle de la production nucléaire est exportée. Les coûts de production nucléaire n'ont donc que peu d'incidence sur les prix. En conséquence, une déconcentration de la capacité nucléaire ne ferait pas baisser les prix. Quant au développement d'un marché européen intégré, il favoriserait l'efficacité productive, mais garantirait pour longtemps l'appropriation de la rente nucléaire par les producteurs plutôt que par les consommateurs. Si le prix élevé de l'électricité, en présence d'une rente de rareté, est conforme à l'efficacité économique, il laisse néanmoins ouverte la question de la répartition de la rente nucléaire. Il serait inefficace de la restituer aux consommateurs au moyen d'une régulation des prix. Mais on peut envisager d'utiliser la rente de rareté nucléaire pour financer, à la place des consommateurs, le coût du service public et la partie fixe des coûts de transport – ce que pourrait faciliter le caractère majoritairement public d'EDF.

À long terme, de nouveaux investissements nucléaires pourraient faire disparaître la rente de rareté du nucléaire. L'expansion du parc nucléaire français serait en effet possible à l'occasion du renouvellement du parc actuel, entre 2017 et la décennie 2030, si les réacteurs actuels étaient remplacés par des réacteurs EPR de nouvelle génération, plus puissants[1]. En théorie, le jeu de la concurrence pourrait alors suffire à faire bénéficier les Français des faibles coûts du nucléaire. Mais seule une déconcentration radicale, passant par le partage – physique ou virtuel – du parc nucléaire entre au moins quatre opérateurs, serait susceptible de conduire à une concurrence effective. En particulier, le mécanisme des centrales virtuelles, adopté dans plusieurs pays européens, ne pourra améliorer le fonctionnement de la concurrence que si certains de ses défauts actuels sont corrigés.

Le contexte : une libéralisation tempérée[2]

Depuis les années quatre-vingt-dix, la Commission européenne s'efforce de libéraliser les marchés de l'électricité, en adoptant des directives qu'il revient aux États d'appliquer. Cet effort porte à la fois sur le fonctionnement interne des marchés nationaux et sur la

1. L'EPR (European Pressurized Reactor) est le nouveau réacteur développé par Areva et Siemens en collaboration avec EDF et des électriciens allemands.

2. Pour une description détaillée du fonctionnement du marché français, voir les rapports annuels de la Commission de régulation de l'énergie (CRE).

construction d'un marché européen de plus en plus intégré. En France, la libéralisation a débuté avec la loi du 10 février 2000, qui transposait une directive européenne de 1996. Elle a permis l'entrée de nouveaux producteurs et la création d'un marché de gros, complétée par l'ouverture de la Bourse Powernext en 2001. Elle a conduit à séparer la distribution de la production, en faisant du Réseau de transport de l'électricité (RTE) une filiale autonome d'EDF, et à ouvrir partiellement le marché de détail en permettant aux clients professionnels de se fournir sur le marché libre à des prix non régulés – possibilité ouverte d'abord aux plus gros consommateurs professionnels d'électricité, puis à toutes les entreprises à partir de 2004. La demande éligible à la dérégulation représente en conséquence les deux tiers de la demande totale d'électricité. Cette dérégulation du marché de détail a été complétée par la possibilité de se fournir sur le marché libre pour les consommateurs domestiques, 2007, même si la loi sur l'énergie d'octobre 2006 permet le maintien du tarif régulé pour les consommateurs qui le souhaitent, ainsi que le retour temporaire à un tarif régulé majoré pour ceux des consommateurs qui ont subi, sur le marché libre, une forte augmentation des prix. Selon le même esprit d'intensification de la concurrence, les modalités d'attribution des capacités d'interconnexion entre la France et plusieurs pays limitrophes ont été réformées le 1er janvier 2006 dans le sens d'un mécanisme d'enchères, pour placer sur un pied d'égalité l'opérateur historique EDF et les opérateurs alternatifs. Par ailleurs, EDF a été partiellement privatisé en 2005 (à hauteur de 13 % de son capital). Si cette privatisation partielle ne constitue pas une mesure de libéralisation du marché, elle s'inscrit néanmoins dans le contexte du passage d'un monopole public à un environnement concurrentiel.

Ces réformes ont eu pour conséquence la montée en puissance des mécanismes de marché et l'arrivée de nouveaux acteurs. Des concurrents d'EDF développent leurs capacités de production ; les volumes d'électricité échangés sur le marché de gros augmentent ; plus de vingt fournisseurs proposent de l'électricité aux clients finaux ; et plus d'un tiers des clients ayant choisi de se fournir sur le marché dérégulé ont fait appel à un fournisseur alternatif à EDF. En outre, l'augmentation progressive des capacités d'interconnexion a stimulé les échanges avec l'étranger.

Mais la libéralisation est incomplète. Sur le marché de gros, la grande majorité des échanges s'effectue non sur un marché organisé, mais au moyen d'échanges de gré à gré. Surtout, la production demeure extrêmement concentrée : EDF possède plus de 85 % des capacités de production, assure plus de 90 % de la production et possède la totalité de la capacité de production nucléaire.

Une modeste déconcentration de la capacité nucléaire est toutefois intervenue en 2001 sous l'égide de la Commission européenne, puisque, à l'occasion de l'acquisition par EDF de l'énergéticien allemand EnBW, elle a obtenu la cession par EDF de « centrales nucléaires virtuelles ». Il s'agit d'options d'achat d'électricité à un prix voisin du coût marginal de la production nucléaire, pour une durée limitée, vendues aux enchères régulièrement. Elles portent sur une capacité totale de 6 GW, soit environ 10 % de la puissance moyenne en service en France. Ce système de cessions virtuelles, en vigueur dans plusieurs pays européens, revient donc à organiser la location par EDF d'une partie de sa capacité de production nucléaire, sans modifier la propriété physique des centrales.

La compatibilité de cette concentration extrême avec le bon fonctionnement du marché constitue une question essentielle, d'autant que, dans de nombreux pays, des problèmes concurrentiels ont pu être identifiés sur des marchés beaucoup moins concentrés que le marché français. Cette question est d'autant plus aiguë qu'EDF détient la totalité du parc de production nucléaire (en dehors de la petite partie cédée virtuellement), dont les coûts sont inférieurs à ceux des autres technologies.

Cette situation conduit parfois à évoquer une « rente nucléaire » dont bénéficierait EDF et à préconiser sa restitution aux consommateurs, soit au moyen d'une intensification de la concurrence (c'est l'esprit du mécanisme des centrales virtuelles), soit en régulant les prix – solution que la loi sur l'énergie a prolongée au-delà du 1er juillet 2007, contrairement à ce qui était initialement prévu[1]. Ainsi qu'il est montré plus loin, la première de ces deux solutions ne peut pas avoir d'effet à court ou moyen terme, et la seconde est néfaste.

1. EDF conteste la notion même de rente nucléaire et soutient que le niveau actuel de ses profits se justifie par le coût élevé des investissements nucléaires futurs, nécessaires pour renouveler voire étendre le parc actuel à partir de 2017, date prévue pour le démantèlement des plus anciennes centrales actuellement en service.

Éléments fondamentaux sur les marchés de l'électricité

Pour comprendre le fonctionnement du marché électrique et formuler des recommandations de politique publique, il faut faire un détour par les fondamentaux : les caractéristiques physiques très particulières de l'électricité, qui ont pour conséquence un fonctionnement de marché sans équivalent dans d'autres secteurs.

L'électricité ne peut pas être stockée

Puisque l'électricité ne peut être stockée, il faut produire à chaque instant la quantité demandée. Or celle-ci fluctue fortement dans le temps : au sein d'une même journée, selon les rythmes domestiques et industriels, et selon les saisons, puisque le chauffage et l'éclairage représentent une part importante de la demande. En France, la consommation moyenne était ainsi de 54 GW en 2005, mais elle a varié entre un minimum de 31 GW et un maximum de 86 GW.

Le parc optimal de production

La satisfaction au moindre coût d'une demande fluctuante nécessite un parc de production diversifié. Pour la demande de base, c'est-à-dire pour produire en permanence une quantité d'électricité suffisant à satisfaire la demande minimale, il est souhaitable d'utiliser des techniques de production dont le coût marginal (le coût de production d'un MWh supplémentaire d'électricité) est faible, même si leurs coûts fixes (liés à la capacité de production mais pas à la quantité effectivement produite) sont élevés. Au contraire, pour satisfaire les pics de demande, il faut recourir à des techniques de production dont les coûts fixes sont faibles, même si les coûts variables sont élevés : il serait en effet inefficace de construire des centrales coûteuses pour ne les utiliser que pendant les cinquante heures par an pendant lesquelles la demande excède 80 GW. Par ailleurs, le choix du « mix de production » doit aussi tenir compte de l'impact des différentes techniques de production sur l'environnement. En principe, la taxation des émissions de gaz à effet de serre, qui renchérit les techniques de production les plus polluantes, conduit à « internaliser » dans les coûts de production l'impact des différents choix techniques sur l'environnement[1]. En conséquence, cette question se confond avec celle de l'efficacité productive – c'est-à-dire de la capacité à produire au moindre coût[2].

Les coûts fixes et variables des différentes technologies (y compris ceux induits par la taxation des émissions de gaz à effet de serre), la distribution statistique de la demande intérieure et de la demande et de l'offre chez nos voisins, ainsi que l'ampleur des capacités d'interconnexion déterminent la structure du parc optimal. Selon la majorité des études disponibles, la production nucléaire, caractérisée par des coûts fixes très élevés et des coûts variables très faibles, est efficace pour satisfaire la demande de base et une partie de la demande de semi-base[3]. Par exemple, selon un rapport récent, il serait efficace qu'en France le parc nucléaire soit suffisamment étendu pour satisfaire à lui seul la demande 43 % du temps – en d'autres termes, le coût moyen de production d'une centrale nucléaire est inférieur à celui des autres technologies lorsque la durée d'utilisation des centrales considérées est supérieure à 57 % d'une année[4]. D'autres techni-

1. Le prix des permis d'émission constitue un déterminant important des décisions relatives au choix des techniques de production. Par exemple, le « krach du CO_2 » intervenu en avril 2006 explique pour une part le retour en grâce du charbon au détriment du gaz (l'autre facteur étant le renchérissement du gaz naturel, plus marqué que celui du charbon).

2. En raison de l'internalisation dans les coûts de l'impact sur l'environnement, ce point n'est pas abordé en tant que tel dans la présente contribution.

3. L'énergie hydroélectrique, dont le coût marginal est très faible (du moins pour l'énergie produite « au fil de l'eau »), constitue une technique de base, de même que le nucléaire. En France, la capacité de production hydroélectrique au fil de l'eau est proche de 3 GW, soit environ 10 % de la valeur minimale atteinte par la demande intérieure.

4. Conseil général des Mines et inspection des Finances, *Rapport sur les prix de l'électricité*, 2004. Ces chiffres se fondent sur les cours des énergies fossiles en vigueur en 2003. Leur forte augmentation depuis cette date conduirait à réévaluer à la hausse la taille du parc nucléaire optimal et la durée de marginalité correspondante.

ques de production, à partir de l'énergie fossile, prennent ensuite le relais du nucléaire pour le compléter lorsque la demande d'électricité excède la capacité nucléaire disponible : il s'agit d'abord des techniques de semi-base que sont les centrales à charbon et les cycles combinés au gaz, puis des techniques de pointe (turbines à combustion au gaz ou au fioul), dont le coût fixe est faible mais le coût marginal élevé[1].

Il faut, pour être complet, relever que l'estimation des coûts fixes du nucléaire est très sensible aux hypothèses retenues sur la durée de vie des centrales, le coût du démantèlement futur et de la gestion des déchets ainsi que le coût du capital – ce qui explique d'importantes divergences d'appréciation sur les mérites du nucléaire[2].

La formation des prix sur un marché concurrentiel de l'électricité

Même si les marchés électriques réels s'en écartent toujours plus ou moins, en particulier dans le cas de la France, la concurrence parfaite – c'est-à-dire un fonctionnement de mar-

1. Dans la réalité, une petite partie du parc de production thermique doit être utilisée même en période de basse demande, afin de répondre aux fluctuations de demande à très court terme. La production de certaines centrales thermiques peut en effet être modulée plus rapidement que celle des centrales nucléaires, pour lesquelles un délai incompressible de quelques heures est nécessaire.

2. Pour une comparaison des coûts du nucléaire avec ceux d'autres technologies de production, cf. OECD – International Energy Agency, *Projected Costs of Generating Electricity*, 2005 ; R. Tarjanne et K. Rissanen, *Competitiveness Comparison of the Electricity Production Alternatives*, research report, Lappeenranta University of Technology, 2004 ; University of Chicago, *The Economic Future of Nuclear Power*, special report, 2004 (www.anl.gov/Special_Reports) ; MIT, *The Future of Nuclear Power*, 2003 ; Canadian Energy Research Institute, *Levelised Unit Electricity Cost Comparison of Alternative Technologies for Baseload Generation in Ontario*, août 2004. Pour une analyse de sensibilité à l'incertitude, cf. F. Roques, W. Nuttall et D. Newbery, « Using probabilistic analysis to value power generation investment under uncertainty », *Cambridge WP in Economics*, 0650, 2006. La présente étude prend comme point de départ les coûts indiqués dans l'étude *Coûts de référence de la production électrique* (ministère de l'Industrie, 2003), tels que repris dans le *Rapport sur les prix de l'électricité* précité, et les modifie pour tenir compte du niveau actuel du cours des énergies fossiles et des permis d'émission de gaz à effet de serre. Les calculs qui sous-tendent l'analyse ici développée tiennent compte également de la production hydroélectrique.

ché caractérisé par une multitude de petits producteurs dépourvus d'influence individuelle sur le niveau des prix – constitue une référence théorique pertinente, parce que très simple. En dehors des périodes de pointe, pendant lesquelles la production peut buter sur des contraintes physiques et les prix atteindre des niveaux considérables (dix ou vingt fois supérieurs aux prix moyens), le prix, sur un marché parfaitement concurrentiel, coïncide à chaque instant avec le coût marginal de la production d'électricité par la technique marginale, c'est-à-dire par la technique la plus coûteuse à laquelle il est nécessaire de recourir pour satisfaire la totalité de la demande[1]. Supposons par exemple que le parc de production se compose de centrales nucléaires, pour une capacité disponible de 40 GW, de techniques de semi-base (au charbon, par exemple) pour une capacité disponible de 20 GW et de techniques de pointe au-delà. Lorsque la demande est de 50 GW, il faut pour la satisfaire utiliser la totalité du parc nucléaire (40 GW), ainsi qu'une partie du parc de semi-base (10 GW sur 20 GW). Celui-ci constitue alors la technique de production marginale, car à la marge les variations de la demande d'électricité seraient associées à des variations équivalentes de la production de semi-base. Si le prix de l'électricité ne couvrait pas les coûts marginaux de la semi-base, les propriétaires des centrales correspondantes n'auraient aucun intérêt à produire de l'électricité et la demande ne serait pas satisfaite. À l'inverse, si le prix était supérieur à ce coût marginal, ils auraient intérêt à produire de l'électricité en utilisant la totalité de leurs capacités, et l'offre serait alors supérieure à la demande. Le prix qui équilibre le marché, à court terme, est donc le coût marginal de la technique marginale.

En particulier, un marché parfaitement concurrentiel rémunérerait la production nucléaire à un niveau supérieur à son coût marginal pendant la période de non-marginalité du nucléaire. Conséquence normale d'une hypothétique concurrence parfaite entre de nombreux producteurs nucléaires, le prix de l'électricité

1. L'analyse des prix instantanés (prix « spot » relevés sur le marché de gros) est pertinente car le prix des produits « standard » (électricité de base, c'est-à-dire à puissance constante, et de « pointe », livrée de 8 h à 20 h du lundi au vendredi) est en pratique très fortement lié à celui des prix « spot ».

serait égal au coût marginal de la production nucléaire pendant la durée de marginalité du nucléaire (environ 7 € /MWh). Mais lorsque la demande excède la capacité nucléaire totale, les prix seraient dictés par les coûts marginaux des techniques de production marginales, très supérieurs à ceux du nucléaire (au moins 30 €/MWh).

La concurrence parfaite suffit à couvrir les coûts fixes

Cette propriété signifie que, à la différence de la plupart des autres secteurs de l'économie, la concurrence parfaite n'est pas incompatible avec le recouvrement des coûts fixes : même en présence de concurrence parfaite, la production nucléaire est rémunérée au-dessus de son coût marginal lorsque la demande excède la capacité nucléaire totale ; il en va de même des techniques de semi-base lorsqu'elles ne suffisent pas à satisfaire la demande. Quant aux techniques de pointe, elles bénéficient de prix de vente très élevés dus au « rationnement » qui doit s'opérer lorsque la production bute sur des contraintes physiques.

Plus précisément, un raisonnement théorique simple montre que la concurrence pure et parfaite combinée à l'absence de barrières à l'entrée conduit, sous certaines hypothèses, à un niveau d'investissement optimal dans les différentes technologies de production électrique[1]. La taille du parc nucléaire optimal dépend en effet de l'avantage de coût marginal procuré par cette technologie par rapport aux autres. Mais la rémunération de la production nucléaire dépend elle aussi du différentiel de coûts marginaux, puisque, en période de marginalité de la production fossile, la rémunération du nucléaire dépend des coûts marginaux de la production fossile. Si ceux-ci augmentent, les centrales nucléaires deviennent plus rentables, ce qui attire de nouveaux investissements nucléaires. L'expansion du parc nucléaire diminue la durée de marginalité des modes de production fossiles, qui détermine la profitabilité du nucléaire. À terme, elle ramène la rentabilité des centrales nucléaires à un

1. P. Joskow et J. Tirole, « Reliability and competitive electricity markets », *Rand Journal of Economics*, 38 (1), printemps 2007, p. 60-84.

niveau « normal », celui du coût du capital, ajusté pour le risque[1].

On peut certes objecter que la réalité s'écarte toujours des modèles théoriques. Mais ceux-ci mettent en évidence un point important : il n'y a pas de raison fondamentale pour supposer que la concurrence empêche la rémunération des coûts fixes et conduit à un sous-investissement en techniques de production de base – celles, comme le nucléaire, dont les coûts fixes sont les plus élevés. La question de l'adéquation des incitations de marché se pose en revanche avec plus d'acuité pour les techniques de pointe[2], même si plusieurs expériences récentes ont montré que la libéralisation pouvait entraîner d'importants efforts d'investissement[3].

En résumé, la concurrence parfaite, encadrée et complétée par des mécanismes de régulation appropriés (permettant éventuellement la rémunération des capacités de production), peut conduire à l'efficacité productive dynamique – en fournissant des

1. Selon certains économistes, les incitations privées à investir dans la technologie nucléaire seraient toutefois insuffisantes en raison de l'ampleur des investissements et du risque associé (F. Roques, W. Nuttall, D. Newbery, R. de Neufville et S. Connors, « Nuclear power : a hedge against uncertain gas and carbon prices ? », *Electricity Policy Research Group WP*, 05-09, 2005). Cette idée est à l'origine de politiques publiques en faveur du nucléaire, comme aux États-Unis depuis l'Energy Act de 2005. Cependant, certaines solutions de marché, comme celle adoptée récemment dans le cas du nouveau réacteur nucléaire EPR en Finlande (recours à un consortium pour fractionner l'investissement initial et contrats de long terme pour limiter le risque sur le prix de vente de l'électricité), pourraient contribuer au rétablissement d'incitations adéquates.

2. Les économistes sont partagés sur l'efficacité de la concurrence pour induire des investissements suffisants dans les techniques de pointe parce que la rentabilité dépend du détail des fluctuations futures de la demande, qui sont incertaines. Certains préconisent des mécanismes incitatifs spécifiques, comme la rémunération de la mise à disposition de capacités de production indépendamment de la production effective, en vigueur dans certains pays. Sur ce sujet controversé, cf. F. Roques, D. Newbery et W. Nuttall, « Investment incentives and electricity market design : the British experience », *Review of Network Economics*, 2 (4), 2005, et P. Joskow, « Competitive electricity markets and investment in new generating capacity », in D. Helm (éd.), *The New Energy Paradigm*, Oxford, Oxford University Press, 2006.

3. Cf. P. Joskow, « Electricity sector restructuring and competition : lessons learned », *Latin American Economic Journal*, 121, 2003.

incitations adéquates à investir dans les différentes techniques de production. Elle conduit aussi à l'efficacité allocative puisque, si le prix est égal au coût marginal, chaque consommateur fonde ses décisions de consommation d'électricité sur le coût réel et instantané de la production d'un MWh supplémentaire[1].

Rentes de rareté et rentes de monopole

Le thème de la « rente nucléaire d'EDF » est récurrent. Mais cette notion demande à être précisée. On peut en effet distinguer deux types de rentes : une rente de rareté et une rente de monopole (cf. figure 1). Leurs conséquences sur l'efficacité économique globale sont diamétralement opposées et elles conduisent à des préconisations de politique économique divergentes.

Figure 1. Rente de rareté et rente de monopole

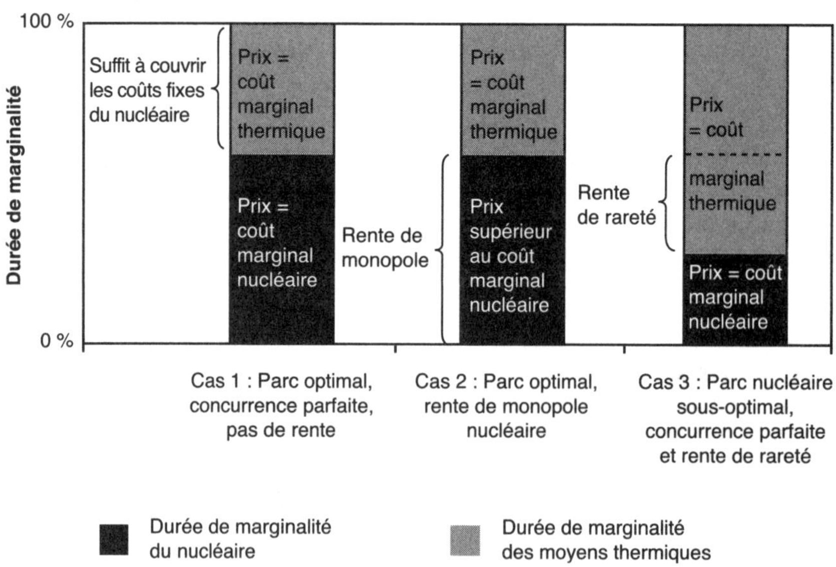

1. Le fonctionnement réel du marché est bien sûr différent, puisque sur le marché de détail, le prix payé par la plupart des consommateurs ne varie pas d'une heure à l'autre, contrairement au prix de gros sur le marché « spot ».

Un exemple numérique peut être utile. Supposons par exemple que le parc nucléaire optimal disponible corresponde à une durée de marginalité nucléaire de 40 % (au sens où la demande totale, en incluant la capacité d'interconnexion sortante et après soustraction de la puissance de production hydroélectrique « au fil de l'eau », est inférieure, environ 40 % du temps, à la capacité nucléaire disponible). Cela signifie que la production nucléaire peut couvrir ses coûts complets – coûts fixes, provisions pour démantèlement et rémunération du capital à un niveau normal intégrant la prise en compte du risque – en étant rémunérée uniquement pendant la période de marginalité des autres modes de production (à base de charbon, de gaz et de fioul) au niveau des coûts marginaux de ces derniers, soit 60 % du temps.

Deux phénomènes pourraient conduire à une rémunération supérieure – donc à une rente nucléaire.

Tout d'abord, le parc nucléaire pourrait être inférieur à son niveau optimal. Dans ce cas, même en présence de concurrence parfaite, il serait rémunéré au-dessus de ses coûts marginaux plus de 60 % du temps, durée pourtant suffisante pour couvrir ses coûts fixes. Ses détenteurs bénéficieraient alors d'une *rente de rareté*, quelle que soit l'intensité de la concurrence. Une rente de rareté temporaire peut notamment survenir si une modification soudaine affecte l'offre ou la demande, parce que le parc nucléaire réel ne peut pas s'ajuster instantanément. Du côté de l'offre, une augmentation du coût des énergies fossiles engendrerait une rente de rareté car elle augmenterait la durée de marginalité optimale du nucléaire, alors que la durée de marginalité effective resterait constante. Du côté de la demande, une augmentation de la consommation intérieure ou de la demande étrangère aurait le même effet car elle diminuerait la durée de marginalité effective du nucléaire alors que la durée de marginalité optimale resterait constante (figure 2).

Si le parc nucléaire a la dimension optimale, sa rémunération peut néanmoins dépasser la couverture de ses coûts complets à cause d'une concurrence insuffisante entre producteurs nucléaires. Dans le cas extrême d'un monopole, le parc nucléaire ne serait pas rémunéré au niveau de son coût marginal pendant sa période de marginalité (40 % du temps), mais au niveau que déciderait de fixer le monopole – probablement le coût marginal

Figure 2. Deux causes possibles d'une rente de rareté

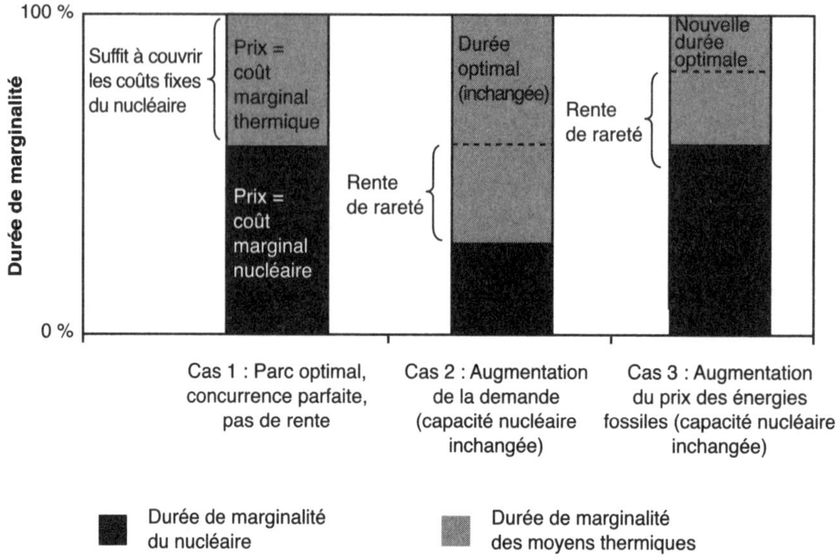

de la technique immédiatement plus coûteuse. Il bénéficierait alors d'une *rente de monopole*. Dans le cas intermédiaire d'un oligopole nucléaire, la rente correspondante serait inférieure à la rente de monopole, en raison de la présence d'une certaine concurrence.

En résumé, une rente de rareté existe si la durée de marginalité du nucléaire est inférieure à sa durée optimale (parce que le parc nucléaire est insuffisant), et une rente de monopole ou d'oligopole si, pendant la durée de marginalité du nucléaire, celui-ci est rémunéré au-dessus de son coût marginal. Ces deux rentes peuvent bien sûr coexister, sauf si le parc nucléaire est insuffisant au point que le nucléaire n'est jamais marginal.

Nous montrons plus loin que la rente nucléaire actuelle est une rente de rareté, indépendante de la concurrence éventuelle entre producteurs nucléaires. À long terme, de nouveaux investissements nucléaires pourraient la faire disparaître, et le problème d'une éventuelle rente de monopole se poserait.

Les causes de la rente de rareté du nucléaire

La cause immédiate : le prix des énergies fossiles

Le prix en vigueur sur la partie dérégulée du marché de l'électricité a plus que doublé entre 2002 et 2006, passant, pour de l'électricité en « base » (c'est-à-dire à puissance constante), de 25 €/MWh à 55 €/MWh environ. La cause immédiate de cette augmentation est le renchérissement des énergies fossiles : entre 2002 et 2005, le prix du charbon a augmenté de plus 70 %, celui du pétrole et du gaz a plus que doublé, et le krach des permis d'émission de gaz à effet de serre en avril 2006 n'a pas suffi à compenser cette hausse. Cette explication est corroborée par la forte corrélation existant entre le prix de l'électricité « spot » sur la Bourse Powernext et le cours du gaz naturel.

Mais ce constat n'est que le début de l'analyse, car il convient de déterminer pourquoi la hausse du prix des énergies fossiles a eu un tel impact sur les prix, malgré l'ampleur du parc de production nucléaire, dont les coûts n'ont pas été affectés. En effet, le lien entre le prix des énergies fossiles et celui de l'électricité pourrait, *a priori*, aussi bien s'expliquer par l'absence de concurrence entre producteurs nucléaires (ce qui laisserait à EDF la liberté d'augmenter les prix jusqu'au niveau des coûts des technologies de production non nucléaires) que par d'autres facteurs, indépendants de l'intensité de la concurrence entre producteurs nucléaires.

Le mécanisme de transmission : intégration européenne et croissance de la demande intérieure

Il est possible de trancher nettement : le lien entre le coût des énergies fossiles et le prix de l'électricité en France sur le marché dérégulé ne vient pas principalement du manque de concurrence, mais de la rareté relative du nucléaire.

À l'heure actuelle, la production nucléaire n'est presque jamais suffisante pour assurer à elle seule la consommation française[1]. Bien qu'elle ait assuré 78 % de la production d'électricité totale en 2005, il fallait presque toujours la compléter par une production à base d'énergies fossiles. Aussi modeste que soit cette production fossile complémentaire (sauf pendant les pics de demande), c'est elle qui, au moins 90 % du temps, détermine le prix « instantané » de l'électricité : il faut que celui-ci couvre au moins son coût marginal (entre 30 et 60 €/MWh), très supérieur à celui du nucléaire (environ 7 €/MWh). La rente de rareté du nucléaire provient donc de l'écart entre le coût marginal élevé (car lié à la production à partir d'énergies fossiles) et le coût moyen de production nucléaire.

Cette « non-marginalité » du nucléaire a deux causes. Tout d'abord, les exportations vers l'étranger. Dans la mesure où le parc nucléaire de nos voisins est toujours inférieur à la demande, la production nucléaire française, lorsqu'elle excède la demande intérieure, est utilisée pour l'exportation, puisque le coût marginal de production nucléaire est très inférieur à celui des techniques de production utilisées à l'étranger. En conséquence, pour que la technique nucléaire soit marginale et puisse déterminer le prix de l'électricité en France, il faut que la demande intérieure, additionnée aux capacités d'interconnexion sortantes (13 GW, soit plus de 20 % de la puissance moyenne en service), soit inférieure à la capacité nucléaire disponible – ce qui n'est que rarement le cas. On peut estimer que, si les interconnexions sortantes n'avaient pas existé, la durée de marginalité du nucléaire, au lieu d'être inférieure à 10 %, aurait été supérieure à 40 %. Cela signifie que, sous réserve d'un bon fonctionnement concurrentiel, le prix aurait été déterminé par le coût marginal de la production fossile pendant environ 60 % du temps, et non 90 % : sans les capacités d'exportation, l'impact du renchérissement des énergies fossiles aurait été réduit d'un tiers.

---

1. Selon le rapport au Parlement *Programmation pluriannuelle des investissements* en date du 9 juin 2006, le coefficient d'utilisation des centrales nucléaires s'élevait à 93 % en 2004 et ne devrait pas augmenter ultérieurement malgré l'augmentation continue de la demande, car l'inutilisation de 7 % de la capacité disponible s'explique avant tout par des raisons techniques (optimisation de la durée de vie des centrales et contraintes environnementales).

Figure 3. Les prix en France et en Allemagne

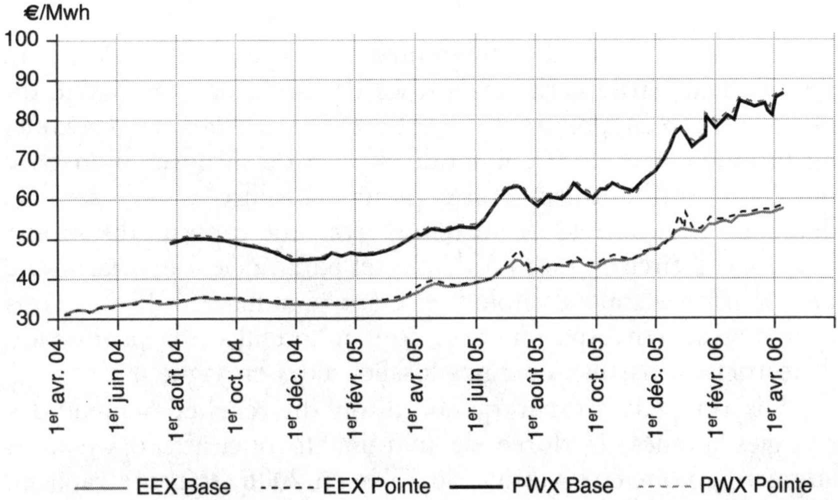

Source : Commission de régulation de l'énergie.
Le prix indiqué n'inclut pas l'acheminement ni la commercialisation de l'électricité, payés en plus par les consommateurs. PWX et EEX désignent respectivement Powernext, la Bourse de l'électricité française, et European Energy Exchange, son équivalent allemand. Les prix indiqués sont des prix *forward* annuels, c'est-à-dire des options d'achat d'électricité portant sur une année entière.

L'importance de l'intégration des marchés dans la détermination des prix est d'ailleurs illustrée par la forte corrélation entre les prix allemands et les prix français, visible sur la figure 3.

L'autre cause de la non-marginalité du nucléaire est la croissance lente, mais continue, de la demande (entre 0,5 % et 2,5 % par an). Pour accompagner cette évolution tout en maintenant inchangée la durée de marginalité du nucléaire – ce qui serait économiquement efficace si les coûts des différentes technologies n'évoluaient pas –, il faudrait étendre le parc nucléaire au même rythme, soit environ une nouvelle centrale tous les deux ans. Or ce n'est pas ce qui se passe : entre 1993 et la mise en service d'un réacteur EPR en 2012, la capacité nucléaire n'aura augmenté que de 11 %, mais la consommation intérieure d'au moins 35 %.

L'ampleur de la rente de rareté du nucléaire

La part respective des différentes causes de la rente de rareté actuelle peut être décrite en termes de durée de marginalité du nucléaire. Un rapport récent a estimé que, sur la base des coûts de production de 2003, il serait efficace de disposer d'un parc nucléaire suffisamment vaste pour satisfaire à lui seul la demande française 43 % du temps (soit une capacité disponible moyenne d'environ 60 GW)[1]. Un tel parc nucléaire aurait donc pu couvrir ses coûts complets en étant rémunéré 57 % du temps à un niveau correspondant au coût marginal de la production d'électricité à partir d'énergies fossiles alors en vigueur[2].

Mais on peut estimer qu'en raison du renchérissement des énergies fossiles, la durée de marginalité nucléaire optimale a augmenté, pour être voisine de 75 % en 2006 (soit une capacité disponible moyenne de 72 GW) : il suffirait, pour couvrir les coûts fixes du nucléaire, que l'électricité soit rémunérée pendant 25 % du temps à un niveau correspondant au coût marginal de la production fossile. Or, du fait de l'augmentation de la demande française et de la capacité accrue d'interconnexion sortante, le nucléaire n'est marginal que moins de 10 % du temps (ce qui correspond à une capacité nucléaire disponible moyenne de 52 GW).

L'écart entre la durée de marginalité nucléaire réelle (moins de 10 %) et optimale (environ 75 %) donne la mesure de la rente de rareté du nucléaire.

On peut évaluer son ordre de grandeur à partir des chiffres suivants : alors que le coût complet de l'électricité par la techno-

---

1. Conseil général des Mines et inspection des Finances, *Rapport sur les prix de l'électricité*, cité. La formulation en termes de capacité nucléaire disponible, adoptée dans ce rapport comme dans la présente étude, constitue une simplification. Dans la réalité, la disponibilité varie avec le temps, puisque les arrêts de centrales nucléaires dus aux besoins de maintenance interviennent, dans la mesure du possible, pendant les périodes de basse demande (en été).

2. Comprise de manière littérale, l'expression « coût marginal de la production à partir d'énergies fossiles » est erronée car il existe en réalité un « mix » de techniques à partir d'énergies fossiles – lui-même susceptible de varier selon les fluctuations des prix relatifs du gaz, du charbon et du pétrole.

logie EPR est compris entre 30 et 35 €/MWh[1], le prix d'une option d'électricité en « base » pour 2007 s'élève, en septembre 2006, à près de 55 €/MWh. Si la différence entre ces deux chiffres est prise pour mesure de la rente de rareté potentielle (dans un marché qui serait entièrement dérégulé, ce qui n'est pas le cas actuellement), celle-ci s'élève au total à environ 9 milliards d'euros par an. À titre de comparaison, ce montant représente près de 15 % du produit de l'impôt sur le revenu et 0,5 % du PIB. Il est équivalent à l'augmentation de la facture pétrolière de la France entre 2004 et 2005.

Ce chiffre élevé conduit à s'interroger sur la pérennité de cette rente et sur les facteurs susceptibles de la dissiper. Elle semble appelée à persister. Ni la concurrence ni l'intégration européenne ne pourront avoir d'effet sur elle ; quant à une hypothétique expansion du parc nucléaire, elle n'est envisageable qu'à moyen et long terme.

La concurrence n'aura pas d'impact sur la rente de rareté

Une hypothétique concurrence entre producteurs nucléaires n'aurait pas d'impact sur la redistribution de la rente dès lors que la capacité nucléaire disponible est presque toujours inférieure à la demande. Chaque producteur nucléaire sait en effet qu'il pourra écouler sa production même si elle est plus chère que celle des autres producteurs nucléaires, du moins aussi longtemps que le prix demandé est inférieur au coût marginal de la production à partir d'énergies fossiles. Les prix resteront donc au moins égaux aux coûts marginaux des techniques appelées à la marge, c'est-à-dire, presque toujours, aux coûts de production d'électricité à partir d'énergies fossiles.

Il ne faut donc pas s'étonner de constater que la timide déconcentration intervenue sous l'égide de la Commission européenne, à l'occasion de la cession virtuelle et temporaire par EDF de moins de 10 % de sa capacité nucléaire, n'a pas eu d'impact

1. Source : Areva. Le chiffre de 46 €/MWh mentionné par EDF correspond au coût d'une « tête de série » unique, et n'est pas nécessairement contradictoire avec le chiffre mentionné par Areva, qui correspond à une série longue.

sur les prix. De même, contraindre EDF à vendre son électricité à « prix coûtant » à des opérateurs alternatifs, conformément à la demande formulée par certains d'entre eux, ne ferait pas diminuer la rente de rareté. Si elles peuvent stimuler le développement d'opérateurs concurrents d'EDF sur le marché français et, peut-être, faire un peu baisser les prix en intensifiant la concurrence hors de la période de marginalité du nucléaire, de telles mesures ne sauraient entamer la rente nucléaire.

L'analyse serait bien sûr différente si cette dernière était due aux imperfections de la concurrence, et non à la rareté. Mais cela n'est pas le cas actuellement. Une telle situation ne se présentera qu'à la suite d'une extension massive du parc nucléaire français, qui n'est envisageable qu'à l'horizon de plusieurs décennies (voir p. 405).

L'européanisation contribuera à pérenniser la rente de rareté

L'intégration européenne, par le développement des interconnexions physiques et la rationalisation de leur attribution, présente des avantages évidents. Elle favorise l'efficacité productive car elle permet de produire l'électricité au moindre coût et de rationaliser la production au niveau européen. Il serait en effet absurde de laisser inutilisée une partie de la capacité nucléaire française alors qu'elle pourrait se substituer à des techniques de production plus coûteuses (et plus polluantes) utilisées à l'étranger. L'intégration européenne, par ailleurs, accroît la sécurité d'approvisionnement, puisque les capacités de chaque pays peuvent être mobilisées pour répondre à une défaillance technique ou à un pic de demande à l'étranger, ce qui peut aussi contribuer à rendre plus rares les périodes de prix extrêmement élevés.

Mais ces vertus incontestables ont pour conséquence de rendre encore plus certaine et durable la rente de rareté du nucléaire. Car sur un hypothétique marché européen – lequel n'existe aujourd'hui que partiellement, en raison des limites physiques des interconnexions – la capacité nucléaire totale est très inférieure à la demande, même lorsque celle-ci atteint son niveau minimal. Le prix, sur ce marché hypothétique, serait donc toujours déterminé par le coût marginal d'une technique de production fossile.

Sans considérer le cas extrême d'un marché parfaitement intégré, on peut remarquer que le nucléaire n'est la technique marginale en France que lorsque la *somme* de la demande française et de la capacité d'interconnexion sortante est inférieure à la capacité nucléaire disponible. Plus la capacité d'interconnexion est élevée, plus une telle situation est improbable. Si les interconnexions devaient se développer fortement, la rente de rareté du nucléaire français serait donc solidifiée, et l'ampleur des investissements nucléaires nécessaires pour aboutir au parc optimal et à la disparition de la rente de rareté serait accrue.

Il faut enfin noter que, si l'européanisation empêche les consommateurs français de bénéficier des faibles coûts de la production nucléaire, elle n'en fait pas non plus profiter les consommateurs étrangers, puisque le nucléaire n'est jamais marginal à l'étranger. On peut donc, en résumé, dire que l'européanisation rend plus efficace l'exploitation du parc de production nucléaire – puisqu'elle permet d'utiliser plus souvent cette technique à faible coût marginal –, mais que le gain d'efficacité correspondant va entièrement à EDF. En réalité, EDF s'approprie plus que ce gain d'efficacité : l'européanisation, parce qu'elle augmente le niveau des prix en France, se traduit en outre par un transfert des consommateurs français au bénéfice d'EDF[1].

De nouveaux investissements diminueront-ils la rente de rareté ?

Dans un secteur économique normal, la présence de rentes de rareté ne pose pas de problème. Au contraire, elle stimule de nouveaux investissements, qui réduisent la rareté et font, à terme, disparaître la rente. Mais sur le marché de la production d'électricité, ce mécanisme d'ajustement pourrait ne pas jouer, ou du moins jouer très lentement, à cause des entraves politiques et techniques qui limitent le développement de nouvelles capacités nucléaires.

Si le prix des énergies fossiles et la demande se maintenaient à leur niveau actuel, il faudrait pour parvenir au parc optimal ajou-

1. Cet effet est sans doute partiellement compensé par le fait que l'intégration européenne, même limitée, intensifie la concurrence hors de la période de marginalité du nucléaire.

ter 20 GW de capacités nucléaires disponibles, soit l'équivalent d'environ quinze réacteurs EPR. L'augmentation de la demande et la nécessité de remplacer les centrales nucléaires actuelles à partir de 2017 nécessiteront en fait des investissements encore plus importants. En pratique, les délais administratifs et techniques conduisent à un délai d'au moins six ans. Et la rareté des sites disponibles ainsi que l'opposition des riverains, sauf au voisinage des sites nucléaires déjà existants, rendent improbable l'expansion massive du parc nucléaire français avant la campagne de renouvellement des centrales existantes. Mais, à l'occasion de ce renouvellement, les réacteurs EPR, d'une capacité de 1,6 GW, pourront remplacer les réacteurs actuels, d'une capacité bien inférieure (entre 0,9 GW et 1,3 GW pour l'essentiel). La rente nucléaire pourrait ainsi disparaître vers 2030-2035[1]. Bien entendu, une décision politique de limitation du parc nucléaire ferait persister la rente de rareté *ad infinitum.*

Quoi qu'il en soit, celle-ci devrait durer au moins jusqu'à 2030. Avant 2020, d'éventuels nouveaux investissements ne l'entameront même pas : il faudrait en effet construire six réacteurs EPR au cours des quinze prochaines années, ne serait-ce que pour accompagner l'augmentation de la demande, sans même diminuer la rareté relative du nucléaire[2]. Or même un tel niveau d'investissement paraît peu probable. D'ici à la décennie 2020, l'implantation de nouvelles capacités nucléaires fera donc baisser le coût moyen de la production d'électricité, mais pas les prix[3]. Le gain d'efficacité productive permis par l'implantation de nouvelles centrales bénéficiera intégralement à leurs propriétaires, et nullement aux consommateurs.

---

1. La durée de vie des centrales actuelles fait l'objet d'une certaine incertitude. Le chiffre habituellement retenu est de quarante ans, mais une prolongation jusqu'à cinquante, voire cinquante-cinq ans est parfois évoquée.

2. Calcul de l'auteur, à partir de l'hypothèse d'une croissance annuelle de la demande de 1,5 % jusqu'en 2010, puis de 1,2 % jusqu'en 2020 (scénario moyen retenu dans la Programmation pluriannuelle des investissements).

3. À très court terme, la création de nouvelles capacités nucléaires fait baisser les prix parce qu'elle diminue la durée des périodes de pointe pendant lesquelles les coûts marginaux de production, et donc les prix, sont très élevés. Mais à court et moyen terme, cette conséquence a pour effet de diminuer la rentabilité des modes de production fossiles de semi-base (ceux dont les coûts marginaux sont les plus faibles), et donc les capacités correspondantes, ce qui annule l'effet initial sur les prix.

Que faire face à la rente de rareté du nucléaire ?

La rente de rareté ne pose pas de problème d'efficacité

D'un strict point de vue d'efficacité économique, le prix élevé de l'électricité est justifié, car seule la tarification au coût marginal fournit aux consommateurs des incitations de consommation adéquates. En effet, une baisse de prix hypothétique conduirait les utilisateurs à augmenter leur demande d'électricité. Or, puisque le nucléaire n'est presque jamais marginal, toute consommation supplémentaire ferait appel à des techniques de production à la fois plus coûteuses et plus polluantes. Inversement, une augmentation de prix, qui conduirait à une diminution de la consommation, permettrait une économie globale égale au coût de production de l'électricité non consommée par des techniques à base d'énergies fossiles. Le seul moyen de donner aux consommateurs, domestiques et industriels, des incitations en rapport avec les surcoûts ou les économies induits par leurs décisions, consiste à tarifer l'électricité au coût marginal de la technique de production marginale. Mais demander à EDF de restituer aux consommateurs la rente nucléaire en baissant les prix revient à demander une tarification au coût moyen. Cela inciterait les consommateurs à se comporter comme si un KWh supplémentaire était peu coûteux, alors qu'il est en réalité aussi coûteux de le produire en France qu'à l'étranger.

Cet argument n'est pas seulement théorique. Plusieurs travaux empiriques ont montré que la demande d'électricité réagit aux changements de prix. Ce résultat est peu surprenant si l'on se place à un horizon de moyen terme : on conçoit aisément que la décision de privilégier le chauffage électrique par rapport au chauffage au gaz ou au fioul dépend du prix relatif de ces différentes options. Mais la consommation d'électricité présente aussi une certaine sensibilité aux variations de prix à court terme[1]. Caler les prix sur les coûts moyens plutôt que sur les coûts marginaux provoquerait donc une surconsommation d'électricité

1. P. Reiss et M. White, « Household electricity demand revisited », *Review of Economic Studies*, 72, 2005.

non négligeable, génératrice d'inefficacité et de pollution. Le retour partiel aux prix régulés permis par la récente loi sur l'énergie est donc particulièrement malvenu.

Faut-il dédommager les consommateurs d'électricité ?

L'augmentation du prix de l'électricité pose cependant un problème distributif, car son impact est très inégal. Elle frappe proportionnellement davantage les ménages modestes, la part de l'électricité dans les dépenses totales étant fonction décroissante du revenu. Son impact varie aussi selon des dimensions autres que le revenu – elle affecte par exemple très fortement les ménages qui ont fait le choix du chauffage électrique. Cette hétérogénéité se retrouve parmi les clients professionnels, car la hausse des prix de l'électricité frappe particulièrement l'industrie lourde.

Une politique des revenus, conduite par l'État, ne permettrait donc de compenser que très partiellement l'impact de la hausse des prix. Si l'on considère que les agents (ménages et entreprises) les plus durement touchés doivent être dédommagés, seule une action portant sur les prix peut atteindre ce but. Il existe donc, dans une certaine mesure, un conflit entre l'objectif de compensation et l'efficacité économique, qui requiert des prix voisins des véritables coûts marginaux. Mais ce conflit n'est que partiel. En effet, les prix payés aujourd'hui par les consommateurs (sur le marché dérégulé) excèdent largement le coût marginal de production et de transmission. Ils incluent en outre une contribution aux coûts du réseau de transport et du service public de l'électricité. Or, si la fourniture d'incitations de consommation efficaces requiert que les consommateurs paient un prix couvrant le coût marginal de production et de transport, il n'est pas nécessaire qu'ils paient davantage. En conséquence, il serait possible, sans nuire à l'efficacité économique, de compenser partiellement l'augmentation du prix de l'électricité en diminuant voire en supprimant la prise en charge par les consommateurs du coût du service public de l'électricité et d'une partie des coûts de transport. Cette mesure serait plus efficace que la régulation des prix, car si elle était appliquée, le prix payé par les consommateurs continuerait à être fixé par référence aux coûts marginaux de production et à fournir des incitations de consommation en rapport avec les fluctuations des cours des énergies fossiles.

Outre sa conséquence directe – soulager les consommateurs d'électricité les plus touchés par la hausse des prix –, cette compensation permettrait de rendre tangible l'avantage de coût du nucléaire, ce qui ne serait pas sans importance politique si le choix d'une relance du nucléaire était fait.

Rente nucléaire et caractère public d'EDF

Le caractère majoritairement public d'EDF (à 87 %) fournit à la France une forme d'assurance : toute augmentation du prix des énergies fossiles augmente les prix de l'électricité, mais aussi les profits d'EDF, qui reviennent pour l'essentiel à l'État, et permettent à ce dernier, s'il le décide, de redistribuer la rente de rareté du nucléaire, par exemple en prenant à sa charge le financement du service public ou une partie des coûts de transport, pour diminuer la contribution des consommateurs[1]. La rente de rareté du nucléaire pourrait aussi être utilisée pour financer de nouvelles capacités de production de pointe au travers de la mise en place d'un mécanisme de rémunération des capacités (voir p. 394), sans prélèvement sur les consommateurs. Et même en l'absence d'une telle compensation, l'appropriation de la rente de rareté par l'État permet aux Français de bénéficier des faibles coûts du nucléaire sinon comme consommateurs, du moins comme citoyens.

Si EDF était privatisé dans des conditions satisfaisantes – c'est-à-dire conduisant à un prix de vente voisin de la véritable disponibilité à payer des acquéreurs –, le prix de vente obtenu par l'État intégrerait la valeur future attendue de la rente de rareté : une privatisation bien conduite ne changerait donc rien au fait que les Français (à travers l'État, mais pas nécessairement en tant que consommateurs) bénéficieraient des faibles coûts du nucléaire. Toutefois, une privatisation augmenterait l'exposition des Français au risque de prix, puisqu'elle mettrait

1. Une solution économiquement équivalente consisterait à diminuer la compensation versée à EDF au titre du service public de l'électricité.

fin au phénomène de « vases communicants » entre la facture électrique des consommateurs et le budget de l'État. Quels que puissent être par ailleurs les arguments en faveur d'une privatisation partielle ou totale, le fait que la propriété publique d'EDF offre aux Français une certaine protection face à la volatilité des cours des énergies fossiles devrait être pris en compte. Cette vertu de la propriété publique est spécifique à la France, puisqu'elle est la conséquence de la taille du parc nucléaire d'EDF[1].

Taxer davantage le nucléaire ?

On pourrait donc être tenté d'affirmer que l'État pourrait compenser la hausse des prix de l'électricité en prenant à sa charge tout ou partie des coûts du service public ou des coûts du réseau de transport. Mais cette conclusion demande à être nuancée, pour deux raisons principales.

Tout d'abord, le lien entre la rente nucléaire et le versement d'un dividende important à l'État n'est pas automatique, car EDF pourrait légitimement préférer réinvestir une part importante de ses profits.

Ensuite, la possibilité de nouveaux investissements nucléaires, sans doute modérés d'ici à 2020, change les données du problème. En effet, ces investissements n'auront initialement que peu d'effet sur les prix ou sur le niveau de la rente nucléaire, et s'ils vont dans le sens de l'efficacité productive, ils augmenteront aussi la rente de rareté. Si ces investissements sont le fait d'EDF

1. Cet avantage de la propriété publique ne suffit pas à se prononcer sur l'opportunité d'une poursuite de la privatisation d'EDF ou, au contraire, de sa renationalisation à 100 %, car cette question renvoie à une analyse d'ensemble et doit aussi tenir compte des avantages éventuels de la propriété privée. À l'étranger, la privatisation semble en effet avoir rendu les opérateurs électriques plus efficaces dans l'ensemble (cf. D. Newbery et M. Pollitt, « The restructuring and privatization of Britain's CEGB. Was it worth it ? », *Journal of Industrial Economics*, 45 (3), 1997 ; et H. Rudnick et J. Zolezzi, « Electric sector restructuring in Latin America : lessons to be learnt and possible ways forward », *IEEE Proceedings Generation, Transmission and Distribution*, 148, 2001). Mais il n'est pas aisé de transposer les résultats d'un pays à l'autre.

seul, la rente correspondante reviendra, finalement, à l'État. Mais il est possible que d'autres entreprises participent aux investissements nucléaires – soit d'autres énergéticiens, comme ENEL, qui devrait participer à hauteur de 25 % au projet de réacteur EPR de Flamanville, soit des industriels consommateurs d'électricité, comme c'est le cas pour le projet de réacteur EPR en Finlande. De telles solutions ont en effet pour avantage de répartir la charge financière et le risque associé. Or ces opérateurs privés bénéficieront d'une rente de rareté importante. Mais il paraît difficile de justifier le fait que l'installation de nouvelles centrales, rendue possible par la tolérance des Français pour le nucléaire, permette à leurs propriétaires de bénéficier d'une rente de rareté sans bénéficier ni aux consommateurs ni à l'État.

Plusieurs mécanismes peuvent être envisagés pour faire bénéficier les Français de la rente induite par ces nouvelles capacités. La plus évidente est la taxation de la production nucléaire[1]. Mais cette solution doit être maniée avec prudence car une taxe trop élevée dissuaderait les investissements nucléaires. Cet effet serait renforcé si les producteurs percevaient son montant futur comme incertain et fixé arbitrairement par l'État. Une éventuelle augmentation de la taxation des centrales nucléaires devrait donc en tout état de cause garder une ampleur modérée et être encadrée par des garanties pour diminuer l'incertitude sur son niveau futur.

Une autre solution consisterait à vendre aux enchères le droit de construire de nouvelles capacités nucléaires. Incompatible avec le cadre juridique actuellement en vigueur, une procédure de mise aux enchères – qui s'ajouterait aux procédures actuelles d'agrément technique – permettrait de faire jouer la concurrence entre énergéticiens pour les amener à payer à l'État des sommes en rapport avec le niveau prévisible des rentes. Comme tous les mécanismes d'enchères, cette solution a pour elle de n'exiger de la part de l'État aucune connaissance particulière sur le niveau futur des coûts des énergies fossiles ou sur le coût réel de la production nucléaire. Elle a également ses limites, car son bon fonc-

1. Une taxe sur les capacités nucléaires existe déjà (la taxation des installations nucléaires de base), mais son montant est modeste (300 millions d'euros pour le parc nucléaire d'EDF en 2004, soit moins de 1 €/MWh nucléaire).

tionnement exige la présence de plusieurs concurrents capables de créer et d'exploiter des capacités nucléaires importantes. Or cela pourrait ne pas être le cas en raison de l'avantage détenu par EDF, qui possède les terrains sur lesquels sont implantées les centrales actuelles et sur lesquels pourraient être implantées de nouvelles centrales.

Intégration européenne, privatisation et libéralisation

L'analyse de la rente de rareté du nucléaire met en évidence les liens complexes entre intégration européenne, privatisation et libéralisation. Le développement des interconnexions appelé de ses vœux par la Commission européenne – à juste titre sur le plan de l'efficacité productive globale – aurait pour conséquence de pérenniser la rente de rareté. Ce qui ne poserait pas de problème si cette rente revenait à l'État au travers d'un EDF très majoritairement public, mais reviendrait à spolier les Français du fruit de leur acceptation de l'énergie nucléaire dans le cas contraire d'investissements effectués par un EDF éventuellement privatisé, ou par d'autres énergéticiens. La conjonction de l'européanisation, de la libéralisation et d'une éventuelle privatisation plaiderait donc pour une intervention de l'État qui, sans entraver le fonctionnement du marché, viserait à recouvrer une partie des rentes liées aux nouvelles capacités nucléaires.

À long terme, une rente de monopole ?

L'ampleur de la rente de monopole possible à long terme

Actuellement, il n'existe pas de rente de monopole nucléaire, mais une rente de rareté indépendante de la répartition plus ou moins concentrée des capacités nucléaires. Cette situation changerait si le parc nucléaire était développé jusqu'à atteindre son niveau optimal. Par définition, la rente de rareté disparaîtrait alors. Avec une capacité nucléaire optimale, la rémunération du nucléaire pendant sa brève période de non-marginalité couvrirait ses coûts complets, mais pas au-delà. Sur la base du niveau actuel des prix des énergies fossiles et des permis d'émission de gaz à effet de serre, cette capacité nucléaire devrait être marginale environ 75 % du temps[1], ce qui correspondrait à une capacité nucléaire disponible en moyenne d'environ 72 GW (dont 13 GW seraient exportés lorsque le nucléaire est marginal en France)[2]. Une expansion aussi massive serait techniquement possible à l'occasion du renouvellement du parc nucléaire actuel, pendant les décennies 2020 et 2030 par des réacteurs EPR.

L'existence d'interconnexions conduisant actuellement à une forte synchronisation des prix français et allemands ne change rien à cette analyse. Le lien entre les prix dans les deux pays pourrait en effet se distendre si le parc nucléaire français était fortement étendu, car les capacités d'interconnexions sont limitées et ne conduiront pas, à moins d'une très forte augmentation au cours des prochaines décennies, à l'homogénéisation des prix si la structure du parc de production diverge fortement d'un pays à l'autre.

Le problème alors posé serait celui de la rente de monopole du nucléaire. Si une seule entreprise possédait la totalité du parc nucléaire, elle pourrait, même en période de marginalité du nucléaire, fixer le prix de vente à un niveau élevé – jusqu'au coût marginal des techniques de production à base d'énergies fossiles. Ainsi, au lieu de vendre au coût marginal de la production nucléaire (environ 7 €/MWh) pendant la période de marginalité du nucléaire, comme dans le cas d'une concurrence parfaite, un monopole nucléaire pourrait vendre au coût marginal de la production à base de charbon, soit environ 37 €/MWh : jusqu'à ce niveau de prix, aucune technique non nucléaire ne peut en effet être utilisée sans perte

1. Calculs de l'auteur à partir de l'étude *Coûts de référence de la production électrique* de la Direction générale de l'énergie et des matières premières (DGEMP) du ministère de l'Industrie, du *Rapport sur les prix de l'électricité* du Conseil général des Mines et de l'inspection des Finances, et de l'évolution du cours du charbon et du gaz naturel.

2. Cet ordre de grandeur suppose une demande d'électricité maintenue à son niveau actuel. Il faut en réalité l'augmenter d'un pourcentage correspondant à l'augmentation de la demande, selon la période considérée.

d'argent[1]. Ces chiffres permettent d'estimer un ordre de grandeur de la rente de monopole, en multipliant la marge « indue », d'environ 30 €/MWh, par la durée de marginalité de nucléaire (environ 75 % du temps, soit 6 570 heures) et la puissance moyenne appelée pendant cette période (environ 59 GW). La rente de monopole avoisinerait donc 10 milliards d'euros par an[2].

La rente de monopole serait économiquement inefficace

À la différence de la rente de rareté, la rente de monopole est économiquement inefficace. Pendant la durée de marginalité du nucléaire, le coût marginal de l'électricité est très faible, et l'efficacité requiert de fournir aux agents économiques des incitations reflétant ce fait, sous la forme de prix bas. Des prix trop élevés provoqueraient une distorsion des choix des agents économiques dans le sens d'une consommation insuffisante d'électricité et d'une consommation excessive d'autres sources d'énergie. Si le parc nucléaire était fortement étendu, il serait donc nécessaire de faire fonctionner la concurrence pour rapprocher les prix des coûts marginaux.

Ce problème se poserait en réalité avant la disparition totale de la rente de rareté, dès lors qu'une éventuelle extension du parc nucléaire augmenterait la durée de marginalité du nucléaire, avant même qu'elle atteigne son niveau optimal d'environ 75 %. En pratique, le problème pourrait commencer à se poser au cours de la décennie 2020, au fur et à mesure du remplacement des centrales nucléaires actuelles par des réacteurs EPR.

---

1. Ce chiffre est obtenu à partir de l'étude *Coûts de référence de la production électrique* de la DGEMP du ministère de l'Industrie et du *Rapport sur les prix de l'électricité* du Conseil général des Mines et de l'inspection des Finances, en retenant pour les prix du charbon et des permis d'émission de CO_2 les niveaux observés en septembre 2006 (source Powernext). Le coût marginal d'une production à partir de gaz naturel est, quant à lui, actuellement supérieur à 40 €/MWh.

2. Tous ces calculs se fondent sur l'hypothèse d'une forte stabilité des coûts et des technologies. Ils pourraient bien sûr être rendus caducs par des innovations technologiques ou des fluctuations importantes du prix des énergies fossiles.

Les précédents étrangers

La déconcentration actuellement menée en France est très modeste, à la fois par son ampleur (moins de 10 % du parc nucléaire) et sa forme (cession de centrales virtuelles mises aux enchères pour un maximum de cinq ans, au lieu de cessions physiques ou de locations à long terme). À long terme, dans la perspective d'une éventuelle augmentation importante des capacités nucléaires qui donnerait lieu à un problème de concurrence aujourd'hui inexistant, on peut s'interroger sur la nature des mesures de déconcentration susceptibles de faire bénéficier les consommateurs des faibles coûts marginaux de la production nucléaire.

Les précédents sont peu encourageants : le marché de l'électricité semble se prêter à l'exercice d'un important pouvoir de marché, y compris lorsque le degré de concentration est limité – ce qui le distingue de la plupart des autres secteurs de l'économie.

On mesure souvent la concentration des marchés par l'indice dit de Hirschmann-Herfindahl (IHH), défini comme la somme des carrés des parts de marchés de toutes les entreprises (exprimées en pourcentage). Le coefficient maximal, égal à 10 000, correspond à un monopole ; et un coefficient nul à la concurrence parfaite. Dans la plupart des marchés, on considère qu'un indice inférieur à 2 000 est en général associé à un bon fonctionnement de la concurrence. Par exemple, le contrôle des concentrations effectué par la Commission européenne traite plus sévèrement celles qui conduisent à un indice supérieur à 2 000. Or, plusieurs études empiriques ont montré que la concurrence pouvait mal fonctionner sur des marchés électriques pourtant peu concentrés. Cela semble avoir été le cas notamment sur plusieurs marchés américains sur lesquels l'indice IHH était inférieur à 1 500, voire à 1 000[1].

1. S. Blumsack, D. Perekhodtsev et L. Lave, « Market power in deregulated wholesale electricity markets : issues in measurement and the cost of mitigation », *The Electricity Journal*, 15 (9), 2002, p. 11-24 ; S. Blumsack et L. Lave, « Mitigating market power in deregulated electricity markets », DT, Department of Engineering and Public Policy, Carnegie Mellon University, 2004.

La déconcentration nucléaire aurait peu d'impact

Le niveau des prix en vigueur sur un marché électrique ne dépend pas seulement de la concentration, mais aussi des détails de l'organisation institutionnelle des marchés. Différents modèles ont été envisagés et mis en pratique : sur la plupart des marchés, les producteurs proposent, à très haute fréquence (toutes les heures, voire toutes les demi-heures), non pas un prix mais une « courbe d'offre » (un ensemble de paires de prix et de quantités). Le prix payé aux différents producteurs peut ensuite être uniforme (il s'agit alors du prix d'équilibre calculé par le gestionnaire du marché) ou discriminatoire (selon les fonctions d'offre soumises). Le marché peut également rémunérer la mise à disposition de capacités, ou bien seulement l'électricité[1]. Par ailleurs, les négociations de gré à gré, hors de tout marché organisé, compliquent encore l'analyse – elles concernent actuellement des volumes très importants en France.

Cependant, au-delà de la variété des modes d'organisation et de l'incertitude relative au cadre institutionnel en vigueur lorsque la question de la concurrence entre producteurs nucléaires se posera, après 2030, de la manière la plus aiguë, un raisonnement très simple suffit à démontrer que seule une déconcentration extrême pourrait faire baisser sensiblement les prix.

Il suffit pour cela de considérer l'impact qu'aurait une mesure apparemment radicale : le partage entre trois opérateurs du parc nucléaire optimal (c'est-à-dire d'une capacité disponible de 72 GW). Une telle mesure, équivalant à « couper EDF en trois », représenterait un bouleversement considérable de la structure du marché français. En période de marginalité du nucléaire (soit pendant les 75 % du temps correspondant aux niveaux les moins élevés de la consommation intérieure), la demande totale adressée au nucléaire varierait entre un minimum de 40 GW et 72 GW ; elle serait en moyenne de 59 GW[2].

1. Pour une synthèse, voir N. Fabra, N.-H. von der Fehr et D. Hartford, « Modelling electricity auctions », *The Electricity Journal*, 15, 2002, p. 72-81.

2. Calculs de l'auteur à partir des données de la CRE, en retenant une puissance hydroélectrique « au fil de l'eau » de 3,5 GW et une capacité d'interconnexion sortante de 13 GW.

Si le parc nucléaire était partagé à égalité entre trois opérateurs, chacun disposerait d'une capacité disponible de 24 GW. Pour examiner l'impact de la concurrence sur les prix, on peut considérer ce qui se passerait lorsque la demande totale (nette de la production hydroélectrique) serait égale à son niveau moyen pendant la période de marginalité du nucléaire, soit 59 GW. Chaque opérateur saurait alors que, même s'il demandait des prix supérieurs à ceux de ses deux concurrents, ceux-ci, ensemble, ne pourraient fournir que 48 GW (deux fois 24 GW), ce qui laisserait subsister une demande non satisfaite de 59 GW – 48 GW = 11 GW : chaque opérateur serait « pivotal », au sens où sa contribution serait nécessaire pour satisfaire une partie de la demande, même si les capacités de ses concurrents étaient utilisées en totalité. Plus précisément, chaque opérateur saurait que, même s'il était plus cher que ses deux concurrents, il pourrait vendre au moins une puissance de 11 GW, soit 46 % de sa capacité de 24 GW. En conséquence, chacun des trois opérateurs nucléaires serait en mesure d'obtenir un profit équivalent à 46 % de celui qu'obtiendrait un monopole nucléaire disposant d'une capacité de 24 GW : il suffirait pour cela de demander un prix égal au prix que demanderait un monopole nucléaire[1]. Le profit total de l'oligopole nucléaire serait donc équivalent à au moins 46 % du profit d'un monopole nucléaire ; et « couper EDF en trois » ne ferait disparaître que la moitié de la rente de monopole.

Une expansion massive du parc nucléaire augmenterait les possibilités de concurrence, parce qu'elle rendrait plus fréquentes les situations pendant lesquelles le nucléaire est marginal et excède largement la demande. Or, même sous cette hypothèse, *a priori* susceptible de conduire à un bon fonctionnement de la concurrence, il s'avère que celle-ci serait encore très imparfaite, à moins de procéder à une déconcentration radicale du parc nucléaire. Le même raisonnement que celui présenté ci-dessus permet de montrer qu'il faudrait le partager à égalité entre quatre opérateurs pour faire disparaître les deux tiers de la rente de monopole nucléaire.

---

1. Ce raisonnement ne signifie pas que chaque membre de l'oligopole aurait intérêt à fixer son prix au niveau que choisirait un monopole. Il signifie que chacun d'entre eux peut se garantir un profit égal à au moins 46 % du profit qu'obtiendrait un monopole nucléaire disposant de la même capacité.

Ces résultats ramènent à sa juste mesure la déconcentration partielle et virtuelle intervenue en France à l'occasion de l'acquisition d'EnBW par EDF, c'est-à-dire la cession temporaire par EDF de centrales virtuelles représentant moins de 10 % de sa capacité de production nucléaire. À court terme, cette mesure ne peut pas avoir d'impact sur la rente nucléaire puisque celle-ci est une rente de rareté et non de monopole. Mais son inefficacité persistera à long terme, même si, après d'importants investissements nucléaires, la rente de rareté disparaît pour faire place à une rente de monopole. Un raisonnement analogue au précédent montre que si une capacité disponible de 72 GW était répartie entre deux opérateurs asymétriques dans des proportions 90 % – 10 %, moins de 15 % de la rente de monopole serait dissipé.

Les limites de la déconcentration virtuelle

Le choix de stimuler la concurrence dans le nucléaire au moyen de cessions de capacités nucléaires virtuelles n'est par ailleurs pas sans conséquence. Il pourrait atténuer encore l'impact, déjà faible, de la déconcentration, car il affecte les incitations des différents producteurs.

Le raisonnement développé plus haut n'opère aucune distinction entre la cession de capacités physiques de production, sous la forme d'actifs (des centrales nucléaires), et la cession de capacités virtuelles. Cette équivalence peut être justifiée par le fait qu'une centrale virtuelle représente une option d'achat d'énergie, à concurrence d'une capacité maximale, à un prix proche du coût marginal de production. Pour son détenteur, son exploitation s'apparente à celle d'un actif physique de production, qui serait loué au lieu d'être acheté. Dans un cas comme dans l'autre, le prix d'achat de la capacité (virtuelle ou réelle) correspond à un coût fixe dont le niveau est dépourvu d'impact sur le comportement concurrentiel de l'acquéreur.

Mais, si l'équivalence entre capacités virtuelles et capacités physiques est réelle du point de vue de l'exploitant des capacités virtuelles, il n'en va pas de même pour leur propriétaire. En effet, alors qu'une cession de capacité physique est irréversible et donne lieu en général à un paiement déterminé à l'avance, indépendamment de l'évolution ultérieure des prix, la cession de capacités virtuelles porte le plus souvent sur des durées relativement courtes[1]. Un problème spécifique se pose si les centrales virtuelles deviennent un mécanisme permanent de régulation du marché : si l'opérateur dominant met aux enchères une certaine capacité virtuelle de manière répétée (par exemple, tous les trois ans), il peut avoir un intérêt stratégique à limiter la concurrence pour augmenter la valeur des capacités cédées et la rentabilité des cessions futures de centrales virtuelles. Cet effet, inexistant dans le cas d'une déconcentration physique, limite l'efficacité des cessions virtuelles. Il est quantitativement important : il peut diviser par trois l'impact déjà limité des cessions physiques[2].

Cette réserve ne vaut pas condamnation absolue du principe des cessions de capacités virtuelles. Elle signifie simplement que celui-ci doit être mis en œuvre selon des modalités qui limitent les possibilités de manipulation du prix de revente par le propriétaire des capacités nucléaires cédées, ou qui du moins diminuent son incitation à se livrer à une telle manipulation. Cet objectif pourrait être atteint en allongeant la durée des cessions, ce qui les rendrait plus semblables à des cessions physiques[3], ou en définissant à l'avance une clause d'indexation du prix de cession sur les paramètres fondamentaux du marché électrique – lesquels devraient être définis de manière à ne pas pouvoir être manipulés par le propriétaire des capacités virtuelles cédées.

Les défauts de jeunesse du système de centrales virtuelles appliqué depuis 2001 en France sont sans grandes conséquences, puisque ce mécanisme a été conçu comme une réponse à une question qui, en réalité, ne se pose pas – celle de la concurrence entre opérateurs nucléaires. Elle se posera peut-être au cours de la décennie 2020-2030, et il faut espérer que les années qui nous séparent de cette période seront mises à profit pour améliorer les

1. La durée de cession des centrales virtuelles prévue en France aux termes de la décision EDF/EnBW était comprise entre trois mois et trois ans, et a récemment été portée à cinq ans. La situation est comparable dans les autres pays européens dans lesquels les autorités de concurrence ont imposé à l'opérateur électrique dominant de céder des centrales virtuelles, avec une durée maximale de cinq ans (Belgique, Danemark, Pays-Bas).

2. D. Spector, « Virtual power plants and strategic competition dampening », DT, Paris-Jourdan Sciences économiques, 2006.

3. La Commission de régulation de l'énergie propose une durée de quinze ans pour les centrales virtuelles simulant une centrale nucléaire.

modalités de déconcentration du parc nucléaire – sans écarter *a priori* une déconcentration physique radicale, qui ferait coexister plusieurs opérateurs nucléaires possédant chacun des centrales en propre, comme c'est le cas dans plusieurs pays.

Conclusion

On pourrait croire de prime abord que le choix qui s'offre à la France consiste à trancher entre, à gauche, la combinaison d'une renationalisation d'EDF et d'un retour à la détermination des prix par la puissance publique, et, à droite, la poursuite de la privatisation d'EDF et de la libéralisation du marché. Il n'en est rien.

À court terme, l'efficacité économique est mieux servie par la libéralisation que par la régulation des prix, car elle exige que les prix soient voisins des coûts marginaux. Mais l'État a un rôle à jouer, pour s'assurer que les Français soient les vrais bénéficiaires de la rente de rareté du nucléaire. Cette redistribution de la rente de rareté peut passer notamment par la renationalisation d'EDF, ou du moins par le maintien d'une forte propriété publique, mais aussi par d'autres instruments, liés à la fiscalité et à la prise en charge, par l'État ou par le détenteur de la capacité nucléaire, d'une partie des coûts de réseau ou de fourniture du service public actuellement supportés par les consommateurs. À court terme, une politique de gauche efficace serait donc assez peu différente d'une politique de droite efficace : les deux viseraient la redistribution de la rente de rareté sans régulation des prix, et la différence essentielle porterait sur le statut d'EDF. Cette conclusion resterait valide à long terme s'il était décidé de ne pas étendre le parc nucléaire, malgré son avantage de coût.

En revanche, si les capacités nucléaires de la France augmentaient substantiellement – ce qui serait possible à partir des années 2020-2030 –, le problème changerait de nature : il s'agirait de rapprocher les prix des coûts marginaux et de limiter autant que possible l'ampleur de la rente due au pouvoir de marché des détenteurs de la capacité nucléaire. On pourrait alors distinguer deux voies bien différentes, toutes deux défendables.

Une politique étatiste partirait du constat de la difficulté à animer la concurrence à long terme et encouragerait EDF à étendre seul sa capacité nucléaire, jusqu'à arriver à la capacité optimale. Après une renationalisation à 100 %, l'État pourrait alors faire vendre par EDF sa production nucléaire au coût marginal, pendant la période de marginalité du nucléaire. Cette politique se heurterait cependant à la difficulté habituelle de la régulation d'un monopole en présence d'asymétries d'information : même public, EDF serait dirigé par des agents qui, de manière tout à fait compréhensible et comme dans toute institution, auraient intérêt à manipuler la transmission d'information à l'État. Or la saga actuelle de l'EPR – qui a vu EDF modifier au moins trois fois ses estimations de coûts d'exploitation, avec pour résultat un grand scepticisme – montre que ce problème n'est pas seulement théorique.

Une politique libérale consisterait, au contraire, à encourager les investissements nucléaires jusqu'à ce qu'ils atteignent la capacité optimale, et à déconcentrer radicalement la capacité nucléaire pour faire fonctionner la concurrence et rapprocher les prix des coûts marginaux – ce qui signifierait au moins un partage entre quatre opérateurs, sous la forme de cessions physiques ou de cessions virtuelles à très long terme.

Quelle que soit l'option retenue, l'intervention massive de la puissance publique sur le marché de l'électricité, dans un sens étatiste ou libéral, sera inévitable pendant plusieurs décennies.

TROISIÈME PARTIE

DICTIONNAIRE ABRÉGÉ DE LA MONDIALISATION

* Les références bibliographiques citées dans cette troisième partie sont regroupées dans la bibliographie, p. 517.

13.

Culture et mondialisation

Les économistes et les décideurs politiques pensent généralement que les bénéfices de l'intégration mondiale sont clairs et significatifs. Le commerce international doit apporter des gains d'efficacité dans la production, la consommation et l'accès à une plus grande variété de marchandises et de services. Cette approche est cependant fortement contestée par divers mouvements et ONG antimondialistes ou altermondialistes. Une des craintes les plus fortes de ces mouvements est le fait qu'un tel processus de libéralisation internationale puisse éroder les cultures locales et les différentes identités nationales. La consommation de masse induite par le commerce international ou l'investissement direct étranger est alors perçue négativement, tant en raison de ses effets d'éviction sur les produits traditionnels et culturels locaux que parce qu'elle tend à réduire la valeur de la consommation à sa seule valeur marchande, induisant au fil du temps une perte de signification symbolique et identitaire.

Un exemple flagrant illustrant ces inquiétudes vient certainement de la France. Ainsi, dans une enquête 1999 de *L'Expansion*, 60 % de répondants mentionnent que la mondialisation représente la plus grande menace pour « l'art de vivre français ». L'activiste français José Bové a obtenu une popularité énorme parmi la population locale après avoir détruit un restaurant de McDonald à Millau dans le Larzac.

Tout en reflétant probablement un certain chauvinisme, la crainte française de l'érosion culturelle n'est pas unique. Ainsi, les chaînes américaines de fast-foods ont fait l'objet, dans plusieurs pays, de beaucoup de critiques populaires décriant la

Coca-colonisation et la McDonaldisation. Un réseau international d'activistes d'Anti-McDonald a même émergé vers la fin des années quatre-vingt-dix pour coordonner des protestations simultanées contre les restaurants de McDonald dans le monde (Ritzer 2002). Au-delà de l'évidence anecdotique, les craintes des pertes d'identité culturelle locale attachées à la globalisation apparaissent également dans des études empiriques académiques. Par exemple, Mayda et Rodrick (2005), en utilisant les données de l'ISSP (International Social Survey Programme)[1], trouvent que, pour des variables socio-économiques usuelles, des facteurs non économiques tels que l'attachement à certaines valeurs et les identités nationales jouent un rôle important pour expliquer les variations de préférences vis-à-vis de la mondialisation, un degré élevé d'attachement à des valeurs nationalistes et patriotiques étant associé à une attitude plus protectionniste.

Alors que le sujet de la mondialisation et de la culture est au centre des préoccupations publiques et que la question relative à l'exception culturelle est toujours présente dans les négociations commerciales multilatérales, les économistes ont jusqu'à présent relativement peu discuté cette question. Une des raisons tient probablement au fait que les modèles économiques, partant de l'hypothèse de préférences fixes et individuelles de l'« homo economicus », ont une certaine difficulté à appréhender les questions épineuses de changement culturel ou identitaire, champs plutôt réservés aux sociologues et aux anthropologues.

Cependant, s'inspirant des travaux de Gary Becker et Georges Akerlof sur l'extension de la méthodologie économique à des sujets non strictement économiques, une littérature croissante commence à étudier les liens entre mondialisation et culture. Les travaux récents de Olivier, Thoenig et Verdier (2007) contribuent à ce courant.

L'approche de Olivier, Thoenig et Verdier vise essentiellement à fournir un cadre d'analyse mettant en lumière certains mécanismes entre ouverture internationale et évolution culturelle. Pour cela, ils développent un modèle où la dynamique culturelle

1. Base de données couvrant plus de 20 000 individus situés dans 23 pays et fournissant des informations non seulement sur des variables socio-économiques et démographiques individuelles, mais également des questions sur les « valeurs » et attitudes subjectives.

est endogène et interagit avec un équilibre simple de commerce international.

Plus précisément, la notion d'identité culturelle est modélisée comme une externalité positive de groupes d'individus qui possèdent des modes similaires de consommation. Pour cela, Olivier, Thoenig et Verdier modifient la notion de bien de consommation et reconnaissent explicitement qu'au-delà d'une valeur économique intrinsèque, la consommation d'un bien confère aussi une valeur symbolique et non marchande, renforçant un sens d'identité culturelle d'appartenir à une communauté particulière et facilitant l'échange social au sein de cette communauté. Utilisant un cadre d'analyse issu de la littérature formelle en anthropologie culturelle et en dynamique de populations (Cavalli-Sforza et Feldman, 1981, et Boyd et Richerson, 1985), Olivier, Thoenig et Verdier considèrent un modèle où différentes communautés et cultures peuvent coexister au sein d'un même pays. La fraction des individus appartenant à chaque culture est endogène et l'identité culturelle apparaît comme le résultat d'un processus dynamique de socialisation et de transmission de préférences biaisées vers les biens qui possèdent une valeur symbolique forte pour le groupe.

Olivier, Thoenig et Verdier soulignent alors l'existence d'interactions jointes entre dynamique culturelle et équilibre économique de marché. Une conséquence directe de celle-ci est qu'à long terme, les préférences des individus sont « endogènes » et dépendent des caractéristiques de l'économie telles que dotations factorielles et technologie. Dans une perspective de commerce international, cela signifie que les sources de commerce entre deux pays sont fondées directement et indirectement sur des différences du dotations factorielles, directement par les canaux traditionnels du côté de l'offre et indirectement par les effets des dotations sur l'évolution des préférences. Ces effets permettent d'apporter une justification à l'existence d'un biais pour les biens locaux dans les préférences domestiques (*home biased effect*), un fait fortement reconnu dans la littérature empirique de l'économie internationale.

L'intérêt de l'analyse dans le contexte des liens entre mondialisation et culture est de souligner la différence entre deux types d'intégrations internationales. D'un côté, en effet, Olivier, Thoenig et Verdier montrent que l'intégration des marchés de biens et services peut provoquer l'extinction de certains des traits culturels ayant existé en autarcie dans une des économies. Ce résultat permet de comprendre pourquoi l'ouverture au commerce de biens et services peut être perçue comme une menace de perte d'identité culturelle locale et être ainsi la source de tensions dans les sociétés selon les lignes identifiées empiriquement par des auteurs comme Mayda et Rodrick (2005).

D'un autre côté, Olivier, Thoenig et Verdier insistent aussi sur une autre forme d'intégration internationale qu'ils appellent intégration sociale. Deux pays sont dits parfaitement intégrés socialement quand la probabilité d'interaction sociale entre individus d'un même pays est identique à celle d'échange social entre individus de pays différents. Ce type d'intégration « virtuelle » et interactive capture d'une façon stylisée la dimension communicationnelle de la mondialisation liée au développement de l'internet et des technologies d'information.

Olivier, Thoenig et Verdier montrent alors que, contrairement à la mobilité internationale de biens et services, une plus forte intégration sociale entre pays tend à favoriser une certaine convergence culturelle entre pays (au sens où les distributions de traits culturels tendent à devenir plus semblables entre économies) tout en préservant une forme d'hétérogénéité au sein de ces pays.

Considérant finalement les deux dimensions d'intégration simultanément, les auteurs présentent les conditions sous lesquelles une des deux forces l'emporte sur l'autre et donc induit une convergence ou une divergence culturelle au sein et entre pays.

L'approche est résolument positive et, d'un point de vue de politique économique, l'analyse rencontre évidemment la difficulté d'émettre des recommandations dans un contexte où les préférences individuelles changent au cours du temps. Dans le futur, la recherche devra s'attacher à produire différentes perspectives normatives pour pouvoir évaluer les différentes allocations de ressources et les implications culturelles résultant de l'ouverture internationale.

Suivant cette même ligne de recherche et de façon très originale, Disdier, Head et Mayer (2006) abordent de façon empirique la question des liens entre mondialisation et culture au travers de l'impact des médias étrangers sur le choix des prénoms en France. L'idée est motivée par deux aspects. D'une part, le libre-échange dans des services audiovisuels (cinéma et télévision) a fait l'objet dans le débat public d'oppositions fortes, l'argument étant que les médias étrangers minent la culture domestique et, finalement, la diversité globale culturelle.

D'autre part, les études empiriques sur l'endogénéité à « haute fréquence » des goûts (effets de mode) sont confrontées à deux problèmes essentiels : 1) le manque de données complètes dans le temps et l'espace, même pour des objets très étroitement définis ; 2) le problème de l'identification des contributions relatives des interactions entre consommateurs et de l'influence des stratégies de vente des entreprises.

En utilisant un panel, sur quarante-sept ans, des enregistrements de noms à la naissance, les auteurs montrent d'abord que les noms qui apparaissant couramment à la télévision, dans les films, ou dans les chansons sont environ cinq fois plus populaires que les autres. La majeure partie de ce rapport (mais pas entièrement) résulte d'un phénomène d'endogénéité : chansons et scénaristes, aussi bien qu'interprètes et parents, choisissent des noms qui seraient de toute façon populaires.

En contrôlant pour des attributs spécifiques de noms, des effets fixes, et la popularité retardée des prénoms, les auteurs concluent que les médias étrangers ont une influence sur le choix des prénoms mais, qu'un effet d'éviction des prénoms étrangers par les prénoms d'origine française, cet effet passe plutôt par un effet d'information : la mise à disposition d'un éventail plus large de prénoms et notamment de prénoms peu familiers aux parents. Loin d'acculturer ceux-ci, les médias élargissent plutôt la gamme des choix, à l'image des modèles du commerce international qui soulignent l'augmentation de la variété des biens offerts.

14.

Globalisation et terrorisme transnational

Même si les exemples de l'anarchisme révolutionnaire de la fin du XIXe siècle nous rappellent que le terrorisme a toujours fait partie de l'histoire humaine, les événements du 11 septembre à New York, du 11 mars à Madrid, ou du 7 juillet à Londres, de par leur impact spectaculaire, ont focalisé l'attention sur le rôle du terrorisme transnational dans nos sociétés modernes. En même temps, ils ont amené nombre d'observateurs à remettre en cause la viabilité d'une économie globale ouverte. D'une part, parce que la mondialisation économique contribue à une plus grande vulnérabilité des nations au terrorisme transnational. D'autre part, parce qu'en retour, les transactions économiques internationales sont elles-mêmes sensiblement affectées par les incidents terroristes et les politiques antiterroristes qui y répondent.

En effet, avec la mondialisation, les frontières entre pays deviennent de plus en plus perméables aux activités terroristes transnationales, que ce soit au travers du commerce de biens qui facilite le passage d'armes et de matériels non détectés entre pays, qu'au travers de l'intégration financière internationale qui rend plus difficiles la surveillance et l'interception de fonds soutenant et finançant les activités terroristes.

D'un autre côté, le terrorisme et les politiques engagées par les gouvernements pour le combattre ont un impact appréciable sur les flux de commerce international. Par l'incertitude et les risques qu'il génère, le terrorisme augmente les coûts d'assurance, de transaction ou d'investissement à l'extérieur. Aussi, les mesures de sécurité tendent à multiplier l'impact négatif du terrorisme sur des coûts marchands. Les inspections coûteuses, la surveillance et la sécurité plus serrées dans les aéroports et les ports ainsi que les délais et retards qui y sont associés augmentent les coûts de voyage pour les touristes et les hommes d'affaires et les coûts des transactions internationales. Pour ces raisons, la prévalence croissante du terrorisme transnational peut remettre en question le processus de mondialisation observé dans les trois dernières décennies.

Ces évolutions mènent donc à un nombre important d'interrogations. Quels sont les liens entre globalisation et terrorisme transnational ? Quels sont les effets du terrorisme sur l'intégration mondiale ? L'ouverture accrue aux échanges facilite-t-elle le développement du terrorisme transnational ? Quels sont les pays qui semblent les plus affectés par les liens entre ouverture internationale et terrorisme transnational ?

Alors qu'il existe une littérature significative sur le sujet en science politique, ce n'est que récemment que les économistes ont commencé à s'intéresser aux conséquences économiques du terrorisme. Les travaux de Mirza et Verdier (2006 a et 2006 b) sur l'impact du terrorisme transnational sur les flux de commerce bilatéraux s'inscrivent dans cette lignée.

Dans un premier article (2006 a), Mirza et Verdier proposent en effet un cadre analytique général permettant de discuter les liens entre terrorisme, politiques antiterroristes et commerce international. Le modèle de base est celui du commerce bilatéral entre pays, différenciant les pays lieux des incidents terroristes, des pays sources des attentats et pays cibles du terrorisme. Plusieurs canaux par lesquels le terrorisme transnational semble affecter le commerce sont alors discutés.

D'abord, le terrorisme a un effet direct sur les coûts de transaction internationaux (augmentation de l'incertitude, destruction de capacité d'échange...). En second lieu, les actes terroristes peuvent aussi impacter indirectement le commerce par leurs effets sur les revenus nationaux des économies concernées. Finalement, il y a des effets indirects liés aux conséquences des politiques de contre-terrorisme et des politiques de sécurité qui sont mises en œuvre pour répondre aux attaques terroristes.

Dans ce cadre, les auteurs examinent les études empiriques existant dans la littérature. Ils soulignent trois points importants de ces travaux : 1) l'importance de contrôler convenablement les différentes interactions et problèmes d'endogénéité qui règnent entre terrorisme, mesures de sécurité et commerce ; 2) distinguer les pays dits cibles des pays dits sources du terrorisme transnational ; enfin 3) tenir compte de la persistance temporelle spécifique du terrorisme entre paires de pays particuliers.

Dans un deuxième article (2006 b), Mirza et Verdier s'attachent plus spécifiquement à l'étude de l'impact de mesures sécuritaires antiterroristes sur les flux de commerce bilatéraux des États-Unis. Pour cela, ils développent un cadre simple liant commerce, sécurité et probabilité d'acte terroriste sur un pays cible donné. Utilisant un modèle de jeux entre agents parfaitement rationnels, cette théorie prend en compte explicitement la nature stratégique des interactions entre organisations terroristes et gouvernement du pays « cible ». Intégrée dans un modèle de concurrence monopolistique internationale, cette approche fournit la base d'un modèle de gravitation permettant d'analyser l'impact des incidents terroristes sur le commerce bilatéral.

D'un point de vue théorique, le modèle souligne deux canaux, de nature différente, liant négativement le commerce aux mesures de sécurité antiterroristes. D'abord, « la vision traditionnelle » qui veut que la mise en place de mesures de sécurité augmente les coûts de transaction dans les échanges internationaux. D'un autre côté, le fait qu'un pays qui commerce beaucoup avec un autre a moins d'incitation à augmenter la sécurité à ses frontières vis-à-vis de ce pays partenaire car il en subit un coût de transaction plus élevé sur ses échanges. Ces deux facteurs suggèrent deux implications importantes. En premier lieu, le commerce et les incidents terroristes peuvent être déterminés de façon jointe. D'une part, le terrorisme par l'intermédiaire d'une augmentation de la sécurité réduit le commerce. Mais d'autre part, des volumes d'échange plus élevés, en limitant les incitations à la mise en place de mesures de sécurité, favorisent les activités de terrorisme transnational.

En second lieu, le terrorisme transnational et son effet induit sur les mesures de sécurité peuvent avoir des effets commerciaux bilatéraux spécifiques sur certains pays (tels les pays sources de terrorisme transnational) et des effets différentiels (certains produits et secteurs pouvant être plus sensibles aux mesures de sécurité bilatérales).

S'intéressant aux attaques dont les États-Unis ont été la cible principale, les auteurs trouvent que le terrorisme, commis par des groupes localisés dans un pays donné, affecte négativement les importations américaines en provenance de ce pays. L'effet est statistiquement significatif mais relativement faible en moyenne. En effet une augmentation de 1 % des activités passées de terrorisme d'un pays réduisent les importations bilatérales des États-Unis autour de 0,01 %. Cependant, l'effet est non linéaire et l'élasticité est plus élevée pour les pays qui frappent de façon répétée les Américains. Ainsi, par exemple, une augmentation de 1 % des incidents passés dans des pays tels que la Colombie et Cuba (pays qui ont frappé de façon fréquente les intérêts américains durant la période) induit une diminution de plus de 1 % de leurs exportations vers les États-Unis.

Mirza et Verdier montrent aussi, conformément à cette théorie, que l'impact passé du terrorisme sur des importations américaines est d'autant plus fort que le pays associé est petit en termes de PIB et que l'effet est plus que doublé quand les actes terroristes entraînent un nombre élevé de victimes. Aussi, l'incidence négative du terrorisme semble être plus importante sur les importations bilatérales américaines de produits sensibles au délai de transport ou de marchandises qui nécessitent des effets de réseaux sociaux pour être échangées internationalement.

Un dernier point original de l'approche de Mirza et Verdier est le fait d'utiliser des données additionnelles du Département d'État sur l'allocation bilatérale de visas d'affaires des États-Unis entre 1997 à 2002 comme proxy de mesures de sécurité prises par le gouvernement américain contre les pays qui seraient à l'origine d'actes de terrorisme contre les États-Unis. L'article montre alors que les incidents terroristes, par le biais de la réaction sur l'allocation bilatérale des visas d'affaires, a spécifiquement un effet sur les importations américaines de produits différenciés. Ce dernier résultat suggère donc un canal clair par lequel les mesures de sécurité antiterroriste affectent les courants commerciaux bilatéraux entre partenaires commerciaux et entre types de produits échangés.

15.

Migrations et marché du travail

Les connaissances relatives aux facteurs de la migration et à l'impact de la migration sur les pays d'origine sont aujourd'hui encore très limitées, à cause du manque de données et de la difficulté intrinsèque du sujet. Cette lacune est particulièrement accentuée pour les pays du Sud, à quelques exceptions près comme le Mexique. Elle contribue sans doute à faire coexister des visions misérabilistes ou au contraire exagérément optimistes des migrations en provenance des pays du Sud.

Au cours de l'histoire, les migrations ont constitué un puissant facteur de convergence et d'intégration pour les nations européennes entre elles et avec leurs anciennes colonies de peuplement d'Amérique du Nord ou d'Océanie. Les migrations d'aujourd'hui entre les pays du Sud et les pays du Nord n'ont ni les mêmes caractéristiques ni les mêmes implications. Par ailleurs, les pays en développement forment désormais un ensemble particulièrement hétérogène, à la fois du point de vue de leurs perspectives économiques générales, et du point de vue de leurs migrations.

Cogneau et Gubert (2005) mettent ces questions en perspective et montrent que les migrations du Sud vers le Nord proviennent de facteurs plus complexes que la simple logique de survie de populations poussées à chercher un refuge contre la faim et le dénuement dans des sociétés prospères et protectrices. Ils abordent également la question de l'impact de ces migrations sur les pays ou les régions d'origine. Là encore, la réponse est nuancée. En particulier, le retour de migrants enrichis ou le renforcement des liens entre les diasporas et leurs communautés d'origine ne constituent pas une formule magique pour le développement des régions de départ. Par ailleurs, même si l'accroissement et la diversification des flux de migrations du Sud vers le Nord apparaissent encore limités, ces flux sont cependant un peu moins polarisés que les flux de commerce, d'investissement et de capitaux financiers et sont donc davantage susceptibles de contribuer, à côté de l'aide au développement, à une mondialisation plus équitable.

Lall, Selod et Shalizi (2006) ont établi une recension qui fait le point sur les recherches sur la question des migrations rurales-urbaines dans les pays du Sud. La question de l'absorption des migrants d'origine rurale par les milieux urbains est politiquement sensible dans de nombreux pays en développement, notamment en Chine.

Démurger, Gurgand, Shi et Ximing (2007) s'intéressent aux changements très importants que le marché du travail urbain en Chine connaît en cette période de réforme économique et de très forte croissance (Knight et Song, 2005). Plus spécifiquement, ils s'intéressent à une composante majeure de ce changement : le rôle croissant des migrants ruraux sur ce marché. En effet, le relâchement du contrôle administratif sur les déplacements de population entre les zones rurales et urbaines du pays a permis aux mouvements migratoires de s'accentuer fortement ces dernières années. Pendant des décennies, la répartition géographique de la population en Chine était dessinée par une politique très stricte qui imposait l'enregistrement de chaque ménage (*hukou*) et limitait les migrations entre campagne et villes d'une part et entre régions d'autre part. La principale barrière institutionnelle à la mobilité était l'exclusion des ruraux du système urbain de protection sociale qui fournit logement, éducation, soins de santé, garde d'enfants et retraites aux résidents urbains.

Bien que le système d'enregistrement (*hukou*) perdure et limite toujours assez largement les mobilités rurales-urbaines, les mouvements de population ont beaucoup augmenté dans la période de réforme, et la population migrante dans les villes est estimée à 131 millions de personnes en 2000 (Li et Bai, 2005). La participation croissante des migrants d'origine rurale au marché du travail urbain soulève la question de son impact sur le niveau de salaire et le niveau de chômage parmi les employés détenteurs d'un *hukou* urbain, ainsi que celle de comportements potentiels de ségrégation à l'encontre des migrants. Des études récentes ont par exemple montré que les travailleurs migrants originaires des zones rurales étaient plus compétitifs que les travailleurs urbains locaux pour les emplois peu qualifiés, ce qui maintient les salaires à des niveaux faibles pour les travailleurs peu qualifiés sur le marché du travail urbain, en particulier pour ceux pour lesquels la fixation du salaire est la plus fortement dépendante des mécanismes de marché (Li et Bai, 2005). Toutefois, la littérature qui évalue l'écart de salaire entre les migrants d'origine rurale et les résidents urbains reste limitée, principalement du fait du manque de données adéquates.

Le travail de Démurger, Gurgand, Shi et Ximing participe à la compréhension des déterminants du différentiel de salaire entre ruraux migrants et résidents urbains, grâce à l'utilisation d'un échantillon nationalement représentatif de résidents urbains et de migrants ruraux pour l'année 2002. Ils proposent une forme étendue de décomposition de type Oaxaca-Blinder pour expliquer les différentiels de revenus entre les deux types de travailleurs dans le secteur salarié. Ce faisant, ils considèrent deux sources possibles de ségrégation : un accès différencié en secteur/positions (ségrégation d'occupation), dans lequel ils distinguent salariés du secteur public, du secteur privé et travailleurs en compte propre, et des salaires différenciés à secteur ou position donnés (discrimination salariale).

Les liens entre migrations rurales-urbaines et fonctionnement du marché du travail urbain sont également l'objet de l'article de Rospabé et Selod (2006). Les auteurs étudient les déterminants spatiaux du chômage dans la ville du Cap, en Afrique du Sud. L'étude, qui combine diverses sources statistiques (une enquête spécifique sur les migrations internes dans la ville en 1998, des données de voisinage issues du recensement de 1996, et une base de données fiscales fournissant les localisations précises des établissements et le nombre de leurs employés), s'intéresse aux effets sur le chômage de la ségrégation résidentielle et de la déconnexion physique par rapport aux emplois, deux caractéristiques importantes des villes sud-africaines. Ce travail confirme que des facteurs spatiaux exacerbent le chômage qui ne peut être entièrement expliqué par les facteurs habituellement mis en avant, en particulier un niveau d'éducation insuffisant ou une mauvaise adaptation de l'offre de qualifications à la demande. Il met notamment en évidence le rôle négatif de la distance aux emplois (qui peut être très importante dans une ville spatialement ségréguée comme Le Cap), de l'origine rurale (notamment pour les femmes) et de la durée d'occupation du logement qui réduisent les probabilités individuelles d'emploi.

Enfin, un ensemble de travaux menés par Abla Safir reprend pour l'approfondir l'idée que les migrations peuvent être, pour les ménages, un moyen de gérer le risque auquel ils font face. Plus précisément, Abla Safir étudie l'impact des chocs sur les mouvements migratoires selon leur nature (climatiques, macroéconomiques ou individuels tels que des chocs de santé) et l'environnement économique dans lequel ils ont lieu. Les réponses migratoires peuvent être variées : temporaires ou permanentes, individuelles ou familiales, internes ou internationales. Le projet d'Abla Safir porte sur trois pays et trois types de chocs : l'Inde, où on observe des variations climatiques sur une longue période ; l'Indonésie, où l'attention est centrée sur un énorme choc macroéconomique, la crise de 1997 ; et le Sénégal, cas dans lequel des chocs spécifiques aux ménages seront étudiés. Au final, ce projet permettra de comprendre l'impact des chocs subis par les ménages sur les mouvements migratoires, dans un ensemble de contextes de développement très variés.

Pour le moment, seul le cas indien a été étudié. Badiani et Safir (2007) utilisent un panel long pour mesurer l'impact des chocs pluviométriques sur les migrations temporaires, mais aussi sur l'offre de travail locale. Entre 2001 et 2004, l'État de l'Andhra Pradesh a connu une sécheresse sévère dont les conséquences ont été dramatiques avec des taux de suicide des fermiers en forte augmentation au cours de cette période. Cette étude cherche à évaluer l'impact de ce choc sur la probabilité d'effectuer une migration temporaire et sur le nombre de jours de migration, ainsi que sur le nombre de jours de travail en tant qu'ouvrier agricole au sein du village.

L'Inde est un pays qui se singularise par la très faible mobilité géographique de sa population, du moins sous la forme de migrations permanentes. Il est possible qu'elles soient sous-estimées. Toutefois, si les migrations permanentes sont effectivement très limitées, il se peut que les migrations temporaires constituent une source alternative de diversification des revenus. Jusqu'à présent, l'essentiel de la littérature sur la gestion des chocs en Inde rurale s'est concentré sur les transferts et la liquidation d'actifs. L'étude utilise les données de l'Institut international de recherche sur les cultures des zones tropicales semi-arides (ICRISAT), recueillies auprès de ménages ruraux dans les zones semi-arides de l'Inde, entre 1975 et 1984, puis entre 2001 et 2005. Particulièrement détaillées dans leur volet agricole, ces données de panel permettent de mesurer des chocs spécifiques aux exploitations agricoles pour ensuite en estimer l'impact sur les migrations temporaires. L'impact d'un choc agrégé de pluie est également évalué. Les résultats obtenus montrent qu'une augmentation de la pluie au niveau d'un village diminue la probabilité d'effectuer une migration temporaire et augmente le nombre de jours en tant qu'ouvrier agricole dans le village. En revanche, les chocs idiosyncratiques ont l'effet contraire : un choc idiosyncratique positif non anticipé augmente la probabilité de migrer alors qu'il diminue le nombre de jours de travail dans le village.

16.

Inégalité des chances et transmission intergénérationnelle

La question de l'inégalité, notamment vue sous l'angle plus large de l'inégalité des chances et pas seulement sous l'aspect restreint de la distribution du revenu, est centrale dans la réflexion sur le développement. Ceci a été largement rappelé et souligné à l'occasion du rapport sur le développement dans le monde de la Banque mondiale de 2006, *Equity and Development*, consacré à cette question. Dans ce cadre, l'accent mis sur la transmission intergénérationnelle est au cœur de la réflexion sur la persistance de la pauvreté et des inégalités.

Denis Cogneau a participé à la réflexion lors de l'élaboration de ce rapport et a produit un *background paper* sur l'égalité des chances (Cogneau 2006). Dans cet article, il propose une lecture personnelle de quelques théories de la justice sociale. De nos jours, le terme équité semble être le plus souvent associé au principe d'égalité des chances. Il présente donc un court résumé du point de vue de l'égalité des chances et passe en revue les deux critiques principales qui lui ont été adressées au sein de la littérature économique : la critique méritocratique de droite d'un côté, et la critique égalitariste de gauche de l'autre. Il ajoute à ces deux critiques internes un point de vue historique et sociologique qui prône une définition pluraliste de la justice et fait jouer un rôle central à la compétition des élites pour la légitimité. Il argumente que malgré son indubitable puissance (même dans le domaine des inégalités internationales entre pays), le principe d'égalité des chances est incomplet et que des principes méritocratiques et d'égalisation des résultats doivent entrer en jeu lorsqu'on réfléchit à la justice sociale dans une société réellement existante. De plus, une conception de la justice socialement pertinente doit prendre en compte les variations culturelles dans la définition du juste. Une définition universaliste de la justice est mieux préservée lorsque la question de la tyrannie et de la séparation des pouvoirs est considérée, à la fois sur le plan social et sur le plan politique. Cette problématique de l'égalité des chances renouvelle donc aujourd'hui les visions de la justice sociale et formule de nouvelles exigences en matière politique, pour la réduction de la pauvreté, l'extension des systèmes de protection sociale et de redistribution, et la construction d'un État légitime.

La persistance de niveaux très élevés d'inégalités sociales dans de nombreux pays en développement est aujourd'hui reconnue comme un frein à leur développement, notamment dans les pays africains et latino-américains où les inégalités de résultat et de destin sont les plus élevées du monde. Les inégalités instantanées, notamment en ce qu'elles déterminent la capacité à se protéger des effets des chocs, entraînent des divergences de trajectoires entre individus et groupes qui se transforment en inégalités sociales persistantes à travers différents mécanismes : les processus d'adoption de technologie et de transmission du savoir, l'accumulation de ressources et les transferts d'héritages entre générations. Ces processus dynamiques qui contribuent à la formation et à la reproduction des inégalités sont cependant très mal connus.

La société brésilienne est perçue comme l'une des plus inégalitaires du monde. Que l'on s'intéresse à la distribution des revenus ou à l'égalité des chances, le Brésil est toujours en queue de classement. Cela se reflète dans un dualisme important de la structure économique et sociale du pays, visible à la fois dans le système éducatif (privé-public) et sur le marché du travail (formel-informel). À la fois symptôme et cause de la persistance de ces inégalités, la mobilité intergénérationnelle en éducation est aussi une des plus faibles du monde. Le système scolaire a cependant connu une expansion considérable dans la seconde moitié du XXe siècle et l'accès à l'éducation primaire est dorénavant généralisé. Les conséquences des changements dans les opportunités scolaires sur les inégalités sur le marché du travail au Brésil sont étudiées par Cogneau et Gignoux (2007).

Ils considèrent plusieurs définitions des inégalités, notamment une mesure de l'inégalité des chances en accord avec l'axiomatique développée par Roemer, et étudient les évolutions sur deux décennies (1976 à 1996). En utilisant quatre éditions de l'enquête nationale représentative PNAD *(Pesquisa Nacional por Amostra de Domicílios)*, ils analysent l'évolution des inégalités globales et de l'inégalité des chances de rémunération des hommes de 40 à 49 ans. Ils construisent et mettent en œuvre des décompositions des effets respectifs de l'expansion de la scolarisation, des changements dans la structure des rémunérations, et des changements dans la mobilité scolaire intergénérationnelle.

Les inégalités de rémunération ont peu varié sur l'ensemble de la période, mis à part un pic à la fin des années quatre-vingt attribuable à l'hyperinflation. Premièrement, les décompositions montrent que les changements dans la distribution de l'éducation ont contribué à l'accroissement des inégalités de rémunération globales et de l'inégalité des chances dans les générations les plus anciennes, avant de les réduire fortement parmi les cohortes nées dans l'après-guerre. Le premier mouvement correspond à l'accroissement de l'éducation secondaire et supérieure dans l'immédiat après-guerre qui a bénéficié en grande partie aux enfants des classes supérieures. Ensuite, les générations éduquées entre 1955 et 1975 ont connu la généralisation de l'enseignement primaire qui bénéficia plutôt aux groupes les moins privilégiés de la société. Deuxièmement, la baisse des rendements de l'éducation a aussi contribué à égaliser les opportunités sur le marché du travail pendant la période 1988-1996. Elle a été suffisamment importante pour compenser l'accroissement des inégalités de rémunération qu'a connu le pays entre 1982 et 1988 du fait de l'hyperinflation et de la chute, en termes réels, du salaire minimum. Troisièmement et enfin, les évolutions de la mobilité scolaire n'ont pas été suffisamment importantes pour affecter significativement les inégalités de rémunération, alors qu'il est montré qu'elles devraient jouer un rôle primordial pour l'égalisation des opportunités dans le futur.

Un article de Dumas et Lambert (2005 b) approche cette question de la mobilité sociale sous l'angle de la transmission intergénérationnelle de l'éducation au Sénégal. Les auteurs s'intéressent à l'effet de l'origine sociale mesurée par la richesse et l'éducation des parents sur l'éducation des enfants. L'analyse économétrique exploite la richesse d'une enquête originale conduite au Sénégal en 2003. Celle-ci fournit en effet des instruments permettant de corriger les biais introduits par l'endogénéité des variables d'origine. L'effet estimé de l'éducation du père double une fois instrumenté et, de façon inattendue mais cohérente avec le contexte sénégalais, devient très supérieur à l'impact de l'éducation maternelle.

Ces résultats servent de base à une exploration des différents mécanismes à l'œuvre dans cette transmission intergénérationnelle. L'article s'intéresse d'abord à la possibilité de distinguer, dans l'influence de l'éducation parentale, ce qui passe par le fait que des parents plus éduqués sont mieux à même de contribuer directement à l'acquisition de connaissances par leur enfant (effet sur la fonction de production du capital humain) et ce qui est lié au fait que des parents plus éduqués ont une préférence plus forte pour l'éducation. Cette préférence plus marquée pour l'éducation peut conduire les parents à pousser leurs enfants vers des niveaux d'éducation plus élevés, quelles que soient les capacités scolaires de l'enfant. Cela se traduit notamment par le choix de maintenir l'enfant dans le système scolaire plutôt que de le faire travailler. Dumas et Lambert utilisent des informations sur les redoublements des élèves pendant leur parcours primaire pour établir que l'influence de l'éducation du père sur l'éducation des enfants passe en grande partie par un effet pur de préférence. En effet, alors que l'éducation des parents a un effet fort sur le niveau atteint, elle a très peu d'impact sur le nombre de redoublements. Comme on peut imaginer que le nombre de redoublements, lié au niveau atteint, n'est pas affaire de choix mais résulte d'une insuffisante accumulation de connaissances, si l'éducation parentale n'influe pas sur les redoublements, on en conclut qu'elle n'affecte pas directement cette accumulation de connaissances. A contrario, la richesse a un effet également fort sur ces deux mesures de réussite scolaire. Cela suggère que la richesse joue un rôle via la fonction de production de l'éducation, probablement par le biais des conditions de vie ou de la capacité à se procurer des inputs complémentaires (livres et matériel scolaires notamment). Ces résultats sont cohérents avec le fait que l'éducation paternelle a plus d'impact que l'éducation maternelle. En effet, au Sénégal, les décisions d'éducation sont prises par le père, mais les soins aux enfants sont toujours donnés par la mère. Si l'impact de l'éducation parentale passe surtout par les préférences, il n'est pas étonnant que ce soit celles du père qui prévalent.

Par ailleurs, cet article s'interroge sur la capacité de l'institution scolaire à faciliter la mobilité scolaire intergénérationnelle. La question est posée sous la forme d'une interrogation sur la période de vie pendant laquelle l'influence de l'éducation parentale se fait le plus sentir. En effet, si on s'attend bien sûr à ce que, avant l'entrée à l'école, les enfants soient essentiellement influencés par leur environnement familial, cette influence exclusive pourrait être tempérée par l'action de l'école une fois la scolarité entamée. Un cas extrême serait que, une fois aux mains de l'école, seule l'influence de l'école se fasse sentir. Les divergences entre enfants auraient donc lieu avant l'entrée à l'école, mais ensuite, ils évolueraient d'une façon qui reflète uniquement leur niveau cognitif à l'entrée à l'école. L'article regarde donc si l'impact de l'éducation parentale est atténué quand on contrôle le niveau de connaissances de l'enfant à l'entrée en CP (2e année du cycle primaire au Sénégal) et on trouve que ce n'est pas le cas. Les résultats suggèrent ainsi que les variables d'origine ont autant d'influence après l'entrée à l'école qu'avant.

17.

Histoire longue et développement

La littérature récente en économie du développement souligne le rôle des facteurs de long terme dans les divergences de trajectoires des économies du Sud. Si les travaux dans ce domaine ont tout d'abord reposé sur des équations de croissance classique, enrichies d'informations nouvelles sur le passé colonial des pays, plus récemment les chercheurs ont souhaité s'affranchir des difficultés inhérentes à l'approche macroéconométrique en utilisant des données microéconomiques et en mettant à profit la variabilité interétatique de pays fédéraux tels que l'Inde. Un exemple important est donné par l'article de Banerjee et Iyer (2005) qui utilisent le fait que les différents États de l'Inde sont passés sous administration britannique directe à des périodes différentes pour estimer l'impact de la colonisation britannique sur les trajectoires de croissance des États. Miguel (2004) utilise la comparaison entre deux pays frontaliers, le Kenya et la Tanzanie, pour évaluer l'impact des politiques post-indépendance relatives à la diversité ethnique. Il concentre son attention sur la zone frontalière dans laquelle les deux pays partagent non seulement une histoire coloniale commune mais également une population et une géographie similaires. Il montre ainsi que la construction d'une identité nationale forte voulue et réussie par la Tanzanie de Nyerere permet aujourd'hui des investissements en biens publics beaucoup plus importants que ce n'est le cas dans le Kenya voisin.

Des approches similaires sont développées pour étudier l'Afrique de l'Ouest. D'une part, les différences entre cercles au sein de l'ancienne Afrique occidentale française (AOF) sont exploitées pour mettre en évidence des effets de long terme de la colonisation sur les trajectoires de développement. D'autre part, des comparaisons menées entre la Côte-d'Ivoire et ses voisins, en se concentrant sur les zones frontalières, permettent de rendre compte du rôle du colonisateur (anglais ou français) et des politiques menées depuis les indépendances.

Huillery (2006) s'interroge sur l'influence de la politique publique menée par les Français pendant la période coloniale sur les inégalités spatiales en Afrique de l'Ouest francophone. Ce travail utilise les différences de développement entre les cercles de l'ancienne Afrique occidentale française (AOF) pour mettre en évidence des effets de long terme de la colonisation sur les trajectoires de développement. Les caractéristiques géographiques ainsi que l'histoire précoloniale des cercles ont été prises en compte pour corriger l'éventuelle endogénéité de la politique coloniale. Elle utilise ensuite les discontinuités spatiales de la politique coloniale pour contrôler également certaines caractéristiques inobservables des cercles. Les résultats montrent que l'histoire coloniale fut un déterminant important du développement des cercles de l'ancienne AOF. La première source de discrimination spatiale fut la politique d'association des chefs africains à l'administration coloniale, mais son effet reste ambigu : elle a joué positivement sur les performances éducatives mais négativement sur les performances de santé. La deuxième source de discrimination entre les cercles, plus importante que la première, fut la politique d'investissement en biens publics (éducation, santé, infrastructures), qui explique une part importante des inégalités de développement actuelles entre les cercles. On observe enfin que la nature des investissements importe, même à long terme : les performances actuelles dans les domaines de l'éducation, de la santé et des infrastructures sont chacune spécifiquement expliquées par l'investissement colonial « correspondant ». La politique coloniale française a donc créé des discriminations spatiales très persistantes dont les marques sont encore nettement visibles aujourd'hui.

Les frontières au sein de l'Afrique de l'Ouest ont été tracées avec une certaine part d'arbitraire. En particulier, on peut considérer que dans un certain intervalle, la situation exacte du tracé frontalier est aléatoire. La répartition des communes frontalières de part et d'autre de la frontière peut donc être vue comme le résultat d'une quasi-expérience. C'est l'argument qu'utilisent Cogneau, Guénard, Mesplé-Somps, Spielvogel et Torelli (2007) pour se demander ce qui serait arrivé aux Ghanéens s'ils avaient été colonisés par les Français ou comment se serait développé le Burkina Faso s'il avait fait partie du même pays que la Côte-d'Ivoire après l'indépendance. Grâce à des enquêtes auprès des ménages menées en Côte-d'Ivoire et dans quatre des pays frontaliers (Ghana, Burkina Faso, Mali et Guinée) vers la fin des années quatre-vingt et le début des années quatre-vingt-dix, les auteurs peuvent comparer différentes dimensions du développement dans ces pays en s'intéressant à un grand nombre de variables telles que la fécondité, la polygamie, la nutrition, l'éducation, la productivité agricole, la connexion à l'eau et à l'électricité ou la consommation. L'hypothèse selon laquelle la position de la frontière est exogène et que l'on se situe suffisamment près de la frontière (les auteurs considèrent des localités situées dans une bande de 100 km de part et d'autre de la frontière) pour que chaque ménage ait eu une probabilité non nulle d'être d'un côté ou de l'autre et pour que les populations de part et d'autre partagent des caractéristiques anthropologiques communes (notamment l'ethnicité) permet d'attribuer les différences de résultats dans les dimensions ci-dessus à des différences de politiques et d'institutions.

En s'intéressant aux cohortes nées avant 1960 (l'indépendance), les auteurs constatent que les individus situés dans le groupe des pays colonisés par la France ne diffèrent entre eux dans aucune des dimensions étudiées. En revanche, les Ghanéens nés durant cette période sont significativement moins illettrés et ont plus fréquenté l'école primaire que leurs voisins ivoiriens. Les deux puissances coloniales ont donc laissé des traces différentes en termes d'éducation.

Il est frappant de voir que pour les cohortes nées après l'indépendance, les situations des anciennes colonies françaises divergent : jusqu'au milieu des années quatre-vingt-dix, il y avait un avantage clair à être ivoirien plutôt qu'à être citoyen d'un des pays francophones voisins, tant en ce qui concerne l'éducation que la connexion aux service d'eau ou d'électricité. Par ailleurs, la Côte-d'Ivoire, à cette date, avait rattrapé son retard sur le Ghana dans le domaine de l'illettrisme.

Il ressort de cette analyse que les colonisateurs ont eu des politiques différentes dont le résultat est encore visible. Il en ressort également que la partition de l'empire colonial en plusieurs États indépendants a provoqué des différenciations marquées ; cela suggère que, contrairement à une idée répandue, l'État compte en Afrique, et ce jusqu'à ses frontières. Cet aspect est peut-être encore plus frappant quand on regarde des comportements sociaux comme ceux portant sur le mariage. La polygamie est interdite tant au Ghana qu'en Côte-d'Ivoire : elle est cependant plus répandue en Côte-d'Ivoire, même à la frontière où l'on peut penser que les différences anthropologiques sont pourtant minimes. Là encore, l'appartenance à un État plutôt qu'à un autre semble déterminante.

18.

La malédiction des matières premières

Partant du cas de l'Angleterre et des États-Unis, les historiens économiques soulignent souvent le rôle bénéfique des ressources naturelles pour la croissance des nations. Paradoxalement cependant, il est maintenant largement reconnu que les ressources naturelles peuvent aussi être une « malédiction » pour certains pays en voie de développement. Au-delà des exemples bien connus de pays africains tels que la Sierra Leone ou le Nigeria, ce constat est étayé par un nombre appréciable d'études empiriques : Gelb (1988), Karl (1997), Ross (2001), Sachs et Warner (1995 et 1999), Mehlum, Moene et Torvik (2002), Busby, Isham, Pritchett et Woolcock (2002).

Un des faits stylisés importants soulignés dans la littérature empirique est l'idée que les économies généreusement dotées en ressources naturelles tendent à adopter des politiques publiques désastreuses et insoutenables à long terme. Plus précisément, la littérature met en évidence qu'un problème majeur de l'accroissement de revenus lors de booms des prix mondiaux de ressources naturelles est le fait que ces événements conduisent souvent les gouvernements au pouvoir à s'engager dans des actions économiquement inefficaces (mais politiquement rationnelles), telles qu'employer davantage de personnes dans la bureaucratie ou étendre la taille du secteur public (Newberry, 1986 ; Gelb, 1986).

Par exemple, le projet de la Banque mondiale mené par Lal et Myint (1996) identifie « la faillite des politiques publiques comme la cause essentielle des contre-performances des pays à ressources naturelles abondantes ». De façon similaire, à la lecture d'une collection d'études de cas, Auty (1999) conclut que le manque de croissance des pays riches en ressources naturelles vient « d'une tendance chronique à la surexpansion de l'État » (p. 132).

En dépit de l'accent porté par la recherche empirique sur la dimension d'économie politique de « la malédiction des ressources naturelles », peu de modélisations analytiques ont abordé rigoureusement cette question. Visant à combler ce vide, Robinson, Torvik et Verdier (2007) développent un modèle d'économie politique d'extraction de ressources naturelles pour étudier les incitations politiques déclenchées par les booms de ressources naturelles. Leur analyse vise à préciser les conséquences défavorables de tels booms sur le revenu national et le développement économique d'un pays.

La structure essentielle du modèle est la suivante. Après un boom, le revenu provenant des ressources naturelles s'accroît dans l'économie et le gouvernement en place doit décider quelle quantité de ressources extraire dans la période courante et par conséquent combien en laisser pour le futur. Le revenu lié aux ressources naturelles est employé de deux manières différentes : consommation directe sous forme de rentes par le pouvoir en place, ou bien redistribution au public sous forme de clientélisme pour influencer les résultats d'élections futures. Robinson, Torvik et Verdier modélisent la redistribution comme l'offre d'emplois dans le secteur public. Les auteurs montrent que ce type de mesures clientélistes (souvent observées dans des pays en développement), bien qu'inefficaces économiquement, permettent au politicien au pouvoir de résoudre un problème fondamental de crédibilité dans la relation avec des électeurs potentiels : comment s'attacher le soutien politique de certaines populations de façon crédible et exclusive en leur faisant des offres et des promesses qui ne peuvent être remises en question une fois au pouvoir. D'une part, en limitant les offres à un réseau social exclusif de clientélisme (groupe ethnique ou social particulier), le politicien au pouvoir peut fournir à ses électeurs des faveurs qui ne peuvent pas être concurrencées de façon crédible par un autre agent politique. De plus, des promesses d'offres d'emploi en échange de voix sont aussi plus crédibles que des transferts de revenu directs, l'emploi pouvant être décidé avant l'élection et étant plus coûteux à supprimer.

Dans un tel cadre, Robinson, Torvik et Verdier établissent quatre résultats principaux. D'abord, les hommes politiques tendent à surexploiter les ressources naturelles relativement au circuit socialement efficace d'extraction, et ne s'inquiètent du stock de ressources restant que dans la perspective d'être de nouveau au pouvoir ultérieurement. En second lieu, et plus étonnamment, un boom permanent de ressources améliore l'efficacité du circuit d'extraction. Intuitivement, le boom de ressources permanent, en élevant la valeur économique future d'être au pouvoir, incite le candidat sortant à allouer plus de ressources à la concurrence politique pour conserver ce pouvoir. Ceci, en retour, augmente sa probabilité d'être réélu et donc l'induit à faire peser davantage la valeur des futurs stocks de ressources dans ses décisions économiques. En conséquence, le chemin d'extraction choisi se rapprochera de celui socialement optimal.

Troisièmement, les booms permanents de ressources naturelles augmentent les distorsions dans le reste de l'économie. Ceci vient du fait qu'un boom induit un homme politique en place à augmenter l'ampleur des redistributions afin de rester au pouvoir. Pour être crédible, ceci se fait par l'emploi public et donc par un surdimensionnement du secteur public vis-à-vis du secteur privé.

Ces résultats suggèrent donc que l'impact négatif des booms de ressources sur le développement économique provient moins d'une inefficacité directe des taux d'extraction de ces ressources que de l'utilisation politique des revenus liés à ces ressources. Ce type de conclusion semble confirmer les observations de la littérature empirique sur le sujet (voir par exemple Gelb, 1986).

Cette discussion indique aussi que l'impact global des booms de ressources sur l'économie dépend de façon critique des institutions politiques et fiscales mises en place puisque celles-ci affectent naturellement les incitations politiques des politiciens au pouvoir. Les pays disposant d'institutions minimisant les distorsions politiques de clientélisme tendent à tirer parti des booms alors que les pays dotés d'institutions plus fragiles peuvent souffrir de la « malédiction des ressources naturelles ». D'un point de vue de politique économique, ceci suggère que des programmes d'aides à la mise en place d'institutions fiscales et publiques soutenables peuvent être des facteurs de développement d'autant plus importants que le pays est fortement dépendant de ressources naturelles.

19.

L'intégration financière internationale et les déséquilibres globaux

Les vingt dernières années ont été caractérisées par une forte intégration des marchés financiers. L'intégration financière croissante était claire dès les années soixante-dix mais s'est accélérée à partir du milieu des années quatre-vingt-dix. Dans les pays riches, les échanges internationaux d'actifs financiers ont augmenté à la fois pour la dette et les actions (sous la forme d'investissement de portefeuille ou d'investissement direct étranger). Pour les pays émergents, les échanges d'actifs étrangers ont aussi augmenté fortement pour les actions mais la dette a été à peu près stabilisée depuis le milieu des années 1980. La figure 1, reprise de Lane et Milesi-Ferretti (2006 b), montre une mesure de cette intégration : le stock des actifs et dettes étrangères en pourcentage de PIB entre 1970 et 2004.

Un point intéressant est qu'à partir des années quatre-vingt-dix, la détention d'actifs étrangers s'accélère fortement dans les pays industrialisés alors qu'il n'y a pas de rupture de tendance pour les pays émergents et en développement. La différence entre les deux groupes de pays est encore plus claire quand on compare l'évolution de l'intégration financière et l'évolution de l'intégration commerciale. La figure 2, elle aussi prise de Lane et Milesi-Ferretti (2006 b), montre la somme des actifs et dettes étrangers en pourcentage des importations et exportations de biens et services. Pour les pays industrialisés, l'expansion du commerce d'actifs financiers dépasse largement celle du commerce de biens non seulement du fait que l'intégration financière a été très forte, mais aussi parce que l'augmentation du commerce des biens a été relativement modeste. Pour les pays émer-

Figure 1. L'intégration financière internationale

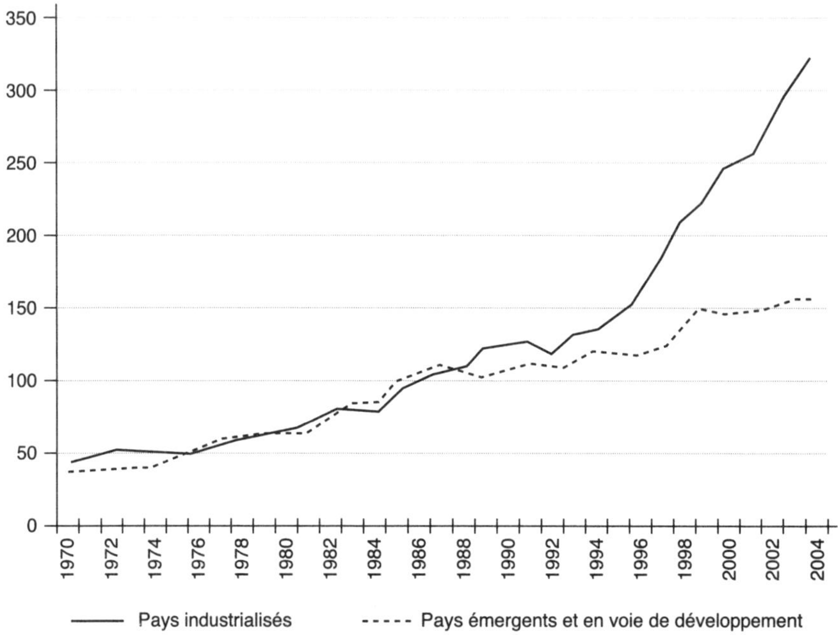

Source : Lane et Milesi-Ferretti (2006 b).
Stock des affaires et dettes étrangères (% du PIB).

gents et en voie de développement, on a vu que l'augmentation des flux financiers a été moins importante alors que l'ouverture commerciale s'est accrue plus fortement que dans les pays industrialisés. Le ratio des deux intégrations est donc resté à peu près constant pour les pays émergents et en voie de développement.

Plusieurs facteurs expliquent cette intégration financière : l'augmentation des flux commerciaux[1], la réduction des contrôles de capitaux, la libéralisation et le développement des systèmes financiers domestiques et les avancées techniques dans le domaine des télécommunications. Une des conséquences de cette forte intégration financière est qu'aujourd'hui les positions financières brutes (détention d'actifs à l'étranger et détention d'actifs domestiques par les étrangers) excèdent dans de nom-

1. Aviat et Coeurdacier (2007) ont ainsi montré qu'une augmentation des flux bilatéraux de commerce des biens de 10 % génère en moyenne une augmentation des flux financiers d'environ 6 à 7 %.

Figure 2. Intégration financière et commerciale

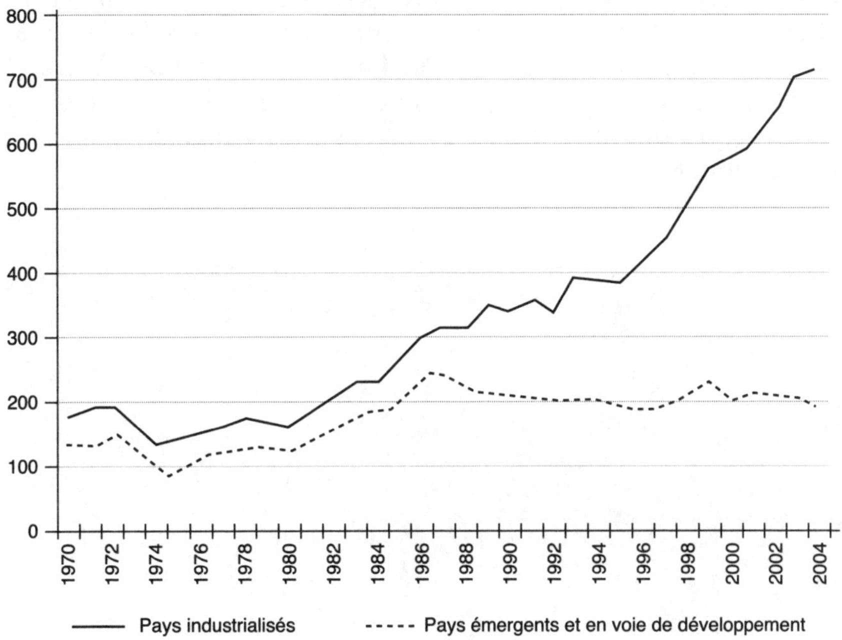

Source : Ibid.
Somme des actifs et dettes étrangers (% des importations et exportations).

breux pays 100 % du PIB. Du coup, les différences de rendement sur les actifs détenus à l'étranger par des agents domestiques et sur les actifs domestiques détenus par les étrangers peuvent impliquer des transferts de richesse non négligeables entre les pays. Ces effets de valorisation ont en partie été mis en évidence par les travaux de Lane et Milesi-Ferretti (2006 a et b) et Tille (2003). Les premiers sont aussi à l'origine d'un travail très important d'analyse statistique pour reconstruire des données sur la valeur des actifs et des dettes extérieures des pays qui permet de mieux mesurer le phénomène de l'intégration financière internationale et de prendre en compte ces effets de valuation. En augmentant très fortement la détention d'actifs étrangers, l'intégration financière internationale a donc obligé les chercheurs à analyser non seulement les positions extérieures nettes (la différence entre les actifs étrangers détenus par des agents domestiques et les actifs domestiques détenus par des agents étrangers) mais aussi les positions extérieures brutes.

Plus récemment, les déséquilibres des comptes courants ont aussi augmenté fortement avec les pays émergents d'Asie et les exportateurs de pétrole d'une part devenant des créditeurs et la position extérieure nette des États-Unis se détériorant très fortement de manière symétrique d'autre part. Le déficit américain est devenu l'une des questions majeures de l'analyse financière internationale.

20.

Le déséquilibre américain

La comptabilité des déséquilibres est à première vue assez simple : les Américains consomment et investissent plus qu'ils ne produisent. Pour cela, ils importent plus de biens qu'ils n'en exportent ; chaque année, ils doivent donc emprunter davantage au reste du monde. Aucun autre pays ne pourrait se permettre une telle position débitrice sans que les prêteurs ne demandent une prime de risque. Or on verra que c'est l'inverse qui se produit pour les États-Unis. Il est difficile de ne pas faire le lien avec l'idée que les États-Unis bénéficient d'un « privilège exorbitant », selon l'expression attribuée à de Gaulle en 1965 (mais en fait prononcée par son ministre des Finances, Valéry Giscard d'Estaing), et les débats qui existaient déjà dans les années soixante sur le rôle des États-Unis dans le système monétaire et financier international. Gourinchas et Rey (2006 a et b) ont analysé dans un article récent la nature de ce privilège qui a permis aux États-Unis de s'endetter sans (pour le moment) en payer toutes les conséquences.

Démontons la mécanique de ce privilège. Un pays verse des intérêts (r_D) sur sa dette (D) (la somme de tous les actifs domestiques détenus par des étrangers : ces actifs peuvent être de la dette publique ou privée, des actions ou de l'investissement direct étranger), mais il reçoit aussi des intérêts (r_A) sur les actifs (A) qu'il détient dans le reste du monde. Le revenu net des investissements est donc : $I = r_A A - r_D D$

Aux États-Unis, l'accumulation des déficits extérieurs a entraîné une forte augmentation de la dette extérieure nette D – A. La dette nette américaine est la différence entre tous les avoirs des étrangers aux États-Unis (le passif D) et des avoirs américains dans le monde (l'actif A) : les premiers représentent environ 12 700 milliards de dollars et les seconds 10 000 milliards, soit une dette nette d'environ 2 700 milliards de dollars en 2006. Normalement, une telle position débitrice génère des paiements au reste du monde (I négatif) du fait des intérêts qui doivent être payés. Or ce n'est pas le cas des États-Unis : à l'exception de la fin 2005 et d'une partie de l'année 2006, ils ont toujours reçu du monde plus d'intérêts et de dividendes qu'ils n'en ont payé. Pour le dernier trimestre 2006, on voit même un retour à un excédent net avec 166 milliards de dollars de revenus reçus sur les actifs étrangers contre 162 milliards versés aux étrangers pour actifs détenus aux États-Unis.

Comment est-ce possible ? La seule manière d'obtenir des revenus nets positifs (I positif) si le pays a une dette nette extérieure ($D > A$) est que les États-Unis bénéficient de rendements plus élevés sur leurs actifs que sur leur dette ($r_A > r_D$). De fait, l'actif et le passif diffèrent fondamentalement. Le passif est surtout constitué de bons du Trésor (achetés en particulier par les banques centrales asiatiques) et d'emprunts auprès des banques étrangères. Ces emprunts se font de plus en plus à court terme avec des taux d'intérêt faibles. Du côté des actifs, il s'agit de manière prédominante d'actions sur les marchés boursiers et d'investissements directs étrangers faits par les multinationales américaines. Plus risqués, ces actifs ont des rendements élevés. Il s'agit d'un effet de composition par lequel les Américains empruntent à taux faible (r_D) pour investir dans le reste du monde sur des actifs plus risqués et donc plus rentables (r_A plus élevé). Selon l'expression de Gourinchas et Rey, les États-Unis sont donc devenus une entreprise de capital-risque (et ils ont en cela remplacé la Grande-Bretagne). Outre l'effet de composition du portefeuille, il existe un effet de rendement : pour chaque classe d'actifs, les États-Unis reçoivent un rendement plus élevé sur les actifs étrangers qu'ils détiennent qu'ils ne versent aux étrangers sur les actifs américains détenus par ceux-ci. Cela est vrai pour les actions, la dette, les crédits bancaires. En revanche, selon Gourinchas et Rey (2006 a), il n'y a pratiquement pas de différence de rendement sur les investissements étrangers. Cependant, ce dernier résultat n'est pas en accord avec d'autres chercheurs (en particulier Higgins *et al.*, 2005) qui trouvent que les investissements directs étrangers aux États-Unis ont des rendements plus faibles que ceux des investissements américains faits à l'étranger.

La recherche de Gourinchas et Rey permet de remettre ce « privilège exorbitant » des États-Unis dans une perspective historique en estimant de manière assez précise les rendements des actifs américains à l'étranger et étrangers aux États-Unis entre 1952 et aujourd'hui. Ce travail confirme que les États-Unis ont bénéficié d'une prime sur leurs actifs détenus à l'étranger par rapport aux actifs détenus par les étrangers aux États-Unis. En moyenne, sur la période, le rendement des actifs étrangers détenus par les Américains a été de 5,72 % contre 3,61 % sur les actifs américains détenus par des étrangers. La différence (2,11 %) est substantielle. Cette prime a augmenté au cours du temps et en particulier depuis la chute du système de taux de change fixe de Bretton Woods. La différence de rendement moyen était quasi nulle avant 1973 et atteint 3,32 % après cette date. Cette différence explique pourquoi, malgré une forte augmentation de la dette nette extérieure des États-Unis, les revenus nets des investissements étrangers sont restés positifs.

On peut interpréter cette marge de différentes manières. La première est que les Américains sont des investisseurs plus doués que les autres et bénéficient de marchés financiers sans égal. Dans ce cas, le déficit est moins grave qu'il n'y paraît puisque le revenu engrangé grâce à l'activité de capital-risque réduit d'autant les déficits. On peut même aller plus loin et considérer le différentiel de rendement comme un actif « manquant ». C'est ce que font Hausmann et Sturzenegger (2007) dans un travail qui reste controversé. En estimant la valeur de cet actif « manquant » (ce qu'ils appellent le *dark matter*), ils concluent que le montant est très important pour les États-Unis et que ceux-ci ne sont pas en position débitrice vis-à-vis du reste du monde lorsqu'on prend en compte la vraie valeur des actifs américains. Leur interprétation est que les États-Unis ont un avantage comparatif dans la provision de confiance (économique et politique), de liquidité, de savoir-faire managérial et d'innovation, et que le reste du monde est prêt à payer pour cet avantage comparatif. Ces auteurs présentent une interprétation qu'on pourrait caractériser d'hétérodoxe de la position débitrice américaine en insistant sur l'importance de l'économie immatérielle et de l'incapacité de la comptabilité nationale à en définir les contours, faisant du déficit du compte courant une quasi-illusion statistique. L'ironie est que ce sont des analyses hétérodoxes qui viennent au secours des marchés en estimant qu'une baisse supplémentaire du dollar n'est pas nécessaire et que les marchés ne sont donc pas si irrationnels. Si on pense, comme beaucoup d'économistes orthodoxes, qu'une grosse dépréciation du dollar est nécessaire et que les investisseurs étrangers ne perçoivent pas de compensations par des rendements plus élevés aux États-Unis que dans le reste du monde, il faut conclure qu'il y a donc une forte dose d'irrationalité ou au moins de myopie sur les marchés. C'est la conclusion explicite de Krugman (2007) et implicite des travaux de Obstfeld et Rogoff (2005 et 2007 ; voir plus loin).

La seconde interprétation du privilège exorbitant est que l'ampleur du phénomène est temporaire et liée à la faiblesse des taux d'intérêt dans le monde. Même dans l'interprétation optimiste de Hausmann et Sturzenegger (2007), il faudrait que les exportations « immatérielles » augmentent fortement dans le futur (et surtout plus rapidement que les nôtres), pour compenser le déficit américain sur les biens matériels. Il est plus probable que l'augmentation va renchérir d'autant le coût de l'emprunt des États-Unis et rendre les flux de revenus nets négatifs dans un futur proche.

Le privilège américain ne s'arrête pas aux différences de rendement : grâce à l'hégémonie du dollar, les Américains empruntent dans leur propre monnaie, mais environ 70 % de leurs actifs étrangers sont en monnaie étrangère ce qui signifie que le risque de change est donc majoritairement pris en charge par le reste du monde. Lorsque le dollar se déprécie, la valeur de la dette nette est donc automatiquement réduite. Le bénéfice est substantiel : une dépréciation de 10 % aboutit à un transfert en faveur des États-Unis de près de 6 % du PIB américain, c'est-à-dire le montant du déficit annuel de la balance commerciale. Le calcul est assez simple : les actifs américains détenus à l'étranger représentent environ 85 % du PIB et les actifs détenus par les étrangers aux États-Unis environ 107 % du PIB : une dépréciation du dollar de 10 % affecte positivement la valeur des actifs détenus à l'étranger de 70 % × 85 % × 10 % = 5,95 % du PIB puisque les actifs détenus par les étrangers sont pratiquement tous en dollars. Cet effet de valuation est donc une composante importante du mécanisme d'ajustement du déséquilibre de la balance courante américaine. Pour tout autre pays, le remboursement de la dette obligerait à consommer moins et produire plus pour le reste du monde. Pour les pays émergents dont les dettes sont libellées en dollars, l'effet de valuation rendrait plus difficile l'ajustement d'un compte courant déficitaire puisqu'une dépréciation de la devise nationale dans ce cas alourdit le poids de la dette en dollars. Parce que les étrangers ont accepté de prêter en dollars aux États-Unis, l'ajustement via une dépréciation du dollar est rendu en revanche moins douloureux pour les États-Unis.

Gourinchas et Rey (2006 a) quantifient donc l'impact de l'effet de valuation sur l'ajustement du compte courant américain. L'ajustement traditionnel est celui qui passe par les exportations et les importations de biens : la dépréciation de la devise nationale permet de rendre plus compétitives les exportations et la production nationale par rapport aux biens étrangers. Elle permet donc de réduire le déficit du compte courant. L'effet de valuation est aussi, dans le cas des États-Unis, un mécanisme d'ajustement du déséquilibre puisqu'une dépréciation du dollar permet aussi de réduire la valeur de la dette nette des États-Unis vis-à-vis du reste du monde. Gourinchas et Rey (2006 a et b) montrent que l'effet de valuation opère à court-moyen terme alors que l'effet traditionnel via le commerce opère à long terme pour rétablir l'équilibre des comptes courants. Historiquement, l'effet de valuation reste minoritaire dans l'ajustement mais avec 30 % de l'ajustement total, sa contribution dans le processus d'ajustement n'est pas négligeable.

Les sources de ce privilège exorbitant restent encore un objet de discussion parmi les économistes : pourquoi les investisseurs étrangers acceptent-ils de manière répetée d'investir dans des actifs américains qui rapportent moins que des actifs domestiques ou des actifs étrangers autres que ceux des États-Unis ? Pourquoi les investisseurs détiennent-ils tant d'actifs américains s'ils savent que l'ajustement du déséquilibre va en partie se faire par une dévalorisation des actifs américains qu'ils détiennent ? Il faut reconnaître que les économistes ont du mal à répondre à ces questions et à formuler une théorie du privilège exorbitant telle que les investisseurs soient rationnels c'est-à-dire que leur choix d'investissement soit celui qui maximise leurs profits anticipés.

On peut s'attendre donc à davantage de travaux sur ce sujet dans les années qui viennent.

Une piste est celle fournie par Caballero *et al.* (2006). Ils partent du constat qu'à côté du déficit persistant du compte courant américain, deux faits stylisés doivent être mis en relation : le premier est que la part des actifs américains dans les portefeuilles internationaux a augmenté au cours du temps et représente aujourd'hui plus de 17 % de la richesse financière des pays du monde (hors États-Unis) ou 43 % de leur revenu. Le second fait important est la faiblesse, au niveau mondial, des taux d'intérêt de long terme dans les dix dernières années. Ils montrent que ces trois faits peuvent se comprendre dans un monde partagé en trois groupes : 1) États-Unis, 2) Europe et Japon et 3) le reste du monde, en particulier les pays émergents. La caractéristique des deux premiers est qu'ils offrent des instruments financiers de bonne qualité alors que les pays émergents ont des perspectives de croissance forte mais connaissent des épisodes où leurs instruments d'épargne sont déficients. Les auteurs analysent les implications d'une situation où l'Europe et le Japon voient leur croissance ralentir et les pays émergents subir une chute de leurs marchés financiers. Ces deux chocs génèrent des flux nets de capitaux vers les États-Unis, une augmentation de la part des actifs américains dans les portefeuilles des autres zones et une baisse des taux d'intérêt réels. Un point intéressant est que dans cette situation, il n'est pas nécessaire que le compte courant américain passe d'un déficit à un surplus. Le point essentiel est que les États-Unis, l'Europe et le Japon ont un avantage dans l'offre d'actifs financiers alors que les pays émergents doivent les acheter à défaut de les produire eux-mêmes. La croissance plus forte aux États-Unis qu'en Europe et au Japon leur permet d'être les récipiendaires des flux de capitaux. Les États-Unis bénéficient aussi d'une rente d'intermédiation financière, dont la principale raison est un transfert de « gouvernance d'entreprise » et cela réduit les surplus nécessaires pour rembourser les déficits accumulés dans le passé. Même s'il ne s'agit pas d'une véritable théorie du privilège exorbitant, le travail de Caballero *et al.* (2006) permet de mieux comprendre les mécanismes économiques constitutifs de ce privilège.

Le problème du privilège exorbitant est aussi qu'il est difficile de l'exploiter sans que les intervenants sur les marchés en tiennent compte. En allant trop loin dans la dette, les États-Unis pourraient mettre en danger le rôle du dollar et la stabilité de leurs marchés financiers, tous deux au moins en partie à l'origine même du privilège exorbitant.

Une des conclusions des recherches de Gourinchas et Rey est qu'une partie de l'ajustement du déséquilibre du compte courant américain peut se faire par des effets de valuation et qu'une dépréciation du dollar a donc un effet sur l'ajustement plus important que dans les modèles où le seul mécanisme d'ajustement passe par le biais commercial traditionnel. L'analyse remet donc en partie en question l'alarmisme d'un certain nombre d'auteurs (par exemple Obstfeld et Rogoff, 2005 et 2007) qui prédisent une forte dépréciation du dollar (au moins 20 % voire 30 %) à terme pour stabiliser la dette nette extérieure américaine ou même (voir Krugman, 2007) un crash du dollar du fait de la myopie des intervenants sur les marchés financiers sur la nécessité de l'ajustement.

21.

Jusqu'où ira la baisse du dollar ?

Obstfeld et Rogoff (2005 et 2007) ont tenté de quantifier l'impact de l'ajustement du déficit du compte courant américain sur les termes de l'échange et le taux de change réel. Pour cela, ils ont calibré un modèle assez simple pour étudier l'effet d'un transfert des États-Unis d'environ 6 % du PIB, ce qui représente le déficit du compte courant américain. Dans cet article, le mécanisme d'ajustement est le suivant : les États-Unis doivent augmenter leurs exportations nettes, c'est-à-dire augmenter leurs exportations de biens échangeables et diminuer leurs importations de biens échangeables. Clairement, cela requiert une dépréciation des termes de l'échange (le prix relatif des exportations par rapport à celui des importations) lorsque cette détérioration est le seul mécanisme permettant d'augmenter les exportations américaines. La baisse du prix des biens échangeables américains (principalement le secteur manufacturier) n'augmente pas cependant seulement la demande extérieure nette, elle augmente aussi la demande domestique pour ces biens. Or ces biens échangeables américains doivent être exportés plutôt que consommés pour parvenir à un ajustement du compte courant : c'est pourquoi l'ajustement requiert une baisse encore plus forte des prix des biens non échangeables américains (principalement les services et l'immobilier) afin de rediriger la demande américaine sur ces biens qui composent environ les deux tiers de la consommation américaine totale. L'importance du secteur des biens non échangeables est ce qui explique pourquoi le taux de change réel américain doit se déprécier fortement (entre 15 % et 34 %), beaucoup plus que les termes de l'échange (entre 4 % et 7 %).

Lorsque l'ajustement des déséquilibres de compte courant peut se faire graduellement, les mécanismes sont plus riches que ceux étudiés par Obstfeld et Rogoff parce qu'ils mettent en œuvre des mécanismes d'ajustement non seulement via la demande mais aussi via l'offre. De ce point de vue, la structure de l'offre de biens dans le commerce international est importante. Et la question des conséquences macroéconomiques des transferts dans le contexte de l'ajustement américain peut être revisitée à l'aune de changements importants du commerce international. Le commerce international est aujourd'hui (en particulier pour les pays industrialisés et émergents) un commerce majoritairement de biens manufacturés différenciés où la concurrence en matière de prix est relativement mineure. Suivant une méthodologie connue en commerce international permettant de distinguer les biens homogènes (échangés sur des marchés anonymes et organisés) et les biens différenciés, on constate que les importations de biens différenciés sont passées de 47,4 % des importations américaines totales en 1975 à 75,5 % en 2000. Pour les exportations américaines, la part des biens différenciés est passée de 61,3 % à près de 80 % entre 1979 et 2000. Le second facteur qui a été souligné par de nombreux auteurs spécialistes en commerce international, et qui est une conséquence assez logique de l'importance prise par la différenciation des biens, est ce qu'on appelle la marge extensive du commerce : c'est-à-dire l'augmentation du nombre de variétés ou de biens exportés plutôt que l'augmentation du volume de commerce des biens existants (la marge intensive). Un article de Hummels et Klenow (2005) montre que la marge extensive du commerce explique les deux tiers de la différence de commerce entre grands et petits pays. Si les grands pays exportent davantage que les petits, ce n'est pas majoritairement parce qu'ils exportent de plus gros volumes mais parce qu'ils exportent un nombre plus élevé de biens. L'importance de l'entrée et sortie de biens exportés et importés est aussi soulignée par une étude de Debaere et Mostashari (2006) qui indique que pour la grande majorité des pays, plus de 40 % des biens exportés vers les États-Unis sur la période 1998-2000 n'étaient pas exportés en 1989-1991. On notera d'ailleurs qu'il s'agit d'une tendance assez généralisée de la recherche en macroéconomie internationale que d'intégrer un certain nombre d'avancées récentes de la théorie du commerce international et de mettre ainsi l'accent sur la segmentation internationale des marchés du fait des coûts de transport ou des politiques commerciales, sur la concurrence imparfaite ou les différences de productivité entre les firmes exportatrices et celles qui demeurent sur le marché domestique. Les travaux récents de Ghironi et Melitz (2005), ou Bergin et Glick (2003) sont des exemples de l'intégration croissante entre la macroéconomie et le commerce international.

Les études traditionnelles du transfert et de l'ajustement du compte courant ignorent la possibilité d'une marge extensive du commerce de biens différenciés. L'étude de Corsetti *et al.* (2007) construit un modèle simple où ces caractéristiques importantes du commerce international (différenciation des biens, entrée et sortie de nouvelles variétés, segmentation des marchés), absentes des modèles traditionnels du type de ceux utilisés par Obstfeld et Rogoff, sont prises en compte pour analyser l'effet d'un ajustement du compte courant de la taille (6 % du PIB) de celui nécessaire pour stabiliser la dette nette extérieure américaine. Dans la version calibrée pour reproduire les caractéristiques majeures de la situation américaine et sans marge extensive (le nombre de biens est fixe), l'ajustement du compte courant requiert une détérioration du taux de change réel importante, d'environ 17 %, un chiffre proche des études existantes (par exemple Obstfeld et Rogoff, 2007, ou Faruqee *et al.*, 2007). En revanche, lorsque l'entrée et la sortie de nouveaux biens sont permises à long terme et dans une situation de concurrence imparfaite où les entreprises ont un pouvoir de marché, la détérioration nécessaire est de 1 % seulement. L'ajustement se fait assez peu par un changement de prix mais via une forte augmentation du nombre de variétés exportées (+ 24 %), du nombre de variétés locales dans le secteur des échangeables (+ 12 %) et une baisse du nombre de variétés dans le secteur des non-échangeables (– 2,1 %), et des variétés importées (– 13 %). La conclusion est que, dans le débat sur l'ajustement du compte courant, l'attention s'est peut-être trop focalisée sur le rôle de la dépréciation du dollar. Celle-ci n'est peut-être pas une bonne mesure du coût pour les Américains de l'ajustement du déséquilibre extérieur, car même sans forte dépréciation du dollar (c'est-à-dire lorsque l'augmentation des exportations se fait sans baisse des prix des biens exportés mais par une augmentation du nombre de variétés exportées), la baisse de la consommation américaine reste importante, de l'ordre de 3 %.

On remarquera que si comme Gourinchas et Rey (2005), Corsetti *et al.* (2007) aboutissent à un résultat qui remet en cause la nécessité d'une très forte dépréciation du dollar pour effectuer l'ajustement du déficit américain, le mécanisme est cependant très différent. Chez Gourinchas et Rey (2006 a et b), ce sont les effets de valuation qui sont primordiaux alors que chez Corsetti *et al.* (2007), ce sont les nouvelles caractéristiques du commerce international qui permettent que l'ajustement se fasse sans une forte dépréciation du dollar.

22.

L'euro et l'intégration financière

La création de l'euro peut aussi en partie être interprétée comme une des dimensions de l'intégration financière internationale avec une dimension asymétrique pour les pays de la zone euro et ceux hors zone euro. De ce point de vue, une question intéressante est d'analyser dans quelle mesure l'euro constitue une libéralisation financière unilatérale ou préférentielle. La question est importante à la fois pour les pays dans et hors zone euro. Elle est particulièrement intéressante pour les pays hors zone euro mais qui appartiennent à l'Union européenne, et sont donc très intégrés commercialement aux pays de la zone euro. Pour analyser ces questions, Coeurdacier et Martin (2006) analysent la manière dont l'euro a affecté les détentions d'actifs étrangers.

En théorie, l'euro peut avoir affecté les détentions d'actifs étrangers de plusieurs manières : en changeant les coûts de transaction pour acheter et vendre les actifs de la zone euro et en changeant les caractéristiques de ces actifs. Il a pu ainsi diminuer les coûts de transaction à l'intérieur de la zone euro mais aussi entre pays de la zone euro et hors zone euro à la fois pour les ventes et les achats d'actifs. Comme pour les effets des zones d'intégration régionale sur le commerce de biens, l'euro a aussi pu résulter en un effet de diversion : en rendant moins coûteux l'achat d'actifs de la zone euro, il a pu diminuer les achats d'actifs hors zone euro. En outre, comme le note Lane (2006), l'euro a pu aussi rendre les actifs financiers (en particuliers la dette publiques) des différents pays plus substituables auprès des investisseurs.

À partir de ce qu'on appelle un modèle de gravité financière qui prend en compte de nombreux déterminants des détentions d'actifs étrangers, les estimations de Coeurdacier et Martin (2007) suggèrent que les coûts de transaction pour acheter des actifs de la zone ont bien diminué : de 17 % pour les actions et 14 % pour la dette. Cette diminution a bénéficié à la fois aux pays à l'intérieur de la zone euro et hors zone euro. S'ajoute à cette réduction « multilatérale » une réduction des coûts de transaction spécifique aux seuls pays de la zone euro de 10 % et 17 % pour les actions et la dette respectivement. De ce point de vue, on peut donc considérer que l'euro a bien eu un effet de libéralisation préférentielle et unilatérale qui ressemble à ce qui a été trouvé pour l'effet de l'euro sur le commerce de biens (voir Baldwin 2006, et Flam et Nordstrom, 2003). L'effet a été plus important pour la dette que pour les actions, ce qui peut s'interpréter du fait que les bons du Trésor par exemple sont plus substituables que les actions et qu'une baisse des coûts de transaction a donc un effet plus important sur les détentions de ce type d'actifs financiers. Les pays de la zone euro semblent avoir acheté moins d'actions hors de la zone euro. Cet effet de diversion a été identifié en comparant les échanges d'actifs entre les pays de la zone euro et les pays nordiques dans (Finlande) et hors zone euro (Suède, Norvège et Danemark). Cet effet de diversion ne vient pas du fait qu'il est plus cher dans l'absolu d'acheter ces derniers actifs mais plutôt d'un effet de coût relatif.

Pour les pays hors de la zone euro, trois effets peuvent donc être identifiés. L'effet de la libéralisation unilatérale est a priori bénéfique puisqu'il leur permet d'acheter les actifs financiers de la zone euro et donc de diversifier leur risque à moindre coût. L'effet de diversion est clairement négatif pour les pays hors de la zone euro puisque si les actifs sont imparfaitement substituables (ce que l'analyse empirique confirme), une baisse de la demande des actifs des pays hors zone euro devrait réduire le prix relatif de ces actifs et ainsi augmenter le coût du capital pour ces pays. Le troisième effet, d'augmentation des transactions financières à l'intérieur de la zone euro, et qui est la contrepartie de l'effet de diversion, n'a, à première vue, pas d'impact sur les pays hors zone euro. Cependant, dans un modèle tel que celui de Martin et Rey (2000) où le nombre d'actifs est endogène, l'augmentation de la demande d'actifs à l'intérieur de la zone euro et l'augmentation de leur prix génèrent la création de nouveaux actifs financiers et donc une meilleure possibilité de diversifier les risques. De ce point de vue, les pays hors de la zone euro peuvent bénéficier, au-delà de la diminution des coûts de transaction sur l'achat d'actifs de la zone euro, d'un marché financier de la zone euro plus large, plus liquide et plus diversifié. Au total, les pays hors de la zone euro bénéficient, grâce à la création de l'euro, d'une meilleure diversification des risques à moindre coût mais s'accompagnant potentiellement d'une augmentation du coût du capital pour les entreprises de ces pays.

23.

Intégration financière et crises des pays émergents

Bien que l'accroissement des échanges d'actifs financiers soit plus important pour les pays industrialisés que pour les pays émergents, ces derniers ont aussi connu une libéralisation progressive des flux de capitaux qui s'est accélérée à partir du milieu des années quatre-vingt-dix. Une question s'est rapidement posée, en particulier après la crise asiatique de 1997-1998 : les pays émergents bénéficient-ils, grâce à la globalisation financière, d'un moyen d'accélérer leur croissance en facilitant le financement de leurs investissements ou font-ils face à une plus forte probabilité de crise financière ? Sans aller dans les détails, la littérature empirique semble valider les deux effets. Un certain nombre d'études empiriques en finance montrent que l'ouverture financière des pays émergents a conduit à une baisse du coût du capital et une augmentation de l'investissement dans ces pays. D'un autre point de vue, des travaux de macroéconomistes donnent l'ouverture financière comme un bon prédicteur des crises financières. Il y aurait donc un arbitrage entre le risque de crises induit par l'ouverture financière et le gain en termes d'investissement et de croissance permis par cette ouverture. C'est de fait ce que trouvent Rancière *et al.* (2006) qui montrent que les pays qui ont subi plus de crises (et ce sont bien ceux qui se sont ouverts aux mouvements de capitaux) ont aussi eu un taux de croissance plus rapide. Les gains en termes de croissance que les pays émergents pourraient obtenir de l'intégration financière internationale sont cependant remis en cause par Gourinchas et Jeanne (2006) qui montrent que, dans un modèle de croissance classique, accélérer la convergence des pays en leur laissant financer leur investissement à l'étranger apporte des gains faibles aux pays émergents.

Il est intéressant aussi de constater que les effets de l'ouverture financière et de l'ouverture commerciale semblent assez différents. Par exemple, Cavallo et Frankel (2004) trouvent une corrélation négative entre l'ouverture commerciale et la vulnérabilité des pays aux crises financières. L'Argentine des années quatre-vingt-dix représente à cet égard un cas intéressant d'un pays très ouvert aux flux financiers mais relativement fermé sur le plan commercial et qui a subi de nombreuses crises financières. Sur le plan théorique, Martin et Rey (2006) montrent que la combinaison ouverture financière + fermeture commerciale est celle qui maximise la vulnérabilité du pays à un crash généré par un phénomène d'anticipations autoréalisatrices.

La recherche théorique sur le lien entre intégration financière et crises financières a été très influencée par la question des contraintes financières. Deux études (Krugman, 1999 ; Aghion *et al.*, 2003) sont assez représentatives. L'idée principale est que les pays émergents font face à une contrainte spécifique sur les marchés financiers internationaux qui les oblige à s'endetter en dollars et non dans leur propre monnaie, ce qu'on appelle le *original sin*, le péché d'origine. Ils sont dès lors vulnérables à des crises générées par des anticipations autoréalisatrices. Le schéma est à peu près le suivant : les entreprises sont contraintes dans leur investissement car elles ne peuvent emprunter que si la valeur de leurs avoirs est suffisante. La valeur de ces avoirs dépend, en termes nets, de la dette qu'elles ont contractée en dollars à l'étranger. Si une crise de change survient et que le dollar s'apprécie donc fortement face à la monnaie locale, la valeur de la dette des entreprises augmente de manière abrupte. Dans ce cas, devenant plus risquées aux yeux des prêteurs, elles ne peuvent plus financer leurs investissements qui chutent fortement. La baisse de l'investissement entraîne une baisse de la demande de biens du pays, une récession et une baisse de la devise locale. On obtient donc un processus circulaire où l'anticipation d'une crise de change génère une récession qui elle-même entraîne la dépréciation de la monnaie, validant donc l'anticipation de départ. Même si l'explication des crises par le phénomène des anticipations autoréalisatrices n'est pas sans défaut (en particulier, elle ne permet pas de comprendre ce qui déclenche la crise), elle a eu une influence déterminante sur la manière dont les économistes réfléchissent aux mécanismes qui relient le phénomène des crises financières et la libéralisation financière internationale.

Les causes et les conséquences du phénomène de l'intégration financière représentent certainement le point focal de la recherche dans le domaine de la macroéconomie internationale. Cette recherche est loin d'être concluante car de nombreuses questions restent sans réponse.

Au-delà des multiples études tentant de quantifier l'impact de l'ajustement du déficit du compte courant américain sur le taux de change du dollar, les travaux actuels ne nous donnent que peu d'éléments pour analyser les changements de politique économique nécessaires pour éviter qu'un ajustement ne se transforme en récession mondiale. Nous ne savons pas encore si cet ajustement prendra la forme d'un rappel à l'ordre des marchés financiers ou d'une action concertée des politiques économiques. La manière dont l'intégration financière internationale affecte la forme que doit prendre la coopération économique internationale dans une situation de déséquilibres n'est pas non plus très claire et nécessite davantage d'attention. Sur le plan théorique, la manière dont l'intégration financière internationale affecte les choix de portefeuille dans un monde où les marchés restent incomplets et où tous les risques ne peuvent donc être couverts reste mal comprise. La réponse n'est pas sans importance sur la manière dont le processus d'ajustement des déséquilibres globaux va s'effectuer. Finalement, la manière dont les politiques monétaires devraient réagir en cas d'ajustement brutal du déséquilibre américain est une question ouverte. On peut donc parier que face à ces questions théoriques ouvertes et aux enjeux en cause, la recherche dans le domaine de la macroéconomie internationale va rester un domaine très actif.

24.

Accès au marché et régionalisme

Contrairement aux idées reçues sur la globalisation, la libéralisation commerciale est loin d'être complète. On peut même dire qu'elle ne fait que commencer. L'Uruguay round, achevé en 1993, a porté la moyenne des droits de douane à environ 4 % dans les pays industrialisés (au lieu d'environ 6 % auparavant) mais seulement pour les biens manufacturés. Et encore, on ne prend pas en compte d'autres types d'instruments ouvertement protectionnistes comme les quotas ou pouvant éventuellement servir à des visées protectionnistes comme les normes techniques ou sanitaires.

Dans la réalité, on constate plutôt que les barrières à l'échange existent toujours bel et bien. Les économistes utilisent deux méthodes pour mettre en lumière ces restrictions au commerce. Une première méthode consiste à comparer directement les taux de protection. Cette première approche fondée sur une mesure directe de la protection est cependant sujette à caution car, dès que l'on parle de protection « moyenne », on gomme l'énorme dispersion des droits de douane (les pics tarifaires, les différences entre secteurs et entre exportateurs pour un même importateur). En outre, le prix du bien ne suffit pas pour estimer l'effet du droit de douane sur les échanges et sur le bien-être, il faudrait également connaître l'élasticité de la demande au prix.

Une deuxième approche consiste à estimer des échanges qui ne seraient pas dus à la protection, mais seulement à des déterminants structurels comme la distance ou les tailles de marché. L'écart entre les estimations de ce modèle de gravité, fondé sur la théorie du commerce international en concurrence imparfaite, et la réalité observée, permet d'inférer l'importance des barrières à l'échange, ou ce que l'on appelle l'«effet-frontière ». C'est la stratégie indirecte adoptée par Thierry Mayer et ses coauteurs. Fontagné, Mayer et Zignago (2005) mesurent l'accès au marché entre les pays de la triade (États-Unis, Union européenne et Japon) entre 1976 et 1999, pour 26 branches industrielles. À l'intérieur de l'UE, traverser une frontière réduisait le commerce bilatéral d'un facteur 23 à la fin des années soixante-dix. L'effet frontière s'est bien réduit avec l'intégration : traverser la frontière à l'intérieur de l'UE ne réduit plus les échanges que d'un facteur 12 à la fin des années quatre-vingt-dix. L'intérêt du modèle de gravité, qui part d'échanges bilatéraux, est de tester s'il y a bien réciprocité des accès au marché, c'est-à-dire, si les barrières entre deux pays sont symétriques. Or, Fontagné, Mayer et Zignago montrent qu'il n'en est rien. Par exemple, il est bien plus facile aux exportations américaines d'entrer au Japon que l'inverse. Dans un deuxième article, sur un autre échantillon, Mayer et Zignago (2005) estiment cette asymétrie d'accès au marché entre pays en voie de développement (PVD) et pays industrialisés. Ils montrent que, toutes choses égales par ailleurs, dans les années quatre-vingt-dix, un pays riche préfère son bien domestique plutôt que le même bien importé d'un autre pays riche, d'un facteur 60 ; mais ce facteur grimpe à 280 quand il s'agit d'une importation en provenance d'un pays en développement ! L'effet frontière est particulièrement fort en ce qui concerne les PVD pauvres ou moyennement pauvres en termes de PIB par tête, par contraste avec les pays émergents.

La mesure des effets frontière nous apprend deux choses. Premièrement, se dessine une divergence au sein des PVD, entre pays pauvres et riches du Sud. Deuxièmement, si l'accès au marché est asymétrique, entre Nord et Sud, et même entre pays de la triade (États-Unis, Europe, Japon), cela signifie que la réciprocité, un des deux piliers, avec la non-discrimination, du système multilatéral de libéralisation commerciale sur lequel repose l'Organisation mondiale du commerce (OMC), n'est toujours pas réalisée. Ces deux constats pourraient être les causes profondes de la stagnation du processus de Doha : pourquoi négocier si les dés sont pipés en faveur du Nord voire en faveur des plus riches d'entre les pays pauvres ?

Alors que la libéralisation multilatérale marque le pas, on assiste à une frénésie d'accords bilatéraux ou régionaux. En effet, il existe bien plusieurs manières de libérer les échanges. On peut le faire vis-à-vis de tous et avec tous, c'est la voie multilatérale suivie à l'OMC. On peut aussi diminuer les droits de douane pour les importations en provenance de quelques pays seulement. Ce peut être sans obligation de réciprocité de la part des pays pauvres, comme dans les schémas préférentiels (Systèmes généralisés de préférence, *African Growth Opportunity Act*, ou Tout sauf les armes). Ce peut être avec réciprocité des réductions tarifaires, comme dans les accords régionaux tels l'Accord de libre-échange nord-américain (Alena), le Mercosur (le processus d'intégration régionale entre l'Argentine, le Brésil, l'Uruguay et le Paraguay, signé en 1991), le Partenariat euro-méditerranéen, et les Accords de partenariat économique entre l'Union européenne et les pays ACP (Afrique-Caraïbes-Pacifique). Dans ces accords régionaux réciproques, de fait, la libéralisation est plus importante dans les pays du Sud, qui partent d'un droit de douane moyen plus élevé. Enfin, dernière distinction, la libéralisation peut être permanente ou temporaire. Les schémas préférentiels, mis à part l'initiative européenne Tout sauf les armes, sont temporaires et soumis au bon vouloir des États accordant la préférence. Par contraste, l'OMC et les accords régionaux reposent sur des règles définies de manière permanente.

D'après l'OMC, si les soixante accords préférentiels actuellement en cours de négociation aboutissent, il y aura deux fois plus d'accords que de membres de l'OMC et l'ensemble couvrirait, d'après la Banque mondiale, environ un tiers du commerce mondial.

Les raisons du succès des accords régionaux tiennent en un mot, celui de « préférence ». Dans le processus régional, les États pensent pouvoir mieux contrôler la libéralisation en choisissant les partenaires et les biens à libéraliser.

Cette possibilité de contrôle est précieuse dans le contexte actuel d'internationalisation de la chaîne de production, où l'on n'échange plus des produits finis, mais des composants ou sous-ensembles de ces produits. En fait, désormais 40 % des exportations mondiales sont le fait d'échanges « verticaux » du même bien à divers stades de la production. Et les accords régionaux sont un élément important du système, car ils servent à créer des chaînes régionales de valeur ajoutée. Au Lesotho, par exemple, dont les exportations de vêtements vers les États-Unis croissent au rythme annuel de 30 % depuis 1995, la plupart des firmes exportatrices sont détenues par des entrepreneurs d'Asie de l'Est, recevant des ordres de marques américaines via leur maison mère en Asie et utilisant des intrants produits par elle.

Pour consolider les chaînes régionales de valeur ajoutée, les accords régionaux de libre-échange disposent d'un instrument, les règles d'origine, qui édictent les conditions à remplir pour qu'un bien puisse bénéficier de la préférence tarifaire.

L'idée initiale des règles d'origine est de définir le champ de la politique commerciale d'un pays, et de réserver l'accès préférentiel aux biens effectivement produits par les partenaires de l'accord. Le but est d'éviter le détournement de barrières tarifaires que serait l'introduction, par le biais du pays partenaire dont le droit de douane est le plus bas, de biens manifestement étrangers à la zone, qui y auraient par exemple subi une transformation minimale et purement nominale (comme l'ajout d'une étiquette).

Concrètement, deux critères sont utilisés : 1) le produit doit être entièrement obtenu ou produit dans le pays, critère qui s'applique aux produits agricoles et aux minerais ; ou 2) le produit doit avoir fait l'objet d'une transformation suffisante dans le pays. Ce dernier critère se traduit à son tour en plusieurs éléments. Tout d'abord, la règle peut demander qu'il y ait, entre l'intrant et le produit final, un changement de classification tarifaire. Celui-ci peut se faire à différents niveaux, plus ou moins fins, de désagrégation. Plus le niveau requis est fin, plus il est facile d'avoir un produit final classé différemment de son intrant. Un autre critère est celui de la valeur régionale qui spécifie la part de la valeur ajoutée qui doit être issue de la région. À cela peut s'ajouter une spécification technique, requérant certaines opérations de production. Les règles d'origine sont donc diverses et plus ou moins difficiles à implémenter.

Les règles d'origine ont longtemps fait partie des instruments « gris » du commerce, importants pour les praticiens mais peu étudiés de manière empirique par les économistes en raison du manque de mesures quantitatives, même s'ils ont fait l'objet d'importants travaux théoriques.

Un livre récent édité par Cadot, Estevadeordal, Suwa-Eisenmann et Verdier (2006) fait le point de la question en rassemblant des contributions théoriques et empiriques sur la manière dont les règles d'origine influencent les échanges, en quoi ils diffèrent selon les accords régionaux et quelles forces politiques les sous-tendent.

Supposons que deux pays, Nord et Sud, signent un accord bilatéral. Le Nord vend un bien intermédiaire, du tissu (une activité plutôt capitalistique), et le Sud, un bien final, des tee-shirts (une activité intensive en main-d'œuvre). Le Nord accorde à son partenaire du Sud un droit de douane réduit pour les tee-shirts, pourvu que le Sud lui achète le tissu nécessaire à la production des tee-shirts dans une proportion donnée par la règle d'origine. Soit le Sud se plie à la règle d'origine et gagne un accès préférentiel sur le marché du Nord ; soit il importe son tissu de n'importe quel autre pays dans le monde et vend à son partenaire du Nord au même droit de douane que tout le monde.

Cette présentation simple montre deux premières conséquences des règles d'origine : 1) elles atténuent l'effet positif de la préférence tarifaire pour les producteurs finaux du Sud ; 2) elles augmentent le surplus des producteurs intermédiaires du Nord, qui bénéficient d'un marché captif au Sud en vertu de la règle d'origine. Pour connaître l'effet en termes de bien-être global, il faudrait inclure le consommateur dans l'analyse et avoir une idée de la compétitivité des deux partenaires. Si Nord et Sud sont compétitifs, le fait qu'ils s'échangent plus entre eux profite au consommateur. Sinon, il s'agit d'un détournement du commerce par rapport à ce qu'aurait été la structure optimale des échanges.

Les règles d'origine peuvent ainsi être utilisées comme un instrument protectionniste, afin de protéger des producteurs qui pourraient perdre à l'intégration régionale. Ceci pourrait d'ailleurs expliquer pourquoi les accords régionaux continuent d'être intéressants, alors que la préférence tarifaire elle-même est vouée à diminuer avec la baisse progressive du droit de douane multilatéral s'appliquant par défaut à tous les pays.

Pour les firmes multinationales, les règles d'origine peuvent également avoir un autre effet. En raison de la concurrence, dans un contexte d'externalisation stratégique, les multinationales auraient plutôt tendance à délocaliser le plus possible, afin de profiter au maximum des opportunités de coûts. Dans ce contexte,

Thoenig et Verdier (2006) montrent que les règles d'origine viennent limiter la part de la valeur ajoutée qui peut être délocalisée en dehors de la région. Elles stabilisent l'outsourcing des firmes et ont un effet collusif, en limitant la concurrence des multinationales entre elles. Cependant, la stabilisation de l'outsourcing peut quand même avoir un effet positif. En effet, les firmes sous-traitantes de la région peuvent alors être incitées à faire des investissements spécifiques qui rendent plus efficace leur production pour la maison mère.

Voir les règles d'origine comme un instrument protectionniste revient à considérer qu'elles peuvent être déterminées de manière endogène par des groupes de pression.

Dans le cas de l'Alena (l'accord de libre-échange signé en 1994 entre les États-Unis, le Canada et le Mexique), les règles d'origine ont sans doute favorisé les producteurs américains de biens intermédiaires. Plus le Mexique était un marché important pour eux avant 1994 pour leurs produits, plus la règle d'origine s'appliquant à ces produits est restrictive. Cadot, Estevadeordal, Suwa-Eisenmann et Verdier (2006) trouvent une première confirmation de cette hypothèse dans une estimation économétrique qui traite les règles d'origine comme endogènes, dans le cadre du modèle d'économie politique proposé par Grossman et Helpman. Les règles d'origine agissent alors comme une subvention à l'exportation (un instrument interdit par le GATT) pour les exportations intermédiaires américaines.

On peut classer les règles d'origine selon leur degré de sévérité, suivant des critères simples : plus il faut de transformation du produit intermédiaire, plus la règle d'origine est sévère. On trouve alors que, dans le cas de l'Alena, les règles d'origine restrictives correspondent aux secteurs qui ont obtenu la préférence tarifaire la plus élevée de la part des États-Unis. Les Mexicains ont donc au mieux troqué une préférence tarifaire importante contre des règles d'origine restrictives. Le textile en est un exemple : la préférence tarifaire obtenue par le Mexique grâce à l'Alena est de l'ordre de 16,7 % ; mais les règles d'origine sont aussi parmi les plus sévères. En d'autres termes, les États-Unis ont repris d'une main ce qu'ils ont accordé de l'autre.

Ce constat statistique est corroboré par le récit des tractations autour de l'Alena retracé par Destler (2006). Dans le cas du textile, l'Alena introduit une obligation de « triple transformation » pour bénéficier de l'accès préférentiel : pour être originaire de la zone, un vêtement doit être produit à partir de tissus et de fils également originaires de la zone (donc, en pratique, américains). Cette règle très astreignante a permis de séduire les filateurs américains de Caroline du Nord et du Sud, et d'obtenir leur acceptation de l'Alena, en brisant leur alliance traditionnelle avec les fabricants de vêtements. Les règles d'origine font ainsi partie d'un processus plus général d'érosion du soutien interne américain au libre-échange, en permettant de glaner des voix en faveur des accords régionaux.

Il est difficile de calculer le coût des règles d'origine. Une piste est d'extraire des informations du comportement des exportateurs. S'ils utilisent effectivement le régime préférentiel, c'est qu'ils y trouvent leur compte. Sinon, c'est que le coût des règles d'origine est trop élevé comparé à la préférence tarifaire qu'ils peuvent espérer. À partir du taux d'utilisation des accords préférentiels, on peut ainsi inférer un coût en équivalent tarifaire des règles d'origine. Pour l'Alena, Cadot, Suwa-Eisenmann et leurs coauteurs trouvent en 2000 un coût moyen des règles d'origine de 6,13 %, à comparer aux 3,92 % de préférence tarifaire moyenne accordée par les États-Unis au Mexique.

D'une certaine manière, les règles d'origine sont un instrument protectionniste quasi parfait. En raison de leur technicité, elles ne peuvent être définies qu'avec l'aide d'entreprises désireuses d'en tirer parti. Et le tout se déroule dans l'ombre, en raison de la complexité technique et de l'impossibilité de mesurer facilement l'équivalent tarifaire d'une règle d'origine. Cependant, leur impact sur l'accès au marché est non négligeable.

Or, dans les accords récents entre pays développés et pays en développement, qui couvrent désormais une part grandissante du commerce mondial, les règles sont définies produit par produit et de manière spécifique à chaque accord. La conséquence de cette spécialisation des règles d'origine est qu'elles renforcent les divergences potentielles entre accords préférentiels. En effet, plus les règles d'origine gagnent en spécificité et en complexité, plus il sera difficile à l'avenir d'harmoniser entre blocs régionaux. Le risque d'aboutir à du détournement du commerce, en discriminant par rapport aux non-membres, est d'autant plus grand. Une première solution serait d'opter pour des règles d'origine définies de manière plus souple (et générales pour tous les produits). Si cela s'avère difficile, on peut du moins instaurer des sortes de mécanismes de reconnaissance mutuelle, en rendant possible le cumul des règles d'origine. En effet, plus la zone dans laquelle un pays peut cumuler de la valeur ajoutée avant d'exporter vers un partenaire est étendue, plus ses producteurs disposent d'inputs diversifiés, rendant ainsi plus aisé de satisfaire la règle d'origine.

25.

Économie géographique

Les travaux évoqués précédemment ont abondamment fait appel aux outils de la nouvelle économie géographique. Celle-ci considère que la localisation des activités est un phénomène important, d'autant plus dans un environnement de concurrence imparfaite entre les firmes, où celles-ci disposent de rendements d'échelle croissants. Plusieurs travaux de chercheurs du Cepremap sont allés plus loin en examinant plus précisément trois facteurs importants de l'agglomération spatiale : le coût de transport, le *home market effect* et l'effet frontière.

Concernant le coût de transport, Combes et Lafourcade (2005) présentent une méthodologie permettant de construire un indicateur sophistiqué du coût d'échange des marchandises, à l'échelle territoriale exceptionnellement fine des 341 zones d'emploi françaises. En combinant la dépense monétaire liée à la distance parcourue par un poids lourd de référence sur le réseau routier français et la valeur du temps de parcours correspondant, on obtient le coût de transport généralisé associé à l'itinéraire le moins cher entre deux zones données.

Ce nouvel indicateur est comparé à trois mesures utilisées habituellement par les économistes : la distance à vol d'oiseau, la distance et le temps relatifs à un itinéraire optimisé sur le réseau de transport existant (ici, le plus court en distance et le plus rapide en temps). Il s'avère qu'en coupe transversale (pour une date donnée), la corrélation spatiale entre ces trois mesures est extrêmement forte (supérieure à 0,99). Pour une utilisation en coupe, il n'est donc pas vraiment utile de disposer de données aussi sophistiquées que le coût de transport généralisé. En revanche, les variations temporelles sont moins bien capturées par les indicateurs de distances et de temps. Sans même évoquer la distance à vol d'oiseau qui, par définition, ne varie pas dans le temps, la corrélation spatiale des taux de croissance du coût de transport généralisé et du temps réel (respectivement de la distance réelle) n'est que de 0,78 (respectivement 0,42). Ces résultats suggèrent que des erreurs de mesure importantes peuvent être liées à une mauvaise évaluation de la variation des coûts de transport (et notamment de leur baisse). Ainsi, pour des études dynamiques, disposer d'un indicateur plus sophistiqué que les indicateurs approchés traditionnellement utilisés par les économistes est un avantage certain.

Grâce à une analyse de type Shift & Share de décomposition des sources de la croissance, Combes et Lafourcade montrent que, contrairement à une croyance très répandue, les infrastructures n'ont contribué que très faiblement à la baisse moyenne du coût de transport entre zones d'emploi : seulement pour 3,2 points de pourcentage et ce, sur une période caractérisée par un développement sans précédent du réseau routier français (le nombre de kilomètres d'autoroutes a doublé entre 1978 et 1998). À l'inverse, le mouvement de déréglementation du transport routier de marchandises amorcé dans les années quatre-vingt, auquel on peut associer les développements de la logistique, a contribué à hauteur de 21,8 points de pourcentage à cette même baisse. En effet, la réorganisation des chaînes logistiques a entraîné des gains de productivité qui ont comprimé drastiquement les coûts. En outre, les prix des chargeurs se sont fortement réduits, du fait de l'abolition de la tarification routière obligatoire. Enfin, la suppression du contingentement des licences de transport routier a favorisé l'entrée sur le marché de concurrents plus nombreux. Les réformes ayant affecté la structure du marché du transport se sont donc révélées déterminantes. Les évolutions technologiques de la branche transport (comme les économies d'énergie liées aux chocs pétroliers, ou la hausse de la qualité du matériel roulant) ont également constitué un élément moteur de la baisse (10,9 points de pourcentage). Les variations des coûts du carburant (prix de reprise de raffinerie, taxe intérieure sur les produits pétroliers) et les péages constituent en revanche des déterminants mineurs sur la période 1978-1998. Les infrastructures jouent néanmoins le rôle essentiel de cibler l'espace au sein duquel la baisse du coût de transport engendrée par les autres facteurs est la plus forte.

Le *home market effect* désigne l'effet de la localisation de la demande sur les quantités produites : la région ayant la plus grande taille de marché aura tendance à se spécialiser dans les industries à rendements croissants. Cependant, la demande a également un effet sur les prix et les salaires. Head et Mayer (2006) distinguent entre ces effets quantités et prix liés à la répartition spatiale de la demande, montrent le lien conceptuel entre les deux et mesurent l'ordre de grandeur des effets respectifs. Head et Mayer proposent le concept de *real market potential* (RMP). Intuitivement, un grand marché bien desservi par les firmes existantes offre moins de potentiel de profits qu'un marché plus petit mais avec moins de concurrents. Ils estiment, à l'aide d'un modèle de gravité, l'effet du *real market potential* sur l'emploi et sur les salaires, dans les 57 régions européennes désagrégées en 13 branches industrielles entre 1985 et 2000. Un problème d'endogénéité se pose dans l'estimation, qu'ils résolvent en proposant un instrument qui influence la RMP indépendamment du salaire ou des choix de localisation des travailleurs. Ils prennent tour à tour la distance à Bruxelles, la distance de la région par rapport à un centre hypothétique européen, puis par rapport à un centre hypothétique global (de toutes les régions de l'échantillon). Head et Mayer trouvent alors qu'en moyenne, sur la période considérée, ce sont les salaires qui réagissent le plus à une hausse de la demande, même en contrôlant pour les qualifications.

Enfin, Combes, Lafourcade et Mayer (2005) reviennent sur l'effet frontière abordé dans la section précédente et en examinent les déterminants, dans le cas de la France. Ils abordent ainsi une problématique située à la frontière de l'économie géographique et du commerce international, pour répondre à la question suivante : les choix de localisation d'agents appartenant aux mêmes réseaux socioéconomiques ont-ils un impact sur les échanges commerciaux entre départements ? L'effet frontière, ce « surplus de commerce associé aux flux n'ayant pas à franchir de frontières », ne résulterait-il pas en partie de l'omission d'effets de réseaux socioéconomiques ?

En effet, les coûts de transport physique ne constituent qu'une composante parmi d'autres des coûts d'échange des marchandises entre régions. Commercer implique également des coûts informationnels, relatifs par exemple à la nécessité de s'adapter aux préférences des consommateurs, d'identifier les réseaux de distribution des produits, ou de gérer d'éventuelles ruptures contractuelles. Ces coûts informationnels peuvent être plus importants pour le commerce interrégional qu'intrarégional.

Combes, Lafourcade et Mayer quantifient le « surplus » de commerce interdépartemental engendré par deux types de réseaux. Tout d'abord, les réseaux de migrants : la présence d'un fort contingent de migrants bretons à Paris devrait par exemple encourager aussi bien les importations de Paris en provenance de Bretagne (liées à l'approvisionnement en farine de froment des nombreuses crêperies parisiennes), que les exportations parisiennes vers la Bretagne (liées à une meilleure information de ce marché dispensée par les Bretons habitant Paris). Les migrations affecteraient donc les deux directions du commerce. Afin d'évaluer l'impact des réseaux sociaux sur les flux échangés entre deux départements i et j, Combes, Lafourcade et Mayer construisent des stocks de migrants sur la base du nombre des travailleurs employés dans j et vice versa (source Déclaration annuelle de données sociales, INSEE). Ensuite, les réseaux constitués par les établissements d'un même groupe d'entreprises peuvent servir de support à une meilleure communication de l'information entre ces établissements. Cet effet est capté à l'aide des produits du nombre des établissements implantés dans deux départements i et j appartenant à un même groupe d'entreprises (source : enquête sur les liaisons financières entre les sociétés, Lifi, INSEE), sommés sur l'ensemble des groupes présents dans les deux départements. Par exemple, si deux établissements du département d'origine i et cinq établissements du département de destination j appartiennent au groupe PSA (Peugeot-Citroën), dix connections peuvent être identifiées pour la dyade ij observée. En sommant sur l'ensemble des groupes présents dans la dyade, on obtient la variable décrite.

Combes, Lafourcade et Mayer étudient les flux de marchandises interdépartementaux français en 1993 (source : base de données SitraM, ministère de l'Équipement). Ils montrent que ces deux variables de réseaux exercent une influence déterminante sur les flux de commerce interdépartementaux. Les réseaux de migrants doublent les échanges entre départements (à la moyenne de l'échantillon), un ordre de grandeur comparable à celui mis en évidence par Rauch et Trindade (2002) pour l'influence de la diaspora chinoise sur les échanges des pays d'Asie du Sud-Est. Les réseaux d'entreprises ont un impact encore plus déterminant, pouvant aller jusqu'à quadrupler les échanges. Lorsque ces effets de réseau sont omis dans les estimations, ils viennent artificiellement gonfler les coefficients des barrières aux échanges. Leur inclusion dans la régression économétrique réduit, selon les spécifications estimées, l'effet frontière de 50 à 60 %, l'impact de la contiguïté d'environ 20 %, et celui de la distance ou des coûts de transport de 60 à 70 %.

26.

Travail et emploi : le rôle des institutions

L'intérêt pour la question du rôle des institutions dans la persistance d'un taux de chômage élevé dans certains pays d'Europe continentale, dont la France, ne semble pas faiblir. Pour la « nouvelle orthodoxie », les mauvaises performances du marché du travail proviendraient d'imperfections diverses liées au manque de flexibilité, à la réglementation protégeant l'emploi, aux indemnités de chômage, au salaire minimum... qui empêcheraient le bon ajustement de la demande de travail à l'offre. Les recommandations de politique économique qui en découlent sont alors d'enlever les obstacles à la flexibilité : diminuer les indemnités de chômage, affaiblir la législation de protection de l'emploi, augmenter la mobilité du travail ou encore augmenter la concurrence sur le marché des biens et services (IMF, 2003 ; OECD, 1997). Ces réformes devraient permettre de faire en sorte que les marchés du travail d'Europe continentale ressemblent à ceux des États-Unis ou du Royaume-Uni, ce qui devrait entraîner une baisse des taux de chômage européens vers des niveaux « anglo-saxons »[1].

Cette référence à un marché du travail flexible « à l'anglo-saxonne » est un peu affaiblie dans la stratégie révisée pour l'emploi de l'OCDE (2006). En alternative à la dérégulation complète des marchés, l'OCDE a proposé un modèle de *flexicurité* à la danoise[2] qui associe flexibilité de l'emploi, politiques actives

1. Bien que les pays anglo-saxons diffèrent entre eux du point de vue du taux de rotation des emplois, très élevé en Australie ou au Canada, mais sensiblement plus modéré aux États-Unis.

2. Voir l'analyse de la flexicurité danoise, par Robert Royer, dans le présent ouvrage.

sur le marché du travail et protection sociale. Toutefois, ce dernier modèle ne remet pas en cause la nécessité de rendre plus flexible le marché du travail afin d'une part de diminuer le risque d'embauche pour l'employeur, qui pourra licencier le salarié à peu de frais en cas de retournement de la conjoncture, et d'autre part de favoriser les réallocations de main-d'œuvre entre secteurs stagnants et secteurs dynamiques.

À voir la rareté des doutes exprimés sur les bienfaits de la flexibilité du marché du travail, on pourrait croire qu'il s'agit là d'un des résultats les plus solides de l'analyse économique. Pourtant, les modèles théoriques comme les études empiriques délivrent des résultats plus nuancés. Si on peut penser a priori que l'augmentation de la flexibilité peut favoriser l'augmentation des fluctuations de l'emploi (Wolfers, 2007), il n'est pas certain qu'elle favorise une hausse du niveau de l'emploi. C'est pourquoi les études empiriques sont utiles pour tenter d'éclairer ce point. Les études macroéconomiques en coupe internationale ou en panel sont particulièrement intéressantes compte tenu du débat actuel, qui porte sur une comparaison entre les pays « flexibles », supposés jouir de performances enviables sur leurs marchés du travail, et les pays « rigides », qui devraient suivre leur exemple. C'est cette littérature que nous allons aborder.

Un segment de la littérature porte directement sur l'effet des institutions du marché du travail sur le taux de chômage. L'idée sous-jacente est de déterminer dans quelle mesure les imperfections du marché du travail sont responsables du chômage. Ce type de cadre analytique a été progressivement étendu pour prendre en compte les interactions entre les chocs macroéconomiques et les institutions, avec l'idée que ces dernières n'étaient peut-être pas les seules causes du faible niveau d'emploi, mais qu'elles pouvaient accentuer les effets négatifs de certains chocs. Une autre littérature étudie l'influence des institutions en dehors du marché du travail. Des contributions récentes ont souligné l'existence d'interactions entre ce dernier marché et celui des biens et services ainsi qu'entre le secteur financier et le marché du travail. Enfin, certains travaux cherchent l'influence des institutions sur des segments différents de la population active. Deux types de contributions peuvent être distingués. Le premier se concentre sur l'impact des politiques de dérégulation sur la performance de l'emploi de certaines catégories spécifiques. L'un des apports de cette analyse désagrégée est de permettre de tester la thèse de la dérégulation selon laquelle la flexibilité du marché du travail donne de meilleurs résultats pour les catégories aux marges du marché du travail (notamment les jeunes et les moins qualifiés). Une deuxième approche s'attache aux similitudes et différences entre les deux statuts du non-emploi, le chômage et l'inactivité. La plupart de ces contributions soulignent la sensibilité de l'inactivité aux arrangements institutionnels. Elles insistent sur l'existence d'un effet de substitution entre les deux statuts. En conséquence, la thèse de la déréglementation doit être aussi analysée en regard de ses implications pour l'inactivité.

L'influence des institutions du marché du travail

Alors que la littérature portant sur les institutions du marché du travail des années quatre-vingt s'intéressait principalement aux conséquences du « corporatisme » sur l'équilibre du marché du travail (Calmfors et Driffill, 1988), les années quatre-vingt-dix ont vu la prépondérance de la thèse de la « réglementation des marchés » (Siebert, 1997). Si le premier type de contribution soulignait les avantages de négociations centralisées ou coordonnées en termes de modération salariale, la littérature sur la déréglementation détaille les effets positifs de la réduction des imperfections qui devraient conduire à une diminution de l'emploi. Il existe toutefois certains résultats théoriques qui soulignent que la combinaison d'imperfections peut conduire à des situations où la flexibilité n'apporte pas nécessairement une amélioration de la situation en termes d'emploi. Par exemple, un impact négatif de l'augmentation de la flexibilité et du flux d'entrées-sorties de la main-d'œuvre est présent dans quelques contributions. Snower et Diaz-Vazquez (1996) présentent un modèle d'une économie de concurrence imparfaite avec négociations salariales, où un fort turn-over peut diminuer l'emploi si les fluctuations sont transitoires et le pouvoir syndical modéré. Fella (2000) montre que la présence d'indemnités de licenciement peut augmenter le bien-être en réduisant le taux de séparation qui serait trop élevé en leur absence en raison de la présence d'externalités intertemporelles négligées par les firmes lorsqu'elles prennent leurs décisions sur le niveau d'emploi.

Une abondante littérature empirique a testé la force du lien entre différentes configurations institutionnelles représentatives des marchés du travail européens et le niveau du chômage. Notamment, de nombreuses études se concentrent sur l'existence d'une relation directe entre ces variables. Nickell (1997) considère l'influence de la protection de l'emploi, du taux de remplacement des indemnités de chômage[1], de la durée de ces indemnités, de l'importance relative au PIB des dépenses effectuées pour les politiques actives de l'emploi, de la syndicalisation, de la couverture des accords collectifs, d'une mesure de la coordination des négociations salariales et du coin fiscal (qui permet de mesurer le degré de taxation total des revenus du travail). Si la protection de l'emploi semble n'avoir aucun effet sur le chômage, les autres résultats confirment les attentes : les dépenses d'activation et la coordination des négociations salariales diminuent le chômage alors que les autres institutions l'augmentent. Les résultats d'Elmeskov, Martin et Scarpetta (1998) diffèrent de ceux de Nickell (1997) dans la mesure où ils trouvent un effet positif significatif de la protection de l'emploi sur le chômage, mais pas d'effet de la syndicalisation. De plus, il faut noter que leurs résultats indiquent que pour la plupart des pays de l'OCDE, les variations du chômage sont expliquées bien plus par les variables indicatrices de pays que par les déterminants institutionnels pris en compte dans la régression. C'est d'ailleurs un des problèmes récurrents de l'analyse empirique comparative que de devoir extraire de l'information des variables institutionnelles qui n'ont que peu de variation dans le temps en comparaison de la variation dans l'espace. Il est dans ces conditions difficile de séparer l'effet de ces variables d'autres effets nationaux non pris en compte.

Nickell *et al.* (2005) utilisent des données annuelles et estiment un modèle à effets fixes avec variable dépendante retardée. Les auteurs trouvent une influence positive significative du taux de remplacement, de la durée des allocations et du coin fiscal sur le chômage ; ils obtiennent un effet négatif significatif de la coordination des négociations mais pas d'influence significative de la protection de l'emploi ou de la syndicalisation. Les variables de

1. C'est-à-dire le rapport entre le niveau de ces indemnités et le revenu d'un actif employé.

contrôle incluent divers indicateurs de chocs macroéconomiques, qui se révèlent avoir des coefficients significatifs. Il ressort des estimations que la moitié de la hausse du chômage entre les années soixante et les années quatre-vingt-dix peut être expliquée par les facteurs macroéconomiques, l'autre moitié étant le fait des variables institutionnelles concernant le marché du travail. Ce partage pour moitié de la responsabilité de la hausse du chômage entre variables macroéconomiques et institutions est souvent considéré comme une référence.

L'évaluation de l'effet des variables institutionnelles indépendamment des facteurs macroéconomiques est rendue plus complexe si les deux types d'influence interagissent. Trois études au moins s'attaquent à ce problème. Blanchard et Wolfers (2000) rejettent l'idée selon laquelle les institutions du marché du travail peuvent à elles seules expliquer la hausse du chômage dans les pays de l'OCDE. Ils considèrent que certaines institutions peuvent conduire à un chômage élevé uniquement en interaction avec des chocs macroéconomiques. Les variables de choc prises en compte sont le niveau de la croissance de la productivité totale des facteurs et le taux d'intérêt réel. Selon Blanchard et Wolfers (2000), leurs résultats confortent l'idée que les marchés du travail rigides associés à des chocs macroéconomiques peuvent expliquer la montée du chômage en Europe. Leurs résultats sont toutefois très sensibles aux changements de spécification et l'utilisation de variables institutionnelles invariantes dans le temps fragilise leurs résultats. Nickell *et al.* (2005) étendent leur modèle de base pour inclure des termes d'interaction. Les résultats diffèrent très peu de ceux mentionnés précédemment car les termes d'interaction ne semblent pas apporter quelque chose de plus à la régression.

Enfin, un autre type de contribution peut être mentionné, qui relève la relation d'interdépendance entre les imperfections sur le marché du travail. Certaines études théoriques soulignent la possibilité qu'enlever les obstacles à la flexibilité peut se révéler difficile en raison de l'existence de complémentarités entre les diverses sources de rigidité (Coe et Snower, 1997 ; Orszag et Snower, 1999). Certaines études empiriques traitent de ce point en intégrant des termes d'interaction entre les variables institutionnelles du marché du travail dans une régression expliquant le chômage ou l'emploi. C'est le cas de Belot et van Ours (2004) qui distinguent aussi entre modèles avec et sans effets fixes. Quand ces effets sont introduits, aucune variable institutionnelle n'est significative. Comme le souligne Blanchard (2005), ce résultat reflète la difficulté à établir un lien entre l'évolution du taux de chômage et les changements dans les institutions. Au contraire, quand les effets fixes sont omis, la fiscalité, le taux de remplacement et la syndicalisation sont significativement et positivement corrélés au chômage, alors que les coefficients pour les variables de coordination et de protection de l'emploi sont significativement négatifs. Cependant, les résultats concernant les termes d'interaction sont dans l'ensemble peu probants. Plus récemment, Bassanini et Duval (2006) ont aussi analysé les interactions entre différentes formes de réglementation. Parmi d'autres résultats, ils apportent un certain soutien empirique au modèle de la *flexicurité* à la danoise, en trouvant notamment une relation d'interdépendance entre les mesures actives de politique de l'emploi et le taux de remplacement : le coefficient du terme d'interaction entre les deux variables apparaît relié négativement au chômage alors que le coefficient de la variable de politique de l'emploi seule est non significatif et celui du taux de remplacement positif. Ils concluent que les effets négatifs du taux de remplacement peuvent être amoindris par des mesures actives de politique de l'emploi. Par ailleurs, des variables telles que le coin fiscal ou le degré de réglementation du marché des biens et services apparaissent positivement reliées au chômage, alors que celles de la syndicalisation et la protection de l'emploi n'ont aucun effet significatif. Les résultats fondamentaux de la vision orthodoxe des institutions du marché du travail peuvent être résumés de la façon suivante (Baker *et al.*, 2005) : la protection de l'emploi, le taux de remplacement des indemnités de chômage, la durée de ces indemnités et la taxation sur les salaires (le coin fiscal) augmentent le taux de chômage. En revanche, des mesures d'activation et la coordination des négociations salariales contribuent à le diminuer.

Le soutien empirique de cette vision est pourtant moins solide qu'on ne pourrait le croire. Un certain nombre de travaux récents (Freeman, 2005 ; Baker, *et al.*, 2004 et 2005) remettent en cause la robustesse des études empiriques portant sur ces institutions et leur rôle supposé dans la hausse du taux de chômage. Ils examinent de façon critique la plupart des études mentionnées précédemment (Nickell, 1997 ; Elmeskov, Martin et Scarpetta, 1998 ; Blanchard et Wolfers, 2000 ; Belot et van Ours, 2004 ; Nickell *et al.*, 2002, 2005). En étendant la période d'étude jusqu'à la fin des années quatre-vingt-dix, les régressions de Baker *et al.* (2004) montrent l'absence d'effet significatif de variables telles que la protection de l'emploi, la syndicalisation ou le coin fiscal. Ils trouvent même un effet « contre-intuitif » (en admettant que l'intuition corresponde à la vision orthodoxe !) du taux de remplacement sur le taux de chômage. La conclusion est alors que les résultats empiriques existants n'offrent pas de preuves convaincantes de la responsabilité des institutions du marché du travail dans la hausse du chômage. Les estimations présentées à l'appui de la thèse orthodoxe sont très sensibles à des changements de spécification et la sélection des variables explicatives est souvent biaisée.

Au-delà des imperfections du marché du travail : marchés des biens et politique monétaire

Le manque de résultats solides concernant le lien entre institutions du marché du travail et chômage a conduit certains auteurs à étendre le champ d'investigation. Des contributions récentes insistent sur le rôle des institutions affectant les marchés de biens et services, ainsi que les marchés monétaire et financiers.

En ce qui concerne les marchés de biens et services, la vision la plus courante de ces problèmes est exposée par Nickell (1999). La déréglementation dans ce domaine devrait déplacer (vers le haut) la courbe de demande de travail de la firme et/ou favoriser l'entrée de nouvelles firmes, ce qui conduirait à un déplacement de la demande globale de travail. Les bienfaits de la déréglementation dépendent aussi du processus de fixation des salaires. Comme un surcroît de concurrence devrait rendre les firmes plus sensibles au niveau du salaire réel, l'impact négatif de toute augmentation de salaire sur l'emploi et les profits devrait être augmenté. Cela devrait conduire à une modification de la stratégie des syndicats et, in fine, à la modération salariale, ce qui devrait alors favoriser l'emploi.

Les conséquences en termes de politiques économiques sont simples à déduire. Il existe une complémentarité entre les politiques de déréglementation des deux marchés : biens et services d'une part, travail d'autre part. La diminution des obstacles à la flexibilité du marché du travail serait facilitée par l'accroissement de la concurrence sur les marchés de biens et services, dont un des effets à court terme serait de baisser les rentes et les salaires (Blanchard et Giavazzi, 2003). La déréglementation du marché du travail, en abaissant les rentes, réduirait les incitations à les capturer et faciliterait la mise en œuvre des politiques de déréglementation des marchés de produits et vice versa. Pour Koeniger et Vindigni (2003), l'entrée libre sur les marchés accroît considérablement le coût pour les firmes des marchés inflexibles. Les incitations à protéger l'emploi sont alors diminuées.

Il est cependant envisageable que cette dynamique « vertueuse » unissant l'augmentation de la concurrence sur le marché des biens et des services et l'accroissement du niveau de l'emploi soit perturbée. Une possibilité est que l'augmentation de la concurrence conduise à plus de sensibilité des firmes à la conjoncture en raison de la diminution de leurs marges. Les firmes seraient alors plus facilement conduites à ajuster leurs effectifs à la baisse en cas de baisse de la demande ou d'un choc d'offre négatif. L'accroissement de la concurrence se traduirait alors par un accroissement de la variation des effectifs en réaction à la situation économique. Pour les salariés, cela se traduirait par une hausse du risque de perte d'emploi, qui peut conduire à une hausse du salaire si ce dernier est fixé en référence à un salaire d'efficience, suffisamment incitatif à l'effort. Cette hausse de salaire peut alors conduire à diminuer la demande de travail et avoir pour résultat final une baisse et non une hausse du niveau de l'emploi (Amable et Gatti, 2004). D'autres mécanismes sont concevables. Si la rémunération des employés se fait pour partie par un partage des profits, la baisse de ces derniers, conséquence de l'augmentation de la concurrence, peut conduire à une remise en cause des modalités de partage. Une concurrence accrue sur le marché des biens et services peut mener à une baisse de la part de la rémunération des salariés fondée sur le partage des profits et une hausse de la rémunération fixe. Les avantages du système de partage des profits en termes d'emploi sont alors amoindris. Ces évolutions peuvent avoir un effet net négatif sur le niveau d'emploi (Koskela et Stenbacka, 2007).

La considération de ces mécanismes devrait alors conduire à modifier les habituelles recommandations en faveur d'une déréglementation conjointe des marchés de biens et services et du travail. La complémentarité, appréciée ici par l'effet final sur le niveau de l'emploi ou du chômage, pourrait être différente de celle qui est le plus souvent envisagée. Si l'augmentation de la concurrence sur le marché des biens et services conduit les firmes à réaliser des ajustements de main-d'œuvre plus importants en cas de chocs d'offre ou de demande négatifs, le mécanisme de salaire d'efficience précédemment évoqué devrait conduire à augmenter le salaire réel. Même si l'effet net de l'augmentation de la concurrence sur l'emploi est positif, l'effet portant sur le salaire d'efficience vient tout de même amoindrir l'effet de l'augmentation de la concurrence sur l'emploi. Pour atténuer l'effet négatif de la hausse du salaire d'efficience consécutive à l'accroissement de l'insécurité économique des salariés, on peut envisager une combinaison d'accroissement de la concurrence sur le marché des biens et services et d'augmentation de la protection de l'emploi (Amable et Gatti, 2006). Les effets positifs de l'augmentation de la concurrence seraient alors renforcés par la sécurisation de l'emploi.

Il existe quelques résultats empiriques relatifs à ces questions. Boeri *et al.* (2000) et Nicoletti *et al.* (2000) utilisent les indicateurs de l'OCDE en matière de réglementation des marchés de biens et services (voir aussi Conway et Nicoletti, 2006). Leurs résultats, fondés sur la mise en évidence de corrélations entre le niveau de réglementation sur les marchés de biens et services (PMR) et l'indicateur de protection légale de l'emploi (EPL), suggèrent l'existence d'une interdépendance entre les deux types de réglementation. Nicoletti et Scarpetta (2002) étudient si l'inclusion d'indicateurs de réglementation sur les marchés de biens et services renforce ou affaiblit les liens empiriques entre les institutions du marché du travail et l'emploi pour un panel de pays entre 1982 et 1998. Lorsque la variable de réglementation des marchés de produit est exclue, ils ne trouvent pas de liens significatifs entre le coin fiscal et le taux d'emploi. La relation devient significativement négative lorsqu'on contrôle pour la réglementation des marchés de produits, mais le taux de remplacement n'est pas toujours significatif. La syndicalisation et la protection de l'emploi sont significatives dans toutes les régressions, avec les signes attendus.

Amable, Demmou et Gatti (2006) testent l'existence de complémentarités entre la réglementation sur le marché des biens et services et la protection de l'emploi. Un terme d'interaction entre les deux institutions est introduit dans les équations reliant le chômage, l'inactivité ou le non-emploi aux diverses variables explicatives. Il ressort des estimations qu'il existe bien des effets d'interaction entre les deux types d'institutions. L'introduction du terme supplémentaire confirme l'effet de la réglementation des marchés de produit sur le chômage. De plus, cet effet est d'autant plus important que le niveau de protection de l'emploi est élevé. Ces résultats tendraient donc à valider l'opinion la plus courante, qui voit dans la diminution de la réglementation sur les deux marchés, travail et produit, un moyen de diminuer le chômage. Néanmoins, il n'est pas possible de mettre en évidence un effet symétrique de la protection de l'emploi. Il existe une relation de substitution entre les deux déréglementations pour la population inactive en âge de travailler alors qu'aucune interdépendance n'apparaît pour cette même catégorie au chômage. Ils mettent aussi en évidence un impact différencié d'une politique de déréglementation jointe suivant les catégories considérées. Plus précisément, le seul effet significatif de cette protection est de diminuer le chômage des hommes de moins de 25 ans et de plus de 55 ans lorsque le niveau de réglementation sur le marché des biens est moyen. Les résultats pour l'inactivité sont similaires et l'effet positif de la protection de l'emploi s'étend même à la population entre 25 et 54 ans.

Dans ces conditions, l'amélioration de la situation de l'emploi ne consisterait pas nécessairement à diminuer la protection de l'emploi ou la réglementation sur les marchés des produits quels que soient les niveaux initiaux de ces indicateurs. Les estimations suggèrent plutôt d'augmenter la concurrence sur le marché des biens là où elle est relativement faible, sans nécessairement diminuer le niveau de protection de l'emploi. Pour des niveaux moyens de réglementation du marché des produits, il pourrait même être pertinent d'augmenter le niveau de protection de l'emploi

D'autres « imperfections » en dehors du marché du travail peuvent affecter l'emploi, notamment celles relatives à la politique monétaire. Un canal traditionnel d'influence de cette dernière se perçoit à travers un mécanisme de courbe de Phillips. Une banque centrale plus indépendante se souciera plus de la lutte contre l'inflation, même aux dépens de l'emploi. En présence de rigidités nominales et de fluctuations, un arbitrage existe entre le « conservatisme » de la banque centrale, qui diminue l'inflation, et la flexibilité dans la réponse aux chocs exogènes, qui diminue la variabilité de l'emploi. Soskice et Iversen (2000) montrent que si la banque centrale est peu accommodante, des syndicats suffisamment puissants et représentatifs ont intérêt à modérer les augmentations de salaires. Le résultat est alors un niveau plus élevé de l'emploi. Lippi (2003) montre que dans un contexte de marché du travail non atomistique, le conservatisme de la banque centrale peut augmenter ou diminuer l'emploi suivant les structures de l'économie. Un syndicat puissant internalise les conséquences de ses exigences salariales en termes d'inflation et de chômage, que ce soit au travers de la demande directe de travail ou par un effet de substitution avec le travail représenté par les autres syndicats. Le conservatisme de la banque centrale détermine l'ampleur des deux effets perçue par le syndicat car cela affectera l'impact inflationniste des exigences syndicales. L'effet du conservatisme est négatif pour l'emploi si l'effet de substitution l'emporte sur l'effet output.

D'un point de vue empirique, IMF (2003) se révèle intéressant par son traitement de l'influence des institutions monétaires sur l'emploi. L'étude couvre la période 1960-1998 et teste directement l'impact des imperfections du marché monétaire au travers d'une variable représentant l'indépendance de la banque centrale. Une attention particulière est donnée aux effets d'interaction entre la coordination et l'indépendance de la banque centrale. Il émerge des résultats empiriques qu'un faible degré de coordination combiné à un haut niveau d'indépendance de la banque centrale conduit à un niveau élevé du chômage. Baker *et al.* (2004) ainsi que Baccaro et Rei (2005), qui par ailleurs contestent les résultats d'IMF (2003) sur les bienfaits de la flexibilisation du marché du travail, confirment dans l'ensemble l'influence négative de l'indépendance de la banque centrale sur l'emploi.

Certaines contributions étudient l'impact des imperfections financières sur l'emploi. Wasmer et Weil (2004) mettent en évidence les interactions entre les imperfections sur les marchés financiers et du travail (modélisées comme des frictions d'appariement). Acemoglu (2001) met en évidence la complémentarité entre ces deux types d'imperfection. Le rationnement du crédit limite l'investissement, et par conséquent l'emploi, si capital et travail sont complémentaires ou si les imperfections du marché du travail rendent le salaire réel rigide. Thesmar et Thoenig (2004) proposent un modèle où le développement des marchés financiers permet d'améliorer le partage du risque entre firmes et conduit ainsi les firmes à prendre plus de risques, ce qui augmente en retour l'incertitude en termes d'emploi et de profits.

Peu de contributions empiriques sur ces aspects existent. Acemoglu (2001) conclut en proposant quelques éléments empiriques à l'appui de sa thèse. En distinguant les secteurs selon leur dépendance au crédit, il tente de relier le chômage européen aux difficultés d'expansion des secteurs qui sont les plus dépendants. L'évidence est pour le moins peu probante. Si les États-Unis sont caractérisés par une importance relative plus grande dans l'emploi des secteurs très dépendants du crédit, l'emploi dans ces secteurs a crû plus rapidement qu'aux États-Unis pour deux pays européens avec un haut niveau de chômage, la France et l'Allemagne. Wasmer et Weil (2004) regardent directement l'impact des changements institutionnels sur le chômage aux États-Unis. Ils trouvent une corrélation négative entre un indicateur de déréglementation bancaire et le chômage. La déréglementation augmente le chômage dans le court terme, mais commence à le réduire après un an. Enfin, Belke et Schaal (2004) mettent en évidence le rôle positif du capital-risque sur l'emploi.

Amable, Demmou et Gatti (2006) introduisent deux variables se rapportant au système monétaire et financier. La première tente de mesurer l'efficacité du système financier par sa capacité à fournir du crédit à l'économie. La variable retenue est le rapport du crédit intérieur total au PIB. La deuxième variable identifie le type de système financier présent dans l'économie en mesurant le ratio des actifs des investisseurs institutionnels au PIB. Il ressort des estimations que le crédit exerce une influence significative tant sur le chômage que sur l'inactivité. Un système financier efficace diminue ces deux variables. En revanche, l'influence des investisseurs institutionnels va dans le sens contraire, en augmentant l'inactivité, particulièrement celle des hommes entre 25 et 54 ans, et en augmentant le chômage des hommes entre 15 et 24 ans.

Au-delà du taux de chômage

À nouveau, la plupart des études s'intéressant à l'impact des institutions sur le marché du travail retiennent le taux de chômage voire le taux d'emploi comme indicateurs de performance. Certains éléments peuvent toutefois conduire à choisir une plus large palette d'indicateurs, notamment en direction de l'inactivité. Wasmer et Garibaldi (2004) modélisent les flux entre les trois statuts possibles sur le marché du travail, emploi, chômage et inactivité, et soulignent l'intérêt de cette démarche pour la compréhension des phénomènes sur le marché du travail. D'un point de vue empirique, on peut illustrer la question en considérant les résultats présentés dans Nickell *et al.* (2005). Dans cette étude, le soutien empirique en faveur de la flexibilisation du marché du travail, présent lorsqu'on considère le taux de chômage comme variable d'intérêt, disparaît lorsqu'on le remplace par le taux d'emploi. En considérant la définition du non-emploi, ce résultat peut être expliqué par deux facteurs : une hausse de la population en âge de travailler ou une sortie du marché du travail vers l'inactivité. Le taux d'inactivité semble la variable clé derrière cette question[1].

Il semble logique de considérer le chômage et l'inactivité comme des questions liées. La définition statistique opère une césure nette entre les deux catégories de non-emploi mais on pourrait considérer les choses de façon plus continue. À une extrémité se situeraient les chômeurs à la recherche active d'un emploi, à l'autre ceux qui n'ont aucune intention de trouver un emploi (Gregg et Wadsworth, 1998). De plus, la raison pour inclure les taux d'inactivité dans l'analyse des performances relatives du marché du travail est la différence dans les taux de participation. La proximité relative de la population inactive en âge de travailler du marché du travail peut varier d'un pays à l'autre (Barham, 2002 ; Weir, 2003) et ces différences peuvent être liées

1. Nickell *et al.* (2005) se bornent à remarquer que les déterminants de l'emploi doivent être différents de ceux du chômage.

aux arrangements institutionnels nationaux. Un moyen simple de diminuer le chômage est notamment de retirer des actifs de la population active.

Dans ce contexte, certaines études se concentrent sur l'impact de la dérégulation sur l'inactivité et notamment sur les possibilités pour les hommes en âge de travailler (25-54 ans) non qualifiés de sortir du non-emploi (Murphy et Topel, 1997 ; Faggio et Nickell, 2005 ; Bicakova, 2005). Ces contributions s'interrogent sur l'existence d'un arbitrage entre chômage et inactivité. Faggio et Nickell (2005) analysent les déterminants de l'inactivité des hommes entre 25 et 54 ans au Royaume-Uni. Ils prennent en compte l'influence conjointe d'un changement technologique biaisé contre les non-qualifiés et d'un changement dans le système d'indemnités d'invalidité. Il ressort que les salaires sont négativement reliés à l'inactivité. Cet effet apparaît plus fort pour les non-qualifiés. Leur conclusion va dans le sens d'un arbitrage entre les salaires et les transferts sociaux : l'offre de travail des non-qualifiés a été affectée en raison du déclin du salaire relatif alors que la générosité des pensions d'invalidité a probablement découragé les moins qualifiés de rester sur le marché du travail. Murphy et Topel (1997) soutiennent que le changement technologique biaisé a diminué les possibilités d'emploi des hommes les moins qualifiés (entre 25 et 54 ans) et les a conduits à sortir de l'offre de travail. Ils montrent que l'offre de travail est plus élastique à des niveaux de salaire faibles et que les changements dans les salaires ont été plus forts pour les moins qualifiés. Ils concluent que le niveau d'équilibre du non-emploi a augmenté en raison de ce changement technique. Enfin, Bicakova (2005) propose une analyse comparative des déterminants du non-emploi des hommes entre 25 et 54 ans aux États-Unis, au Royaume-Uni et en France. Elle souligne notamment que, pour cette catégorie de travailleurs, l'inactivité au Royaume-Uni et aux États-Unis est plus grande que le chômage, alors que c'est l'inverse en France (en moyenne sur 1990-2000). De plus, les salaires paraissent avoir un effet significativement négatif au Royaume-Uni et aux États-Unis, mais pas d'effet en France. Les salaires faibles constituent une désincitation au travail et les opportunités d'emploi sont distribuées plus inégalement aux États-Unis et au Royaume-Uni qu'en France.

Les travaux mentionnés précédemment suggèrent que les institutions ont un impact différent suivant la population considérée. Il est alors utile de désagréger la population active et de vérifier l'impact des institutions sur chaque segment. Gregg et Wadsworth (1998) analysent les opportunités d'emploi aux États-Unis et au Royaume-Uni relativement au reste de l'OCDE. Ils veulent vérifier si les pays moins réglementés donnent de meilleures opportunités d'emploi aux travailleurs les plus jeunes ou les moins qualifiés. Ils montrent que la performance de ces pays en matière de chômage est médiane par rapport au reste de l'OCDE. Les résultats pour le taux d'emploi sont meilleurs. Ils concluent que la déréglementation du marché du travail n'offre pas nécessairement de meilleures opportunités d'emploi aux jeunes travailleurs. Une plus grande dispersion des salaires pourrait signifier un plus haut niveau d'activité pour les travailleurs aux marges, auquel cas des ajustements du salaire réel permis par la flexibilité ne suffiraient pas à éviter les ajustements en quantité par le biais de l'inactivité. Fortin et Fortin (1999) analysent les déterminants institutionnels de la participation au Canada en désagrégeant la population en âge de travailler par groupes d'âge et sexe. Leur étude couvre la période de 1969 à 1996 et inclut des variables macroéconomiques, institutionnelles et une variable de contrôle pour le changement structurel. Ils mettent particulièrement en lumière que les institutions ont des impacts différenciés selon le groupe considéré. L'emploi des jeunes et des hommes est plus sensible à la conjoncture que celui des femmes. En accord avec la vision orthodoxe qui veut que l'effet négatif des réglementations tombe sur les travailleurs marginaux, le salaire minimum et le taux de remplacement semblent affecter particulièrement les jeunes et les femmes. Les transferts sociaux semblent affecter la participation des femmes et des seniors.

Bassanini et Duval (2006) proposent aussi une analyse désagrégée des déterminants de l'emploi pour les hommes ou femmes âgés de 25 à 54 ans, les jeunes et les seniors dans l'OCDE. Ils étudient pour chaque catégorie l'impact des arrangements institutionnels spécifiques : retraites, transferts familiaux, incitations fiscales au travail à temps partiel… Enfin, Amable, Demmou et Gatti (2006) soulignent l'hétérogénéité des influences institutionnelles selon les groupes de la population active considérés. Ils mettent notamment en avant certaines catégories spécifiques par leur sensibilité aux institutions : les chômeurs, les hommes actifs âgés (plus de 55 ans) ou jeunes (moins de 25 ans) et les hommes inactifs entre 25 et 54 ans. Plus spécifiquement, le chômage des groupes d'âge extrêmes apparaît plus sensible aux institutions du marché du travail. Notamment, la législation protectrice de l'emploi semble exercer une influence significative et *négative* sur le chômage de ces groupes alors qu'elle n'en exerce pas pour la population en âge de travailler dans son ensemble. Ce résultat est en contradiction avec la vue orthodoxe selon laquelle ce sont les groupes marginaux (ici par l'âge) qui souffriraient les premiers de la protection de l'emploi. Il semblerait plutôt qu'elle les protège. Les inactifs âgés de 25 à 54 ans apparaissent relativement moins sensibles aux institutions que l'ensemble de la population inactive. Seules trois variables institutionnelles ont une influence significative sur l'inactivité des hommes entre 25 et 54 ans : l'indépendance de la banque centrale et la syndicalisation qui augmentent l'inactivité et la coordination des négociations qui la diminue. La réglementation des marchés de produits et la protection de l'emploi n'exercent pas d'effets significatifs alors que c'est le cas pour l'ensemble de la population en âge de travailler (un effet respectivement positif et négatif).

Les résultats suggèrent que la participation des hommes entre 25 et 54 ans est plus sensible aux conditions macroéconomiques qu'aux institutions. Notamment, une augmentation de la productivité augmente l'inactivité. Toutefois, si on contrôle par le niveau d'éducation moyen de la population active, la réglementation des marchés de biens et services voit son coefficient dans la régression devenir significativement positif, c'est-à-dire que la réglementation augmente l'inactivité de la population considérée, alors que le coefficient de la variable de productivité devient significativement négatif. Ce résultat n'est pas surprenant dans le contexte des travaux précédemment évoqués. Le changement technique se révèle probablement un désavantage pour les travailleurs les moins qualifiés. L'augmentation du rythme de changement technique conduit donc à une baisse de la demande de travail en direction de ces populations. De plus, l'apparente insensibilité de l'activité des hommes entre 25 et 54 ans à la réglementation des marchés de biens et services provient sans doute du fait que le principal déterminant de l'inactivité découle de l'inadéquation d'une partie de la population concernée aux exigences des postes de travail vacants.

Pour conclure, les travaux empiriques macroéconomiques portant sur les effets des institutions du marché du travail sur le niveau du chômage et de l'emploi fournissent des résultats plus nuancés que ce que le débat public sur ces questions laisse supposer. Il apparaît que les institutions du marché du travail interagissent avec les institutions des autres marchés, en particulier des biens et des services, mais probablement aussi les marchés financiers. C'est dans cette complémentarité des institutions qu'il faut certainement chercher les explications des différences internationales en matière d'emploi. Il semble notamment hasardeux de faire des recommandations de déréglementation du marché du travail sans s'interroger sur les effets de complémentarité avec les institutions d'autres marchés. Par ailleurs, le travail empirique sur les complémentarités entre institutions n'en est qu'à son commencement. Les premiers résultats n'orientent pas nécessairement vers une déréglementation généralisée de tous les marchés.

27.

Perspectives de recherche en politique de la concurrence

La façon dont la littérature économique aborde les questions de politique de la concurrence est le fruit des différentes étapes théoriques qui ont jalonné les trois dernières décennies. L'analyse des liens qu'entretiennent entreprises et autorités de concurrence repose sur la combinaison de plusieurs corpus théoriques : un ensemble cohérent de théories de l'oligopole, adapté à la représentation des marchés en cause ; une méthodologie pour aborder les questions des relations stratégiques entre puissance publique en déficit d'information et agents privés en concurrence ; une réflexion, enfin, qui se situe plutôt dans le champ de l'économie politique et qui cherche à évaluer l'efficacité des instruments et des institutions de la politique de la concurrence.

Dans ce domaine, les questions ouvertes sont très nombreuses. Nous aborderons ici à titre d'illustration trois d'entre elles qui nous semblent centrales dans le champ de recherche ainsi délimité.

Une première série de questions concerne les *outils qui devraient être placés entre les mains des autorités de concurrence*. Ainsi, le contrôle des concentrations, dimension de la politique de la concurrence qui impose aux autorités d'évaluer, de façon nécessairement prospective, les effets d'une concentration sur l'équilibre concurrentiel futur, autorise dans la plupart des pays la mise en œuvre de « remèdes », comportementaux ou structurels. La question de savoir quelle panoplie d'outils devrait être mise entre les mains des autorités est aujourd'hui posée, après la publication d'études soulignant parfois l'inefficacité des remèdes habituellement utilisés et leurs effets incitatifs potentiellement contre-productifs. Un autre exemple concerne la politique de clémence à l'égard des cartels : celle-ci ouvre la possibilité pour les entreprises membres d'un cartel de venir dénoncer l'entente à laquelle elles prennent part en échange d'une immunité de sanction. Cet instrument, qui améliore l'information des autorités de concurrence, modifie profondément la nature des relations stratégiques et informationnelles entre les membres d'une entente d'une part, et entre ceux-ci et les autorités de concurrence d'autre part.

Un deuxième problème est de *déterminer s'il est souhaitable que les autorités de concurrence prennent en compte, lors de leurs décisions, des objectifs autres que ceux traditionnellement assignés à la politique de la concurrence.* Cette question peut apparaître dans des domaines aussi variés que la prise en compte de la diversité culturelle (par exemple dans des cas impliquant les secteurs des médias ou de l'édition), celle d'objectifs environnementaux, qui peuvent parfois rentrer en conflit avec les objectifs poursuivis par la politique de la concurrence, ou encore l'emploi.

Une troisième série de questions touche à *l'efficacité de la politique de la concurrence* : comment mesurer l'efficacité de son action, dans la mesure notamment où une large partie de ses effets passe par la dissuasion des comportements anti-concurrentiels, et est donc par nature difficile à observer ? Comment une autorité de concurrence peut-elle elle-même infléchir son comportement pour être plus efficace ?

Toutes ces questions reçoivent dans la littérature économique une attention croissante.

Quels outils pour les autorités de concurrence ?

La vision originelle de la politique de la concurrence, qui opposait d'ailleurs en cela les autorités de concurrence, transversales et ne veillant qu'au respect des règles, aux régulateurs sectoriels plus explicitement interventionnistes, était celle d'un juge « neutre », doté d'un critère de maximisation (surplus global, surplus des consommateurs ou critère plus sophistiqué), observant le comportement d'entreprises en concurrence imparfaite sur des marchés. Dans cette optique, la nature stratégique des comportements était entièrement le fait des entreprises, l'autorité de concurrence n'ayant qu'un rôle d'observateur impartial appliquant une règle prédéterminée et sans comportement stratégique propre.

Un double mouvement est venu transformer cette ligne d'analyse. D'une part, à la suite des travaux de J.-J. Laffont et J. Tirole, la littérature a pris en compte l'imperfection de l'information accessible aux autorités de concurrence. D'autre part, sur le plan des faits, ces dernières années ont vu se transformer considérablement le nombre et la nature des outils entre les mains des autorités de concurrence, conférant véritablement à leurs relations avec les entreprises un caractère d'interactions stratégiques.

Aucun domaine d'action des autorités de concurrence n'a échappé à cette réflexion sur les outils.

Dans le domaine des sanctions, des travaux, déjà anciens (Souam, 2001), comparent l'efficacité de différents régimes de sanctions pécuniaires en termes de dissuasion, selon la nature de l'information accessible à l'autorité de concurrence.

Dans le domaine du contrôle des concentrations, les autorités de concurrence ont entre leurs mains l'instrument des « remèdes », comportementaux ou structurels. Pourquoi leur avoir donné un tel pouvoir de négociation ? Une concentration met en balance deux mécanismes : d'une part, elle réduit mécaniquement le nombre des intervenants sur un marché, augmente le degré de concentration, et fait courir le risque que le nouvel équilibre atteint une fois la fusion réalisée soit moins concurrentiel que celui résultant de la situation antérieure. Mais d'autre part, les concentrations trouvent souvent leur origine dans les gains d'efficacité que les entreprises pourront obtenir après concentration, en mettant en commun leurs actifs, en restructurant leurs établissements et leur gamme, en éliminant les doublons ou en ayant accès à des marchés de plus grande taille, permettant le jeu des économies d'échelle. La justification du contrôle des concentrations est qu'il convient de faire un bilan de ces effets potentiels, et de n'autoriser que les fusions qui, parce que leurs gains d'efficience l'emportent sur les effets négatifs, augmenteront le surplus des consommateurs.

Les remèdes sont à l'origine conçus pour tirer le meilleur parti de ce système. Une autorité de concurrence peut autoriser ou refuser purement et simplement une fusion, mais elle peut aussi l'autoriser sous condition : vente de certains actifs (il s'agit alors d'un remède structurel), interdiction de passer des contrats contenant certaines clauses (remède comportemental).

Divers bilans ont été tirés de l'usage de ces instruments[1]. La plupart conduisent à penser qu'ils sont d'une efficacité relative (Farrell, 2003). L'exécution des remèdes comportementaux serait difficile à contrôler et la mise en œuvre des remèdes structurels conduirait parfois à des structures de marché potentiellement plus favorables à la collusion.

Récemment, d'autres questions encore se sont posées à propos des outils du contrôle des concentrations. Elles tiennent aux effets qu'aurait en amont l'existence des remèdes sur l'incitation des entreprises à soumettre un projet de fusion aux autorités. Supposons par exemple que ni la défense des concentrations par les gains d'efficience (*efficiency defence*), ni son corollaire, les remèdes structurels, n'existent. Les entreprises savent alors qu'elles sont placées devant la situation suivante : soit leur projet de fusion n'est pas jugé anticoncurrentiel et il est accepté, soit il l'est et aucun remède ne pourra venir corriger cette situation. L'absence de remède permet aux autorités de concurrence de s'engager de façon crédible (au sens d'un *commitment*) à n'accepter que les fusions ne présentant pas de danger pour la concurrence. Mais les entreprises le savent. Par conséquent elles ne vont présenter aux autorités que les projets qui seront acceptés parce que ne nuisant pas à la concurrence. L'autosélection des projets soumis aux autorités de concurrence peut être ainsi collectivement préférable lorsque les autorités ont moins d'instruments de négociation, et donc plus de possibilités d'engagement, dans un contexte où l'information dont les entreprises disposent sur leur projet de concentration est meilleure que celle accessible aux autorités. Ce type de problématique, abordé par exemple par Cosnita dans sa thèse (2006), ouvre plus généralement la question de savoir comment infléchir, dans un sens favorable à la collectivité, l'issue des interactions stratégiques mettant en présence autorités de concurrence et entreprises lors du contrôle des fusions. Une des façons de l'infléchir est évidemment de modifier l'ensemble de stratégies à la disposition des autorités.

1. Voir par exemple : *Policy Guide to Merger Remedies*, 10/2004 disponible sur le site : http://www.usdoj.gov/atr/public/guidelines/guidelin.htm

Une autre illustration de ce problème est donnée par les « programmes de clémence ». Il s'agit de la possibilité offerte aux entreprises membres d'un cartel de venir dénoncer l'entente aux autorités et de leur fournir les preuves suffisantes pour la réprimer, en échange de leur immunité au regard des sanctions. C'est pour les autorités de concurrence un instrument précieux dans la lutte contre les ententes, destiné à pallier les manques d'information des autorités face à des pratiques évidemment tenues secrètes et même rendues de plus en plus inobservables par les entreprises qui mettent pour cela en œuvre des stratégies sophistiquées. Cet outil existe aux États-Unis depuis 1978 (après une modification intervenue en 1983) et en France depuis la loi sur les nouvelles régulations économiques (loi NRE) de 2001, suivant en cela avec retard le programme de clémence européen[1]. Les effets attendus sont de deux ordres : d'une part défaire les cartels actuels et d'autre part dissuader les cartels potentiels.

Là encore, doter les autorités d'un instrument supplémentaire (qui, en l'occurrence, a donné des preuves de son efficacité aux États-Unis comme en attestent de nombreuses études) peut avoir des effets ambigus, analysés par exemple par Motta et Polo (2003) : des entreprises qui *ex ante* se posent la question de former ou non un cartel devraient prendre en compte la probabilité d'être découvertes par les autorités (soit spontanément, soit après dénonciation) et d'être de ce fait sanctionnées, mais aussi devraient tenir compte de leur propre possibilité de dénoncer le cartel, de bénéficier de l'immunité et de ne pas encourir de sanctions. Si le premier effet est celui attendu (la dissuasion des cartels par augmentation de la probabilité d'être découverts et sanctionnés), le second fait pencher la balance dans l'autre sens en réduisant l'espérance de sanction, si bien que les programmes de clémence pourraient aussi favoriser la formation des cartels. Empiriquement, cependant, toutes les études attestent de la prédominance de l'effet positif de ces programmes.

La configuration optimale des programmes de clémence n'est pas non plus aisée à déterminer. Par exemple, de nombreux arguments théoriques plaident non seulement en faveur d'une immunité de sanctions pour les dénonciateurs, mais vont plus

1. Un premier programme de clémence a été mis en place par la Commission en 1996. Il a été révisé en 2002.

loin en préconisant que ceux-ci soient rémunérés pour cette action collectivement bénéfique : si la collectivité bénéficie du fait qu'il est mis fin à un cartel, alors elle devrait engager des ressources dans l'activité de dénonciation. Spagnolo (2007) montre que le montant de cette récompense devrait être égal au montant cumulé des amendes que doivent payer les autres coupables. C'est alors que l'incitation à dénoncer est la plus forte (et la moins coûteuse socialement) et que les cartels sont le plus déstabilisés. D'autres questions débattues sur le plan théorique (bien que résolues par les textes de loi, qui prévoient explicitement ces possibilités) sont relatives à l'opportunité de dédommager les dénonciateurs une fois des investigations déjà initiées par les autorités de concurrence, ou bien d'octroyer une immunité totale ou partielle à des demandeurs de clémence « de second rang », arrivant après une première entreprise dénonciatrice. Là encore de nombreux effets partiels sont en jeu, et Motta et Polo (2003) montrent, pour des raisons tenant toujours à la contrainte d'incitation que subissent les membres d'un cartel, qu'il est finalement préférable d'ouvrir la possibilité d'une immunité à des dénonciateurs une fois des investigations déjà déclenchées par les autorités de concurrence.

L'analyse de l'ensemble optimal des outils à mettre entre les mains des autorités de concurrence ouvre ainsi un champ de recherche vaste et foisonnant. La place des asymétries d'information, initialement analysées par Laffont et Tirole dans le cadre de la régulation sectorielle, y est centrale, et ce domaine de recherche, à la croisée de l'économie industrielle, de l'économie politique et de l'évaluation des politiques microéconomiques devrait connaître dans les années futures d'importants développements, notamment empiriques.

Quels objectifs pour les autorités de concurrence ?

Il est parfois reproché aux autorités de concurrence de poursuivre des objectifs trop étroitement limités au respect des règles du jeu concurrentiel, ce qui se traduit en pratique par la poursuite d'un objectif de maximisation du surplus des consommateurs. Cette critique concerne des domaines aussi divers que l'environnement, la culture, ou l'emploi. Par exemple, les tenants de cet argument soutiennent que des décisions de politique de la concurrence exclusivement centrées sur le bon fonctionnement des mécanismes de marché entraveraient le développement des biens culturels en ne tenant pas compte de leur « spécificité », et iraient à l'encontre des politiques culturelles qui visent à promouvoir la diversité. Dans le domaine de l'impact des décisions en matière de concurrence sur le marché du travail, l'argument a surtout trait à la façon dont l'emploi est pris en compte au cours du contrôle des concentrations.

Ces questions, fondamentales en termes d'économie politique, concernent plus généralement l'articulation des politiques micro-économiques entre elles et la délégation d'objectifs, parfois conflictuels, à des autorités chargées de les mettre en œuvre.

Illustrons ces propos par quelques exemples (Perrot, 2007).

Au premier rang des objectifs poursuivis en France par la politique culturelle, figure la promotion de la diversité des contenus culturels et du pluralisme des opinions. Cette position se fonde sur le postulat selon lequel les règles du marché, si on les laissait s'appliquer sans correctif, favoriseraient dans ce domaine la concentration de la production entre les mains d'un petit nombre d'acteurs et conduiraient finalement à une restriction de l'offre (question qui diffère de celle de l'homogénéisation des contenus). Le marché et la politique de la concurrence qui protège son fonctionnement seraient donc les ennemis des contenus culturels (Perrot, 2006). Il est vrai que la politique de la concurrence protège la faculté, pour des producteurs de contenus culturels (auteurs, artistes, réalisateurs), de soumettre leur production à la sanction du marché sans barrière à l'entrée, mais ne prétend en rien infléchir la détermination des contenus en eux-mêmes.

Plus généralement, cette ligne d'arguments qui voudrait que la politique de la concurrence tienne compte d'objectifs autres que les siens se réfère à l'idée selon laquelle certains secteurs présentent des « spécificités » qui les rendent irréductibles à une analyse concurrentielle.

Or la protection de la diversité des offreurs figure bien au rang des objectifs de la politique de la concurrence : permettre que soit accessible une offre diversifiée répondant aux attentes des consommateurs est bien, au-delà de la concurrence par le seul niveau des prix, un des bénéfices attendus du développement de la concurrence sur les marchés (Motta, 2004).

Dans le domaine plus étroit encore des médias, qui ont fourni dans la période récente beaucoup de matière à la politique de la concurrence, les autorités de la concurrence tiennent évidemment compte des effets sur la diversité[1]. Les concentrations intervenues dans ce secteur ont eu des conséquences variées selon que l'on s'intéresse à la presse d'opinion, et particulièrement la presse quotidienne, ou à la presse magazine. Celle-ci, extrêmement concentrée du point de vue capitalistique, donne pourtant l'exemple d'une très grande diversité des titres (trop grande peut être au regard de ce qui serait socialement optimal).

Certains développements récents de l'économie industrielle aident à en trouver les explications. L'analyse des marchés « bifaces » (*two-sided markets*) permet en effet de comprendre certains des mécanismes à l'œuvre dans ce domaine. Il s'agit d'une configuration caractéristique des marchés d'intermédiation, c'est-à-dire mettant en relation deux catégories d'agents partenaires dans une transaction : acheteurs et vendeurs pour les agences immobilières, lecteurs et annonceurs publicitaires pour un journal ou un média, acheteurs et commerçants dans un réseau de cartes bancaires. La plate-forme qui met en contact ces deux côtés du marché dispose d'une palette particulièrement riche de possibilités tarifaires : faut-il faire payer les deux côtés ou un seul, et dans ce cas lequel ? Faut-il proposer des abonnements comportant un paiement fixe, des prix unitaires à chaque transaction, ou encore des taux de commission sur les transactions ? Ce type d'activité de réseau engendre des externalités de réseau croisées : par exemple, un journal disposant d'un plus grand nombre de lecteurs attire les annonceurs publicitaires, et ceux-ci peuvent financer des contenus de meilleure qualité qui attireront plus de lecteurs. La recherche de cet effet de spirale peut à son tour susciter des stratégies complexes, éventuellement anticoncurrentielles. Lorsque plusieurs plates-formes se font concurrence, la compréhension des interactions à l'œuvre sur de tels marchés devient encore plus difficile, tant sur le plan positif (comment comprendre le déroulement de la concurrence sur de tels marchés ?) que normatif (quelle est la structure de marché la plus performante ?)

---

1. Parallèlement, en France, à une autorité comme le CSA dont l'objectif explicite est la protection de la diversité et du pluralisme.

La littérature abondante sur ce thème relativement nouveau emprunte à la fois aux modèles classiques d'économie industrielle, à l'économie des réseaux, et à la littérature sur les modes de tarification non linéaires. Une des caractéristiques de cet ensemble est qu'il a été suscité au départ par des questions concrètes, questions dont l'apparition est elle-même le produit des innovations technologiques. Une partie de ces réflexions a en effet été amorcée d'une part par l'article de Caillaud et Jullien (2003), qui s'intéressait aux services rendus sur Internet, l'autre par celui de Rochet et Tirole (2002) dont le point de départ est le système de paiement par cartes bancaires avant de développer les intuitions plus générales (Rochet et Tirole, 2004). L'un des objectifs de ces articles est notamment de fournir une méthode d'analyse de ces marchés aux décideurs : acteurs des systèmes de paiement, qui s'interrogent sur la manière de développer leur réseau et de tarifer leurs services, autorités de concurrence qui doivent trancher le point de savoir si telle ou telle pratique doit être analysée comme anticoncurrentielle.

L'application de ces analyses au secteur des médias permet de comprendre comment la concentration des marchés, jointe à leur caractéristique de marché biface, ne réduit pas nécessairement la diversité des contenus (Gabszewicz et Sonnac, 2006). Selon le mécanisme de la « spirale de la diffusion » décrit par Gabszewicz et Sonnac, un média (journal, station de radio ou chaîne de télévision) a intérêt à multiplier les titres et à en diversifier les contenus pour attirer des cibles publicitaires différenciées et des annonceurs. Dans certaines configurations, ce mécanisme est plus accentué lorsque le marché est concentré, le monopole offrant à l'extrême le plus grand nombre possible de titres. Si ces mécanismes sont, dans le monde réel, moins nets qu'en théorie, ils ne s'en manifestent pas moins, et ont d'ailleurs été explicitement invoqués dans des décisions récentes de concentrations dans le secteur de la presse. Dans cette affaire[1], la fusion capitalistique entre des titres de presse régionale a été jugée sans risque pour l'augmentation des prix au numéro : à l'effet direct et classique de baisse de la demande serait venu s'ajouter l'effet de marché biface, la baisse du lectorat entraînant celle de l'attractivité

1. Avis 05-A-18 du 11 octobre 2005 relatif à l'acquisition du Pôle Ouest de la société Socpress par la société SIPA.

pour les annonceurs puis des recettes publicitaires correspondantes. Ce double effet négatif ne suffisait pas à compenser l'effet positif de la hausse des prix potentielle sur la marge de l'entité fusionnée et rendait donc peu probable une hausse des prix post-fusion. Mais au-delà, l'effet de marché biface protège aussi la diversité puisque des titres et des contenus éditoriaux diversifiés attirent des cibles publicitaires et des recettes plus élevées en provenance des annonceurs.

Ces considérations montrent, dans le cas particulier des biens médiatiques, que les marchés s'avèrent capables de produire, dans ce domaine comme dans d'autres, les incitations à offrir des contenus culturels ou d'opinion diversifiés.

Tenir compte, au-delà des effets qui viennent d'être décrits et qui s'intègrent à l'analyse concurrentielle habituelle, d'un objectif explicite de diversité culturelle, n'est pas accessible aux autorités de concurrence : quels critères substituer à celui du jeu des marchés ? Quels contenus protéger par une action volontaire spécifique ? Comment une autorité de concurrence serait-elle bien placée pour décider de restreindre, et au profit de qui, le jeu concurrentiel ?

Cela ne signifie évidemment pas que la politique de la concurrence ne doive jamais s'effacer devant d'autres impératifs, mais les tenants d'une telle position devraient d'abord justifier nettement les raisons devant amener à s'écarter des principes de concurrence, et la décision de faire prévaloir un objectif sur un autre ne doit pas revenir aux autorités de concurrence. En effet, le marché a au moins une vertu : il permet de sélectionner les offres qui rencontrent une demande, la « rencontre » traduisant à la fois la compatibilité des coûts de production et des disponibilités à payer des acheteurs, et celle des variétés offertes et demandées. S'écarter de ce critère suppose de savoir par quel autre le remplacer, ce qui ne peut relever que de choix politiques, que le politique doit assumer, mais non les autorités de concurrence[1].

Dans le domaine environnemental, la réponse à cette question est très claire : la défaillance de marché est identifiée et ses remè-

1. En Allemagne, une fois l'analyse d'une opération de concentration menée par l'autorité de concurrence sur des critères, quel que soit le secteur (banques et médias inclus), le gouvernement peut décider, *en le justifiant*, de prendre la décision contraire s'il juge que d'autres objectifs politiques le commandent.

des, nombreux, conduisent tous à écarter dans une certaine mesure la situation purement concurrentielle pour lui préférer une intervention publique permettant de corriger les externalités. Dans le domaine culturel où le même argument est souvent invoqué, l'identification précise de ces défaillances de marché est rarement menée.

La politique de la concurrence devrait-elle tenir compte de l'emploi et comment ? Le contrôle des concentrations prévoit qu'après le « bilan concurrentiel de l'opération », si celui-ci est défavorable, soit mené un bilan économique plus vaste, incluant notamment les effets de l'opération sur l'emploi. Cette recommandation est en fait difficile à mettre en œuvre. En effet, les synergies et les gains d'efficience par ailleurs mis en avant par les entreprises pour obtenir le feu vert des autorités de concurrence reposent souvent sur l'élimination de postes de travail redondants et sont difficilement compatibles avec l'affirmation que la fusion maintiendra l'emploi. Sur le plan de l'objectif lui-même, par ailleurs, il n'est pas certain que tenir compte de l'effet *local* d'une opération de concentration sur l'emploi soit favorable à celui-ci globalement. Les restructurations sectorielles, qui se traduisent par des changements de localisation, des disparitions d'entreprises, des mouvements de concentration, ou la naissance de nouvelles entreprises, conduisent sur le long terme à une amélioration des performances, à une baisse des prix, à une augmentation de la production, et tous ces facteurs sont plutôt favorables à l'emploi. Protéger localement les emplois lors d'une concentration donnée peut aboutir à empêcher ce redéploiement plus vaste, et in fine à restreindre les effets bénéfiques des restructurations.

Des travaux récents font le pont entre restrictions concurrentielles sur les marchés de produits et emploi. Dans le cas de la grande distribution en France, les articles de Bertrand et Kramarz (2004) et la contribution d'Askenazy et Weidenfeld dans ce volume montrent nettement les effets contre-productifs des restrictions de concurrence destinées à protéger certains concurrents (en l'occurrence le petit commerce contre la grande distribution). Ces effets sont sensibles à la fois sur le plan qualitatif (conditions de travail) et quantitatif (volume de l'emploi et salaires). Si l'effet partiel sur le petit commerce peut se révéler positif, l'effet global sur le secteur a été défavorable à l'emploi. Il s'agit bien là du risque mentionné plus haut : des autorités de concurrence qui

« prendraient en compte l'emploi » pour infléchir des décisions vis-à-vis d'un objectif strictement concurrentiel risqueraient de n'avoir qu'une vision d'équilibre partiel, potentiellement contradictoire avec l'objectif recherché.

D'une façon générale la plupart des réglementations ou des textes qui préconisent de s'écarter de la poursuite d'un objectif strictement concurrentiel induisent des transferts de ressources entre agents économiques et ne reçoivent pas nécessairement de fondements clairs en termes d'économie politique. Est-on sûr, ainsi, que dans l'esprit de ses promoteurs, la législation sur la revente à perte ait clairement pour objectif de faire payer aux consommateurs la protection d'une catégorie d'agents (les producteurs) (Allain et Chambolle, 2005 ; Chambolle, 2003) ?

Il est à craindre que demander aux autorités de concurrence de tenir compte dans leurs décisions d'objectifs autres que ceux pour lesquels elles sont mandatées n'ait un coût social très élevé. C'est plutôt dans ce sens en tout cas que vont les résultats des réflexions récentes.

L'efficacité de la politique de la concurrence

La société a-t-elle raison d'investir des ressources dans les autorités antitrust ? Comment organiser ces autorités pour les rendre plus efficaces ? Quels sont les systèmes de droit de la concurrence les plus performants ?

Ces questions, qui relèvent de l'économie du droit, se posent avec une particulière acuité en politique de la concurrence, et la nécessité de soumettre ce champ de la politique économique à l'évaluation, théorique et empirique, est nette. En effet, des interventions publiques inadaptées peuvent avoir un coût social important[1], et le domaine de l'évaluation des politiques publiques est en passe de devenir l'un des domaines les plus animés de la recherche économique.

1. C'est l'une des motivations du rapport de l'Economic Advisory Group for Competition Policy, placé auprès du chef économiste de la Commission européenne, qui préconise une autre approche des abus de position dominante réprimés par l'article 82 du traité européen : « An Economic Approach to Article 82 », cf. Gual *et al.*, 2005 ; ou encore Perrot, 2005.

La méthodologie développée par la Banque mondiale[1] dans *Doing Business* n'est certes pas exempte de tout reproche, et a été d'ailleurs critiquée par certains juristes, mais elle offre une perspective intéressante pour mesurer les effets des régulations sur l'efficacité économique.

Plus spécifiquement, une série d'évaluations empiriques de l'efficacité de la politique de la concurrence a été menée récemment pour les États-Unis par deux articles parus dans le même numéro du *Journal of Economic Perspective* en 2003. Les résultats en sont très contrastés, voire contradictoires (cf. Crandall et Winston, 2003 ; Baker, 2003). La difficulté d'une telle évaluation réside précisément dans l'évaluation des « pertes de bien-être » qui seraient subies par la collectivité si la politique antitrust n'avait pas joué de rôle préventif. L'article de Baker, qui tente de les prendre en compte, est évidemment beaucoup plus favorable à l'action des autorités antitrust que celui de Crandall et Winston, qui les ignore.

Différents indicateurs d'efficacité de la politique de la concurrence peuvent être calculés. L'indicateur idéal serait le gain en bien-être mesuré comme les pertes annuelles de surplus collectif liées à une pratique ayant fait l'objet d'une décision dans l'année et à laquelle il a été mis fin. La FTC calcule un indicateur assez proche de ce dernier. On peut prendre comme approximation de cet indicateur idéal les sanctions prononcées puisque celles-ci sont proportionnelles aux dommages. Ceci suppose toutefois que l'autorité de concurrence ait elle-même une idée assez précise du dommage sous une forme quantifiée, ce qui n'est pas toujours directement accessible.

Dans l'idéal, il faudrait aussi pouvoir mesurer l'efficacité dissuasive des actions des autorités, c'est-à-dire les gains en bien-être engendrés par le fait que les entreprises ne mettent pas en œuvre certains comportements anticoncurrentiels parce qu'elles anticipent les sanctions encourues.

Une manière de se donner une idée des pratiques ignorées des autorités et donc du taux de détection est de recourir à un indicateur de récidive, permettant de mesurer la fréquence avec laquelle une entreprise est rencontrée par l'autorité. La construc-

1. http://www.doingbusiness.org/

tion d'un tel indicateur pose plusieurs problèmes méthodologiques mais donne aussi de précieux renseignements.

Un premier problème est lié à la période durant laquelle on envisage d'observer les récidives (plus cette période est longue plus le taux de récidive tend vers 100 %). Un second est que les entreprises changent fréquemment d'identité : doit-on considérer les récidives d'une entité économique qui après des fusions successives a finalement confondu son identité avec une autre ?

On le voit, les questions soulevées par la mesure de l'efficacité de la politique de la concurrence sont nombreuses, mais les gains potentiels à évaluer ses effets sur les marchés le sont aussi. Les travaux de l'OCDE offrent une première approche de ces mesures.

Conclusion

De nombreuses questions sont soulevées par la mise en œuvre de la politique de la concurrence. Elles s'inscrivent d'ailleurs dans un mouvement de réflexion plus général sur l'évaluation de l'efficacité des politiques économiques. Dans le domaine concurrentiel, ce problème requiert une prise en compte explicite de la dimension stratégique des décisions des autorités de concurrence. Les travaux de recherche déjà amorcés montrent l'intérêt et l'ampleur des problèmes ouverts.

Bibliographie

Acemoglu, D. (2001), « Credit market imperfections and persistent unemployment », *European Economic Review*, Papers and Proceedings, 45 (4), p. 665-679.

Aghion, P., Bacchetta, P. et Banerjee, A. (2003), « A corporate balance-sheet approach to currency crises », *Journal of Economic Theory*, 119, octobre, p. 6-30.

Allain, M.-L. et Chambolle, C. (2005) : « Loss-leaders banning laws as vertical restraints », *Journal of Agricultural & Food Industrial Organization*, 3 (1).

Amable, B., Demmou, L. et Gatti, D. (2006), « Institutions, unemployment and inactivity in the OECD countries », PSE, DT.

Amable, B. et Gatti, D. (2004), « Product market competition, job security and aggregate employment », *Oxford Economic Papers*, 56 (4), p. 667-686.

Amable, B. et Gatti, D. (2006), « Labour and product market reforms : questioning policy complementarity », *Industrial and Corporate Change*, 15 (1), p. 101-122.

Anson, J., Cadot, O., Estevadeordal, A., De Melo, J., Suwa-Eisenmann, A. et Tumurchudur, B. (2005), « Rules of origin in north-south preferential trading arrangements with an application to NAFTA », *Review of international economics*, 13 (3), p. 501-517.

Auty, Richard M. (1999), « The transition from rent-driven growth to skill-driven growth : Recent experience of five mineral economies », in Jorg Maier, Brian Chambers et Ayisha Farooq (éd.), *Development Policies in Natural Resource Economies*, Cheltenham, Edward Elgar.

Aviat, A. et Coeurdacier, N. (2007), « The geography of trade in goods and asset holdings », *Journal of International Economics*, 71, mars, p. 22-51.

Baccaro, L. et Rei, D. (2005), « Institutional determinants of unemployment in OECD countries : A time series cross-section analysis (1960-1998) », DP/160/2005 Recent Work Research, International Institute for Labour Studies, Genève.

Badiani, R. et Safir, A. (2007), « Temporary migration and labour supply responses to agro-climatic shocks in rural India », mimeo.

Baker, J. (2003), « The case for antitrust enforcement », *Journal of Economic Perspectives*, 17 (automne), p. 27-50.

Baker, D., Glyn, A., Howell, D. et Schmitt, J. (2004), « Unemployment and labour market institutions : the failure of the empirical case for deregulation », ILO, WP 43, Genève.

Baker, D., Glyn, A., Howell, D. et Schmitt, J. (2005), « Labor market institutions and unemployment : A critical assessment of the cross-country evidence », in D. Howell (éd.), *Fighting Unemployment. The Limits of Free Market Orthodoxy*, Oxford, Oxford University Press.

Baldwin, R. E. (2006), « The Euro trade effects », ECB, WP 594.

Banerjee, A. et Iyer, L. (2005), « History, institutions and economic performance : The legacy of colonial land tenure systems in India », *American Economic Review*, 95 (4), septembre, p. 1190-1213.

Banque mondiale (2005), *Equity and Development*, World Development Report 2006.

Banque mondiale, http://www.doingbusiness.org/

Barham, C. (2002), « Economic inactivity and the labour market », *Labour Market Trends*, 110 (2).

Bassanini, A. et Duval, R. (2006), « Employment patterns in OECD countries : Reassessing the role of policies and institutions », OCDE, DT 35 sur les affaires sociales, l'emploi et les migrations.

Belke, A. et Schaal, A. (2004), « Venture capital investment and labor market performance : New empirical evidence for OECD countries », IZA, DP series, 1447.

Belot, M. et van Ours, J. (2004), « Does the recent success of some OECD countries in lowering their unemployment rates lie in the clever design of their labor market reforms ? », *Oxford Economic Papers*, 56 (4), p. 621-642.

Bergin, P. et Glick, R. (2003), « Endogenous nontradability and macroeconomic implications », NBER, WP 9739.

Bertrand, M. et Kramarz, F. (2002), « Does entry regulation hinder job creation ? Evidence from the French retail industry », *Quarterly Journal of Economics*, 117, p. 1369-1414.

Bicakova, A. (2005), « Unemployment vs. inactivity : an analysis of the earnings and labor force status of prime age men in France, the

UK and the US at the end of the 20th century », mimeo, Department of economics Johns Hopkins University, février.

Blanchard, O. (2005), « European unemployment : the evolution of fact and ideas », Cambridge, Mass., NBER, WP 11750.

Blanchard, O. et Giavazzi, F. (2003), « Macroeconomic effects of regulation and deregulation in goods and labor markets », *Quarterly Journal of Economics*, août, p. 879-907.

Blanchard, O. et Wolfers, J. (2000), « The role of shocks and institutions in the rise of European unemployment : The aggregate evidence », *Economic Journal*, 110, C1-C33.

Boeri, T., Nicoletti, G. et Scarpetta, S. (2000), « Regulation and labour market performance », CEPR, DP 2420, avril.

Boyd, R. et Richerson, P. (1985), *Culture and the Evolutionary Process*, Chicago, University of Chicago Press.

Busby, G., Isham, J., Pritchett, L. et Woolcock, M. (2002), « The varieties of rentier experience : How natural resource export structures affect the political economy of economic growth », inédit, Banque mondiale.

Caballero, R., Farhi, E. et Gourinchas, P. O. (2006), « An equilibrium model of "global imbalances" and low interest rates », Berkeley, mimeo.

Cadot, O., Estevadeordal, A., Suwa-Eisenmann, A. et Verdier, T. (éd.) (2006), *The Origin of Goods : Rules of Origin in Regional Trade Agreements*, Oxford, Oxford University Press.

Caillaud, B. et Jullien, B. (2003), « Chicken and egg : Competition among intermediation service providers », *The Rand Journal of Economics*, 34 (2), été, p. 521-552.

Calmfors, L. et Driffill, J. (1988), « Bargaining structure, corporatism, and macroeconomic performance », *Economic Policy*, 6, p. 14-61.

Cavalli-Sforza, L. et Feldman, M. (1981), *Cultural Transmission and Evolution : A Quantitative Approach*, Princeton, NJ, Princeton University Press.

Cavallo, E. A. et Frankel, J. A. (2004), « Does openness to trade make countries more vulnerable to sudden stops, or less ? Using gravity to establish causality », NBER, WP 10957.

Chambolle, C. (2003), « Faut-il interdire la revente à perte ? », *Revue française d'économie*, 17 (3), p. 80-109.

Coe, D. et Snower, D. (1997), « Policy complementarities : The case for fundamental labour market reform », CEPR, DP 1585.

Coeurdacier, N. et Martin, P. (2006), « The geography of asset trade and the euro : insiders and outsiders », CEPR, DP 6032.

Cogneau, D. (2006), « Equality of opportunity and other equity principles in the context of developing countries », in G. Kochendorfer-Lucius et B. Pleskovic (éd.), *Equity and Development*, InWent-World Bank, Berlin workshop series, World Bank Publications, Washington, DC, p. 53-68.

Cogneau, D. et Gignoux, J. (2007), « Earnings inequalities and educational mobility in Brazil over two decades », à paraître in S. Klasen (éd.), *Poverty, Inequality and Policy in Latin America*, CESifo Series, Harvard, Mass., MIT Press. Version française antérieure : Cogneau, D. et Gignoux, J. (2005), « Inégalités de rémunérations et mobilité scolaire au Brésil sur deux décennies », DIAL, DT 2005-03.

Cogneau, D. et Gubert, F. (2005), « Migrations du Sud, pauvreté et développement », in E. M. Mouhoud (éd.), *Les Nouvelles Migrations*, Paris, Éditions Universalis.

Cogneau, D., Guénard, C., Mesplé-Somps, S., Spielvogel, G. et Torelli, C. (2007), « Development at the border. A study of national idiosyncrasies in postcolonial West-Africa », mimeo, DIAL.

Combes, P.-P. et Lafourcade, M. (2005), « Transport costs : Measures, determinants and regional policy implications for France », *Journal of Economic Geography*, 5 (3), p. 319-349.

Combes, P.-P., Lafourcade, M. et Mayer, T. (2005), « The trade creating effects of business and social networks : Evidence from France », *Journal of International Economics*, 66 (1), p. 1-29.

Conway, P. et Nicoletti, G. (2006), « Product market regulation in the non-mafucturing sectors of OECD countries : Measurement and highlights », OCDE, WP 58.

Corsetti, G., Martin, P. et Pesenti, P. (2008), « Varieties and imbalances : the extensive margins of the current account adjustment », CPER, DP 6660.

Cosnita, A. (2006), « Essais sur les concentrations horizontales : stratégies des entreprises et stratégies des autorités de concurrence », A. Perrot (dir.), Université de Paris-I, décembre.

Crandall, R. W. et Whinston, C. (2003), « Does antitrust improve consumer welfare ? Assessing the evidence », *Journal of Economic Perspectives*, 17 (automne), p. 3-26.

Debaere, P. et Mostashari, S. (2006), « Do tariffs matter for the extensive margin of international trade ? An empirical analysis », CEPR, DP 5260.

Démurger, S., Gurgand, M., Shi, L. et Ximing, Y. (2007), « Migrants as second class workers in urban China : A decomposition analysis », mimeo.

Destler, I. M. (2006), « Rules of origin and US trade policy », in O. Cadot, A. Estevadeordal, A. Suwa-Eisenmann et T. Verdier (éd.) (2006), *The Origin of Goods : Rules of Origin in Regional Trade Agreements*, Oxford, Oxford University Press, p. 173-188.

Disdier, A. C., Head, K. et Mayer, T. (2006), « Exposure to foreign media and changes in cultural traits : Evidence from naming patterns in France », CEPR, DP 5674.

Dumas, Ch. et Lambert, S. (2005 a), « Children education in Senegal : How does family background influence achievement », LEA-INRA, WP 05-03.

Dumas, Ch. et Lambert, S. (2005 b), « Patterns of Intergenerational Transmission of Education : The case of Senegal », Cepremap, doc web 0520.

Dumas, Ch. et Lambert, S. (2005 c), « Trajectoires de scolarisation et de travail des enfants au Sénégal », rapport pour le SIMPEC, BIT.

Elmeskov, M., Martin, P. et Scarpetta, S. (1998) « Key lessons for labor market reforms : Evidence from the OECD Experience », *Swedish Economic Policy Review*, 5 (2), p. 205-252.

Faggio, G. et Nickell, S. (2005), « Inactivity among prime age men in the UK », Londres, CEP, DP 673.

Farrell, J. (2003), « Negotiation and merger remedies : some problems », Competition Policy Center, étude CPC 03-041, août.

Faruqee, H., Laxton, D., Muir, D. et Pesenti, P. (2007), « Smooth landing or crash ? Model-based scenarios of global current account rebalancing », in Richard Clarida (éd.), *G 7 Current Account Imbalances : Sustainability and Adjustment*, Chicago, Ill., University of Chicago Press.

Fella, G. (2000), « Efficiency wage and efficient redundancy pay », *European Economic Review*, 44, p. 1473-1491.

Flam, H. et Nordstrom, H. (2003), « Trade volume effects of the Euro : Aggregate and sector estimates », Stockholm, Institute for International Economic Studies, mimeo.

Fontagné, L., Mayer, T. et Zignago, S. (2005), « Trade in the triad : How easy is the access to large markets ? », *Canadian Journal of Economics*, 38 (4), p. 1401-1430.

Fortin, M. et Fortin, P. (1999), « The changing labour force participation of Canadians, 1969-96 : Evidence from a panel of six demographic groups », *Canadian Business Economics*, 7 (2).

Freeman, R. B. (2005), « Labour market institutions without blinders : The debate over flexibility and labour market performance », NBER, WP 11286.

Gabszewicz, J. et Sonnac, N. (2006), *L'Industrie des médias*, Paris, La Découverte, coll. « Repères ».

Gelb, A. (1986), « Adjustment to windfall gains : A comparative analysis of oil-exporting countries », in J. Peter Neary et Sweder van Wijnbergen (éd.), *Natural Resources and the Macroeconomy*, Oxford, Basil Blackwell.

Gelb, A. (1988), *Oil Windfalls : Blessing or Curse ?*, New York, Oxford University Press.

Ghironi, F. et Melitz, M. (2005), « International trade and macroeconomics dynamics with heterogenous firms », *Quarterly Journal of Economics*, 120 (3), p. 865-915.

Gourinchas, P.-O. et Jeanne, O. (2006), « The elusive gains from international financial integration », *Review of Economic Studies*, 73 (3).

Gourinchas, P.-O. et Rey, H. (2006 a), « From world banker to world venture capitalist : US external adjustment and the exorbitant privilege », Cepremap, DT.

Gourinchas, P.-O. et Rey, H. (2006 b), « International financial adjustment », Princeton-Berkeley, mimeo.

Gregg, P. et Wadsworth, J. (1998), « Unemployment and non-employment : Unpacking economic inactivity », *Economic Report*, Londres, Employment Policy Institute.

Gual, J., Hellwig, M., Perrot, A., Polo, M., Rey, P., Schmidt, K. et Stenbacka, R. (2005), « An economic approach to article 82 », Rapport pour la Commission européenne, publié dans *Competition Policy International*, 2 (1), printemps.

Hausmann, R. et Sturzenegger, F. (2007), « The missing dark matter in the wealth of nations and its implications for global imbalances », *Economic Policy*, n° 51, p. 469-518.

Head, K. et Mayer, T. (2006), « Regional wage and employment responses to market potential in the EU », *Regional Science and Urban Economics*, 36 (5), p. 573-594.

Higgins, M., Klitgaard, T. et Tille, C. (2005), « The income implications of rising US international liabilities », *Current Issue in Economics and Finance*, 11 (12), décembre.

Huillery, É. (2006), « Colonisation and development in the former French West-Africa : The long-term impact of the colonial public policy », DIAL, DT 2006/12.

Hummels, D. et Klenow, P. J. (2005), « The variety and quality of a nation's exports », *American Economic Review*.

IMF (2003), « Unemployment and labor market institutions : Why reforms pay off », *World Economic Outlook*, avril, p. 129-150.

Karl, T. L. (1997), *The Paradox of Plenty : Oil Booms and Petro States*, Berkeley, University of California Press.

Knight, J. et Song, L. (2005), *Towards a Labour Market in China*, New York-Oxford, Oxford University Press.

Koeniger, W. et Vindigni, A. (2003), « Employment protection and product market regulation », IZA, Institute for the Study of Labor, DP 880.

Koskela, E. et Stenbacka, R. (2007), « Product market competition, profit sharing and equilibrium unemployment », mimeo.

Krishna, K. (2006), « Understanding rules of origins », in Cadot, O., Estevadeordal, A., Suwa-Eisenmann, A. et Verdier, T. (éd.) (2006), *The Origin of Goods : Rules of Origin in Regional Trade Agreements*, Oxford, Oxford University Press.

Krueger, A. (1993), « Free trade agreements as protectionist devices : Rules of origin », *Festschrift in Honor of John Chipman.*

Krugman, P. (1999), « Balance sheets, the transfer problem and financial crises », in Peter Isard, Assaf Razin et Andrew Rose (éd.), *International Finance and Financial Crises : Essays in Honor of Robert Flood*, Boston, Kluwer Academic Publishers, p. 31-56.

Krugman, P. (2007), « Will there be a dollar crisis ? », à paraître in *Economic Policy.*

Lal, D. et Myint, H. (1996), *The Political Economy of Poverty, Equity and Growth : A Comparative Study*, Oxford-New York, Clarendon Press-Oxford University Press.

Lall, S., Selod, H. et Shalizi, Z. (2006), « Rural-urban migration in developing countries : A survey of theoretical predictions and empirical findings », World Bank Policy Research WP 3915, soumis à la *World Bank Economic Review.*

Lane, P. (2006), « Global bond portfolios and EMU », *International Journal of Central Banking*, juin.

Lane, P. R. et Milesi-Ferretti, G. M. (2006 a), « A global perspective on external positions », in Richard Clarida (éd.), *G 7 Current Account Imbalances : Sustainability and Adjustment*, Chicago, Ill., University of Chicago Press.

Lane, P. R. et Milesi-Ferretti, G. M. (2006 b), *The External Wealth of Nations Mark II : Revised and Extended Estimates of Foreign Assets and Liabilities, 1970-2004*, Washington, DC, International Monetary Fund, Research Department.

Li, S. et Bai, N. (2005), « China Human Development Report. Development with Equity », Beijing, UNDP-China Development Research Foundation.

Lippi, F. (2003), « Strategic monetary policy with non-atomistic wage setters », CEIS Tor Vergata, *Research Paper Series*, vol. 6 (17), mai.

Martin, P. et Rey, H. (2000), « Financial integration and asset returns », *European Economic Review*, 44 (7), p. 1327-1350.

Martin, P. et Rey, H. (2006), « Globalization and emerging markets : With or without crash ? », *American Economic Review*, 96 (5), p. 1631-1651.

Mayda, A. M. et Rodrik, D. (2005), « Why are some people (and countries) more protectionist than others », *European Economic Review*, 49 (6), p. 1393-1691.

Mayer, T. et Zignago, S. (2005), « Market access in global and regional trade », CEPII, WP 2005-02.

Mehlum, H., Moene, K. O. et Torvik, R. (2002), « Resource abundance, growth and institutional quality », inédit, Département Économie, Université d'Oslo.

Miguel, E. (2004), « Tribe or nation ? Nation-building and public goods in Kenya versus Tanzania », *World Politics*, 56 (3), p. 327-362.

Mirza, D. et Verdier, T. (2006 a), « International trade, security and transnational terrorism : Theory and empirics », PSE mimeo.

Mirza, D. et Verdier, T. (2006 b), « Are lives a substitute for livehoods ? Terrorism, security and US bilateral imports », PSE mimeo.

Motta, M. (2004), *Competition Policy, Theory and Practice*, Cambridge, Cambridge University Press.

Motta, M. et Polo, M. (2003), « Leniency Programs and Cartel Prosecution », *International Journal of Industrial Organization*, 21, p. 347-379.

Murphy, K. M. et Topel, R. (1997), « Unemployment and nonemployment », *American Economic Review*, 87 (2).

Newberry, D. M. G. (1986), « Round-table discussion », in J. P. Neary et S. Van Wijnbergen (éd.), *Natural Resources and the Macroeconomy*, Oxford, Basil Blackwell.

Nickell, S. (1997), « Unemployment and labour market rigidities : Europe versus North America », *Journal of Economic Perspectives*, 11 (3) p. 55-74.

Nickell, S. (1999), « Product markets and labour markets », *Labour Economics*, 6 (1), p. 1-20.

Nickell, S., Nunziata, L., Ochel, W. et Quitini, G. (2002), « The Beveridge curve, unemployment and wages in the OECD from the 1960s to the 1990s », in P. Aghion *et al.* (éd.), *Knowledge, Information and Expectations in Modern Macroeconomics*, Princeton.

Nickell, S., Nunziata, L. et Ochel, W. (2005), « Unemployment in the OECD since the 1960s. What do we know ? », *Economic Journal*, 115, p. 1-27.

Nicoletti, G., Haffner, R. C. G., Nickell, S., Scarpetta, S. et Zoega, G. (2000), « European integration, liberalisation and labor market performance », in G. Bertola, T. Boeri et G. Nicoletti (éd.), *Welfare and Employment in a United Europe*, MIT Press.

Nicoletti, G. et Scarpetta, S. (2002), « Interactions between product and labour market regulations : do they affect employment ? Evidence from OECD countries », Paris, OECD Economics Department, DT.

Obstfeld, M. et Rogoff, K. (2005), « Global current account imbalances and exchange rate adjustments », *Brookings Papers on Economic Activity*, 1, p. 67-123.

Obstfeld, M. et Rogoff, K. (2007), « The unsustainable US current account position revisited », in Richard Clarida (éd.), *G 7 Current Account Imbalances : Sustainability and Adjustment*, Chicago, Ill., University of Chicago Press.

OCDE (2003), « Concurrence sur les marchés de produits et performance économique », *Revue de l'OCDE sur le droit et la politique de la concurrence*, avril, 4 (4), p. 29-42.

OECD (1997), *Employment Outlook*, Paris, OECD.

Olivier, J., Thoenig, M. et Verdier, T. (2007), « Globalization and the dynamics of cultural identity », PSE et HEC, mimeo.

Orszag, M. et Snower, D. (1999), « Anatomy of policy complementarities », IZA, Institute for the Study of Labor, DP 41.

Perrot, A. (2005), « Towards an effects-based approach to price discrimination », in Konkurrensverket (éd.), *Pros and Cons of Price Discrimination*, Stockholm, décembre.

Perrot, A. (2005 a), « L'efficacité du droit de la concurrence », in M.-A. Frison-Roche, G. Canivet et M. Klein (dir.), *Mesurer l'efficacité du droit*, Paris, LGDJ.

Perrot, A. (2006), « La politique de la concurrence est-elle l'ennemie des contenus culturels ? », in *Création et diversité au miroir des industries culturelles*, La Documentation française, avril.

Perrot, A. (2007), « Should conflicting goals be considered by competition authorities ? », Proceedings of the Ascola Conference 2007, Edward Elgar, à paraître.

Rancière, R., Tornell, A. et Westermann, F. (2006), « Systematic crises and growth », University of California, mimeo.

Rauch, J. et Trindade, V. (2002), « Ethnic Chinese networks in international trade », *Review of Economics and Statistics*, 84 (1), p. 116-130.

Ritzer, G. (éd.) (2002), *McDonaldization : The Reader*, Thousand Oaks, Ca., Pine Forge Press.

Robinson, J., Torvik, R. et Verdier, T. (2007), « Political foundations of the resource curse », *Journal of Development Economics*, 79 (2), p. 447-468.

Rochet, J.-C. et Tirole, T. (2002), « Cooperation among competitors : Some economics of payment card associations », *Rand Journal of Economics*, The Rand Corporation, 33 (4), hiver, p. 549-570.

Rochet, J.-C. et Tirole, T. (2004), « Tying in two-sided markets and the honor-all-cards rule », mimeo, Toulouse, IDEI.

Rospabé, S. et Selod, H. (2006), « Urban unemployment in the Cape metropolitan area », in Bhorat et Kanbur (éd.), *Poverty and Policy in Post-Apartheid South Africa*, Pretoria, Human Science Research Council, à paraître.

Ross, M. L. (2001), *Timber Booms and Institutional Breakdown in Southeast Asia*, New York, Cambridge University Press.

Sachs, J. D. et Warner, A. (1995), « Natural resource abundance and economic growth », Harvard Institute for International Development, Development DP 517.

Sachs, J. D. et Warner, A. (1999), « The big push, natural resource booms and growth », *Journal of Development Economics*, 59, p. 43-76.

Siebert, H. (1997), « Labor market rigidities : at the root of unemployment in Europe », *Journal of Economic Perspectives*, 11 (3), p. 37-54.

Snower, D. et Diaz-Vazquez, M. P. (1996), « Employment, macroeconomic fluctuations and job security », CEPR, DP 1430, juillet.

Soskice, D. et Iversen, T. (2000), « The nonneutrality of monetary policy with large price or wage setters », *Quarterly Journal of Economics*, 115, p. 265-284.

Souam, S. (2001), « Optimal antitrust policy under different regimes of fines », *International Journal of Industrial Organisation*, 19 (1), p. 1-26.

Spagnolo, G. (2007), « Leniency and whistleblowers in antitrust », in P. Buccirossi (éd.), *Handbook of Antitrust Economics*, Cambridge, Mass., MIT Press.

Thesmar, D. et Thoenig, M. (2004), « Financial market development and the rise in firm level uncertainty », mimeo, Paris.

Thoenig, M. et Verdier, T. (2006), « The impact of rules of origin on strategic outsourcing : an IO perspective », in O. Cadot, A. Estevadeordal, A. Suwa-Eisenmann et T. Verdier (éd.) (2006), *The Origin of Goods : Rules of Origin in Regional Trade Agreements*, Oxford, Oxford University Press, p. 35-66.

Tille, C. (2003), « The impact of exchange rate movements on US foreign debt », *Federal Reserve Bank of New York Current Issues in Economics and Finance*, 9 (1), janvier.

Wasmer, E. et Garibaldi, P. (2004), « Equilibrium employment in a model of imperfect labor markets », IZA, Institute for the Study of Labor, DP 950.

Wasmer, E. et Weil, P. (2004), « The macroeconomics of labor and credit market imperfections », *American Economic Review*, 94 (4), p. 944-963.

Weir, G. (2003), « Economic inactivity in selected countries », *Labour. Market Trends*, 11 (6).

Wolfers, J. (2007), « Employment protection and job flows : Evidence from seasonal cycles », http://bpp.wharton.upenn.edu/jwolfers/Papers/EmploymentProtection.pdf

Remerciements

Les auteurs remercient Alexandre Wickham, Brigitte de la Broise, Marie-Pierre Coste-Billon et Lucie Marignac pour leur aide précieuse sur le manuscrit.

Table

Abréviations 10

Liste des auteurs 11

Introduction
Philippe Askenazy et Daniel Cohen 15

La poursuite du bonheur 16
Le pouvoir de la finance mondiale 17
Guerre et paix entre les nations 19
L'Afrique inégale 20
La France face au modèle danois 21
Une jeunesse difficile 22
Les bénéfices de la scolarisation de masse 23
L'assurance-maladie 25
La France vieillit 26
Le pouvoir d'achat 27
La libéralisation du marché de l'électricité
est-elle une bonne chose ? 29
Dictionnaire abrégé de la mondialisation 31

PREMIÈRE PARTIE

PAIX ET GUERRE ENTRE LES NATIONS
ET LES PERSONNES

I. L'Homo economicus, heureux et rationnel ? 37

1. La croissance rend-elle heureux ?
Andrew Clark et Claudia Senik 39

Introduction 39
Des données d'un type nouveau 40
L'argent ne fait pas le bonheur 41
Un problème de mesure ? 44
Un double paradoxe 45
Deux intuitions simples 47
Des effets purement informationnels 48
Un troisième terme entre revenu individuel et satisfaction 48
Le pressoir de l'adaptation 49
Les comparaisons sociales 52
Conscience et bonheur 55
Autrui comme source d'information 56
Bonheur et avenir 59
Conclusion 61

2. Les marchés financiers sont-ils rationnels ?
André Orléan 63

Arbitrage et efficience informationnelle 66
Irrationalité des intervenants et critique de l'arbitrage 71
Débats et travaux en cours 78
La corrélation des investisseurs irrationnels 78
L'hypothèse autoréférentielle 81

II. La guerre et la paix 87

3. La mondialisation est-elle un facteur de paix ?
Philippe Martin, Thierry Mayer, Mathias Thoenig 89

Introduction 89
L'impact des conflits sur le commerce 96
Les données 96
Les résultats 99
L'impact du commerce sur les conflits 104
Les mécanismes théoriques 104
Commerce bilatéral 107
Commerce multilatéral 108
Quantifier l'impact du commerce sur la probabilité de conflit 110
Des scénarios pour réduire la conflictualité 116
Les préférences commerciales accordées aux pays pauvres augmentent-elles les conflits locaux ? 120
Conclusion 122

III. Pauvreté et développement 125

4. « L'Afrique des inégalités : où conduit l'histoire ? »
Denis Cogneau 127

Introduction 127
Un record d'inégalité en Afrique 129
L'héritage d'un espace fragmenté 131
Inégalités régionales avant l'ère coloniale 131
Administration coloniale et inégalités territoriales 134
Frontières postcoloniales et émergence des nations 137
Persistance des inégalités régionales au sein des nations 142
Ethnicisation des conflits 144
Internationalisation des conflits internes 147
L'héritage d'institutions dualistes et la reproduction sociale 149
Force et persistance des hiérarchies précoloniales 150
Colonisation et dualisme 151
Identité du colonisateur et école : une différence sans conséquences ? 153
Identité du colonisateur et reproduction 157
L'inégalité actuelle et la démocratie 160
Inégalité postcoloniale dans cinq pays et exception ghanéenne 160
Zones d'ombres de l'ajustement structurel et de la démocratisation 165
Conclusion 167

DEUXIÈME PARTIE

LA FRANCE FACE À SON DESTIN

IV. Vers un nouveau modèle 173

5. La *flexicurité* danoise : quels enseignements pour la France ?
Robert Boyer 175

Introduction 175
Le modèle danois : la complémentarité des institutions encadrant le marché du travail 177
Le noyau dur de la *flexicurité* 177
La politique active de l'emploi : la spécificité danoise 182

Trois précautions indispensables pour analyser le modèle danois ... 187
Ni modèle anglo-saxon ni modèle continental ... 190
Le rôle de la formation des salaires ... 194
Les vertus de l'expérimentation institutionnelle ... 196
Un modèle venu de loin… ... 197
La réponse à des déséquilibres macroéconomiques ... 198
Des similarités avec la France… puis des trajectoires divergentes ... 199
Le modèle danois présente aussi des faiblesses… ... 204
Conclusion : quels enseignements ? ... 205
Les leçons d'un succès ... 205
Une construction politique et institutionnelle propre ... 206
Rechercher les formes françaises de flexicurité : un art d'exécution ! ... 207

V. Portrait de la jeunesse française ... 209

6. Une jeunesse en panne d'avenir ?
Christian Baudelot et Roger Establet ... 211

L'allongement de la jeunesse pour tous et la désynchronisation des calendriers d'entrée dans la vie adulte ... 213
La transformation du régime des salaires des jeunes à l'embauche ... 217
L'embauche à salaire croissant ... 218
Une triple rupture ... 222
École : espoirs et désillusions ... 222
En haut ... 226
Bac + 2 ... 229
En bas ... 230
Principes de variation ... 231
Des stratégies familiales à la peine ... 232
Suicide, la montée des jeunes ... 234

7. Faut-il craindre l'inflation des diplômes ?
Marc Gurgand et Éric Maurin ... 240

Les expériences suédoise et britannique ... 243
Une évaluation de l'expérience française ... 246
Les deux phases d'expansion de l'enseignement secondaire ... 247
Les effets salariaux de la démocratisation scolaire ... 249
Les effets de l'allongement des études ... 254

8. Le chômage des jeunes baisse-t-il ?
Dominique Goux et Cyril Nouveau 260

Données et méthode 263
Transformation de la phase d'insertion avant 27 ans 265
Amélioration de la situation entre 27 et 32 ans 270
Fin de la démocratisation du collège en période de revalorisation du salaire minimum 274

VI. La Sécurité sociale 283

9. La régulation des dépenses de santé : comment faire ?
Pierre-Yves Geoffard 285

Introduction 285
Quelques réformes récentes en Europe 287
L'information cachée 290
Les leçons de l'analyse économétrique 293
L'expérience de la Rand 294
L'analyse des données suisses 296
La régulation des systèmes de santé 304
Conclusion 309

10. La réforme des systèmes de retraite : qui paiera ?
Jean-Pierre Laffargue 311

Les difficultés introduites par le ralentissement démographique 311
Les avantages respectifs des systèmes de retraite par capitalisation et par répartition 313
Capitalisation 313
Répartition 316
Comparaison des taux de rentabilité moyens 317
Taxation implicite à un système par répartition 319
Risques des deux systèmes 320
Les difficultés de réforme d'un système de retraite dans un contexte de ralentissement démographique 322
Le projet de réforme du parti républicain aux États-Unis 322
Réduction de la répartition au profit des fonds de pension : une réforme qui n'a que peu d'effets 323
Qui va supporter le sacrifice ? 327
Résistance politique des générations vivantes et transfert du sacrifice aux générations futures 329
Échec du projet de réforme du parti républicain 331

Certains États ont-ils commencé à faire payer leurs charges courantes par les générations futures ? 333
Les faits 334
Pourquoi l'État ne transfère-t-il pas davantage les coûts de ses dépenses courantes aux générations futures ? 338
Conclusion 340

VII. Marchés et concurrence 343

11. Faut-il solder la loi Raffarin ?
Philippe Askenazy et Katia Weidenfeld 345

Introduction 345
Un bilan de la loi Royer 348
Une loi votée sous la pression de la rue 348
Des conséquences difficiles à évaluer 349
La réforme Raffarin 353
Protéger le petit commerce ou les champions français ? 353
Un bazar juridique 356
L'impact de la réforme sur le développement des surfaces de vente 358
L'effet immédiat : un coup de frein 358
Des stratégies de contournement 360
L'effet différé : des ouvertures mesurées 361
Les conséquences économiques de la réforme 366
Les champions français gagnants 366
Les consommateurs perdants 368
L'emploi et les conditions de travail 371
La croissance : un retard de dix ans 374
Réformer le régime d'autorisation de l'urbanisme commercial 376
Des propositions au rabais ? 376
Une politique cohérente ? 378
Annexe. L'autorisation d'équipement commercial : une loterie ? L'exemple de l'Isère 380

12. Électricité : faut-il désespérer du marché ?
David Spector 385

Introduction 385
Le contexte : une libéralisation tempérée 387
Éléments fondamentaux sur les marchés électriques 390
L'électricité ne peut pas être stockée 390
Le parc optimal de production 390

La formation des prix sur un marché concurrentiel de l'électricité ... 392
La concurrence parfaite suffit à couvrir les coûts fixes ... 394
Rentes de rareté et rentes de monopole ... 396
Les causes de la rente de rareté du nucléaire ... 399
La cause immédiate ... 399
Le mécanisme de transmission ... 399
L'ampleur de la rente de rareté du nucléaire ... 402
La concurrence n'aura pas d'impact sur la rente de rareté ... 403
L'européanisation contribuera à pérenniser la rente de rareté ... 404
De nouveaux investissements diminueront-ils la rente de rareté ? ... 405
Que faire face à la rente de rareté du nucléaire ? ... 407
La rente de rareté du nucléaire ne pose pas de problème d'efficacité économique ... 407
Faut-il dédommager les consommateurs d'électricité ? ... 408
Rente nucléaire et caractère public d'EDF ... 409
Taxer davantage le nucléaire ? ... 410
Intégration européenne, privatisation et libéralisation ... 412
À long terme, une rente de monopole ? ... 412
L'ampleur de la rente de monopole possible à long terme ... 412
La rente de monopole serait économiquement inefficace ... 414
Les précédents étrangers ... 415
La déconcentration nucléaire aurait peu d'impact ... 416
Les limites de la déconcentration virtuelle ... 418
Conclusion ... 420

TROISIÈME PARTIE

DICTIONNAIRE ABRÉGÉ DE LA MONDIALISATION

13. Culture et mondialisation
Thierry Verdier ... 425
14. Globalisation et terrorisme transnational
Thierry Verdier ... 430
15. Migrations et marché du travail
Sylvie Lambert ... 434
16. Inégalité des chances et transmission intergénérationnelle
Sylvie Lambert ... 439

17. Histoire longue et développement
Sylvie Lambert 444
18. La malédiction des matières premières
Thierry Verdier 448
19. L'intégration financière internationale et les déséquilibres globaux
Philippe Martin 451
20. Le déséquilibre américain
Philippe Martin 455
21. Jusqu'où ira la baisse du dollar ?
Philippe Martin 462
22. L'euro et l'intégration financière
Philippe Martin 466
23. Intégration financière et crises des pays émergents
Philippe Martin 469
24. Accès au marché et régionalisme
Akiko Suwa-Eisenmann 472
25. Économie géographique
Akiko Suwa-Eisenmann 480
26. Travail et emploi : le rôle des institutions
Bruno Amable 485
27. Perspectives de recherche en politique de la concurrence
Anne Perrot 502

Bibliographie 517

Composition Nord Compo
Impression Normandie Roto s.a.s. avril 2008
Éditions Albin Michel
22, rue Huyghens, 75014 Paris
www.albin-michel.fr

ISBN 978-2-226-17909-8
N° d'édition : 25652 – N° d'impression : 08-1240
Dépôt légal : mars 2008.
Imprimé en France.